国家文化产业资金支持媒体融合重大项目
省级精品课程教材
21世纪高职高专精品教材·财政金融类

金融企业会计实务

Jinrong Qiye Kuaiji Shiwu

（第二版）

丁贵英 主　编
徐　辉 副主编

东北财经大学出版社
Dongbei University of Finance & Economics Press
大连

图书在版编目（CIP）数据

金融企业会计实务 / 丁贵英主编．—2版．—大连：东北财经大学出版社，2018.8（2020.12重印）
（21世纪高职高专精品教材·财政金融类）
ISBN 978-7-5654-3256-9

Ⅰ．金…　Ⅱ．丁…　Ⅲ．金融企业-会计-高等职业教育-教材　Ⅳ．F830.42

中国版本图书馆CIP数据核字（2018）第163055号

东北财经大学出版社出版
（大连市黑石礁尖山街217号　邮政编码　116025）
网　　址：http：//www.dufep.cn
读者信箱：dufep@dufe.edu.cn

大连天骄彩色印刷有限公司印刷　东北财经大学出版社发行

幅面尺寸：185mm×260mm　　字数：478千字　　印张：20.75
2018年8月第2版　　2020年12月第4次印刷

责任编辑：李丽娟　周　慧　　责任校对：王　娟
封面设计：张智波　　版式设计：钟福建

定价：42.00元

教学支持　售后服务　　联系电话：（0411）84710309

如有印装质量问题，请联系营销部：（0411）84710711

第二版前言

金融是国民经济的核心，会计是经济管理的重要手段。随着会计准则及应用指南的实施与不断修订，金融企业会计管理工作也日趋规范和成熟。金融形势的发展对相关从业人员的知识水平和专业素质提出了更高的要求，从而也为教学活动提出了更高的目标。为了适应目前金融形势的发展变化，配合并推动我国高等职业教育金融专业教学的改革，我们编写了这本《金融企业会计实务》。本书不仅可以作为高等职业教育金融类专业的教材，还可以作为相关从业人员学习培训的参考资料。

本书自出版后，受到各高职院校相关专业师生的关注和支持，对此我们表示衷心的感谢。为了适应金融业发展变化和会计制度改革的需要，在东北财经大学出版社的支持和帮助下，我们对本书进行了修订。

我们在不断总结教学经验的基础上，对教材内容进行了精心设计和重新梳理，力求做到：业务知识够用，核算方法实用，案例说明有用，整体内容好用，并努力做到教学与行业实际相结合。“金融企业会计实务”是高等职业教育金融类专业的主干课，本书将内容分为金融企业会计认知、银行会计实务、证券公司会计实务、保险公司会计实务、金融企业共性业务核算五个模块。本书全面阐述了金融企业会计核算的特点、方法及各种专业业务处理实务和常见共性业务处理实务。重点是银行会计实务、证券公司会计实务和保险公司会计实务。本书在编写过程中力求突出培养素质高、能力强、上岗快的技能型人才的目的，在每个项目中都设计了“想一想”“同步训练”等模块，其中“想一想”以问题导入形式引导学生带着问题去学习，“同步训练”旨在加强课后训练，以期在调动学生学习兴趣的同时，启发学生学有所思、学有所用。另外，对于一些知识性内容我们以二维码形式体现，力求做到全面、实用、精炼。

本课程内容安排大致70课时，具体分配如下：

序　号	模　块	项　目	课时分配
1	模块一　金融企业会计认知	项目一　金融企业会计对象认知 项目二　金融企业会计核算方法认知	8
2	模块二　银行会计实务	项目三　存款业务核算 项目四　贷款业务核算 项目五　支付结算业务核算 项目六　金融机构往来业务核算 项目七　外汇业务核算	18
3	模块三　证券公司会计实务	项目八　证券公司业务核算	14
4	模块四　保险公司会计实务	项目九　保险公司业务核算	14
5	模块五　金融企业共性业务核算	项目十　资产业务核算 项目十一　负债业务核算 项目十二　所有者权益核算 项目十三　损益核算 项目十四　年度决算和财务报告编制与分析	16
	合　计		70

本教材由山西省财政税务专科学校丁贵英副教授担任主编，并负责对全书进行总纂，同时负责编写项目一至项目五、项目十至项目十三；由辽宁金融职业学院徐辉副教授担任副主编，负责编写项目七和项目八；参加编写的老师还有山西省财政税务专科学校白仙红老师（负责编写项目十四）、赵翔老师（负责编写项目九）和陈志斌老师（负责编写项目六）。

我们在编写过程中得到了山西省相关业内人士的帮助和支持，在此谨表衷心的感谢。限于作者水平，书中不足之处，恳请广大读者批评指正。

编 者

2018年6月

目　录

模块一　金融企业会计认知 / 1

项目一　金融企业会计对象认知 / 3

任务一　金融企业认知 / 3
任务二　金融企业会计特点认知 / 5
任务三　金融企业会计对象认知 / 6
任务四　金融企业会计信息质量要求认知 / 10
任务五　金融企业会计的工作组织 / 13
同步训练 / 17

项目二　金融企业会计核算方法认知 / 18

任务一　会计科目设置 / 18
任务二　记账方法 / 24
任务三　会计凭证填制 / 28
任务四　会计账簿和账务组织 / 33
同步训练 / 40

模块二　银行会计实务 / 43

项目三　存款业务核算 / 45

任务一　存款业务认知 / 45
任务二　个人储蓄业务核算 / 47
任务三　单位存款业务核算 / 53
任务四　存款利息核算 / 58
同步训练 / 64

项目四　贷款业务核算 / 65

任务一　贷款业务认知 / 65
任务二　单位贷款业务核算 / 67
任务三　个人贷款业务核算 / 74
任务四　票据贴现业务核算 / 80
任务五　贷款损失准备核算 / 83
任务六　贷款利息核算 / 85

同步训练 / 88

项目五 支付结算业务核算 / 90

任务一 支付结算业务认知 / 90
任务二 票据业务核算 / 93
任务三 非票据结算方式核算 / 115
同步训练 / 135

项目六 金融机构往来业务核算 / 137

任务一 商业银行与中央银行往来业务核算 / 137
任务二 同业往来业务核算 / 143
任务三 系统内往来与现代化支付系统业务核算 / 147
同步训练 / 151

项目七 外汇业务核算 / 153

任务一 外汇业务认知 / 153
任务二 外汇买卖业务核算 / 159
任务三 外汇存贷款业务核算 / 162
任务四 外汇结算业务核算 / 166
同步训练 / 172

模块三 证券公司会计实务 / 175

项目八 证券公司业务核算 / 177

任务一 证券业务认知 / 177
任务二 证券经纪业务核算 / 180
任务三 证券自营业务核算 / 187
任务四 证券承销业务核算 / 192
任务五 融资融券业务核算 / 197
任务六 其他证券业务核算 / 202
同步训练 / 206

模块四 保险公司会计实务 / 207

项目九 保险公司业务核算 / 209

任务一 保险业务认知 / 209
任务二 财产保险业务核算 / 211

任务三 人寿保险业务核算 / 218
任务四 再保险业务核算 / 223
同步训练 / 233

模块五 金融企业共性业务核算 / 235

项目十 资产业务核算 / 237

任务一 现金业务核算 / 237
任务二 银行存款业务核算 / 239
任务三 固定资产业务核算 / 241
同步训练 / 253

项目十一 负债业务核算 / 255

任务一 应付职工薪酬业务的核算 / 255
任务二 应交税费业务的核算 / 259
同步训练 / 264

项目十二 所有者权益核算 / 266

任务一 所有者权益认知 / 266
任务二 所有者权益的核算 / 266
同步训练 / 274

项目十三 损益核算 / 276

任务一 收入业务核算 / 276
任务二 费用业务核算 / 278
任务三 利润及利润分配业务核算 / 282
同步训练 / 288

项目十四 年度决算和财务报告编制与分析 / 289

任务一 年度决算工作 / 289
任务二 财务报告编制 / 291
任务三 财务报告分析 / 316
同步训练 / 321

主要参考文献 / 322

模块一　金融企业会计认知

模块概览

- 金融企业会计认知
  - 金融企业会计对象认知
    - 金融企业认知
    - 金融企业会计特点认知
    - 金融企业会计对象认知
    - 金融企业会计信息质量要求认知
    - 金融企业会计的工作组织
  - 金融企业会计核算方法认知
    - 会计科目设置
    - 记账方法
    - 会计凭证填制
    - 会计账簿和账务组织

项目一　金融企业会计对象认知

【知识目标】

1.了解金融企业和金融企业会计的含义；

2.掌握金融企业会计的对象和特点；

3.熟悉金融企业会计信息质量要求。

【技能目标】

1.能准确判断金融企业会计的各类业务；

2.能恰当运用各类会计处理方法；

3.能正确组织开展会计核算工作。

任务一　金融企业认知

【任务重点】

掌握金融企业的特点。

想一想

1.晋华股份公司想设立晋华银行和华信证券公司，该找哪个部门办理手续？

2.晋华银行与一般工商企业在设立、性质、业务内容等方面有何不同？

一、金融机构和金融企业

1.金融机构

所谓“金融”，是指资金融通，可分为直接金融和间接金融，有金融机构介入则为间接金融，没有金融机构介入则为直接金融。金融机构是指专门从事货币信用活动的中介组织，是配置资源过程中的参与主体。

金融机构是一个体系，它是金融体系的主体。我国现行的金融机构体系包括金融监管机构、银行和非银行金融机构。

我国金融监管机构由中国人民银行、中国银行保险监督管理委员会、中国证券监督管理委员会组成，对各类金融机构在金融业分业经营的条件下实行分业监管。1983年中华人民共和国国务院决定由中国人民银行专门行使国家中央银行的职能，2003年中国银行监督管理委员会成立，依法对全国的银行业和信托业实行统一的监督管理。1998年中国保险监督委员会成立，依法对全国保险市场进行监管，维护保险业合法、稳健运行。1992年中国证券监督管理委员会成立，依法对全国证券期货市场进行统一监管。2018年中国银行监督管理委员会和中国保险监督委员会合并，成立中国银行保险监督管理委员会，依法对银行业和保险业进行统一监管。

银行是金融机构最典型的形态，在整个金融机构体系中占有支配性地位。我国的银行包括商业银行、政策性银行、专业银行等。

商业银行是指通过吸收存款、发放贷款和转账结算等金融业务获取利润的企业法人。我国的商业银行，实行自主经营、自负盈亏、自担风险和自我约束的经营机制。它以获取利润为经营目标，以效益性、安全性、流动性为经营原则，并根据《中华人民共和国商业银行法》和《中华人民共和国公司法》的规定，主要经营以下业务：吸收存款，发放贷款，办理国内外结算，办理票据贴现，发行金融债券，代理发行，代理兑付，承销政府债券，买卖政府债券，从事同业拆借，买卖、代理买卖外汇，提供信用证服务及担保，代理收付款项及代理保险业务，提供保管箱服务等。目前我国的商业银行主要包括国有股份有限公司（中国工商银行股份有限公司、中国建设银行股份有限公司）、国有商业银行（中国农业银行、中国银行）、股份制综合性商业银行（交通银行、中信实业银行、光大银行、招商银行、华夏银行、广东发展银行、民生银行、平安银行、浦东发展银行、福建兴业银行等）、区域辐射和个性化鲜明的商业银行（上海银行、北京银行、渤海银行、浙商银行、徽商银行、晋商银行等）及城市商业银行。

政策性银行是指由政府发起并出资成立，为贯彻和配合政府特定经济政策和意图而进行融资和信用活动的机构。我国政策性银行是国家干预、协调经济的产物，是国家为了实现政策性金融和商业性金融相分离，割断政策性贷款与基础货币的关系，为特定的经济政策和产业政策服务的金融机构。自1994年我国相继成立了国家开发银行、中国农业发展银行和中国进出口银行3家政策性银行。这3家政策性银行均直属国务院领导，在贯彻国家宏观政策，支持经济的增长中发挥了特殊的职能作用。2007年，中央汇金公司和国家开发银行于12月31日在北京签署协议，向国家开发银行注资200亿美元。2008年2月，国务院批准了国家开发银行改革实施总体方案。2008年12月16日，国家开发银行股份有限公司在北京挂牌成立，成为第一家由政策性银行转型而来的商业银行，标志着我国政策性银行改革取得了重大进展。

专业银行是指有特定经营范围和提供专门性金融服务的银行。专业银行的出现是社会分工发展在金融领域的体现。中国邮政储蓄银行是我国专营储蓄业务的专业银行。

非银行金融机构又叫金融性公司，是指以发行股票和债券、接受信用委托、提供保险等形式筹集资金，并将所筹资金运用于长期性投资的金融机构。

非银行金融机构主要包括保险公司、证券公司、信托投资公司、租赁公司、资产管理公司、基金管理公司、财务公司、信用社等金融机构。

2. 金融企业

从金融机构经营的目标来看，金融机构可分为商业性金融机构和政策性金融机构。凡以追求利润为经营目标，按照市场经济规律进行经营活动的金融机构均是商业性金融机构，也叫金融企业。

金融企业是指一个特定的企业范畴，是经营货币信用业务、从事资金融通、追求盈利的经济实体，具体包括商业银行、保险公司、证券公司、信托投资公司、租赁公司等。其中商业银行、证券、保险构成了我国金融业的三大支柱。

二、金融企业的特点

如前所述，金融企业是一个特定的经济实体，其特点主要表现为：

1.主体的独立性。在金融企业体系中的每一个主体都是独立的法人，都自主经营，自负盈亏。

2.资产的货币性。金融企业是经营货币信用的特殊企业，其资产主要表现为货币性资产。

3.经营的获利性。金融企业在经营过程中自身不需投入很多的自有资本即可进行经营，并获取可观的收益，资本的财务杠杆率非常高。

4.业务的依赖性。金融企业经营货币信用和金融服务，对政策、市场的依赖程度较大。

5.监管的特殊性。金融企业经营业务的特殊性决定了其一方面要接受行业监督管理委员会的监管，另一方面还要接受中介机构和社会的监管。

任务二　金融企业会计特点认知

【任务重点】

掌握金融企业会计的特点。

想一想

晋华银行会计与一般工商企业会计的核算方法和流程有哪些不同？商业银行会计工作有何特点？

一、金融企业会计的含义和内容

（一）金融企业会计的含义

金融企业会计是以货币计量为主，运用会计的专门方法，对金融企业的经营活动过程进行连续、系统、全面、完整核算和监督，为金融企业经营者及有关方面提供财务状况、经营成果以及现金流量等会计信息，反映金融企业管理层受托责任履行情况，并有助于会计报告使用者作出经济决策的一门专业会计。

金融企业会计是一种经济管理活动，具体表现为：反映金融业务的财务状况和经营成果，为金融管理提供准确可靠的数字和资料；监督金融企业业务活动，对业务经营过程进行有效控制。

（二）金融企业会计的内容

如前所述，我国金融企业具有多样性的特点：既有商业银行，又有证券公司、保险公司、信托公司等。所以金融企业会计是根据上述各类不同企业会计的特点，综合、概括地总结各类金融企业会计的共性，按照会计的基本原理、基本原则、基本方法，遵循相关的法律、法规，运用到金融机构的一门行业会计，其构成如图1-1所示。

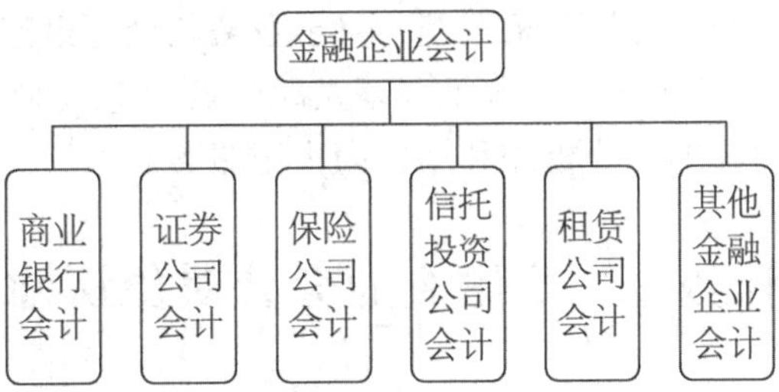

图1-1　金融企业会计构成图

二、金融企业会计的特点

金融企业会计是财务会计体系中的一个专业会计子系统，金融企业的性质和特征决定了金融企业会计具有以下特征：

1. 金融企业会计在核算内容上的社会性

金融企业是国民经济的综合部门，俗称国民经济的“晴雨表”，与国民经济各部门、各企业、各单位有着密切联系，通过筹集、融资、分配资金与其保持着广泛的信用关系。就是广大的人民群众也与金融企业保持着密切的信用关系。金融企业与储户、保户、股民之间的信用关系是任何一个部门都无法代替的。这就决定了金融企业会计核算必须面向社会、面向客户，所反映的国民经济活动具有广泛的社会性。

2. 金融企业会计在业务处理与会计核算上的同一性

经济活动在多数情况下表现为业务活动和财务活动相分离，业务活动由业务部门处理，财务活动由会计部门以货币为计量单位进行核算。例如制造业的供、产、销，商业流通企业的进、销、存都由业务部门进行业务处理与计算，会计部门以货币形式集中反映和核算。金融企业则不然，由于金融企业的经营对象就是货币，由各项业务活动引起的资金运动绝大部分是货币资金的增减变动。无论是银行的存、放、汇业务，还是保险公司的展业与理赔业务或者证券公司的自营与经纪业务等，始终表现为货币资金的运动。金融企业在处理各项业务的同时也要通过会计进行记载、核算和监督，业务处理与会计处理同步进行。金融企业会计是金融各领域业务的最终实现形式。金融企业会计体现的是金融业务处理与会计核算的同一性。

3. 金融企业会计在核算方法上的独特性

由于金融企业（尤其是商业银行）是经营货币资金的特殊法人，其各项业务始终以货币资金形态存在，不像其他企业，还有很大的物流存在，这就决定了金融企业会计从会计科目设置、凭证填制、账务处理程序及具体业务处理上，都有自己的特殊性。

4. 金融企业会计在内部管理和账务组织上的严密性

金融企业在国民经济中所处的地位及其作用，要求其会计核算必须准确、及时、完整、安全，同时要求在其内部必须要有规范的内部控制制度、严密的账务组织程序、安全的运行体系，如双线核对、相互控制、银行内控等制度，凭证、印章、密押分管制度，当日记账、结账、平衡制度，按日提供报表等，从而保证金融企业会计账务核算正确无误，避免资金安全遭受损失，也防止差错和舞弊发生。

5. 金融企业会计在信息处理上的及时性

金融企业广泛采用现代化处理手段，因此会计信息的处理和传输迅速、准确。银行资金汇划系统、证券交易系统、行情分析系统，对于业务的处理迅速、敏捷，提供的信息准确、可靠。客户也可通过查询系统、电子屏幕及时了解信息，使得会计信息得以充分披露，供投资者和有关部门采纳、分析和利用，为决策服务。

任务三　金融企业会计对象认知

【任务重点】

掌握金融企业会计要素。

想一想

金融企业会计要素划分有什么意义？

一、金融企业会计对象

会计对象是指在社会再生产过程中能以货币形式表现的资金及其资金运动。资金运动包括资金的投入、运用和退出3个阶段。

金融企业会计对象是指金融企业用货币形式表现的经济活动，即资金运动构成了金融企业会计所反映和监督的内容。

金融企业的这些经济活动实际表现为金融企业的资金来源和运用。

二、金融企业会计要素

金融企业会计要素是对会计对象所做的基本分类，是会计核算对象的具体化。它包括资产、负债、所有者权益、收入、费用和利润6项。这6项会计要素通常划分为反映财务状况的会计要素和反映经营成果的会计要素两大类。

（一）反映财务状况的会计要素

1.资产

资产是指由过去的交易或事项形成的并由企业拥有或控制的资源，该资源预期会给企业带来经济利益。资产按其流动性分为流动资产和非流动资产两类。

流动资产是指在1年内（含1年）变现或耗用的资产。

金融企业的流动资产主要包括库存现金、银行存款、交易性金融资产、其他应收款、长期待摊费用、银行的各种短期贷款、存放中央银行款项、贴现资产，保险公司的拆出资金、预付赔付款、存出保证金、应收保费、应收分保赔款，证券公司的结算备付金、代理兑付证券等。

非流动资产是指除流动资产以外的资产。金融企业的非流动资产包括长期股权投资、投资性房地产、固定资产、无形资产等。

长期股权投资是指除交易性金融资产、可供出售金融资产、持有至到期投资以外的投资。

投资性房地产是指专门为了在租赁市场或者投资市场进行谋利活动，获得对外租金收入或资本增值收入或两者兼有，而持有的房地产。

固定资产是指为生产商品、提供劳务、出租或经营管理而持有的，且使用寿命超过1个会计年度的资产，包括房屋、建筑物、运输工具以及与经营有关的设备和器具、工具等。

无形资产是指企业为生产商品或者提供劳务、出租给他人，或者为管理目的而持有的、没有实物形态的非货币性长期资产，如专利权、商标权、著作权、土地使用权等。

从资产的定义可以看出，资产必须具备以下特征：

（1）资产是由过去的交易或者事项形成的，未来发生的交易或事项不形成资产；

（2）资产是企业拥有或者控制的，即企业享有其所有权或虽不享有所有权但能被企业所控制；

（3）资产预期能给企业带来经济利益。

金融企业在确认资产时，必须满足以下条件：

（1）与该资产有关的经济利益很可能流入企业；

（2）该资产的成本或者价值能够可靠地计量。

2.负债

负债是指由过去的交易或事项形成的现时义务，履行该义务预期会导致经济利益流出企业，包括向中央银行借款、拆入资金、交易性金融负债、应付职工薪酬、吸收存款、衍生金融负债、应付分保账款、保户储金及投资款、未到期责任准备金、代理买卖证券款、长期借款等。

从以上定义可以看出，负债具有以下特征：

（1）负债是企业的现时义务，未来发生的交易或事项形成的义务不能成为负债；

（2）负债会导致经济利益流出。

金融企业在确认负债时，必须满足以下条件：

（1）与该义务有关的经济利益很可能流出企业；

（2）未来流出企业的经济利益的金额能够可靠地计量。

3.所有者权益

所有者权益是指所有者在企业资产中享有的经济利益。所有者权益在数量上等于企业资产总额减去负债总额后的余额，在性质上体现为所有者对企业净资产的所有权。股份公司的所有者权益又称为股东权益。

所有者权益的来源包括所有者投入的资本、直接计入所有者权益的利得和损失、留存收益等，具体表现为实收资本或股本、资本公积、盈余公积、一般风险准备金、未分配利润等。

直接计入所有者权益的利得和损失，是指不应计入当期损益、会导致所有者权益发生增减变动的、与所有者投入资本或者向所有者分配利润无关的利得或者损失。

利得是指由企业非日常活动形成的、会导致所有者权益增加、与所有者投入资本无关的经济利益的流入。

损失是指由企业非日常活动所发生的、会导致所有者权益减少的、与向所有者分配利润无关的经济利益的流出。

所有者权益与负债比较，具有以下特征：

（1）负债是企业对债权人所承担的经济责任，企业负有偿还的义务；而所有者权益是企业对投资人所承担的经济责任，一般情况下不需要归还。

（2）在企业清算时，负债拥有优先求偿权，即企业的资产只有在清偿所有的负债后才返还给投资人。在偿还顺序上，负债具有优先权，所有者权益是剩余权。

（3）债权人只享有按期收回利息和债务本金的权利，而无权参与企业的利润分配和经营管理；投资者则既可以参与企业的利润分配，也可以参与企业的经营管理。

资产、负债、所有者权益3个要素反映了金融企业在某一特定日期拥有的经济资源及其分布情况，以及经济资源的来源结构，表明了投资者在企业资产中所占有的份额及将来为偿还债务预期会流出的经济资源数额，从而反映了企业在某一特定时日的偿债能力和支付能力。反映其数量关系的会计等式可以表示如下：

资产-负债＝所有者权益

这一等式也叫会计平衡公式，是设置账户、复式记账、编制资产负债表、进行试算平衡的理论基础。

（二）反映经营成果的会计要素

1.收入

收入是指企业在日常活动中形成的、会导致所有者权益增加的、与所有者投入资本无关的经济利益的总流入。它具体表现为资产的增加或负债的减少。收入只有在经济利益很可能流入从而导致企业资产增加或者负债减少、且经济利益的流入额能够可靠计量时才能予以确认，具体包括利息收入、手续费及佣金收入、保费收入、分保费收入等。

金融企业收入具有以下特征：

（1）收入是在日常经济活动中产生的经济利益的流入，而不是在偶发的交易或事项中产生的经济利益的流入；

（2）收入表现为企业资产的增加、负债的减少或者二者兼而有之；

（3）收入能导致企业所有者权益的增加；

（4）收入只包括本企业经济利益的流入，不包括为第三方或客户代收的款项。

2.费用

费用是指企业在日常活动中发生的、会导致所有者权益减少的、与向所有者分配利润无关的经济利益的总流出。费用只有在经济利益很可能流出，从而导致企业资产减少或者负债增加且经济利益的流出额能够可靠计量时才能予以确认，具体包括利息支出、手续费及佣金支出、业务及管理费、提取未到期责任准备金、提取保险责任准备金、赔付支出、保单红利支出、分出保费、分保费用、所得税费用等。

金融企业费用具有以下特征：

（1）费用是企业在日常活动中发生的经济利益的流出，而不是在偶发的交易或事项中发生的经济利益流出；

（2）费用表现为企业资产的减少、负债的增加或二者兼而有之；

（3）费用最终将会减少企业的所有者权益。

3.利润

利润是指企业在一定时期内的经营成果。利润包括收入减去费用后的净额、直接计入当期利润的利得和损失等。直接计入当期利润的利得和损失，是指应当计入当期损益、会导致所有者权益发生增减变动的、与所有者投入资本或者向所有者分配利润无关的利得或者损失。利润金额取决于收入和费用、直接计入当期利润的利得和损失金额，具体包括营业利润、利润总额和净利润等。

营业利润是指营业收入减去营业成本、税金及附加、营业费用，加上投资净收益等后的净额。

利润总额是指营业利润加上营业外收入，减去营业外支出后的金额。

净利润是指利润总额减去所得税费用后的金额。

资产损失是指金融企业按规定提取（或转回）的贷款损失和其他各项资产损失。

金融企业利润具有以下特征：

（1）收入的实现是利润形成的重要前提；

（2）利润是由收入抵减费用后的差额形成的；

（3）利润代表企业在一个会计期间内的最终经营成果。

利润集中反映企业经营活动各方面的效益，是企业最终的财务成果，是衡量企业经营管理的综合指标。经过计算，利润总额如为正数则表示盈利；如为负数则表示亏损。

收入、费用、利润3个会计要素可以及时反映金融企业在一定会计期间内的经营业绩和获利能力，反映企业投入产出的效率和经济效益，有助于企业投资人和债权人据此进行盈利预测，评价企业的经营绩效，作出正确决策，是反映企业经营成果的会计要素。反映其数量关系的会计等式可表示为：

收入－费用＝利润

这一等式反映了金融企业在某一特定时期的经营成果。由于该等式反映的是在某一特定时期内金融企业收入、费用发生的动态过程，又被称为动态的会计等式。它是企业确定利润、设置损益类账户和编制利润表的理论基础。

任务四　金融企业会计信息质量要求认知

【任务重点】

掌握金融企业会计假设、会计属性、信息质量要求等内容。

想一想

1.金融企业会计核算的基本前提是什么？

2.金融企业会计是对外报告会计，其向外提供的信息要符合什么要求？

3.金融企业计量属性有哪几种？

一、金融企业会计假设

金融企业会计假设又叫会计核算的基本前提，是指为了保证会计工作的正常进行和会计计量，对会计核算的范围、内容、基本程序和方法所做的限定，是对会计核算所处的时间、空间环境作出的合理设定。

会计工作是在不断变化的社会经济环境中进行的，由于环境中存在着许多不确定的因素，如果对这些不确定的因素不作出一定的限定，那么会计工作将无法进行下去。因而我们必须对在社会实践中未被确切认识的事物或进行会计工作的先决条件，根据客观的、正常的情况或趋势，作出合乎事理的判断，这就是会计假设。

一般会计假设具体包括会计主体假设、持续经营假设、会计期间假设、货币计量假设等4项。

（一）会计主体

会计主体是指金融企业会计工作所服务的特定单位或组织。明确会计主体是组织会计工作的前提条件。进行会计核算时应确定会计主体，也就是界定会计核算的空间范围。会计所要提供的信息是关于某一特定主体的财务状况和经营成果等方面的信息。在市场经济下，国民经济的基层单位，如行政、事业、企业单位等，都可以作为一个会计主体。

会计主体与法律主体是两个不同的概念。法律主体是指由出资人出资组建，在政府指定部门注册登记，拥有法人产权，具有独立民事行为能力的单位。一般说来，法律主体必然为会计主体，但是会计主体不一定是法律主体。

（二）持续经营

持续经营是指金融企业的经营活动在可预见的未来，将会按当前的规模和状态持续下去，不会停业，也不会大规模削减业务。会计核算应当以持续、正常的经营活动为前提。

持续经营假设界定了会计核算的时间范围，即会计工作是在假定会计主体持续、正常经营的条件下进行的。这一前提的主要意义在于：它将一系列会计原则、方法和程序建立在非清算的基础之上，从而为解决资产计价和收益确认等问题提供了基础，也使会计处理方法和程序能保持其稳定性，从而保证会计信息质量。

（三）会计期间

会计期间是指对企业持续不断的经营活动，应当合理地进行会计分期。会计期间假设是对持续经营假设的补充，因为在持续经营的前提下，企业的生产经营活动是连续不断进行的，在时间上具有不间断性，如果不进行期间划分，就只有在等到经济活动全部停止时才能提供财务报告，但这难以满足企业会计信息使用者的需求。所以，为了及时发现企业在经济活动中存在的问题，不断改善企业的经营管理，就需要将持续经营的时间人为划分为若干个首尾相接的等间距的会计期间。

在我国，会计期间分为年度、半年度、季度和月度，起讫日期采用公历日期。

（四）货币计量

货币计量是指对所有的会计核算对象，必须以假定价值不变的货币作为基本计量单位来计量、记录和报告企业经营活动的情况。

会计运用货币作为基本计量单位是商品经济发展的必然结果，在商品经济条件下，会计对经济活动的综合反映，只能用货币计量单位进行，这已为会计发展史所证明。除此以外，货币计量假设还隐含了“币值不变”的假设，即作为计量单位的货币币值稳定，即使币值本身的价值发生波动（波动不大），在会计核算中也可不予考虑，仍按照稳定币值计量，进行会计处理。事实上，货币价值本身是不可能不发生变动的，但如果没有币值不变假设，则意味着币值每一次发生变动，就必须对会计记录作出一次调整，这在现行实务中是很难做到的。因而“币值不变”假设是会计核算的前提条件之一，坚持货币计量的币值不变假设，有利于组织会计核算工作，并提供有用的会计信息。

在金融市场全面开放的今天，金融企业交易很可能存在两种以上的货币单位，这时，就需要在两种以上的货币单位中确定一种货币作为记账本位币，以对各种不同货币单位结算的经济业务进行综合反映。在我国，通常会计核算以人民币作为记账本位币。业务收支以人民币以外的其他货币为主的企业，也可以选定某种人民币以外的货币作为记账本位币，但向国内报送的会计报表应当折算为人民币予以反映。

二、金融企业会计计量属性

根据《企业会计准则——基本准则》的规定，金融企业应当以权责发生制为基础进行会计确认、计量和报告，并将符合确认条件的会计要素登记入账同时列报于会计报表及其附注，应当按照规定的会计计量属性进行计量，确定其金额。会计计量属性主要包括：

（一）历史成本

在历史成本计量下，资产按照购置时支付的现金或者现金等价物的金额，或者按照购置资产时所付出的对价的公允价值计量。负债按照因承担现时义务而实际收到的款项或者资产的金额，或者承担现时义务的合同金额，或者按照在日常经济活动中为偿还负债预期需要支付的现金或现金等价物的金额计量。

（二）重置成本

在重置成本计量下，资产按照现在购买相同或者相似资产所需支付的现金或者现金等价物的金额计量。负债按照现在偿付该项负债所需支付的现金或者现金等价物的金额计量。

（三）可变现净值

在可变现净值计量下，资产按照其正常对外销售所能收到的现金或者现金等价物的金额扣减该资产至完工时估计将要发生的成本、销售费用以及相关税费后的金额计量。

（四）现值

在现值计量下，资产按照预计从其持续使用和最终处置中所产生的未来净现金流入量的折现金额计量。负债按照在预计期限内需要偿还的未来净现金流出量的折现金额计量。

（五）公允价值

在公允价值计量下，市场参与者在计量日发生的有序交易中，资产按照出售一项资产所能收到的价格计量，负债按照转移一项负债所需支付的价格计量。

三、金融企业会计信息质量要求

金融企业会计的具体目标是满足信息使用者对会计信息的需要。会计信息质量要求是对金融企业会计信息的基本质量要求，是选择会计程序和方法的标准，是财务报告目标的具体化。根据《企业会计准则——基本准则》的规定，金融企业会计信息质量要求包括8项：

（一）客观性

客观性是要求企业应当以实际发生的交易或者事项为依据进行会计确认、计量和报告，如实反映符合确认和计量要求的各项会计要素及其他相关信息，保证会计信息真实可靠、内容完整。

（二）相关性

相关性是要求会计提供的信息应当与会计信息使用者进行决策所需要的信息相关联，满足会计信息使用者的需要。企业提供的会计信息应当与财务会计报告使用者的经济决策需要相关，有助于财务会计报告使用者对企业过去、现在或者未来的情况作出评价或者预测。

（三）明晰性

明晰性是要求企业提供的会计信息应当清晰明了，便于财务会计报告使用者理解和使用。

（四）可比性

可比性是要求企业提供的会计信息应当具有可比性。同一企业不同时期发生的相同或者相似的交易或者事项，应当采用一致的会计政策，不得随意变更。确实需要变更的，应当在附注中说明。不同企业发生的相同或者相似的交易或者事项，应当采用规定的会计政策，以确保会计信息口径一致、相互可比。

（五）实质重于形式

实质重于形式是要求企业应当按照交易或者事项的经济实质进行会计确认、计量和报告，不应仅以交易或者事项的法律形式为依据。

（六）重要性

重要性是要求企业对经济业务应区别其重要程度，采用不同的会计处理方法。对于重要的会计事项必须按照规定的方法和程序进行处理，并在财务报告中予以充分、准确的披露；对于相对次要即对决策不会产生重要影响的会计事项，在不影响真实性的前提下，可以适当简化会计核算手续，在财务报告中合并反映。

（七）谨慎性

谨慎性是要求企业在会计核算中当存在不确定性因素时，应以谨慎的态度加以判断，不得高估资产或收益，低估负债或费用，要合理反映可能发生的损失和费用。

（八）及时性

及时性是要求企业对于已经发生的交易或者事项，应当及时进行会计确认、计量和报告，不得提前或者延后。

会计信息质量要求的层级如图1-2所示。

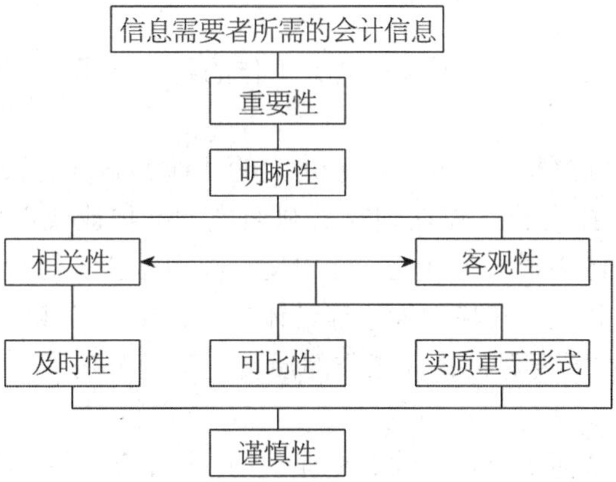

图1-2　会计信息质量要求的层级

任务五　金融企业会计的工作组织

【任务重点】

熟悉金融企业会计机构设置、人员任用、制度规范。

想一想

金融企业应如何组织会计工作才合理有效？

一、认识组织会计工作的意义

金融企业会计的工作组织，是指各金融机构从本单位会计工作实际情况出发，根据国家的有关法律和行政法规，设置负责会计工作的职能机构，建立、健全会计的规章制度，配备专门的会计人员，按照会计管理的客观规律，把会计工作科学地组织起来，使会计工作有组织、有领导、有秩序地进行，从而保证会计工作合理、有效完成。

会计工作是一项系统工作，有系统就必然存在着系统的组织问题。只有系统中的各个部分都合理有序，相互协调，才能使整个会计工作得以顺利进行。科学、合理组织会计工作对于高效完成会计工作任务，充分发挥会计的作用具有十分重要的意义：

第一，科学、合理组织会计工作，有利于保证会计工作的质量，提高金融企业会计工作的效率。

第二，科学、合理组织会计工作，有利于会计工作与其他管理工作协调一致，提高金融企业的管理水平。

第三，科学、合理组织会计工作，有利于加强各单位内部的经济责任制，提高金融企业的经济效益。

第四，科学、合理组织会计工作，有利于各单位正确执行党和国家的有关方针、政策、财经纪律和法令法规，使所有者的权益得到保障。

二、组织会计工作的要求

组织会计工作的要求是指组织会计工作时必须遵循的原则和信条。它是做好会计工作，提高会计工作质量和效率的保证。会计工作的组织主要包括会计机构的设置，会计人员的配备，会计法规、准则和制度的制定和执行，会计档案的保管等。要组织好会计工作，应符合以下要求：

（一）组织会计工作既要符合国家对会计工作的统一要求，又要适应各单位经营管理的特点

组织会计工作，必须严格贯彻执行国家规定的法律和制度。只有按照国家统一的要求组织会计工作，才能发挥会计工作在国家宏观调控、维护社会主义市场经济秩序中的作用。同时组织会计工作还必须从本单位实际出发，在遵循会计法规、准则的前提下，根据本单位业务经营的特点和经营规模的大小等具体情况，制定具体办法或者补充规定。

（二）组织会计工作既要保证核算工作的质量，又要节约人力、物力、财力，提高工作效率

会计工作是一项繁杂而讲求技术性、专业性的工作，若不能合理组织会计工作，就会浪费人力、物力、财力，不利于单位经济目标的实现。组织会计工作，应在不违反财经法规的条件下，在保证会计工作质量的前提下，尽量节约时间和费用，讲求工作效率。具体来讲就是对所有会计凭证、账簿、报告的设计，对机构的设置，以及对人员的配备等，都应力求精简，避免烦琐。

（三）组织会计工作要建立会计工作的责任制，并认真检查其实施情况，才能保证整个单位的经济责任制度得以有效贯彻执行

组织会计工作，应对有关会计人员进行合理分工，实现会计手续和工作程序的规范化，并经常检查其执行情况，力求各岗位上的会计人员在认真履行本岗位职责的同时，使各岗位工作相互协调、相互配合，从而保证整个单位的经济责任制度得以有效贯彻。

三、金融企业会计机构的设置

会计机构是各单位内部组织领导和直接从事会计工作的职能部门。金融企业的会计工作是整个金融企业工作的重要组成部分。建立、健全金融企业会计机构对保证金融企业会计工作顺利进行，并及时准确提供经济管理和经营决策所需要的信息，具有重要的作用。

金融企业会计机构设置要考虑以下因素：一是应与经营规模和会计工作的繁简程度相适应；二是机构分工应明确具体，手续严格；三是应有利于提高会计工作效率；四是应当建立内部稽核制度和内部牵制制度等。

金融企业设置会计机构要与其管理体制、工作需要和业务工作相适应。通常不直接对

外办理业务的金融机构系统内部的领导管理机构（如银行、证券、保险、信托部门）设立会计部、会计处、会计科等；直接对外办理业务、处在第一线的会计机构（如各金融机构基层单位）设立会计科、会计股等；一些业务不多、不进行独立核算的下属部门，根据情况可不设置独立的会计机构，但必须配备专职会计人员和会计主管，负责处理会计工作。

各级金融机构的会计工作必须在行长（经理）领导下，依据会计法律法规和金融企业有关规章在各自的工作范围内开展会计工作，以便正常、有效地发挥会计机构的作用和权利。

四、会计人员任用

会计人员是会计工作的实施者。金融企业的会计部门就是由一批从事会计管理和实际操作的专业人员组成的。会计工作任务必须通过会计人员得以实现和完成。所以金融企业建立一支具有良好专业能力和职业道德的会计人员队伍是做好会计工作的重要前提。

金融企业会计人员包括：会计主管、复核、记账、出纳、稽核、检查、辅导人员和其他从事账务处理工作的人员。在业务部门中担任账务工作的记账员和复核员，也属于会计人员，在业务上受会计主管人员的领导。

（一）会计人员的主要职责

1.认真组织、推动会计工作的各项规章制度、办法的贯彻执行。

2.按操作规程，认真进行会计核算与监督，努力完成各项工作任务。

3.遵守国家财经政策、法令和有关制度，认真办理各项业务。

4.讲究职业道德，坚持原则，维护财经纪律，同一切违法乱纪行为作斗争。

（二）会计人员的权限

为保障会计人员履行职责，赋予会计人员的权限是：

1.有权要求各开户单位及本企业其他业务部门，认真执行财经纪律和有关规章制度、办法，如有违反，会计人员有权拒绝办理。对违法乱纪的，会计人员有权拒绝受理，并向本单位领导或上级领导报告。

2.有权越级反映情况。会计人员在行使职权的过程中，对违反国家政策、财经纪律和财务制度的收支，单位领导坚持办理的，会计人员可以执行，同时必须向上级主管单位的行政领导提出书面报告，请求处理，并报财政部门和审计机关。

3.有权对本单位各职能部门在资金使用、财务管理、财务收支等方面实行会计监督。

4.有权参与本单位编制计划、签订经济合同，参加有关业务和经营管理会议。

5.有权参加继续教育和会计业务培训。

（三）会计人员职业道德

金融企业会计人员职业道德主要包括：爱岗敬业，熟悉法规，依法办事，客观公正，搞好服务，保守秘密。

会计人员应当正确行使各项职责和权限，既要坚持原则，执行制度，又要实事求是，避免主观片面，防止滥用职权，同时应坚守会计人员的职业道德规范。

五、金融企业会计法律制度规范

没有规矩，不成方圆。为了使会计工作有组织、有秩序地进行，就需要按照一定的法律规范和准则、制度进行。金融企业会计法律制度是指国家权力机关和行政机关制定的各种有关会计工作的规范性文件的总称。通常包括会计法律、金融行业法律法规、会计行政法规、会计规章、地方规范性文件等几个层次。

《中华人民共和国会计法》是调整我国经济生活中会计关系的法律总称，是制定其他会计法规的依据，也是指导会计工作的基本准则。

各金融机构也必须在各自机构的法律框架下工作，比如《中华人民共和国中国人民银行法》《中华人民共和国商业银行法》《中华人民共和国保险法》《中华人民共和国证券法》《中华人民共和国信托法》等都是约束各自金融机构会计工作的法律规范，会计工作也必须严格遵守。

除了会计法规和金融法规之外，会计准则和应用指南是金融机构会计工作的具体要求和规定。我国的会计工作基本上已经与国际接轨。按照世界通用的国际会计准则来构建我国的会计制度，会计准则可分为基本准则与具体准则。基本准则主要是对会计核算的一般要求和对会计核算的主要方面作出的原则性规定，为具体准则和会计制度的制定提供基本架构。我国目前颁布施行的《企业会计准则——基本准则》对会计核算的信息质量要求以及会计要素的确认、计量和报告原则作了明确规定。

具体准则是根据基本准则制定的，是用来指导企业各类经济业务确认、计量、记录和报告的规范。目前，我国已经陆续出台了42项具体准则。一类是一般业务准则，主要规范各类企业普遍适用的一般经济业务的确认和计量要求，包括存货准则，长期股权投资准则，投资性房地产准则，会计政策、会计估计变更和差错更正准则，固定资产准则，无形资产准则，非货币性资产交换准则，资产减值准则，职工薪酬准则，企业年金基金准则，每股收益准则，股份支付准则，债务重组准则，或有事项准则，收入准则，建造合同准则，政府补助准则，借款费用准则，所得税准则，外币折算准则，资产负债表日后事项准则，企业合并准则，公允价值计量准则，合营安排准则，在其他主体中权益的披露准则等；一类是特殊行业的特定业务准则，包括石油天然气开采准则、生物资产准则、金融工具确认和计量准则、租赁准则、金融资产转移准则、套期保值准则、原保险合同准则、再保险合同准则、金融工具列报准则，持有待售的非流动资产、处置组和终止经营等；一类是报告准则，包括财务报表列报准则、现金流量表准则、中期财务报告准则、合并财务报表准则、分部报告准则、关联方披露准则、首次执行企业会计准则等。

会计准则应用指南是根据基本准则和具体准则制定的，指导会计实务的操作指南。会计准则应用指南主要解决在运用准则处理经济业务时所涉及的会计科目、账务处理、会计报表及其格式，类似于以前的会计制度。

《会计基础工作规范》《企业会计信息化工作规范》是由财政部发布的会计规章，是金融企业建立会计工作秩序、加强会计基础工作和信息化环境下的会计工作的具体操作规范。

内部会计管理制度是各单位对本单位会计工作和会计资料完整性、真实性加以规范的制度，是根据《会计基础工作规范》的规定，结合本单位的具体情况和内部管理的需要而建立的。通常各单位内部管理制度包括：内部会计管理体系；会计人员岗位责任制；账务处理程序制度；内部牵制制度；原始记录制度；定额管理制度；计量验收制度和财产清查制度等。

同步训练

☞思考训练

1. 什么是金融企业？金融企业与工商企业有何区别？
2. 什么是金融企业会计，有何特点？
3. 金融企业会计对象指什么？
4. 金融企业会计信息质量要求是什么？
5. 如何组织金融企业会计工作？

项目二　金融企业会计核算方法认知

【知识目标】

1. 了解金融企业会计核算方法的内容；
2. 熟悉金融企业会计核算方法的特点；
3. 掌握金融企业会计核算方法的使用。

【技能目标】

1. 会正确判断各种会计核算方法；
2. 能熟练使用各种会计核算方法；
3. 能有效组织金融企业账务。

任务一　会计科目设置

【任务重点】

掌握会计科目的分类。

想一想

金融企业应如何设置会计科目？

一、了解金融企业会计科目

会计科目是指按照经济业务的内容和经济管理的要求，对会计要素所做的科学分类。其含义如图2-1所示。

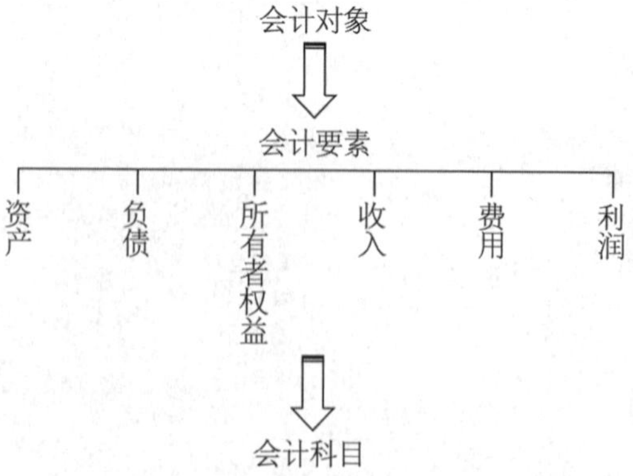

图2-1　会计要素、对象、科目关系图

二、金融企业会计科目设置的意义

1. 全面、系统、分类反映会计要素内容的需要。
2. 满足信息使用者了解会计信息的需要。

3.设置会计账户，核算经济业务的需要。

三、金融企业会计科目的设置原则

1.科学完整地反映会计对象的内容。

2.满足会计报表编制及会计信息使用者的需求。

3.会计科目名称要字意相符、简明易懂。

4.体现统一性、灵活性和稳定性。

四、金融企业会计科目的分类

（一）按其反映的经济内容分类

金融企业会计科目按其反映的经济内容可分为资产类、负债类、所有者权益类、损益类和资产负债共同类科目。

1.资产类科目，反映金融企业资金的占用和分布，包括各种财产、债权和其他权利类科目，如交易性金融资产、长期股权投资、投资性房地产、固定资产、无形资产、递延所得税资产等科目。

2.负债类科目，反映金融企业资金的取得和形成的渠道，包括各种债务、应付款项和其他应偿付债务类科目，如向中央银行借款、代理买卖证券款、衍生金融负债、吸收存款、应付职工薪酬、应付债券等。

3.所有者权益类科目，反映债权人和所有者权益，包括资金投入者的资金及留存收益类科目，如实收资本（或股本）、资本公积、盈余公积、一般风险准备、利润分配等。

4.损益类科目，反映金融企业财务收支和经营成果，包括金融企业的收入、支出和费用类科目，如主营业务收入、其他业务收入、营业外收入、利息支出、营业外支出、投资收益等。

5.资产负债共同类科目，反映金融企业在日常核算中资产、负债性质不确定，其性质视科目的期末余额轧差而定，包括系统内联行往来、清算资金往来、货币兑换等科目。

主要会计科目见表2-1。

表2-1 **会计科目表**

顺序号	编 号	会计科目名称	会计科目适用范围
一、资产类			
1	1001	库存现金	
2	1002	银行存款	
3	1003	存放中央银行款项	银行专用
4	1011	存放同业	银行专用
5	1015	其他货币资金	
6	1021	结算备付金	证券专用
7	1031	存出保证金	金融共用
8	1051	拆出资金	金融共用
9	1101	交易性金融资产	
10	1111	买入返售金融资产	金融共用

续表

顺序号	编　号	会计科目名称	会计科目适用范围
11	1121	应收票据	
12	1122	应收账款	
13	1123	预付账款	
14	1131	应收股利	
15	1132	应收利息	
16	1211	应收保户储金	保险专用
17	1221	应收代位追偿款	保险专用
18	1222	应收分保账款	保险专用
19	1223	应收分保未到期责任准备金	保险专用
20	1224	应收分保保险责任准备金	保险专用
21	1231	其他应收款	
22	1241	坏账准备	
23	1251	贴现资产	银行专用
24	1301	贷款	银行和保险共用
25	1302	贷款损失准备	银行和保险共用
26	1311	代理兑付证券	银行和保险共用
27	1321	代理业务资产	
28	1441	贵金属	银行专用
29	1442	抵债资产	金融共用
30	1451	损余物资	保险专用
31	1461	存货跌价准备	
32	1501	长期待摊费用	
33	1511	独立账户资产	保险专用
34	1521	持有至到期投资	
35	1522	持有至到期投资减值准备	
36	1523	可供出售金融资产	
37	1524	长期股权投资	
38	1525	长期股权投资减值准备	
39	1526	投资性房地产	
40	1531	长期应收款	
41	1541	未实现融资收益	
42	1551	存出资本保证金	保险专用
43	1601	固定资产	

续表

顺序号	编　号	会计科目名称	会计科目适用范围
44	1602	累计折旧	
45	1603	固定资产减值准备	
46	1604	在建工程	
47	1605	工程物资	
48	1606	固定资产清理	
49	1611	融资租赁资产	租赁专用
50	1612	未担保余值	租赁专用
51	1701	无形资产	
52	1702	累计摊销	
53	1703	无形资产减值准备	
54	1711	商誉	
55	1801	长期待摊费用	
56	1811	递延所得税资产	
57	1901	待处理财产损溢	
二、负债类			
58	2001	短期借款	
59	2002	存入保证金	金融共用
60	2003	拆入资金	金融共用
61	2004	向中央银行借款	银行专用
62	2011	同业存放	银行专用
63	2012	吸收存款	银行专用
64	2021	贴现负债	银行专用
65	2101	交易性金融负债	
66	2111	卖出回购金融资产款	金融共用
67	2201	应付票据	
68	2202	应付账款	
69	2203	预收账款	
70	2211	应付职工薪酬	
71	2221	应交税费	
72	2231	应付股利	
73	2232	应付利息	
74	2241	其他应付款	
75	2251	应付保单红利	保险专用

续表

顺序号	编　号	会计科目名称	会计科目适用范围
76	2261	应付分保账款	保险专用
77	2311	代理买卖证券款	证券专用
78	2312	代理承销证券款	证券和银行共用
79	2313	代理兑付证券款	证券和银行共用
80	2314	代理业务负债	
81	2401	递延收益	
82	2501	长期借款	
83	2502	长期债券	
84	2601	未到期责任准备金	
85	2602	保险责任准备金	
86	2611	保户储金	保险专用
87	2621	独立账户负债	保险专用
88	2701	长期应付款	保险专用
89	2702	未确认融资费用	保险专用
90	2711	专项应付款	
91	2801	预计负债	
92	2901	递延所得税负债	
三、共同类			
93	3001	清算资金往来	银行专用
94	3002	货币兑换	金融共用
95	3101	衍生工具	
96	3201	套期工具	
97	3202	被套期项目	
四、所有者权益类			
98	4001	实收资本	
99	4002	资本公积	
100	4101	盈余公积	
101	4102	一般风险准备	金融共用
102	4103	本年利润	
103	4104	利润分配	
104	4201	库存股	
五、成本类（略）			
六、损益类			

续表

顺序号	编 号	会计科目名称	会计科目适用范围
105	6011	利息收入	金融共用
106	6021	手续费及佣金收入	金融共用
107	6031	保费收入	保险专用
108	6032	分保费收入	保险专用
109	6041	租赁收入	租赁专用
110	6051	其他业务收入	
111	6061	汇兑损益	金融专用
112	6101	公允价值变动损益	
113	6111	投资收益	
114	6201	摊回保险责任准备金	保险专用
115	6202	摊回赔付支出	保险专用
116	6203	摊回分保费用	保险专用
117	6301	营业外收入	
118	6402	其他业务成本	
119	6405	税金及附加	
120	6411	利息支出	金融共用
121	6421	手续费及佣金支出	金融共用
122	6501	提取未到期责任准备金	保险专用
123	6502	提取保险责任准备金	保险专用
124	6511	赔付支出	保险专用
125	6521	保单红利支出	保险专用
126	6531	退保金	保险专用
127	6541	分出保费	保险专用
128	6542	分保费用	
129	6601	销售费用	
130	6602	管理费用	
131	6603	财务费用	
132	6701	资产减值损失	
133	6711	营业外支出	
134	6801	所得税费用	
135	6901	以前年度损益调整	

（二）按其与资产负债表的关系分类

金融企业会计科目按其与资产负债表的关系可分为表内科目和表外科目。

1. 表内科目，是指反映在资产负债表上，用以核算和监督金融企业资金活动的科目，如库存现金等。

2. 表外科目，是指不纳入资产负债表内，用以记载不涉及资金运动的重要业务事项的科目，如重要空白凭证等。

（三）按其提供核算指标的详略程度分类

金融企业会计科目按其提供核算指标的详略程度可分为总分类科目和明细分类科目。

1. 总分类科目，是指对会计要素的具体内容进行总括分类的科目，又称一级科目。

2. 明细分类科目，是指根据核算与管理的需要对某些会计科目所做的进一步分类，按照分类的详略程度又可分为子目和细目。子目又称二级科目，细目又称三级科目。例如“吸收存款”科目，能总括反映商业银行吸收存款的情况，根据管理与核算的需要，该科目又可以划分为吸收单位的“单位存款”和吸收居民个人的“储蓄存款”等，“储蓄存款”下还可以按存款人设立细目，以反映各存款人的详细情况。

任务二　记账方法

【任务重点】

掌握借贷记账法。

想一想

华信证券公司刚刚成立，办公室用现金500元购买了办公用品，分发给有关部门使用，对此，财务部门应该如何处理？

一、了解记账方法

记账方法是按一定的记账规则、使用一定的记账符号，将经济业务进行整理、分类和记入会计账簿的一种专门方法。它是随着会计的产生、发展而形成的一种对经济业务进行处理的特定技术方法，按其登记某项经济业务是涉及一个账户还是涉及两个或两个以上的账户，可分为单式记账法和复式记账法。

单式记账法，是指对发生的每一项经济业务，只在一个账户中进行登记的记账方法。

复式记账法是指对发生的每一项经济业务，都以相等的金额，在相互联系的两个或两个以上账户中同时进行登记的记账方法。

复式记账法是以会计等式所揭示的有关资金运动的内在规律性为理论依据的。任何一项经济业务的发生，都会引起两个或两个以上会计要素（或同一会计要素的两个项目）发生增减变动，或等式两边同增，或等式两边同减，或等式左（右）边此增彼减，且变动的金额相等。要如实地、全面地反映这一客观存在的规律性的现象，在会计记账时，就要将变动的两个方面以相等的金额同时在两个或两个以上相互联系的账户中进行登记，这就是复式记账法。因此，会计等式是复式记账法的理论基础，复式记账法是会计等式不断实现新平衡的保证。

复式记账法在其发展过程中，曾有借贷记账法、收付记账法、增减记账法等几种复式记账方法。其中，借贷记账法是世界各国通用的一种复式记账方法。

二、借贷记账法

借贷记账法是根据复式记账原理，以资产等于负债加所有者权益的平衡公式为基础，以“借”和“贷”为记账符号，按照“有借必有贷，借贷必相等”的记账规则在账户中进行登记的一种复式记账方法。其主要内容包括：记账主体、记账符号、记账规则和试算平衡四个方面。

（一）记账主体

借贷记账法是以会计科目为主，根据复式记账的平衡关系，将金融企业会计对象内容按会计科目划分为资产、负债、所有者权益和损益四类，当经济业务发生后，根据其内在的联系，按会计科目的性质，来确定记账方向及其对应关系。

（二）记账符号

借贷记账法是以“借”“贷”为记账符号，将每个账户划分为借方和贷方两个基本部分。通常左方为借方，右方为贷方，即一方登记增加金额，一方登记减少金额。至于哪一方登记增加金额，哪一方登记减少金额，则取决于账户所要反映的经济内容。“借”和“贷”是纯粹的表示增加或减少的记账符号，它们都具有双重含义，见表2-2。

表2-2 **记账符号的含义**

借 方	贷 方
资产增加	负债增加
负债减少	资产减少
权益减少	权益增加
损失增加	损失减少
收益减少	收益增加
余额表示资产或损失	余额表示负债和所有者权益或收益

（三）记账规则

借贷记账法是以“有借必有贷、借贷必相等”为记账规则。当经济业务发生时，同时要引起至少两个账户发生变化，根据所涉及资金增减变化的内在联系，在确定应记账户的基础上，以同等的金额记入一个账户的借方，另一个账户的贷方；或者记入一个账户的贷方，另一个账户的借方。有借方必须有贷方、借贷双方金额必须相等。现以银行业务举例说明如下：

【例2-1】储户王平以现金8 000元存入甲银行活期储蓄存款。

这笔业务涉及“库存现金”和“吸收存款”两个科目。库存现金增加属于银行资产的增加，应记入借方；王平活期储蓄存款增加了银行的负债，应记入贷方。其会计分录为：

借：库存现金 8 000

贷：吸收存款——活期储蓄存款——王平 8 000

【例2-2】甲银行收到某投资者以现金投入的资本金300 000元。

这笔业务涉及“库存现金”和“实收资本”两个科目。库存现金增加属于银行资产的增加，应记入借方；实收资本增加属于所有者权益的增加，应记入贷方。其会计分录为：

借：库存现金 300 000

贷：实收资本 300 000

【例2-3】矿机厂归还甲银行所借流动资金贷款120 000元，利息6 500元，由其存款账户支付。

这笔业务涉及“吸收存款”、“贷款”和“利息收入”3个科目。“贷款”减少属于银行资产的减少，应记入贷方；“吸收存款”减少属于银行负债的减少，应记入借方；“利息收入”增加属于银行收益的增加，应记入贷方。其会计分录为：

借：吸收存款——矿机厂存款户 126 500

贷：贷款——矿机厂贷款户 120 000

利息收入——××利息收入 6 500

【例2-4】甲银行将现金200 000元存入中央银行存款户。

这笔业务涉及“存放中央银行款项”和“库存现金”科目都属于银行的资产，一项资产的增加及一项资产的减少，其会计分录为：

借：存放中央银行款项 200 000

贷：库存现金 200 000

【例2-5】甲银行通过转账支付天龙大厦活期存款利息1 200元。

这笔业务是一项费用支出的增加与一项负债的增加。存款利息支出增加属于费用支出的增加，应记入借方；活期存款增加属于负债的增加，应记入贷方。其会计分录为：

借：利息支出 1 200

贷：吸收存款——活期储蓄存款 1 200

【例2-6】经批准，按法定程序将资本公积200 000元转增资本。

这笔业务是一项所有者权益的减少与另一项所有者权益的增加。资本公积减少属于所有者权益的减少，应记入借方；实收资本增加属于所有者权益的增加，应记入贷方。其会计分录为：

借：资本公积 200 000

贷：实收资本 200 000

上述经济业务从不同的方面反映了银行资产、负债、所有者权益等的增减变化情况，概括起来可以归纳为4种类型：

资产增加，负债或所有者权益增加；

资产减少，负债或所有者权益减少；

一项资产增加，另一项资产减少；

一项负债或所有者权益增加，另一项负债或所有者权益减少。

（四）试算平衡

借贷记账法是根据复式记账法的原理，按照“资产=负债＋所有者权益”的平衡理论来检查和平衡账务的。由于每笔业务始终坚持“有借必有贷，借贷必相等”的记账规则，所以，每天或一定时期内的借方发生额和贷方发生额必然是相等的，而每天或一定时期内的上期借方余额和贷方余额是相等的，所以本期借方余额与贷方余额也必然是相等的。其账务平衡公式有两个：

1.发生额平衡：

各科目借方发生额合计=各科目贷方发生额合计

2.余额平衡：

各科目借方余额合计=各科目贷方余额合计

现根据上述6笔经济业务的会计分录，通过试算平衡表进行试算平衡。具体见表2-3所示。

表2-3 **试算平衡表** 单位：元

会计科目	上日余额（假设）		本日发生额		本日余额	
	借方	贷方	借方	贷方	借方	贷方
吸收存款		150 000	126 500	9 200		32 700
贷款	340 000			120 000	220 000	
存放中央银行款项	30 000		200 000		230 000	
库存现金	300 000		308 000	200 000	408 000	
利息收入		45 000		6 500		51 500
利息支出	25 000		1 200		26 200	
实收资本		200 000		500 000		700 000
资本公积		300 000	200 000			100 000
合　计	695 000	695 000	835 700	835 700	884 200	884 200

三、单式记账法

单式记账法是一种比较简单且不完整的记账方法。它对发生的每一项经济业务只通过一个科目、一个账户进行登记，单方面反映现金、实物或人欠、欠人等事项的一种记账方法。

这种记账方法内容单一、手续简便，各科目之间记录没有直接联系，也没有内在的平衡关系，因而不能全面、系统地反映经济业务的来龙去脉，也不便于检查账簿记录是否正确。

我国金融企业对于不涉及实际资金增减变化，但需承担一定经济责任的重要业务事项，如代保管的有价值品、重要空白凭证及托收款项等，设置表外科目核算，目前多采用单式记账法。

表外科目采用单式记账法的，使用登记簿记载反映，登记簿设收入、付出、余额3栏，某项业务发生或增加时记收入，销账或减少时记付出，余额表示结存。

【例2-7】某企业向银行购买支票10本，银行会计处理为：

付出：重要空白凭证——支票

任务三　会计凭证填制

【任务重点】

掌握原始凭证、记账凭证的填制方法。

想一想

华信证券公司后勤部林浩拿来若干票据来报销，总计3 000元，全部是公司前不久举行运动会的有关开支，其中有300元的单据是白条收据。财务部门应如何处理？

一、会计凭证的含义

会计凭证是指记录经济业务的发生和完成情况，明确经济责任，并作为记账依据的书面证明。为了保证会计信息的真实性，金融企业在发生任何一项经济业务之后，均应由执行或完成该经济业务的有关人员填制或取得能证明经济业务的内容和金额的凭证，并在凭证上签章，所有的凭证必须由会计部门审核无误后，才能作为记账的依据。作为金融企业会计核算的起点，会计凭证保证了记录经济业务的合法性、合理性、真实性和正确性，加强了经济责任制，为事后查考提供了依据。

二、会计凭证的种类

（一）按凭证填制的程序和用途分为原始凭证和记账凭证

1.原始凭证是在经济业务发生时，直接取得或根据业务事实填制的凭证；

2.记账凭证是根据原始凭证编制的凭证。

（二）按凭证形式分为复式凭证和单式凭证

1.复式凭证是将一笔经济业务所涉及的借、贷方账户填在一张凭证上，其特点是：资金来龙去脉清楚，对应关系明确，方便查对，但在手工操作情况下不便于分工记账和按科目汇总发生额；

2.单式凭证是在每张凭证上只填记一个借方或贷方账户，即一笔经济业务按其账务的对应关系编制两张或两张以上的会计凭证，其特点是：在手工操作情况下便于分工记账、传递和按科目汇总发生额，但其反映业务不集中，不便于事后查找。

复式凭证与单式凭证在使用中各有利弊，目前我国金融企业仍采用单式凭证。

（三）按凭证的使用范围分为基本凭证和特定凭证

1.基本凭证是金融企业根据原始凭证或业务事实自行编制的记账凭证。由于该凭证要在金融企业内部各个专柜、小组及有关部门之间进行传递，所以也叫“传票”。

以银行为例，基本凭证可分为以下8种：

现金收入传票：银行发生现金收入业务时使用，格式见表2-4。

现金付出传票：银行发生现金付出业务时使用，格式见表2-5。

转账借方传票：不涉及现金收支的转账业务记借方账使用，格式见表2-6。

表2-4

现金收入传票

(借)<u>库存现金</u>
(贷)________

年　月　日

总字第　　号
字第　　号

户名或账号	摘　要	金额								
		百	十	万	千	百	十	元	角	分
合　计										

附件　张

复核　　　记账　　　收款复核　　　收款

表2-5

现金付出传票

(借)________
(贷)<u>库存现金</u>

年　月　日

总字第　　号
字第　　号

户名或账号	摘　要	金额								
		百	十	万	千	百	十	元	角	分
合　计										

附件　张

复核　　　记账　　　付款复核　　　付款

表2-6

转账借方传票

年　月　日

总字第　　号
字第　　号

科目(借)		对方科目(贷)										
户名或账号	摘　要	金额										
		千	百	十	万	千	百	十	元	角	分	
合　计												

附件　张

复核　　　记账

转账贷方传票：不涉及现金收支的转账业务记贷方账使用，格式见表2-7。

表2-7 **转账贷方传票**

总字第　号
字第　号

年　月　日

科目（贷）		对方科目（借）										
户名或账号	摘　要	金　额										附件
		千	百	十	万	千	百	十	元	角	分	
												张
合　计												

复核　　记账

特种转账借方传票：不涉及现金收支的转账业务，且银行主动代收款进账或代付款出账记借方账使用，格式见表2-8。

表2-8 **特种转账借方传票**

总字第　号
字第　号

年　月　日

付款单位	全　称			收款单位	全　称			
	账号或地址				账号或地址			
	开户银行		行号		开户银行		行号	

金额	人民币（大写）	千	百	十	万	千	百	十	元	角	分	附件

原凭证金额￥______ 赔偿金额￥______			科目（借）______ 对方科目（贷）______
原凭证名称		号码	张
转账原因		银行盖章	会计　复核　记账

特种转账贷方传票：不涉及现金收支的转账业务，且银行主动代收款进账或代付款出账记贷方账使用，格式见表2-9。

表外科目收入传票：发生表外收入业务时使用，格式见表2-10。

表外科目付出传票：发生表外付出业务时使用，格式见表2-11。

表2-9　　**特种转账贷方传票**

年　月　日

总字第	号
字第	号

付款单位	全　　称				收款单位	全　　称			
	账号或地址					账号或地址			
	开户银行		行号			开户银行		行号	

金额	人民币（大写）	千	百	十	万	千	百	十	元	角	分

原凭证金额￥______　赔偿金额￥______			科目（贷）______ 对方科目（借）______
原凭证名称		号码	
转账原因	银行盖章		会计　复核　记账

附件　张

表2-10　　**表外科目收入传票**

表外科目（收入）　　年　月　日

总字第	号
字第	号

户　　名	摘　　要	金　　额									
		千	百	十	万	千	百	十	元	角	分

表2-11　　**表外科目付出传票**

表外科目（付出）　　年　月　日

总字第	号
字第	号

户　　名	摘　　要	金　　额									
		千	百	十	万	千	百	十	元	角	分

在上述基本凭证中，现金收入、付出传票，转账借、贷方传票属于银行内部凭证，只限于内部使用，对外无效。特种转账借、贷方传票，由银行填制，可在内部和外部使用。表外科目收入、付出传票，适用于需要登记表外科目的账务。

2.特定凭证是根据各种业务的特殊需要而设置的各种专用凭证。这类凭证由金融企业设计和印制。办理业务时，由外部单位提交或从联行寄来。凭证采用一次套写数联，外部单位和金融企业分别联次使用，据此处理业务和登记账簿。特定凭证种类很多，如各种结算凭证、联行凭证、银行之间往来的划拨凭证、贷款凭证、贴现凭证、储蓄凭证等。特定凭证的具体使用将在后面各章的业务核算中加以阐述。

三、会计凭证的基本要素

为了使会计凭证能正确、完整地反映每笔经济业务的真实情况，保证会计凭证的质量，发挥其应有的作用，金融企业对每一种作为记账依据的会计凭证都规定了必须填记的事项，这些事项称为凭证的要素。金融企业会计凭证虽然种类多，格式各异，具体内容各不相同，但一切凭证都必须具备以下基本要素：

（1）凭证的名称及编制的年、月、日（以特定凭证代替记账凭证时，必须注明记账日期）；

（2）人民币或外币符号和大小写金额；

（3）款项来源、用途或经济业务内容摘要及附件的张数；

（4）会计分录和凭证编号；

（5）单位、金融企业及有关人员的印章。

如果是特定凭证还应包括收付款单位的名称和账号，收付款单位开户银行的行名和行号。

四、会计凭证的处理

会计凭证的处理是指从金融业受理或填制凭证开始，经过审核原始凭证、编制记账凭证、传递会计凭证，到整理、装订和保管会计凭证为止的全过程，一般也称会计凭证的处理程序。

（一）审核原始凭证

为了正确地反映和监督金融企业的各项经济业务，保证核算资料的真实、正确和合法，会计部门和经办业务的有关部门，必须对原始凭证进行严格审核。审核原始凭证总体上从4个方面进行，即真实性、合法性、完整性、正确性。

审核原始凭证的具体内容包括：

1.是否为本行受理的凭证；

2.使用的凭证种类是否正确，凭证的内容、联次与附件是否相符，是否超过期限；

3.账号与户名是否一致；

4.大小写金额是否一致，有无涂改；

5.款项来源、用途是否符合政策以及有关资金管理的规定；

6.是否超过存款或批准的贷款额度或拨款限额；

7.密押、印鉴是否真实、齐全；

8.有关计息、收费、罚金等计算是否正确；

9.内部科目和账户名称的使用是否正确。

经过审核后符合规定要求的原始凭证就可据此处理账务并且科学地进行传递。

（二）编制记账凭证

编制记账凭证时，应注意以下要求：

1.记账凭证的种类要与业务和财务活动的内容相一致，对外业务要使用对外业务凭证，对内部资金和财务费用要使用内部凭证，不能相互串用和混淆。

2.基本凭证一般都是单联式凭证，可分别填写，如需填制多联次专用凭证要一式数联套写，不准分张单写。

3.人民币或外币要有符号，大小写金额数字一定要清楚、准确、一致。

4.现金收付业务，只需填制“××”科目的现金收入凭证或现金付出凭证，不再编写“库存现金”科目的凭证；转账业务要根据科目的对应关系，分别填写转账借方凭证和转账贷方凭证，或用特定凭证的不同联次代替。

5.反映科目之间的对应关系，在同一转账业务的凭证中要相互填写对方科目，并按业务序号编列传票号码及分码，便于查找。

（三）传递会计凭证

会计凭证的传递是指会计凭证按照规定程序在金融业内部各专柜或所属分支机构之间进行传送流转。金融会计凭证的传递过程，也就是处理业务和会计核算的过程，直接关系到国民经济各部门资金周转及会计工作的质量和效率。因此，一切会计凭证的传递，都要求严密、合理、科学，应当减少不必要的环节，避免无人负责和拖延现象的发生，应当坚持先外后内，先急后缓；现金收入先收款后记账，现金支出先记账后付款；转账业务先记付款单位账后记收款单位账等处理原则，以加速进账，保证质量。会计凭证在传递过程中，除特殊情况外，一律由银行内部传递，以防流弊。

（四）整理、装订和保管会计凭证

会计凭证是会计档案的重要组成部分，按档案管理条例，在记账后应进行整理、装订和妥善保管。

每日营业终了，对已办完会计核算手续的会计凭证，应先按科目整理，每一科目的凭证应按现收、现付、转借、转贷顺序排列，按照会计科目代号的大小顺序，表内科目在前，表外科目在后，装订成册，加具封面和封底，并由会计装订人员和会计主管盖章，以明确责任。会计凭证一般应按日装订，凭证多时可装订成若干册；凭证少的企业可数日装订一次，但必须按顺序日排列。装订好的凭证，应编列凭证总号，并在凭证封面有关栏内注明起讫日期，登记“会计档案登记簿”后入库保管。调阅已入库的凭证，应履行相应的手续。根据规定，会计凭证的保管期限通常为15年，对于超过规定保管期限的凭证，报经上级主管部门批准后，由上级主管部门、档案部门和会计部门共同派人员销毁。

任务四　会计账簿和账务组织

【任务重点】

掌握账务系统和账务核对。

想一想

晋华银行在账务处理中如何使用科目日结单？金融企业账务如何组织才合理？

一、会计账簿

（一）会计账簿的含义

会计账簿是由具有一定格式的账页组成，以会计凭证为依据，全面、连续、系统地记载各种资金增减变动的记录簿籍。会计账簿是会计核算的重要工具。按照一定程序，在账簿中登记各项经济业务所引起的资金增减变化称为记账，也称登记账簿，这是一种重要的会计核算方法。

（二）会计账簿的种类

金融企业会计账簿的设置，要适应金融企业会计核算的特点，便于记账、算账、报账的需要，同时要做到账簿之间组织严密、分工明确，既有综合核算的账簿，也有明细核算的账簿，既要保持账簿的制约、统驭关系，又要在保证会计记录系统完整的前提下，力求简便、避免烦琐、便于操作、便于检查，提高会计工作的效率和质量。

金融企业的会计账簿，大体上可分为分户账、总账、登记簿、序时账簿4种。

1.分户账

分户账是在金融企业会计账簿中详细、具体地反映经济业务的明细分类账簿。它按单位或具体对象立户，根据传票连续记载，具体核算和监督各个账户的资金活动情况。分户账根据金融企业不同业务核算的需要，除特定格式外，一般可分为甲、乙、丙、丁4种账式。

（1）甲种账设有借、贷方发生额和余额三栏，适用于不计息科目的账户或使用余额表计息科目的账户和金融企业内部科目的账户，其格式见表2-12。

表2-12（甲种账）

__________账

本账总页数	
本户页数	

户名：　　　　账号：　　　　领用凭证记录

年		摘　要	凭证号码	对方科目代号	借　方（位数）	贷　方（位数）	借或贷	余额（位数）	复核盖章
月	日								

会计　　　　记账

（2）乙种账设有借、贷方发生额及余额和积数4栏，适用于在账页上计息的账户，其格式见表2-13。

表2-13（乙种账）　　　　　　　　　　　＿＿＿＿＿账

本账总页数	
本户页数	

户名：　　　　　　　　　　账号：　　　　　　　　　　领用凭证记录　　利率：

年		摘　要	凭证号码	对方科目代　号	借　方（位数）	贷　方（位数）	借或贷	余额（位数）	日数	积数（位数）	复核盖章
月	日										

会计　　　　　　　　　　　　　　　　　　　　记账

（3）丙种账设有借、贷方发生额，借、贷方余额4栏，适用于借、贷双方反映余额的账户，其格式见表2-14。

表2-14（丙种账）　　　　　　　　　　　＿＿＿＿＿账

年　　月　　日

本账总页数	
本户页数	

户名：　　　　　　　　　　账号：　　　　　　　　　　领用凭证记录　　利率：

年		摘　要	凭证号码	对方科目代　号	发　生　额		余　额		复核盖章
月	日				借方（位数）	贷方（位数）	借方（位数）	贷方（位数）	

会计　　　　　　　　　　　　　　　　　　　　记账

（4）丁种账设有借、贷方发生额，余额，销账4栏，适用于逐笔记账、逐笔销账的一次性业务的账户，并兼有分户核算的作用，其格式见表2-15。

表2-15（丁种账）　　　　　　　　　　　＿＿＿＿账

本账总页数	
本户页数	

年		账号	户名	摘　　要	凭证号码	对方科目代号	借方（位数）	销账			贷方（位数）	借或贷	余额（位数）	复核盖章
月	日							年	月	日				

会计　　　　　　　　　　　　　　　　　　　　记账

2.总账

总账是在金融企业会计账簿中综合、总括核算和监督经济业务的分类账簿，对分户账起控制和统驭作用，是定期编制各种会计报表的依据。它按会计科目设置，设有借、贷方发生额和借、贷方余额4栏，其格式见表2-16。

表2-16　　　　　　　　　　　　　　　**总　　账**

科目代号：

科目名称：

年　月	借　方 （位数）	贷　方 （位数）
上年年底余额		
本年累计发生额		
上月月底余额		

日期	发　生　额		余　额		核对盖章
	借方 （位数）	贷方 （位数）	借方 （位数）	贷方 （位数）	复核员
1 2 ⋮ 31					
月　计					
自年初累计					
本期累计					

会计　　　　　　　　　　复核　　　　　　　　　　记账

3.登记簿

登记簿是为适应某些业务需要而设置的，用来登记主要账簿未能或不必记录而又需要查找的业务事项，也可以用来统驭卡片账和控制重要凭证、有价单证和实物等。在登记方式上，有的按不同对象分别立户登记，有的不分账户而按业务发生顺序逐笔记载。登记的格式随业务需要而定，除特定的专用格式外，一般采用收、付方发生额和余额的三栏通用格式，并在各栏中增加数量栏。登记簿不论用于何种业务，都必须及时登记、及时销账。

4.序时账簿

金融企业序时账簿是银行现金业务的序时记录，主要是指金融企业现金收入日记簿和现金付出日记簿，是用以记载、核算现金收入、付出的一种明细分类账簿，根据现金收入凭证和现金付出凭证逐笔记载，是现金收、付业务的详细记录，其格式见表2-17。

表2-17　　现金收入日记簿

柜组名称　　年　月　日　　第　页共　页

凭证号数	科目代号	户名或账号	计划项目代号	金额（位数）	凭证号数	科目代号	户名或账号	计划项目代号	金额（位数）

复核　　出纳

二、账务组织和账务核对

（一）账务组织

金融企业的账务组织是指金融企业账簿设置和账务处理程序，具体分为明细核算系统和综合核算系统。明细核算系统由分户账、登记簿、余额表和现金收付日记簿组成。计息余额表的格式见表2-18。

表2-18　　计息余额表

年　月

科目名称：

科目代号：

日期 \ 账号 / 户名 / 余额					复核盖章
账号					
户名					
余额	（位数）	（位数）	（位数）	（位数）	
上月月底止累计应计息积数					
1 ⋮ 10天小计 11 ⋮ 20天小计 21 ⋮ 31					
本月合计（本月计息积数）					
应加积数					
应减积数					
本期累计应计息积数					
结息时计算利息数					
备　注					

会计　　复核　　记账

明细核算系统是按账户进行的核算，是对金融企业业务经营过程中的各项资金进行的详细、具体核算。其处理程序如图2-2所示。

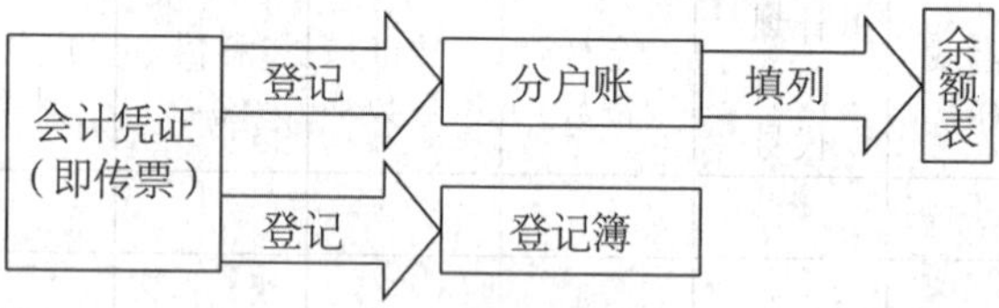

图2-2 明细核算系统处理程序

综合核算系统由科目日结单、总账和日计表组成。科目日结单也称总传票，它是每一个会计科目当日借、贷方发生额和传票张数的汇总记录，是据以监督明细账户发生额和笔数，轧平当日账务及登记总账的依据，其格式见表2-19。

表2-19 **科目日结单**

年 月 日

借方		贷方		
传票张数	金额 （位数）	传票张数	金额 （位数）	附件
现金 张		现金 张		
转账 张		转账 张		张
合计 张		合计 张		

事后监督　　复核　　记账　　制单

日计表是反映当日全部业务活动情况的会计报表，也是轧平当日全部账务的主要工具。日计表按日编制，设有借、贷方发生额和借、贷方余额4栏，其格式见表2-20。

表2-20 **日计表**

年 月 日

科目代号	科目名称	发生额		余额	
		借方 （位数）	贷方 （位数）	借方 （位数）	贷方 （位数）
合计					

行长（主任）　　会计　　复核　　制表

综合核算系统按科目进行核算，是对金融企业业务经营过程中的各项资金进行的综合、概括的核算。明细核算对综合核算起补充、说明作用；综合核算对明细核算起概括、统驭作用。两者相互联系、相互制约。其处理程序如图2-3所示。

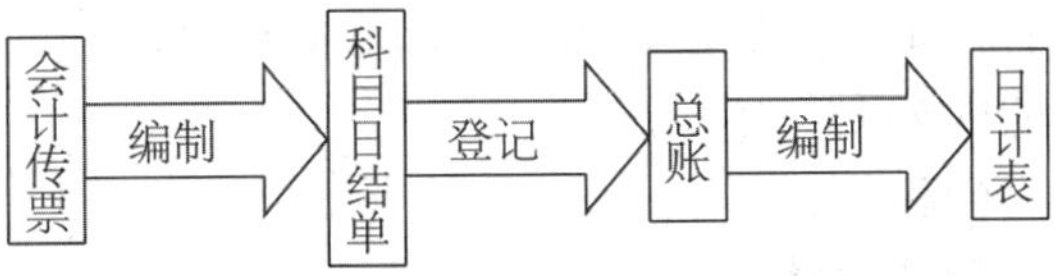

图2-3　综合核算系统处理程序

在电脑操作条件下，金融企业会计核算仍然分为综合核算和明细核算两个系统，坚持总分核对，相互制约，保证账务处理正确运行。账务系统处理程序如图2-4所示。

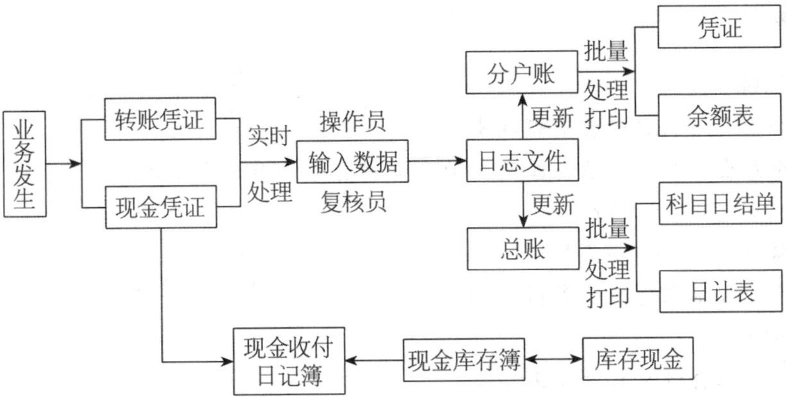

图2-4　账务系统处理程序

（二）账务核对

账务核对是指金融会计核算程序中的各有关部分，为防止差错所进行的核实和对账，确保账账、账款、账据、账实、账表及内外账务的全部相符。账务核对的方式主要有每日核对和定期核对两种。

1.每日核对

（1）总分核对。每日营业终了，总账各科目余额与同科目分户账或余额表各户余额合计数核对相符。

（2）账款核对。现金收入、付出日记簿的合计数，必须与现金科目总账借、贷方发生额核对相符；现金库存簿的现金库存数，应与实际库存现金和现金科目总账的余额核对相符。

（3）表外科目核对。各表外科目余额应与有关登记簿核对相符，其中空白重要凭证、有价单证应核对当日领入、使用、售出及库存数，并与实际库存数核对相符。

在电脑操作条件下，账务核对有下列变化：

（1）电脑处理结果与手工核对的有：电脑打印的科目日结单与手工加计的各科目借、贷方发生额核对；电脑打印的传票总张数与当天实际传票总张数核对；电脑打印的现金科目发生额、余额与出纳现金收入、付出日记簿和现金库存簿核对。

（2）电脑内部自行核对的有：分户账与总账的发生额、余额核对；总账与日计表发生额、余额核对；总账与余额表核对。

2.定期核对

定期核对是对未能纳入每日核对的账务所进行的按规定日期的核对制度，主要包括：

（1）未编余额表又未按日核对余额的各科目余额核对；

（2）各类贷款的账据核对；

（3）存款、贷款及金融机构往来的利息核对；

（4）金银、外币、有价单证、房屋、器具等的账实核对；
（5）金融业与企业的内外账务核对；
（6）总账与会计报表的核对；
（7）表外科目核算的凭证与登记簿的核对；
（8）其他有关账务的核对等。
每日核对和定期核对二者有机地结合进行，才能确保会计核算质量。

同步训练

☞思考训练

1.金融企业会计科目设置有哪些类型？
2.金融企业会计核算方法与工商企业会计核算方法有什么不同？
3.银行应如何设置账簿？
4.银行账务组织是怎样设置的？
5.金融企业应如何进行账务核对？

☞业务训练

1.目的：训练会计科目的使用。
资料：华信证券公司的经济业务见表2-21。

表2-21 经济业务一览表

序号	经济业务	应属科目性质	应属科目名称
1	公司办公大楼		
2	公司从银行借入长期借款		
3	公司办公活动经费		
4	公司现金		
5	职工借款		
6	客户代理兑付款		
7	职工工资		
8	投资者投入资本金		
9	代理客户承销证券资金		
10	职工办公费		
11	代理客户买卖股票手续费		
12	广告费		
13	自营买入随时变现的股票		
14	公司实现的净利润		
15	从税后利润中提留的公积金		
16	存入开户行的款项		
17	存入结算专户的款项		
18	收到客户代理买卖证券的款项		
19	应付给投资者的利润		
20	从某行拆入资金		

要求：根据资料所列的经济内容，分别判定其应归属的会计科目名称及其性质并填入表中。

2. 目的：训练会计凭证的填制与审核。

资料：晋华银行发生下列经济业务。

（1）客户王平持现金30 000元来本行办理活期存款。

（2）客户甲公司持转账支票一张来本行办理转账，金额50 000元，付款单位为本行开户单位乙公司。本行经审核无误予以办理。

（3）本行代协议单位交纳电费85 000元，已办妥划款手续。

（4）本行为客户李岩转账签发银行汇票40 000元，经审核无误予以签发。

要求：根据上述经济业务指出所用的原始凭证，并填制相关记账凭证。

模块二　银行会计实务

模块概览

- 银行会计实务
  - 存款业务核算
    - 存款业务认知
    - 个人储蓄业务核算
    - 单位存款业务核算
    - 存款利息核算
  - 贷款业务核算
    - 贷款业务认知
    - 单位贷款业务核算
    - 个人贷款业务核算
    - 票据贴现业务核算
    - 贷款损失准备核算
    - 贷款利息核算
  - 支付结算业务核算
    - 支付结算业务认知
    - 票据业务核算
    - 非票据结算方式核算
  - 金融机构往来业务核算
    - 商业银行与中央银行往来业务核算
    - 同业往来业务核算
    - 系统内往来与现代化支付系统业务核算
  - 外汇业务核算
    - 外汇业务认知
    - 外汇买卖业务核算
    - 外汇存贷款业务核算
    - 外汇结算业务核算

项目三　存款业务核算

【知识目标】

1.了解存款账户管理；

2.熟悉存款业务类型；

3.掌握存款业务核算及利息计算。

【技能目标】

1.能操作存款账户开立业务；

2.会辨析各类存款业务处理；

3.能熟练操作存款业务账务处理；

4.会准确计算存款利息。

任务一　存款业务认知

【任务重点】

掌握存款业务的种类等。

想一想

晋华银行为什么要吸收存款？应该如何对存款业务进行核算？

一、存款概念

存款是银行以信用方式吸收社会闲置资金的筹资活动。存款是银行负债的重要组成部分，也是银行信贷资金的重要来源。银行吸收存款，可以把社会闲散资金聚成巨大的货币资金，通过银行的信用中介作用，把资金贷放给流通和生产部门，从而对社会生产和经济活动进行有效调节。

二、存款业务的种类

银行吸收的存款种类繁多，为便于管理，通常把吸收的存款划分成以下几类：

（一）按照存款的对象可划分为：单位存款和居民个人储蓄存款

1.单位存款，是指银行吸收企业、事业、机关、社会团体、部队等单位的闲置资金形成的存款。

2.居民个人储蓄存款，是指银行吸收城乡居民个人的资金形成的存款。

（二）按照存款的稳定性可划分为：活期存款和定期存款

1.活期存款，是指存入时不确定存期，可以随时存取的存款，其利率较低，包括单位活期存款和居民个人活期储蓄存款。

2.定期存款，是指存款时约定存期，到期支取的存款，其利率较高，包括单位定期存款和居民个人定期储蓄存款。

（三）按照存款的币种可划分为：人民币存款和外币存款

1.人民币存款，是指单位及城乡居民等存入的人民币款项所形成的存款。

2.外币存款，是指单位及城乡居民等存入的外币款项所形成的存款。

三、存款账户的管理

银行账户一经开立，银行就必须加强对账户的管理，监督开户单位正确使用账户。

（一）银行账户按存款人分为单位银行账户和个人银行账户

存款人以单位名称或商号开立的银行账户为单位银行账户；存款人以自然人名称开立的银行账户为个人银行账户。个人银行存款账户是由存款人申请，经银行确认的可以办理支付结算业务的储蓄存款账户；单位银行存款账户只能选择一家银行的一个营业机构开立一个基本存款账户，不允许在多家银行开立基本存款账户。

（二）开户实行双向选择

存款人可以自主选择银行开立账户，除国家法律、行政法规和国务院规定外，任何单位和个人不得强令存款人到指定银行开立账户。

（三）实行开户许可证制度

存款人开立基本存款账户、临时存款账户和预算单位开立专用存款账户，应凭当地中国人民银行分支机构核发的许可证办理。

（四）银行账户的开立和使用

银行账户的开立和使用应当遵守法律、行政法规，不得利用银行账户进行逃避债务、偷逃税款和违法犯罪活动。

（五）银行应依法为存款人的银行账户信息保密

对单位银行账户的存款和有关资料，除国家法律、行政法规另有规定外，银行有权拒绝任何单位或个人查询；对个人银行账户的存款和有关资料，除国家法律另有规定外，银行有权拒绝任何单位或个人查询。

四、存款业务核算的基本要求

吸收存款业务涉及各个单位和个人，政策性强，业务量大，牵涉银行和客户双方的经济利益，因此，在组织和办理存款业务核算的过程中，银行必须做到：

（一）正确使用会计科目和账户，加强柜面监督

银行要按规定正确使用会计科目和账户，分析账户资金的收付情况，加强柜面监督，严禁将账户出租、出借或转让给其他单位和个人使用。对于储蓄存款账户，银行也要加强管理，严防冒领、诈骗、盗窃行为发生，以确保储蓄存款的安全。

（二）准确、及时地办理存款业务，提高服务质量

银行在办理存款业务时，应当做到手续简便、迅速及时、方便客户；按照支付结算原则和账务处理程序的要求，准确、及时地传递会计凭证，处理有关业务，以保证存款业务核算质量。

（三）发挥银行反映和监督职能，维护存款人的合法权益

各单位、各部门的经济活动，可以通过银行所核算的各项业务活动和财务收支的资料得到反映，对企业的资金使用进行必要的监督，保证单位或个人对存款的支配权。对单位存款应坚持“谁的钱进谁的账，由谁支配”的原则，除国家有专门规定外，禁止银行代任何单位或个人扣款，禁止银行擅自停止存款人对其存款的支取。

任务二 个人储蓄业务核算

【任务重点】

掌握个人储蓄存入、支取核算。

想一想

晋华银行如何办理个人储蓄业务？办理储蓄业务应注意什么？

一、个人储蓄存款业务认知

（一）储蓄存款的概念

个人储蓄存款业务涉及千家万户的切身利益，影响广大储户的生产和生活方式，我国政府历来十分重视储蓄事业。积极开展储蓄存款业务，不仅可以扩大银行的营运资金，积聚建设资金，而且对蕴蓄社会购买力，调节消费结构，调节市场货币流通，稳定金融物价等都有重要意义。

（二）储蓄存款的种类

1.活期储蓄存款

活期储蓄存款是指不规定存期，储户随存随取的储蓄。活期储蓄起存金额1元，多存不限。其特点是存期不确定，存取十分灵活，主要分为活期储蓄存折户、活期储蓄存单户、活期储蓄支票户等。活期存折储蓄是活期储蓄存款最基本的形式，也是通常意义上的活期储蓄存款；活期支票储蓄是储户以个人信用为保证凭支票支取储蓄存款的一种活期储蓄形式，适用对象主要为个人信用较好、收入较高的储户。开户起存金额由各开办行自行决定，一般为5 000元起存，续存不限，当储户取款时，凭储户签发的支票支取现金或办理转账，签发支票的最低金额为100元，支票有效期10天，从签发的次日起算，到期日如果遇到假日可以顺延。

2.定活两便储蓄存款

定活两便储蓄存款是一种不确定存款期限，利率随存期长短而变动的储蓄存款种类。开户时不约定存期，一次存入，并可随时一次全额支取。最低起存金额为50元。存期不限，存期不满3个月，按天数计付活期利息；存期3个月以上（含3个月），不满半年的，整个存期按支取日定期整存整取3个月存款利率打6折计息；存期半年以上（含半年），不满1年的，整个存期按支取日定期整存整取半年期存款利率打6折计息；存期在1年（含1年）以上的，无论存期多长，整个存期一律按支取日定期整存整取1年期存款利率打6折计息。

3.定期储蓄存款

定期储蓄存款是指约定存期，一次或分次存入，一次或多次取出本金或利息的一种储蓄。

（1）整存整取定期储蓄存款。整存整取定期储蓄存款是指储户本金一次存入，到期一次支取本息的一种定期储蓄。它是定期储蓄存款的一种最基本、最主要的储蓄形式。50元起存，多存不限，存期分为3个月、半年、1年、2年、3年和5年6个档次。开户时由银行发给存单，到期凭存单支取本息。这种储蓄具有期限长、利率高的特点，适合于较长时期不用的节余款项的存储，该种储蓄可部分或全部提前支取。

（2）零存整取定期储蓄存款。该种储蓄约定存期，本金分次存入，到期一次支取本息。存期分1年、3年、5年3个档次。其特点是逐月存储，适合那些有固定收入但节余不多的储户。

（3）存本取息定期储蓄存款。存本取息定期储蓄存款是一种一次存入本金，分次支取利息，到期支取本金的定期储蓄存款种类。这种储蓄存期分为1年、3年、5年3个档次，起存金额一般为5 000元。开户时储户将本金一次存入，支取利息的期次可与银行商定为1个月或几个月一次，银行按本金和约定存期计算好分次应付利息，储户凭存单分期取息，到期全部支取本金。如果到取息日储户未能取息，以后可随时支取。存本取息定期储蓄存款在约定存期内如需提前支取，则要按定期存款提前支取的规定计算存期内利息，已支取的利息要一次性从本息中扣回。它适合于有大笔款项的储户存储。

（4）整存零取定期储蓄存款。整存零取定期储蓄存款是一种本金一次存入，分期支取固定本金，到期一次性支取利息的定期储蓄存款种类。这种储蓄存期分为1年、3年、5年3个档次，起存金额一般为1 000元。开户时储户可与银行约定存期和分期支取本金的期次，支取期次分为每1个月、每3个月或每半年一次。存款到期时结清利息。它适合于储户有较大款项需要分期使用的情况。

4.教育储蓄

教育储蓄是指为鼓励城乡居民户为其子女接受非义务教育积蓄资金而于1999年9月1日新开设的一种储蓄形式。教育储蓄的对象（储户）为在校小学四年级（含四年级）以上学生。教育储蓄为零存整取定期储蓄存款，最低起存金额为50元，每月存款金额固定，每月存入一次，中途如有漏存，应在次月补齐。存期分为1年、3年和6年3种，每个账户的本金合计最高限额为2万元。教育储蓄到期支取时储户必须提供接受非义务教育的录取通知书原件或学校开具的相应证明原件，方可享受优惠利率。该储蓄具有储户特定、存期灵活、总额控制、利率优惠、利息免税的特点。

5.活期一本通

活期一本通是指在一个账户内可以同时容纳人民币及多种外币活期储蓄的存款方式。其主要特点是集多种货币于一折，方便保管；兼有一般活期存款同城通存通兑的功能；可进行个人实盘外汇买卖；与电话银行相联通，足不出户便可实现个人理财。

6.定期一本通

定期一本通是指在一个存折上办理多种货币和多种期限的整存整取定期储蓄存款的一种存款方式。其主要特点是集多种货币、多种存期于一折，方便保管；本外币定期储蓄存款同城通存通兑，方便快捷；到期自动转存，确保利息收入；一次开户即可多次反复使用，不需另开账户，定期与活期可互相转存，与电话银行联网，提供个人理财服务；还可做小额质押贷款。

7.通知储蓄存款

通知储蓄存款是指由储户一次存入本金，银行发给存折，储户凭存折可不限次数支取款项，取款时需在取款日前书面通知银行的储蓄种类。存期分为7天、15天、1个月、2个月、3个月、6个月、9个月、1年共8个档次。存款利率按人民银行公布的通知存款利率执行，未包含档次的利率，按当地人民银行规定的利率执行，此储种适合于有随时支取较大金额需要的储户。

（三）储蓄存款业务的基本核算要求

储蓄存款业务体现了银行存款业务和现金业务的高度统一，是银行日常基本而烦琐的核算业务。银行在储蓄业务日常核算时必须做到：

第一，正确贯彻储蓄政策，促进储蓄业务的健康发展；

第二，坚持按规章制度办事，保证核算工作的准确性；

第三，提高业务水平，提供优质服务；

第四，提高警惕，防范金融风险；

第五，及时准确进行银行储蓄业务的核算。

二、储蓄存款的核算

（一）活期储蓄存款核算

1.开户

银行应设置“吸收存款”账户进行核算。“吸收存款”账户是负债类账户，用以核算银行吸收的居民个人储蓄款项。银行吸收个人存入活期储蓄款项时，记入贷方；个人支取活期储蓄款项时，记入借方；该账户余额在贷方，表示银行期末尚存个人活期储蓄款项的数额。该账户按居民个人进行明细分类核算。

储户首次存入活期储蓄存款即为开户。储户开户时须持本人法定身份证件，使用实名填写“存款凭条”连同现金一起交柜员。

柜员审核储蓄存款凭条（见表3-1），清点现金无误后，选择活期开户操作。根据显示器提示输入的信息输入一般内容，计算机检验输入的数据后，自动编储户账号，登记活期储蓄存款登记簿，建立“吸收存款分户账”。当显示器提示将储蓄存款凭条、存折放入打印机时，柜员依次正确放入，打印存折、存款凭条。打印后，柜员核对打印内容是否正确，并提示储户签名确认凭条无误后，对各凭证分别加盖公章、收讫章和名章，登记现金收入日记簿，将存折交给储户，储蓄存款凭条留存。其会计分录如下：

借：库存现金

　贷：吸收存款——活期储蓄存款——××储蓄户

表3-1　**储蓄存款凭条**

<table>
<tr><td colspan="4">中国××银行　存款凭条
年　月　日　　　　序号：</td></tr>
<tr><td>客户填写</td><td colspan="3">户名________ 账（卡）号________ 顺序号________
币种（√）：人民币□ 港币□ 美元□ 英镑□ 其他________　　金额 亿 千 百 十 万 千 百 十 元 角 分
新开户的客户请继续填写背面</td></tr>
<tr><td>日期：</td><td>日志号：</td><td>交易码：</td><td>币种：</td></tr>
<tr><td>金额：</td><td>终端号：</td><td>主　管：</td><td>柜员：</td></tr>
<tr><td colspan="4"></td></tr>
<tr><td colspan="4">制票：　　　　复核：</td></tr>
</table>

2.续存

储户填写储蓄存款凭条，并提交现金、存折，或只提交现金、存折，告知存款金额，储蓄存款凭条由柜员代填。柜员清点现金选择活期续存操作，并向机器内输入账号和金额，其处理过程同开户一样。

3.支取

储户填写储蓄取款凭条（见表3-2）或由柜员代填，并提交存折。柜员核对储蓄取款凭条和存折无误后，选择活期支取操作，若留有密码则由储户输入密码，柜员按储蓄取款凭条输入账号、支取金额等内容，输入后机器自动调出原账户，自动核对该账户的户名、账号及余额是否相符以及是否透支。当核对无误时，机器自动计算，结出利息积数，更新分户账，记活期存款科目账和库存现金科目账，打印储蓄取款凭条和存折。柜员审核储蓄取款凭条，提示储户签名确认后，在储蓄取款凭条和存折上加盖付讫章和名章，然后将存折和现金交付储户，储蓄取款凭条留存。其会计分录如下：

借：吸收存款——活期储蓄存款——××储蓄户

　贷：库存现金

表3-2　**储蓄取款凭条**

中国××银行　取款凭条

年　月　日　　　　序号：

<table>
<tr><td rowspan="6">客户填写</td><td colspan="2">户名________　账(卡)号________　顺序号________</td></tr>
<tr><td>币种（√）：人民币□　港币□　美元□　英镑□　其他______
现金或转账（√）　现金□　转账□</td><td>金额 亿 千 百 十 万 千 百 十 元 角 分</td></tr>
<tr><td>转账人(卡)号________　顺序号________　户名________</td><td rowspan="3">（客户印鉴）</td></tr>
<tr><td>取款人证件名称________　号码________</td></tr>
<tr><td>代理人证件名称________　号码________　代理人签名________</td></tr>
<tr><td></td><td>取款人证件
名称
号码
代理人证件
名称
号码
代理人签名</td></tr>
<tr><td colspan="3">日期：　日志号：　交易码：　币种：
金额：　终端号：　主　管：　柜员：</td></tr>
<tr><td colspan="3"></td></tr>
</table>

制票：　复核：

4.换折业务

柜员收回旧折，在最后的余额栏下注明“过入新折”，并另开新折。新折的扉页上应注明旧折账号、户名，第一行摘要栏内注明“旧折过入”，余额栏内记载旧折的最后余额。原存折扉页公章处应加盖“注销”，每页加盖“附件”戳记，作为当日储蓄存款或储蓄取款凭条的附件。其余手续参照存、取款办理。

5.销户

储户不再续存，支取全部存款时即为销户。柜员核对储蓄取款凭条和存折后，选择活期销户操作。显示和处理过程与支取时类似，不同的是，要求支取的金额数字应按画面上显示的余额数字输入（柜员需要核对取款凭条上填写的支取金额与显示的余额是否相同，如不同要提示储户重新填写），计算机确定合法后，自动完成结息、代扣代缴利息税，销账，记活期储蓄存款科目账、库存现金科目账和活期储蓄利息支出账等，在开销户登记簿中注销此户，依次打印储蓄取款凭条、存折及利息清单，柜员核对无误后加盖“结清”戳记和名章。将现金和利息清单第二联交储户，将存折和储蓄取款凭条一起留存，将利息清单第一联作为利息付出传票附件留存。其会计分录如下：

借：吸收存款——活期储蓄存款——××储蓄户

　　利息支出

　贷：库存现金

（二）定期储蓄存款核算

定期储蓄存款按照存取方式主要分为整存整取、零存整取、存本取息、定活两便、整存零取等。

银行应设置“定期储蓄存款”账户进行核算。“定期储蓄存款”是负债类账户，用以核算银行吸收的居民个人定期储蓄款项。银行吸收个人存入定期款项时，记入贷方；个人支取定期储蓄款项时，记入借方；余额在贷方，表示银行期末尚存个人定期储蓄的款项。该账户按居民个人存取方式进行二级明细分类核算，再按个人进行三级明细分类核算。

1.整存整取定期储蓄存款的核算

（1）开户

柜员审核定期存款凭条，收妥现金，选择定期开户操作，并根据存款凭条内容输入，计算机检查内容合法后自动建立储户账号，登记整存整取开销户登记簿，记定期储蓄存款科目账、库存现金科目账、库存现金日记账，依显示器提示打印存款凭条和存单。其余手续同活期储蓄开户。其会计分录如下：

借：库存现金

　贷：吸收存款——定期储蓄存款——整存整取户

（2）到期或过期全部支取

柜员审核存单无误后，选择到期或过期全部支取操作，将存单所列账号输入计算机，计算机根据账号搜索储户资料。柜员应审核该户是否挂失、止付等。如果储户凭密码支取，须由储户本人输入密码，确认后，计算机自动计算应付利息，将此账户在整存整取开销户登记簿中注销并记录销户日期，将本金从定期存款户付出，利息从储蓄利息支出户付出，记库存现金科目账。同时，柜员应在存单上加盖结清戳记，打印利息清单。其余手续同活期储蓄销户处理。其会计分录如下：

借：吸收存款——定期储蓄存款——整存整取户

　　利息支出

贷：库存现金

（3）提前支取

柜员验核存单、背书及身份证件，并将身份证件名称、号码、发证单位等抄写在存单上，其他过程与到期支取相同。

如果是部分提前支取，柜员选择部分提前支取操作，根据电脑显示输入有关内容，由计算机自动进行剩余部分的转存处理，打印出转存部分的新存单，新存单开户日期应为提前支取日期。其他处理过程与到期支取过程相同。

2.零存整取定期储蓄存款的核算

（1）开户时，除采用零存整取存款凭条、账卡、存折外，其余处理程序同活期储蓄存款。续存时，核对续存金额是否符合规定。在续存中如有漏存，上月漏存，可于次月补存，但不得于第3个月补存。发生漏存后如次月未补存，按漏存处理。其余处理程序同活期储蓄存款。

（2）到期支取时，检查存款是否已到期，抽出账卡核对，如无挂失、冻结等情况，则按规定计算应付利息。其余处理程序同活期储蓄存款中的“销户”。提前支取时只能全部支取，有关提前支取手续参照整存整取定期储蓄处理。除计息利率不同外，其他处理程序同“到期支取”。

3.存本取息定期储蓄存款的核算

（1）开户时接到储户填妥的存本取息存款凭条和现金，检查凭条内容，初点现金；按照储户约定的取息期限，根据本金、存期、利率和支取利息次数，计算出每次应付利息金额，填写存折（单）、账卡。凭印支取的，在账卡印鉴栏内加盖储户方形印章，登记开销户登记簿。在存款凭条上加盖“现金收讫”章、存折扉页（或存单）处加盖业务公章，在开销户登记簿上加盖私章后，问清储户姓名及存款金额后将存折（单）交给储户。

（2）储户取息的日期，应按存入日对月对日支付，未到取息日期，不得提前支取。若到取息日期不来取息，以后可随时来取，但不计复息。

4.定活两便定期储蓄存款的核算

开户时储户填写定活两便存单时不填存期、利率；可随时支取，不要求储户提供身份证明，且支取时除计息方法不同外，其余处理程序均同“整存整取”。

5.整存零取定期储蓄存款的核算

其核算程序同零存整取储蓄业务。

6.通知储蓄存款业务的核算

（1）开户业务

通知储蓄存款凭证使用活期存折。开户时必须在活期存款凭条、账卡和存折上加盖“通知存款”戳记。其余处理程序同活期储蓄存款。

（2）取款及销户业务

通知储蓄存款需要一次性存入，可以一次或分次支取（次数不限）。按照规定，凡一次支取10 000元以上者，储户应填写支取通知单，提前1天送交银行，采用活期取款凭条，必须加盖“通知存款”戳记；经办员根据每次支取的金额、存期和支取日相应档次的人民币通知储蓄存款利率计付利息，填制利息清单，让储户签收。利息清单上的期限和利率，均应按照实际存期及相应的利率填制。一次或分次领取结清后必须收回存折，加盖

“结清”印戳，作当日取款凭条附件。其余处理程序同活期储蓄存款。

7.储蓄业务的通存通兑

通存通兑是指储户在一个银行营业网点开户后，可以在计算机网络内的其他任何营业网点办理各种交易，这在本质上就是各营业网点间的异地代收代付业务处理。

计算机通存通兑按道理应该不受地域限制，通存通兑的网络既可以是同城的，又可以是异地的，但是受通信技术的限制，目前主要为同城通存通兑。随着计算机和通信技术的发展，跨市、跨地区通存通兑会更加普及。

通存通兑受理的业务原则上可以包括本、外币储蓄存款中活期账户和定期账户，还可办理存款的挂失、查询等业务。

（1）活期通存通兑

储户办理活期跨所存入和取款，其流程与前面所讲的续存、支取的流程一致，会计核算有所不同。活期通存的会计分录如下：

借：库存现金

　贷：应付账款

活期通兑的会计分录如下：

借：应收账款

　贷：库存现金

储户办理跨地区通存通兑业务，还需按交易额的3‰交纳通存手续费，柜员清点储户交来的现金后，开具业务费收据，加盖现金章、私章，第一联夹起保管，第二联交储户。会计分录如下：

借：库存现金

　贷：手续费及佣金收入——通存通兑手续费收入

（2）定期通存通兑

留有密码的一本通存折、零存整取类存折，可在本市的联网网点办理通存通兑，流程与定期的存入和支取一致。定期通存的会计分录如下：

借：库存现金

　贷：应付账款

定期通兑的会计分录如下：

借：应收账款

　贷：库存现金

任务三　单位存款业务核算

【任务重点】

掌握单位存款业务核算。

想一想

宏达公司欲在晋华银行开立基本存款账户，并准备将现金500万元也存入晋华银行。请问晋华银行柜员将如何为宏达公司办理存款手续？

一、单位银行结算账户的管理

（一）单位银行结算账户的种类

按照《中国人民银行结算账户管理办法》的规定，单位银行结算账户按用途分为基本存款账户、一般存款账户、专用存款账户和临时存款账户。

1.基本存款账户

基本存款账户是指存款人因办理日常转账结算和现金收付需要开立的结算账户。单位银行结算账户的存款人只能在银行开立一个基本存款账户，是存款人的主办账户。存款人日常经营活动的资金收付及工资、奖金和现金的支取，应通过该账户办理。

2.一般存款账户

一般存款账户是指存款人因借款或其他结算需要，在基本存款账户开户银行以外的银行营业机构开立的银行结算账户。该账户可以办理现金缴存，但不得办理现金支取。

3.专用存款账户

专用存款账户是指存款人按照法律、行政法规和规章，对其特定用途资金进行专项管理和使用而开立的银行结算账户。该账户用于办理各项专用资金的收付。

4.临时存款账户

临时存款账户是指存款人因临时需要并在规定期限内使用而开立的银行结算账户。该账户用于办理临时机构以及存款人临时经营活动发生的资金收付。支取现金，应按照国家现金管理的规定办理。

（二）单位存款户的开户手续

申请开立银行存款账户时，存款人应填制开户申请书一式三联，连同相关的证明文件一并送交经办行。经办行审核开户申请书的填写是否正确、相关资料是否齐全、手续是否完备。审核无误后，由存款人向开户行填制印鉴卡，预留银行印鉴。经办行根据存款人的账户性质，确定会计科目、编制账号、设置账簿，登记“开销户登记簿”。

开立基本存款账户，开户行必须将开户申请书及相关的证明文件和银行审核意见等开户资料报送中国人民银行当地分支行。经其核准后办理开户手续；开立一般存款账户、专用存款账户和临时存款账户，开户银行必须将开户申请书报送中国人民银行备案。

办理开户手续后，存款人可向开户银行领购银行统一印制的有关票据和各种结算凭证，办理款项存取和支付结算。

（三）单位结算户的使用要求

单位结算户必须遵守国家的政策、法令，遵守银行信贷、结算和现金管理以及《中国人民银行结算账户管理办法》等有关规定。存款人的账户只能办理存款人本身的业务活动，不得出租、出借和转让账户；不得将单位款项转入个人银行结算账户；不得违反规定支取现金；不得利用开立的银行结算账户逃废银行债务；不得从基本存款账户之外的银行结算账户转账存入款项，将销货收入或现金存入单位信用卡账户；法定代表人或主要负责人、存款人地址以及其他开户资料的变更事项不得未在规定期限内通知银行。

二、单位活期存款业务的核算

单位活期存款业务的核算，包括存入和支取两个方面，存入和支取又分为现金存取和转账存取两种方式，本项目只讲述现金存取这种方式，转账存取方式在支付结算业务中讲述。

银行设置“吸收存款”账户进行核算。“吸收存款”账户是负债类账户，用以核算银行吸收企事业单位的活期款项。银行吸收企事业单位的活期款项时，记入贷方；企事业单位支用活期款项时，记入借方；余额在贷方，表示银行期末尚存企事业单位活期款项的数额。该账户应按存款单位进行明细分类核算。

（一）存入现金的核算

存款单位向开户银行存入现金时，应填制一式二联现金存款凭证（见表3-3），连同现金一并送交开户银行出纳部门。出纳部门审核现金交款单、清点现金无误后，将第一联盖上现金收讫章作为回单退交存款单位，然后根据现金存款凭证第二联登记现金收入日记簿，登记完毕后将第二联送会计部门代现金收入传票登记单位存款分户账。其会计分录为：

借：库存现金

　　贷：吸收存款——××单位活期存款户

表3-3　　　　××银行　　现金缴款单

年　月　日

<table>
<tr><td>银行打印</td><td colspan="12"></td><td rowspan="6">此联客户回单</td></tr>
<tr><td rowspan="5">客户填写</td><td>款项来源</td><td colspan="11"></td></tr>
<tr><td rowspan="2">金额（大写）</td><td rowspan="2"></td><td>千</td><td>百</td><td>十</td><td>万</td><td>千</td><td>百</td><td>十</td><td>元</td><td>角</td><td>分</td></tr>
<tr><td></td><td></td><td></td><td></td><td></td><td></td><td></td><td></td><td></td><td></td></tr>
<tr><td>收款单位名称</td><td></td><td colspan="10" rowspan="3">收款银行盖章：</td></tr>
<tr><td>开户银行账号</td><td></td></tr>
<tr><td colspan="3">监督：　　　　主管：　　　　经办：</td><td></td></tr>
</table>

（二）支取现金的核算

存款单位向开户银行支取现金时，应签发现金支票（见表3-4），填明收款人、用途和金额，加盖预留银行印鉴，由取款人背书并填列证件名称及号码后送交开户银行会计部门。会计部门接到现金支票后，应按规定对支票及其内容进行严格审核，经审核无误后，将出纳对号单（牌）交给取款人，以现金支票代现金付出传票，登记取款单位分户账后，再将现金支票内部传递到出纳部门，出纳部门据以并凭对号单（牌）向取款人支付现金并登记现金付出日记簿。其会计分录为：

借：吸收存款——××单位存款户

　　贷：库存现金

表3-4　　　　　　　　　　　　　　现金支票

<table>
<tr>
<td rowspan="2">××银行现金支票存根
支票号码
附加信息：

出票日期　年　月　日
收款人：
金　额：
用　途：
单位主管　　会计</td>
<td colspan="11">× × 银行　现金支票　（省别简称）　支票号码：
出票日期（大写）　年　月　日　　付款行名称：
收款人：　　出票人账号：
支票付款期限十天</td>
</tr>
<tr>
<td>人民币
（大写）</td><td>千</td><td>百</td><td>十</td><td>万</td><td>千</td><td>百</td><td>十</td><td>元</td><td>角</td><td>分</td>
</tr>
<tr>
<td></td>
<td colspan="11">用途＿＿＿＿＿
上列款项请从我账户内支付

出票人签章　　复核：　　记账：</td>
</tr>
</table>

规格：连边8×22.5cm，正联第17cm（底纹按行别分色，大写金额栏加红水纹）

（三）活期存款账户的内外账务核对

活期存款账户存取款较频繁，在银行与开户单位之间的资金往来中，由于双方记账时间有先后以及发生技术性差错等原因，会导致双方账务不相符或产生未达账项。为此，银行与开户单位之间就有必要定期或不定期地进行账务核对。内外账务核对方式分为随时对账和定期对账。

（1）随时对账。活期存款账户的账页记满后和月度终了时，应及时向开户单位发送对账单。开户单位收到对账单，进行逐笔勾对，如有不符，及时查找。

（2）定期对账。每月月末和季度末，银行向开户单位填发一式二联"余额对账单"，开户单位核对后，将对账单第一联留存，第二联回单加盖预留印鉴后退回银行；如经核对发现不符，开户单位在对账单回单联注明未达账项及金额，以便双方查找处理。

活期存款的内外账务核对是保证内外账务相符的重要措施，必须切实核对。对于账务长期不符的开户单位，要采取必要的措施限期查清。银行将开户单位退回的对账回单按科目、账号顺序排列装订保管。

三、单位定期存款的核算

单位定期存款是指单位将其活期存款账户中暂时不用的资金一次转出，约定存期，到期支取本息的存款。单位定期存款起存金额1万元，多存不限；期限分为3个月、半年、1年、2年、3年、5年6个档次。单位定期存款的本息只能转入其活期存款账户，不能直接支付现金。

银行设置"吸收存款"账户对其进行核算。"吸收存款"账户为负债类账户，用以核算银行吸收企事业单位存入的定期款项。银行吸收企事业单位定期款项时，记入贷方；企事业单位支取定期款项时，记入借方；余额在贷方，表示银行期末尚存企事业单位定期存款数额。该账户按存款期限和单位分别进行明细分类核算。

（一）单位定期存款存入业务的核算

存款单位在存入定期存款时，提供预留银行印鉴卡片3份，同时签发转账支票并填写单位定期存款缴款单一式二联，经审核无误并收妥款项后，填制单位定期存款开户证实书（见表3-5）一式三联，经复核后，单位定期存款开户证实书第一联代转账贷方传票入账，第三联银行作为卡片账留存，并登记单位定期存款开销户登记簿，同时按顺序专夹保管，第二联加盖银行业务公章和经办员名章后交给存款单位作为存款依据，转账支票则代转账借方传票登记存款单位分户账。其会计分录为：

借：吸收存款——××活期存款——××单位存款户

贷：吸收存款——××定期存款——×单位定期存款户

表 3-5　　中国××银行单位定期存款开户证实书

年　月　日　　No.0000000

存款人名称			存款人账号										
存　款		利率		到期日	年　月　日								
金　额	人民币 （大写）				千	百	十	万	千	百	十	元	角	分
贵单位已在我行开立单位定期整存整取存款 （银行业务公章）			备注： 本证实书仅对存款人开户证实，不得作为质押的权利凭证。										

第一联　证实书

复核　　记账　　制票

（二）单位定期存款支取业务的核算

存款到期，存款单位不能从定期存款账户支取现金，也不能用于结算，只能将其转入活期存款账户或用于转期续存。单位填制两联进账单连同加盖预留印鉴的证实书第二联，填写支取日期，向银行办理转账。经银行审核无误后，计算应付利息，填制两联的利息计算清单。其中，一联代收账通知交存款单位，一联代替特种转账借方传票。1年期以上（含1年期）的定期存款，其利息已经预提，要冲转"应付利息"账户；而对于不满1年的定期存款则将发生的利息直接列入"利息支出"账户。同时在单位定期存款开户证实书上加盖"结清"戳记，以收回的单位定期存款开户证实书代替转账借方传票入账；两联进账单的其中一联作为活期存款的入账传票，另一联作为收款通知转交收款单位；最后销记单位定期存款开销户登记簿。

【例 3-1】晋华银行收到红旗工厂交来当日到期的单位定期存款开户证实书一张，金额100 000元，存期1年，年利率为2.52%。要求支取的本息转入活期存款账户，经审核无误后，编制分录如下：

借：吸收存款——××定期存款——一年期存款——红旗工厂　　100 000

　　应付利息——一年期定期存款利息　　2 520

贷：吸收存款——××活期存款——红旗工厂　　102 520

四、单位通知存款的核算

单位通知存款是存款人在存入款项时不约定存期，支取时提前通知银行，约定支取存款日期和金额方能支取的存款。

单位通知存款不论实际存期多长，按存款人提前通知的期限长短划分为1天通知存款和7天通知存款两个品种。1天通知存款必须提前1天通知约定支取存款，7天通知存款必须提前7天通知约定支取存款。

单位通知存款起存金额为50万元，一次存入，一次或分次支取，支取金额最低为10万元。

单位存入通知存款时，从活期存款账户转入，由银行开具“单位通知存款证实书”(以单位定期存款证实书代替)，分别作为记账凭证、存单和分户账，证实书为记名式并注明“通知存款”字样。其会计分录如下：

借：吸收存款——××活期存款——××户

贷：吸收存款——通知存款

单位支取通知存款时，应按照存入时确定的通知存款种类提前1天或7天书面通知银行，取款通知书应注明“取款日期”并于确定的取款日办理取款手续。其会计分录如下：

借：吸收存款——通知存款

利息支出

贷：吸收存款——××活期存款——××户

任务四 存款利息核算

【任务重点】

掌握存款利息计算。

想一想

晋华银行应如何计付客户的利息？如何进行会计核算？

一、利息计算的一般规定

（一）利息计算的基本公式

利息=本金×存期×利率

在实际工作中，本金×存期（天数）的乘积为“累计计息积数”，即计息期内每天余额的累计数。因此，计息公式也可以表示为：

利息=累计计息（日）积数×日利率

（二）计息要素的规定

1.存期

存期是存款的时间，一般说存期“算头不算尾”，也就是存入日计算利息，支取日不计算利息，其计算方法是从存入日算至支取的前1日。具体计算利息时，对定期存款与活期存款的存期计算有所不同。

定期存款计算利息时，按照存期“算头不算尾”的方法，从存入日算至支取的前1日。存期一般按对年、对月、对日计算，对年按360天，对月按30天，如有零头天数按实际天数计算。

单位活期存款除非清户，一般均连续不间断发生存取款业务，因此，活期存款利息一般采取定期结息的做法，即按月或按季结计利息。具体方法是采用余额表或乙种账计算计息积数，对活期存款的存期也就按照实际天数计算，所谓实际天数就是按照日历天数，大月按31天计算，小月按30天计算，平月按28天（或29天）计算。

2.利率

利率是指一定存款的利息与存款本金的比率。基准利率由国务院授权中国人民银行制定并公布，各银行在基准利率的基础上可以浮动。目前存款利率允许下浮，今后将逐步过渡到利率的完全市场化，由银行根据市场资金供求情况自行确定利率水平。

利率用年利率、月利率、日利率表示。在运用利率时应注意相互的换算关系，即：

年利率÷12 = 月利率

月利率÷30=日利率

利率使用时，应注意与存期的一致性，即存期按天数计算时，用日利率；存期按月计算时，用月利率；存期按年计算时，用年利率。定期存款的利息按存入日的利率计算；活期存款利息按结息日挂牌公告活期利率计算。

3. 利息计算

累计计息积数以“元”位起计息，元位以下不计息。计算的利息保留到分位，分位以下四舍五入。

二、单位存款利息的计算及账务处理

（一）单位活期存款利息计算及账务处理

单位活期存款的存取次数频繁，余额会经常发生变动，计算利息可采用积数法。目前有两种计息方法：余额表计息法和分户账计息法。

1. 余额表计息法

采用该方法计算利息，银行会计部门于每日营业终了，将各计息分户账的最后余额逐户抄列在计息余额表中，如当天的余额未发生变化或遇节假日，应照抄上日余额；如遇更正错账，应及时在计息余额表的“应加积数”或“应减积数”栏内进行调整；结息日，逐户将全季的累计积数乘以日利率，即得出各户应计利息数。余额表计息法适用于存款余额变动频繁的存款户。

【例3-2】晋华银行6月份计息余额表中的宏远公司活期存款余额情况见表3-6：

表3-6　　晋华银行计息余额表

2017年6月

科目名称：活期存款　　利率：3.75‰　　共　页第　页

户名、账号 / 余额 / 日期	宏远公司单位存款户 201 008	合　计
1	96 000	
2	102 000	
3	130 000	
4	104 000	
5	86 000	
6	74 000	
7	96 000	
8	134 000	
9	166 000	
10	160 000	
10天小计	1 148 000	
⋮	⋮	
本月合计	3 152 000	
至上月月末未计息积数	6 128 000	
应加积数	16 000	
应减积数	22 000	
至结息日累计应计息积数	7 944 000	
至本月底累计未计息积数	1 330 000	
结息日计算利息数	993	

宏远公司活期存款至上月月末未计息积数（即3月21日至5月31日的累计计息积数）为6 128 000元，6月1—20日的计息积数为1 822 000元，本季度应加积数为16 000元，应减积数为22 000元，所以第2季度的计息积数（即上期结息日至6月20日的累计应计息积数）为7 944 000元（1 822 000 + 6 128 000 + 16 000−22 000），则第2季度宏远公司活期存款的应计利息为：

7 944 000×3.75‰÷30 = 993（元）

表中"至本月底累计未计息积数"=3 152 000−1 822 000 = 1 330 000（元）

金融企业计息后，一般是在次日入账，并逐户编制"存款利息通知单"，一式三联，第一联作贷方传票，第二联作借方传票（汇总编制利息支出科目传票的，此联作附件），第三联代收账通知交给各存款单位。其转账的会计分录为：

借：利息支出——活期存款利息支出户　　993

　贷：吸收存款——宏远公司单位　　993

2.分户账计息法

在活期存款明细账采用乙种账格式时，由于账页上设有"日数"和"积数"两栏，因此在登记明细账结出余额后，可以直接计算出积数，填入"积数"栏。日数的计算是从上一次记账日期起至本次记账日期的前一日止，即"算头不算尾"，再以上一次存款余额乘以日数，计算出计息积数。结息日将各明细账户的积数分别相加，计算出本季度累计积数。再将本季度累计积数乘以日利率，即可得出应付利息数。分户账计息法适用于存款余额变动不多的存款户。

【例3-3】晋华银行甲单位的分户账见表3-7：

表3-7　吸收存款分户账

户名：甲单位　账号：（略）　利率：1.5‰

2017年		摘要	借方	贷方	借或贷	余额	复核盖章	日数	积数
月	日								
3	21	结息		20.00	贷	1 000.00			
3	30	转收		400.00	贷	1 400.00		9	9 000.00
4	18	信汇	600.00		贷	800.00		19	26 600.00
5	3	现收		100.00	贷	900.00		15	12 000.00
6	8	委收		300.00	贷	1 200.00		36	32 400.00
		合计						13	15 600.00
6	21	结息		4.78	贷	1 204.78		92	95 600.00

计息积数算出后，按上述余额表计息法办理转账。

（二）单位定期存款利息计算及账务处理

1.单位定期存款采用逐笔计算利息的方法，即在支取存款时一并计算利息，利随本清。

2.定期存款的存期按对年、对月、对日计算，对年按360天，对月按30天，如有零头天数按实际天数计算。

3.定期存款在存期内的利息，按存入日挂牌公告的利率计算；遇利率调整不分段计息。如果过期支取，其过期部分按支取日挂牌公告的活期存款利率计息。提前支取时，对提前支取的部分按支取日挂牌公告的活期存款利率计息。

4.定期存款的到期日如为节假日，可于节假日前最后一个营业日办理支取手续，银行扣除支取日至到期日的天数后，按合同利率计算利息。节假日后支取的，按过期支取计算利息。

5.按照权责发生制的原则，对单位定期存款应按期计算应付利息，一般按月或按季计息，当单位支取定期存款时，再冲减应付利息。

当定期存款按期计提利息时，根据计算的利息额，编制转账借、贷方传票转账。其会计分录为：

借：利息支出——定期存款利息支出户

　贷：应付利息——定期存款利息户

单位支取存款时，按应付该单位利息直接冲减应付利息。其会计分录为：

借：应付利息——定期存款利息户

　贷：吸收存款——××活期存款——××单位存款户

【例3-4】晋华银行对定期存款按月计息，甲公司1年定期存款100 000元，存入时月利率为1.65‰，于8月25日到期支取。

按月计提利息时：

利息=100 000×1.65‰=165（元）

其会计分录为：

借：利息支出——定期存款利息支出户	165	
贷：应付利息——定期存款利息户		165

8月25日到期支取存款时：

利息=100 000×12×1.65‰=1 980（元）

其转账会计分录为：

借：吸收存款——××定期存款——甲公司	100 000	
应付利息——定期存款利息户	1 815	
利息支出——定期存款利息支出户	165	
贷：吸收存款——××活期存款——甲公司		101 980

（三）单位通知存款利息计算

通知存款存入时由存款人选择1天或7天通知存款种类，银行按支取日挂牌公告的相应利率和实际存期计算利息，利随本清。实际存期不足通知期限的按活期存款利率计算利息。最短通知期限为2天或8天。未提前通知而支取的以及已办理通知手续而提前支取或逾期支取的，支取部分按活期存款利率计算利息。

三、个人储蓄存款利息的计算及账务处理

（一）个人活期储蓄存款利息的计算及账务处理

1.活期储蓄存款利息的计算及账务处理

活期储蓄存款在利息的计算公式、计息的形式和计算方法上与单位活期存款相同。

在实际工作中，居民储蓄利息采用“日积数法”，即直接在分户账上计息。

【例3-5】储户王平在2017年1月10日开立一活期储蓄账户，其存款账见表3-8：

表3-8 吸收存款账 利率：7.2‰

2017年		摘要	借方	贷方	借或贷	余额	日数	积数	复核盖章
月	日								
1	10	新开户		1 000.00	贷	1 000.00			
3	5	支取	500.00		贷	500.00	54	54 000.00	
3	21	利息入户		15.00	贷	515.00	17	8 500.00	
4	6	续存		500.00	贷	1 015.00	16	8 240.00	
5	27	结息		14.40	贷	1 029.40	51	51 765.00	
5	27	销户	1 029.40			0			

3月21日，会计分录：

借：利息支出 15.00

　贷：吸收存款——活期储蓄存款 15.00

5月27日，会计分录：

借：吸收存款——活期储蓄存款——×× 1 015.00

　　利息支出 14.40

　贷：库存现金 1 029.40

2.定活两便储蓄存款的利息计算及账务处理

定活两便储蓄存款的存期不满3个月的，按支取日挂牌公告的活期储蓄存款利率计付利息；存期满3个月而不满半年的，按支取日挂牌公告的3个月整存整取定期储蓄存款利率打6折计算利息；存期满半年而不满1年的，按支取日挂牌公告的6个月整存整取定期储蓄存款利率打6折计算利息；存期在1年以上（含1年）的，无论存期多长，一律按支取日挂牌公告的1年期整存整取定期储蓄存款利率打6折计算利息。其会计分录为：

借：吸收存款——活期储蓄存款——定活两便储蓄

　　利息支出——活期储蓄存款利息支出

　贷：库存现金

（二）个人定期储蓄存款利息计算及账务处理

1.整存整取定期储蓄存款的利息计算及账务处理

（1）利息计算

储户按照约定的存款期限到期支取，在原定存期内不论利率调高调低，均按存单开户日挂牌公告的相应利率计付利息，不分段计息。

【例3-6】储户王华于2017年10月10日存入20 000元，定期1年，利率为2.25%，储户于2018年10月10日到期支取本金。

应付利息=20 000×1×2.25%=450（元）

储户未到期支取储蓄存款，无论实际存期多长，均按支取日挂牌公告的活期利率计算应付利息。

【例3-7】承【例3-6】，储户王华于2018年6月10日要求全部提前支取存款，当日挂牌公告的活期利率为0.72%，则：

应付利息=20 000×8×（0.72%÷12）=96（元）

储户的存款到期未取，其原定存期部分，按到期支取计息方法计息，超期部分，除约定自动转存外，按支取日挂牌活期储蓄利率计付利息。

【例3-8】承【例3-6】，储户王华于2018年10月30日逾期支取该储蓄存款，当日挂牌公告的活期利率为0.72%，则：

应付利息=20 000×1×2.25%＋20 000×20×（0.72%÷360）=458（元）

（2）账务处理

【例3-8】的账务处理如下：

借：吸收存款——整存整取定期储蓄存款——王华　20 000
　　利息支出——定期储蓄利息支出　458
　贷：库存现金　20 458

2.零存整取定期储蓄存款的利息计算及账务处理

在计算零存整取定期储蓄存款利息时，银行通常采用月积数计息法和固定基数计息法。月积数计息法根据存款账户每月余额计算出月积数，然后乘以月利率计算应付利息。固定基数计息法根据规定存期和利率计算出每元本金到期应付利息，再以次基数乘以存入金额计算出应付利息，目前零存整取定期储蓄存款利息通常使用月积数计息法。

储户按照约定的存款期限到期支取，在原定存期内不论利率调高调低，均按存单开户日挂牌公告的相应利率计付利息，不分段计息。

储户在原定存期内提前支取，按支取日储蓄机构挂牌公告的活期储蓄存款利率计息。当月提前支取的在计算利息时应剔除当月积数；如支取日小于开户日，还应再剔除上月积数（即实存次数不能多于实存月数）。

储户逾期支取，其逾期部分按支取日挂牌公告的活期储蓄存款利率计息。其会计分录为：

借：吸收存款——零存整取定期储蓄存款——××
　　利息支出——定期储蓄利息支出
　贷：库存现金

3.存本取息定期储蓄存款的利息计算

存本取息定期储蓄存款与其他定期储蓄存款的不同之处是支取利息的时间不同，其他定期储蓄存款均是利随本清，在支取本金时，储蓄机构计算应付储户的利息；而存本取息定期储蓄存款是分次支取利息，到期支取本金。因此，存本取息定期储蓄存款在开户时就要计算到期应支付利息，根据储户约定的支取利息的次数，计算每次支取利息的金额，按期向储户支付利息。其计息公式为：

每次支取利息数=（本金×存期×利率）÷支取利息次数

或　每次支取利息数=本金×每次取息间隔月数×月利率

储户逾期支取，除按到期支取规定计算利息以外，还应按本金逾期天数及支取日储蓄机构公告的活期储蓄利率计算逾期利息，并按应付利息总额计算利息所得税，将实付利息连同本金一并付给储户。

储户提前支取本金，应根据本金的实际存期按支取日挂牌公告的活期储蓄利率计算应付利息，用应付利息减去已分次支取的利息和利息所得税，将差额连同本金一并付给储户，如果已付利息大于应付利息，其差额应从本金中扣回。

4.通知储蓄存款的利息计算

通知储蓄存款平时不结息，也不计提应付利息，当每次支取本金时，利随本清。利息从活期储蓄存款利息支出科目中列支。

利率按中国人民银行公布的通知存款利率执行，未包含档次的利率，按当地人民银行规定的利率执行。

同步训练

☞**思考训练**

1.为什么说存款是立行之本?

2.存款有哪些类型?

3.什么是储蓄存款?

4.如何进行个人储蓄存款的核算?

5.单位存款账户有哪些?

6.如何进行单位存款的核算?

7.如何进行存款利息的计算与核算?

☞**业务训练**

目的：能熟练操作存款业务及利息计算业务。

资料：甲公司2018年4月1日由上季度结转余额56 000元，日数11天，月利率为3‰。2018年第二季度该公司存款资料如下：

（1）4月15日支付设备款24 000元。

（2）4月30日预收备料货款50 000元。

（3）5月5日支付设备款30 000元。

（4）5月14日支付材料款20 000元。

（5）5月25日收到货款40 000元。

（6）6月5日提现金20 000元。

（7）6月8日收退料款20 000元。

（8）6月16日支付材料款40 000元。

（9）6月18日存入现金20 000元。

要求：

（1）根据上述资料编制有关记账凭证。

（2）登记存款账并逐笔结计余额，计算日数和积数。

（3）计算账面利息并编制有关利息转账的会计分录。

项目四　贷款业务核算

【知识目标】

1. 了解贷款与贴现的意义以及核算要求；

2. 熟悉贷款与贴现的区别；

3. 掌握贷款账务处理手续、贷款利息的计算方法以及贷款损失准备的具体处理与核算。

【技能目标】

1. 能正确辨析各种贷款业务；

2. 能熟练处理各种贷款业务；

3. 能正确计算并处理贷款利息。

任务一　贷款业务认知

【任务重点】

掌握贷款业务的分类。

想一想

晋华银行应该如何操作才可以降低贷款风险？应该如何严格控制贷款程序？

一、贷款业务的含义

贷款是金融企业对借款人提供的按约定的利率和期限还本付息的货币资金。办理贷款业务，是银行的重要职责，是根据信贷政策和国家产业政策，按照贷款原则，对国民经济各部门进行的资金再分配。通过发放贷款，可以支持生产发展和商品流通；通过调整贷款的投向和支持的重点，可以调节产业结构和产品结构；通过信贷监督，又可以促进企业改善经营管理，节约资金使用，同时也可以加速资金周转，减少贷款损失，从而增加银行营业收入，提高银行经济效益。

二、贷款业务的种类

贷款业务可以从多种不同的角度进行分类。

（一）按发放贷款的期限划分

按发放贷款的期限划分，贷款业务可分为短期贷款、中期贷款和长期贷款。

1. 短期贷款，是指贷款期限在1年以内（含1年）的贷款。它通常用于企业的营运资本、由各种偶然性事件引起的流动资金的需求以及银行间的资金融通。

2. 中期贷款，是指贷款期限在1年以上，5年以内（含5年）的贷款。它主要用于企业的设备更新改造，是中小企业取得固定资本的重要途径，也有很多是个人消费者的贷款。

3.长期贷款，是指贷款期限在5年以上的贷款。它主要用于企业各种固定资产的购置，如新建厂房、商场、购买生产经营设备等；同时也提供给个人消费者，主要用于购买住宅、小汽车等。

（二）按发放贷款应承担的责任划分

按发放贷款应承担的责任划分，贷款业务可分为自营贷款、委托贷款和特定贷款。

1.自营贷款，是指贷款人以合法方式筹集资金而自主发放的贷款，其风险由贷款人承担，并由贷款人收取本金和利息。

2.委托贷款，是指由政府部门、企事业单位及个人等委托人提供资金，由贷款人（亦即受托人）根据委托人确定的贷款对象、用途、金额、期限、利率等而代理发放、监督使用并协助收回的贷款，其风险由委托人承担，贷款人即受托人只收取手续费。

3.特定贷款，是指经国务院批准并对贷款可能造成的损失采取相应补救措施后责成国有独资商业银行发放的贷款。此类贷款带有政策性贷款的性质，但又不属于政策性贷款，如救灾扶贫贷款。

（三）按发放贷款的方式划分

按发放贷款的方式划分，贷款业务可以分为信用贷款、担保贷款和票据贴现。

1.信用贷款，是指完全凭借借款人的信誉而发放的贷款。这种贷款一般仅提供给与银行关系密切、信誉较高、实力雄厚的大客户。

2.担保贷款，是指以一定财产或第三人承诺在借款人不能偿还贷款时，按约定承担一般保证责任或连带保证责任而发放的贷款。按保证方式不同，担保贷款又可分为保证贷款、抵押贷款和质押贷款。

3.票据贴现，是指贷款人以借款人转让未到期票据的方式发放的贷款。

（四）按发放贷款的对象划分

按发放贷款的对象划分，贷款业务可分为单位贷款和个人贷款。

1.单位贷款，是指银行向企事业单位及机关、团体等经济组织发放的贷款。

2.个人贷款，是指银行向消费者个人发放的贷款，主要包括个人住房贷款、个人消费贷款和国家助学贷款等。

（五）按发放贷款的还款方式划分

按发放贷款的还款方式划分，贷款业务可分为到期一次偿还的贷款和分期偿还的贷款。

1.到期一次偿还的贷款，是指在贷款到期时一次偿还贷款本金，利息根据贷款合同或在整个贷款期间分期支付，或在贷款到期时一次支付，即利随本清的贷款。

2.分期偿还的贷款，是指按年、季、月以相等的金额还本付息的贷款。

（六）按发放贷款的风险程度划分

按发放贷款的风险程度划分，贷款业务可分为正常贷款、关注贷款、次级贷款、可疑贷款和损失贷款。

1.正常贷款，是指借款人能够履行合同，没有足够理由怀疑贷款本息不能按时足额偿还的贷款。

2.关注贷款，是指尽管借款人目前有能力偿还贷款本息，但存在一些可能对偿还产生不利影响因素的贷款。

3.次级贷款，是指借款人的还款能力出现明显问题，完全依靠其正常营业收入无法足额偿还贷款本息，即使执行担保，也可能会造成一定损失的贷款。

4.可疑贷款，是指借款人无法足额偿还贷款本息，即使执行担保，也肯定要造成较大损失的贷款。

5.损失贷款，是指在采取所有可能的措施或一切必要的法律程序之后，本息仍然无法收回，或只能收回极少部分的贷款。

三、贷款的核算要求

金融企业发放贷款遵循的原则是：短期贷款本金按实际贷出的金额入账，期末按照贷款本金和适用的利率计算应收利息；中长期贷款本息分别核算、商业性贷款和政策性贷款分别核算、自营贷款和委托贷款分别核算、应计贷款和非应计贷款分别核算。其具体要求是：

（一）严格贷款的发放手续

会计部门对借款凭证应根据借款合同内容进行认真审核，审核其是否符合审贷分离、分级审批制度；是否符合审批手续和审批权限，审核无误后才能进行放款的转账处理。

（二）监督贷款的使用和收回

银行在发放贷款后，会计部门要监督贷款按规定用途使用，防止借款人挪用或套用银行贷款，以减少和防止贷款风险，同时经常检查和掌握贷款到期时间，及时督促借款人按期偿还贷款。

（三）做好不良贷款的计算和分析工作

银行为增强自我发展能力，对经营的贷款必须严格控制在规定的资产负债比例之内，以确保资产的安全性和流动性。因此，会计部门应认真做好各种不良贷款的计算和分析工作，并及时向有关领导和部门提供相关数据，以便加强对不良贷款的管理，做好不良贷款的催收工作。

任务二　单位贷款业务核算

【任务重点】

掌握信用贷款、抵押贷款核算。

想一想

晋华银行在创新新型业务的同时，大力发展传统业务，目前单位贷款规模越来越大。请问该行办理贷款时应如何进行会计处理？

一、单位贷款核算认知

（一）单位贷款的含义

单位贷款是指银行向企事业单位及机关、团体等经济组织发放的贷款。

（二）设置会计科目

1.“贷款”科目。“贷款”科目是资产类科目，主要用来核算银行按规定发放的各种客户贷款，包括质押贷款、抵押贷款、保证贷款、信用贷款等。发放贷款时记入本科目借方，按实际支付额记入“吸收存款”“存放中央银行款项”等科目贷方，收回贷款时记入本科目贷方，余额在借方，表示尚未收回的贷款数额。该科目可按贷款类别、客户进行明细分类核算。

2.“利息收入”科目。“利息收入”科目是损益类科目，主要用来核算金融企业确认的利息收入，包括发放的各类贷款（银团贷款、贸易融资、贴现和转贴现融出资金、协议透支、信用卡透支、转贷款、垫款等）、与其他金融机构（中央银行、同业等）之间发生资金往来业务、买入返售金融资产等实现的利息收入等。收到利息收入时记入贷方，期末将本科目发生额转入“本年利润”科目，结转后本科目无余额。

二、信用贷款的核算

信用贷款是指仅凭借款人的信誉发放贷款，而无须提供担保的一种贷款方式。这种贷款需逐笔申请立据，逐笔审核，确定期限，到期归还。

借款人要取得信用贷款，应根据借款计划与银行签订借款合同。按合同确定的贷款额度一次或分次用款时，由借款人提出书面申请，经信贷部门审批，确定贷款金额与归还日期，然后填具借款凭证交由会计部门确定会计科目并开立贷款账户，在贷款发放并转入存款账户后方可安排使用。

（一）贷款发放的核算

借款人申请借款时，应向银行提交“借款申请书”及有关资料，信贷部门进行调查评估和可行性论证后，按照审贷分离、分级审批的要求进行贷款的审批。然后由借贷双方共同签订借款合同，合同一经签订，即具有法律效力，银行和借款人必须共同履行合同约定的贷款金额、期限、用途、利率、还款方式、违约责任等事项。

借款合同签订后，借款人应根据合同向信贷部门填制一式五联的借款凭证（见表4-1），第一联代转账借方传票；第二联代转账贷方传票；第三联回单加盖转讫章后退给借款人，作为入账的依据；第四联为放款记录，加盖转讫章后送信贷部门留存备查；第五联为到期卡，由会计部门留存，按到期日排列保管，按到期日收回贷款。

会计部门收到借款凭证后，应认真审查以下内容：凭证有无信贷部门审批意见；各项内容的填写是否正确、完整；大小写金额是否一致；印鉴是否相符等。经审核无误后，以借款凭证第一、二联代转账借、贷方传票办理转账。其会计分录为：

借：贷款——借款人贷款户

　贷：吸收存款——活期存款——借款人存款户

转账后，将借款凭证第三联盖章后作为回单退给借款人，第四联由信贷部门留存，第五联按到期日顺序专夹保管，随时查阅借款到期日，于到期日之前通知信贷部门转告借款单位准备资金按期还款。

（二）收回贷款的核算

1.到期收回贷款的核算

贷款到期，当借款单位归还贷款时（含提前归还），应填具还款凭证，送交开户银行办理还款手续。会计部门按支取存款的要求审查凭证，无误后抽出贷款借据核对并登记“还款记录”，然后作账务处理。

表4-1　　（　贷款）借款凭证（申请书代借据）

单位编号：　　　　　　　　年　　月　　日　　　　　　　　银行编号：

<table>
<tr><td rowspan="3">借款单位</td><td>名　　称</td><td colspan="2">同　右</td><td rowspan="3">借款单位</td><td>名　　称</td><td colspan="10"></td></tr>
<tr><td>往来户账号</td><td colspan="2"></td><td>往来户账号</td><td colspan="10"></td></tr>
<tr><td>开户银行</td><td colspan="2"></td><td>开户银行</td><td colspan="10"></td></tr>
<tr><td colspan="2">借款期限
（最后还款日）</td><td colspan="2"></td><td colspan="2">借款计划指标</td><td colspan="10"></td></tr>
<tr><td colspan="2" rowspan="2">借款申请金额</td><td colspan="4" rowspan="2">人民币
（大写）：</td><td>千</td><td>百</td><td>十</td><td>万</td><td>千</td><td>百</td><td>十</td><td>元</td><td>角</td><td>分</td></tr>
<tr><td></td><td></td><td></td><td></td><td></td><td></td><td></td><td></td><td></td><td></td></tr>
<tr><td colspan="2" rowspan="2">借款原因及用途</td><td colspan="2" rowspan="2"></td><td colspan="2" rowspan="2">银行核定金额</td><td>千</td><td>百</td><td>十</td><td>万</td><td>千</td><td>百</td><td>十</td><td>元</td><td>角</td><td>分</td></tr>
<tr><td></td><td></td><td></td><td></td><td></td><td></td><td></td><td></td><td></td><td></td></tr>
<tr><td>期限</td><td>计划还款日期</td><td>√</td><td>计划还款金额</td><td rowspan="5">银行审批</td><td colspan="11" rowspan="5">

负责人　　信贷部门主管　　信贷员</td></tr>
<tr><td>1</td><td></td><td></td><td></td></tr>
<tr><td>2</td><td></td><td></td><td></td></tr>
<tr><td>3</td><td></td><td></td><td></td></tr>
<tr><td>4</td><td></td><td></td><td></td></tr>
<tr><td colspan="4">兹根据你行贷款办法规定，申请办理上述借款，请核定贷给

此致
××商业银行
（借款单位预留往来户印鉴）</td><td colspan="12">会计分录：
（借）：
对方科目：（贷）
会计　　　复核　　　记账</td></tr>
</table>

借款人用现金归还贷款，应将现金收妥后再作账务处理。其会计分录为：

借：吸收存款——××活期存款——××单位存款户

　贷：贷款——××单位贷款户

对于不在本行开户的借款单位提交的转账支票，应通过票据交换提交给有关银行审核支付后，才能办理转账。其会计分录为：

借：存放中央银行款项（或有关科目）

　贷：贷款——××单位贷款户

借款单位如分次归还贷款，应在借据上登记本次还款金额，借据继续保管，等最后还清贷款时，再将注销的借据退还借款人。

贷款到期日借款人未主动归还，银行可视单位存款账户余额，按有关规定主动予以扣收全部或部分贷款，由银行填制特种转账传票按上述办法进行账务处理。

2.贷款展期的核算

贷款到期，借款人因特殊原因不能按期归还贷款，需要延期的，应在贷款到期前向银行提交“贷款展期申请书”，写明原因，经信贷部门审查同意后，在贷款展期申请书上签注意见并送会计部门。会计部门应抽出原借据，在借据上批注展期后的还款日期及相应的利率，贷款展期申请书与原借据一并保管，按新的到期日收回贷款，不办理转账手续。

当贷款展期时，其短期贷款累计展期期限不得超过原定的贷款期限；中期贷款累计展期期限不得超过原定贷款期限的一半；长期贷款累计展期期限不得超过3年。借款人申请贷款展期只限一次。

3.贷款逾期的核算

借款人不能按期（含展期）归还借款，或借款人存款账户资金不足，只能部分归还贷款，其余部分不能按期归还，又未办理贷款展期手续，其全部或部分贷款应转作逾期贷款处理。会计部门应在贷款到期日营业终了前，将原贷款转入逾期贷款账户。其会计分录为：

借：贷款——逾期贷款——××单位逾期贷款户

　贷：贷款——××单位贷款户

转账后，应在原借款合同及借款到期卡上加盖“逾期贷款”戳记，列入相应的逾期贷款户保管，并定期进行检查监督，加强催收工作。

4.非应计贷款的核算

非应计贷款是指贷款本金或利息逾期90天没有收回的贷款，对于逾期贷款可以设置“非应计贷款”科目单独核算。

贷款转入非应计贷款时，应采用红、蓝字同方向转账处理。其会计分录为：

借：非应计贷款——××单位户

借：贷款——逾期贷款——××单位逾期贷款户（红字）

冲减原已计入损益的利息收入时：

借：利息收入

　贷：应收利息

超过90天的逾期未归还的利息纳入“应收未收贷款利息”表外科目核算，即：

收入：应收未收贷款利息

【例4-1】晋华银行H支行于3月20日发放以下贷款：向红达工厂发放40万元，期限3个月；向瑞华集团公司发放70万元，期限6个月；向乐佳集团公司发放20万元，期限3个月。

6月20日，红达工厂的贷款到期，40万元全部归还；乐佳集团公司的贷款到期，由于没有资金归还，转作逾期贷款。

9月20日，瑞华集团公司的贷款到期，由于资金不足，归还50万元，另外20万元转作逾期；乐佳集团公司的贷款由于仍无力归还，因而转作“非应计贷款”。

晋华银行H支行3月20日、6月20日、9月20日的会计分录。

3月20日发放贷款：

借：贷款——短期贷款——红达工厂户　　400 000

　贷：吸收存款——单位活期存款——红达工厂户　　400 000

借：贷款——短期贷款——瑞华集团公司户　　700 000

　贷：吸收存款——单位活期存款——瑞华集团公司户　　700 000

借：贷款——短期贷款——乐佳集团公司户　　200 000

　贷：吸收存款——单位活期存款——乐佳集团公司户　　200 000

6月20日：

借：贷款——逾期贷款——乐佳集团公司户　　200 000

贷：贷款——短期贷款——乐佳集团公司户　200 000

借：吸收存款——单位活期存款——红达工厂户　400 000

贷：贷款——短期贷款——红达工厂户　400 000

9月20日：

借：吸收存款——单位活期存款——瑞华集团公司户　500 000

贷：贷款——短期贷款——瑞华集团公司户　500 000

借：贷款——逾期贷款——瑞华集团公司户　200 000

贷：贷款——短期贷款——瑞华集团公司户　200 000

借：非应计贷款——乐佳集团公司户　200 000

借：贷款——逾期贷款——乐佳集团公司户　200 000

三、担保贷款的核算

担保贷款是在借贷关系中，贷款人为确保贷款能够按时收回，要求借款人或第三人提供一定的财产或资信而发放的贷款。这种贷款风险小，保证性强。

担保贷款按担保方式不同，可分为保证贷款、抵押贷款和质押贷款3种。

（一）保证贷款的核算

保证贷款是指以第三人承诺在借款人不能偿还贷款时，按约定承担一般保证责任或连带保证责任而发放的贷款。银行通常对经营风险较大、信用较差、大额贷款或因特殊情况经营项目较复杂的贷款，要求借款人提供贷款担保人。

1.办理保证贷款的条件

保证贷款涉及借款人、保证人和银行三方面的关系，保证是否有效，直接关系到银行的债权能否收回。因此，银行在发放保证贷款时，对借款人申请保证贷款的条件进行调查评估和可行性的论证是至关重要的。其主要内容包括以下几个方面：

（1）保证人的保证资格。保证人应是具有代为清偿债务能力的法人、其他组织或公民。下列单位不具备保证人资格：国家机关、学校、幼儿园、医院等以公益为目的的事业单位、社会团体，企业法人的分支机构、职能部门。

（2）保证人的资金实力和保证意愿。保证人与债权人应当以书面形式订立保证合同。在签订保证合同时，银行应明确了解保证人的保证意愿，查找保证人履行保证协议的历史记录。如果保证人有过去未履行保证义务的记录，银行应对其保证的有效性持审慎态度。当然，如果保证人有保证意愿，也没有不良的历史记录，银行还应审查保证人的资金实力，具体包括：保证人的财务状况、现金流量、或有负债、信用评级以及目前所提供保证的数量和金额。只有既具备保证资金实力，又具有保证意愿的保证人才能承担保证责任。

（3）保证人与借款人之间的关系。保证人主要是借款人的股东、合伙人、高级管理人员、与母公司有业务往来的公司等，保证人与借款人之间往往存在不同程度的经济利益关系，为此，银行要特别注意完全依赖保证担保人的贷款，防止发生欺诈行为。

（4）保证的法律责任。保证的方式分为一般保证责任和连带保证责任。银行与保证人签订保证合同时，应注明连带责任保证，以便债务人在主合同规定的债务履行期届满而没有履行债务时，既可以要求债务人履行债务，又可以要求保证人在其保证范围内承担保证责任。保证担保的范围应包括主债权及利息、违约金、损害赔偿金和实现债权的费用，同时应订明保证期间。

2.发放保证贷款的核算

借款人申请保证贷款时，应向银行提交“借款申请书”及其他材料，同时还应提供保证人的基本情况及保证人拟同意保证的有关证明文件。经信贷部门审查认可后，由银行与保证人签订保证合同。保证合同一经签订即可生效，双方应切实履行合同的规定。会计部门则根据借款凭证办理保证贷款的发放，其处理手续与发放信用贷款相同。

3.收回保证贷款的核算

保证贷款到期，借款人应主动归还贷款或由银行主动从借款人存款账户中扣收。如果借款人无力偿还贷款本息，银行应根据借款合同规定向保证人收取贷款本息。其处理手续与收回信用贷款相同。

（二）抵押贷款的核算

抵押贷款是指按《中华人民共和国担保法》（以下简称《担保法》）规定的抵押方式以借款人或第三人的财产作为抵押物而发放的贷款。当债务人不履行债务时，债权人有权依照《担保法》的规定以该财产折价或者折卖、变卖该财产的价款优先抵还贷款。

1.抵押物及抵押物的审查

抵押物是指借款人或第三人（以下称抵押人）提供的经债权人认可作为抵押物的财产。抵押物一般包括：抵押人所有的房屋和其他地上定着物；抵押人所有的机器、交通运输工具和其他财产；抵押人依法有权处分的国有土地使用权、房屋和其他地上定着物；抵押人依法承包并经发包方同意抵押的荒山、荒沟、荒滩等荒地的土地使用权；抵押人依法有权处分的国有机器、交通运输工具和其他财产；依法可以抵押的其他财产。

不能作为抵押物的有：土地所有权、集体所有的土地使用权、公益单位的社会公益设施、所有权或使用权不明或有争议以及依法被查封、扣押、监管的财产等。

银行在办理抵押贷款时，为增强贷款的安全性，降低贷款的风险程度，应对借款人提供的抵押物进行认真审查。

（1）审查抵押物是否符合规定的范围。银行必须按照上述规定的范围认真审核抵押物。在此基础上还需要严格挑选抵押物。在选择抵押物时必须遵循下列原则：价格比较稳定，市场风险较小；易售性强，有广阔市场，可以随时变现；易于保管，不易变质损坏；进行鉴定时，所需的技术不是很复杂；抵押物中的房屋和其他地上定着物、机器设备、交通运输工具以及其他财产应当参加财产保险等。

（2）审查抵押物是否确属抵押人所有或依法有权处分。抵押人以集体企业财产抵押的，应当出具该企业职工代表大会同意抵押的书面证明；以共同财产抵押的，应当出具该财产其他共有人同意抵押的书面证明；以外商投资企业、有限责任公司或股份有限公司财产抵押的，应当出具该企业董事会同意抵押的书面证明。

（3）审查抵押物是否经有关部门登记。凡《担保法》要求登记的抵押物必须进行登记。

抵押贷款的额度，一般按50%～70%幅度掌握，最高不超过抵押物作价现额的70%。

2.发放抵押贷款的核算

借款人申请抵押贷款时，应向银行提交“抵押贷款申请书”，并注明抵押物的名称、数量、价格、保管方式等内容，经信贷部门审核无误后，与借款人签订“抵押借款合同”，并按合同规定与借款人办妥“抵押物所有权证明”、“抵押物清单”及抵押物存放保管手续后，按规定发放贷款。

会计部门收到抵押借款合同及根据合同填写的借款凭证后，办理发放贷款的转账业务。其会计分录为：

借：贷款——抵押贷款——借款人抵押贷款户

　贷：吸收存款——活期存款——借款人存款户

同时，对抵押物要进行表外登记，加强实物保管。其会计分录为：

收入：待保管有价值品——××单位户

3.收回抵押贷款的核算

抵押贷款到期，如果银行能按期收回本息，其账务处理与信用贷款到期收回的处理基本相同。其会计分录为：

借：吸收存款——活期存款——借款人存款户

　贷：贷款——抵押贷款——借款人抵押贷款户

同时，销记表外科目和登记簿，抵押物交借款人。其会计分录为：

付出：待保管有价值品——××单位户

4.抵押贷款逾期的核算

抵押贷款到期后，如果借款人不能按期偿还贷款，银行应于到期日将贷款转入逾期贷款科目，同时向借款人发出“处理抵押品通知单”。如果逾期1个月仍不能偿还贷款本息的，根据合同协议由银行作价变卖处理抵押物品。

抵押品拍卖、变卖所得价款扣除有关费用后，如果超过贷款本金和利息，那么首先收回贷款本息，剩余部分再退给借款人。其会计分录为：

借：存放中央银行准备金等科目

　贷：贷款——逾期贷款——××单位抵押贷款逾期户

　　　应收利息

　　　吸收存款——活期存款——××抵押人存款户

抵押品拍卖、变卖所得价款扣除有关费用后，如果低于贷款本金和利息，那么差额部分应当由借款人偿还。其会计分录为：

借：存放中央银行准备金等科目

　　吸收存款——活期存款——××抵押人存款户

　贷：贷款——逾期贷款——××单位抵押贷款逾期户

贷款抵押品自留时作为抵债资产入账，报经批准转为自用时，可以转为固定资产入账。其会计分录为：

借：抵债资产

　贷：贷款——逾期贷款——××单位抵押贷款逾期户

　　　应收利息

借：固定资产

　贷：抵债资产

不论是拍卖、变卖还是作价入账处理，都应当销记“待保管有价值品”。

（三）质押贷款的核算

质押贷款是指按《担保法》规定的质押方式以借款人或第三人的动产或权利为质物而

发放的贷款。质押贷款分为动产质押和权利质押两种形式。

动产质押是指债务人或者第三人将其动产移交债权人占有，并以该动产作为债权的担保。当债务人不履行债务时，债权人有权以该动产折价或者以拍卖、变卖该动产的价款优先受偿。

权利质押是指债务人或第三人将其权利凭证交付于债权人，并以该权利凭证作为债权的担保。

1.质物及质物的审查

在质押贷款中可用于质押的质物有：货物，汇票、支票、本票、债券、存款单、仓单、提单等权利凭证；依法可以转让的股份、股票（以此作质物的，应向证券登记机构办理出质登记）；依法可以转让的商标专用权、专利权、著作权中的财产权（以此作质物的，应向出质人管理部门办理出质登记）。

银行审查质物的主要内容有：质物是否属于法律法规允许质押的财产；质押权利是否属于法律法规允许质押的权利；质物权属；质押权利的权属；质物的价值及其变现的可行性；质押权利的价值及其变现的可行性；借款需要审查的事项。

2.发放和收回质押贷款的核算

发放和收回质押贷款的处理与抵押贷款的处理基本相同。其主要区别是：质物是动产和权利，抵押物是不动产；以动产和权利作质物取得贷款，在合同约定期内，需移交质物的占有权，而以不动产作抵押取得贷款，在合同约定期内，不需移交抵押物的占有权。

任务三 个人贷款业务核算

【任务重点】

掌握个人贷款业务核算。

想一想

晋华银行会计部门为某个人客户贷款50万元，请问应如何进行操作处理？

一、个人贷款业务认知

（一）含义

个人贷款业务又称零售贷款业务，是指银行等金融机构为个人提供的用于个人消费、生产经营等用途的贷款。个人贷款，经过几十年的发展，已成为一项重要的贷款业务。其特点主要表现在以下几点：

第一，利率水平高；

第二，规模呈现周期性；

第三，借款人缺乏利率弹性。

（二）分类

个人贷款业务主要包括个人住房类贷款业务、个人消费类贷款业务、个人经营类贷款业务。

1.个人住房类贷款业务是指银行向在中国大陆境内城镇购买、建造、大修各类型房屋的自然人发放的贷款。个人住房类贷款业务主要包括自营性个人住房贷款即个人住房按揭贷款（包括个人一手房贷款、个人再交易住房贷款即二手房贷款、个人商业用房贷款、个人住房抵押额度贷款等）、公积金个人住房贷款和个人住房组合贷款。

2.个人消费类贷款业务是指银行向个人发放的用于购车、住房装修、购买耐用消费品、教育、旅游等消费用途的人民币贷款，主要包括个人消费额度贷款、个人汽车贷款、个人权利质押贷款等。

3.个人经营类贷款业务主要是个人助业贷款业务，是指银行对个人发放的用于借款人从事合法生产经营活动所需资金周转的人民币担保贷款。

二、个人贷款业务核算

这里介绍几种常见的贷款业务核算。

（一）个人质押贷款的核算

1.个人质押贷款认知

个人质押贷款是指银行向客户发放的以合法有效的质押品为担保的人民币贷款。个人质押贷款通常具有以下特点：

（1）质物多样。银行存款、国债、理财产品、黄金、人寿保险单、账户贵金属等均可作为质押物。

（2）手续简便。部分质押物可通过个人网上银行办理个人质押贷款。

（3）贷款额度高。贷款额度单笔最高为2 500万元。其中，网上银行个人质押贷款单户贷款最高为100万元。

（4）贷款期限长。最长可达3年。

（5）具备循环贷款功能。一次质押，循环使用，随借随还，方便快捷，并可通过商户POS和网上银行等渠道实现贷款的自助发放。

申请个人质押贷款一般要具备以下条件：

（1）具有相应民事行为能力的自然人。

（2）借款人贷款用途符合国家法律法规及有关政策规定，承诺贷款不进入证券市场、期货市场和用于房地产开发、股本权益性投资，不得用于借贷牟取非法收入。

（3）提供银行认可的有效质物作担保。

（4）在银行开立个人结算账户。

（5）银行规定的其他条件。

申请个人质押贷款要提交以下资料：

（1）申请人本人的有效身份证件，以第三人质物质押的，还需提供第三人有效身份证件。

（2）有效质物证明。

（3）贷款用途证明或声明。

（4）银行规定的其他资料。

2.贷款发放的核算

借款人需办理个人质押贷款时，应提交相关资料。经办人员应审验借款人的身份证，质押凭证是否真实、合法，质押凭证有无挂失、冻结，经审核无误后，开具质押贷款质押品收据，凭以记载待处理质押品登记簿。

收入：待保管有价值品

经办人员填制一式三联的质押贷款借据，经复核无误后，经办人员根据贷款金额配点现金。将借据第一联、质押品收据第二联、借款合同第二联连同现金交付借款人，并以借据第二联作借方传票，借款合同第三联作附件，借据第三联交事后监督作为副本账，进行账务处理。其会计分录为：

借：贷款——个人质押贷款

　贷：库存现金

3. 贷款收回的核算

个人质押贷款到期后，须填写一式三联的“质押贷款还款凭证”，连同借据、借款合同和质押品收据一并交付银行，经审核无误后，在还款凭证各联上加盖名章，还款凭证第三联加盖公章后交付借款人，第一联作贷方凭证，另制转账贷方传票，第二联还款凭证作其附件进行账务处理，其会计分录为：

借：库存现金

　贷：贷款——个人质押贷款

　　利息收入

同时填制表外科目付出传票进行记账：

付出：待保管有价值品

（二）个人家居消费贷款的核算

1. 个人家居消费贷款认知

个人家居消费贷款是指银行向借款人发放的用于装修、装饰住房，购置住房装修材料、耐用消费品和其他大额消费品的家居消费用途的人民币贷款。其特点为：

第一，贷款金额高：贷款最高金额可达200万元。

第二，贷款期限长：贷款最长期限可达10年。

第三，担保形式多样：可采取抵押、质押、保证担保、信用，以及复合担保或部分保证等多种方式。

第四，具备循环贷款功能：一次申请，循环使用，随借随还，方便快捷，并可通过商户POS和网上银行等渠道实现贷款自助发放。

个人家居消费贷款申请时需要具备以下条件：

（1）具有完全民事行为能力的自然人，且年龄在18（含）~65（含）周岁。

（2）具有合法有效的身份证明、婚姻状况证明，在贷款人所在地有固定住所，有贷款人所在地户籍证明（或有效居住证明）。

（3）在银行零售内部评级系统中评定的客户及该笔贷款评分符合相关规定。

（4）具有良好的信用记录和还款意愿，无银行及其他金融机构贷款不良记录。

（5）有稳定的收入来源和按时足额偿还贷款本息的能力。

（6）能提供银行认可的合法、有效、可靠、足值的担保，或具备个人信用贷款条件。

（7）有明确、合法、合规的贷款用途。

（8）在银行开立个人结算账户。

（9）贷款人规定的其他条件。

办理贷款时需提交以下申请资料：

（1）《银行个人家居消费贷款申请表》。

（2）借款人有效身份证件、户籍证明（户口簿或其他有效居住证明）、婚姻状况证明（结婚证、离婚证、未婚声明等）原件及复印件。

（3）个人还款能力证明，如个人纳税证明、工资薪金证明、投资收益证明、租金收入证明、在银行近6个月内金融资产证明等。

（4）贷款用途证明资料，包括住房装修合同、商品购销合同、消费定金收据及其他用途证明。

（5）采用抵押担保的，要提供抵押权属证明。

（6）采用质押担保的，应提供符合银行个人质押贷款规定的有效质物证明。

（7）采用信用或自然人保证担保的，应提供符合银行规定的借款人或保证人的相关资料。

（8）采用复合担保和部分担保的，应按照不同贷款方式的要求一并提供相关资料。

（9）贷款经办行要求提供的其他文件或资料。

2.贷款发放的核算

发放个人家居消费贷款，贷款行依据借款合同以转账方式将贷款连同自付款直接划转到特约商户在贷款行开立的账户上。经办网点应认真审核借款人填制的“个人家居消费贷款支付凭证”，审核无误后，加盖“转讫”章及个人名章，第一联“回单”退借款人，第二联作借方传票，第三联作贷方传票，第四联交特约商户，第五联送业务部门，其会计分录：

借：贷款——个人家居消费贷款——××贷款户
　　吸收存款——活期储蓄存款——××存款户
　贷：吸收存款——活期存款××存款户

3.贷款归还的核算

若借款人以现金方式还款，应填制还款凭证，经办网点收到还款凭证及现金并审核无误后，编制“计算利息清单”，进行转账。若借款人以委托扣款方式还款，结息日营业开始，经办网点生成扣划数据，打印代扣清单，作记账凭证附件，从借款人储蓄存款账户中及时扣款。其会计分录：

借：吸收存款——活期存款——××存款户
　贷：贷款——个人家居消费贷款——××贷款户
　　利息收入——个人耐用消费品贷款利息收入户

借款人未能归还贷款，按规定先转入催收账户，一定时期后（按各银行具体规定）再转入逾期账户，借款人归还逾期贷款时，应按逾期贷款的天数结计逾期贷款利息。

（三）助学贷款的核算

国家助学贷款是指银行向已签署合作协议的中华人民共和国境内（不含中国香港特别行政区、中国澳门特别行政区和中国台湾地区）高等院校中经济困难的学生发放的，用于支付其学杂费和生活费的人民币贷款。国家助学贷款按用途分为学杂费贷款和生活费贷款。学杂费贷款用于借款人向所在学校支付学费及其他杂费；生活费贷款用于借款人支付日常生活费用。该贷款适用于全日制普通本、专科生（含高职生）、研究生和第二学士学位学生，以保证贫困学生顺利完成学业。

个人助学贷款额度按照每人每学年最高不超过6 000元的标准发放，借款人须在毕业后6年内还清贷款，其中可有1~2年的贷款宽限期，但贷款期限最长不得超过10年。贷款利率执行中国人民银行规定的同期同档次贷款基准利率。借款人在校期间的贷款利息全部由财政补贴，毕业后由个人承担全部贷款利息。

在助学贷款发放前，借款人可与银行约定贷款首次还款日，即：贷款发放日至首次还款日之间，借款人无须偿还贷款本金和利息，期间产生的利息，借款人可选择利息摊薄法、利息首期归还法两种方式进行归还。采用按月等额本息、按月等额本金等还款方式的，还款本息按相应公式计算。

发放助学贷款时，贷款银行依据借款合同将贷款转到借款人在银行开立的储蓄存款账户，其会计分录：

借：贷款——个人助学贷款——××贷款户

　贷：吸收存款——活期存款——××存款户

助学贷款偿还的账务处理与个人家居消费贷款偿还的账务处理基本一致。

（四）个人汽车消费贷款的核算

个人汽车消费贷款的借款人应是在中国境内有固定住所的中国公民。申请贷款的条件包括：年满18周岁，具有完全民事行为能力的中国公民，重点是具有较高稳定收入的消费者群体；具有稳定的职业和经济收入或易于变现的资产，能按期偿还贷款本息；能够支付规定限额的首期付款；经贷款银行认可的担保，其中非本地户口的个人应提供合法财产用于设定抵押或质押。

借款人以质押方式申请贷款的，首期付款不得少于购车款的20%~30%，借款最高限额为购车价款的70%~80%；借款人以其他不动产抵押申请贷款的，首期付款不得少于购车款的30%，借款最高限额为购车价款的70%。

个人汽车消费贷款的期限最长不超过5年（含5年）；贷款利率按照同期贷款利率执行。

经办行对于符合贷款条件的借款人应及时签订借款合同，办理贷款担保及保险手续，借款人需填制“汽车消费贷款转存凭证”，同时要求借款人将购车首期付款划入经销商账户，办理转账。其会计分录：

借：贷款——个人汽车消费贷款——××借款人户

　贷：吸收存款——××经销商户

借款人应当按月或按季等额归还本金，按季支付利息。个人汽车消费贷款的偿还可参照个人耐用消费品贷款偿还的账务处理。

（五）个人住房按揭贷款的核算

1.住房按揭贷款的一般规定

住房按揭贷款是指商业银行向自然人发放的用于购买、建造、大修各类型住房的自然人发放的贷款。

（1）贷款用途：用于支持个人在中国大陆境内城镇购买、建造、大修住房。

（2）贷款对象：具有完全民事行为能力的中国自然人及在中国大陆有居留权的境外、国外自然人。

（3）贷款额度：最高为所购（建造、大修）住房全部价款或评估价值的70%。

（4）贷款期限：最长为30年。

（5）贷款利率：按照中国人民银行等有关规定执行。

（6）还款方式：委托扣款、柜面还款方式。

（7）还款方法：贷款期限在1年以内（含1年）的，实行到期本息一次性清偿的还款方法；贷款期限在1年以上的，可采用等额本息、等额本金还款法等。

采用等额本息偿还法，每期归还贷款本金和利息的计算公式为：

$$每月偿还贷款本息额=\frac{本金\times 月利率\times(1+月利率)^{还款月数}}{(1+月利率)^{还款月数}-1}$$

采用等额本金偿还法，每期归还贷款本金和利息的计算公式为：

$$当月偿还贷款本息额=\frac{贷款本金}{贷款月数}+\left(本金-已归还本金累计金额\right)\times 月利率$$

（8）贷款担保：抵押、质押、保证、抵押加阶段性保证等担保方式，可采用一种或同时采用几种贷款担保方式。

2.贷款发放的核算

借款人需要按揭贷款时，应当向银行提出借款申请，经信贷部门审查后签订借款合同并制定“还款计划明细表”。借款人按规定开立活期储蓄存款账户。发放贷款时，借款人需填制借款凭证，由信贷部门签署审批意见并出具“借款人向售房单位划款通知书”交会计部门，会计部门将贷款金额一次性划转到售房单位存款账户。其会计分录为：

借：贷款——个人住房贷款——××借款人户

　贷：吸收存款——活期存款——××借款人存款户

借：吸收存款——活期存款——××借款人存款户

　贷：吸收存款——活期存款——售房单位活期存款户

借款凭证的处理与单位贷款相同。

3.按期归还贷款的核算

借款人应当在合同规定的贷款归还日以前或当日，将当期应归还的贷款本息足额存入活期储蓄存款账户。

还款日，银行会计人员找出借据和“还款计划明细表”与信贷部门核对无误后，填写“还款凭证”和一式三联的利息清单。利息清单第一联作储蓄活期存款借方传票，第二联代利息收入科目贷方传票，第三联交借款人。其会计分录为：

借：吸收存款——活期储蓄存款——××借款人存款户

　贷：贷款——个人住房贷款——××借款人户

　　利息收入（或应收利息）——个人贷款利息收入户

4.逾期还款的核算

若在合同规定还款日，借款人活期储蓄存款账户没有资金归还本期应归还的本金和利息，应当转入“逾期贷款”科目，还款计划明细表备注栏注明“逾期”字样。逾期贷款利息按规定的逾期贷款利率计收复利。

5.提前还款的核算

借款人可以全额或部分提前归还贷款。一次全部提前还款的，应当计算并收取从贷款发放日至还款日的利息。部分提前还款的，对于剩余部分的贷款应当根据还款期数，重新计算每期还款额。

【例4-2】客户王力云2017年3月21日向晋华银行A支行申请住房按揭贷款，手续齐备，信贷部门审查批准并开立了活期储蓄存款账户。购房价款30万元，首付20%，贷款额24万元，合同贷款期限10年，月利率为5.1‰，采用等额本金还款法，售房单位为红达房地产公司（在该支行开户）。晋华银行A支行的会计分录如下：

2017年3月21日发放贷款：

借：贷款——个人住房贷款——王力云借款户　　240 000

　贷：吸收存款——活期储蓄存款——王力云存款户　　240 000

借：吸收存款——活期储蓄存款——王力云存款户　　240 000

　贷：吸收存款——单位活期存款——红达房地产公司户　　240 000

2017年4月20日第一次归还贷款：

采用等额本金还款法：

当月偿还本息金额=240 000÷120＋240 000×5.1‰=3 224（元）

借：吸收存款——活期储蓄存款——王力云存款户　　3 224

　贷：贷款——个人住房贷款——王力云借款户　　2 000

　　利息收入——个人贷款利息收入户　　1 224

2017年5月20日第二次还款：

当月偿还本息金额=240 000÷120＋（240 000－2 000）×5.1‰=3 213.80（元）

借：吸收存款——活期储蓄存款——王力云存款户　　3 213.80

　贷：贷款——个人住房贷款——王力云借款户　　2 000

　　利息收入——个人贷款利息收入户　　1 213.80

任务四　票据贴现业务核算

【任务重点】

掌握票据贴现计算与核算。

想一想

晋华银行2017年3月10日为瑞佳公司财务人员办理银行承兑汇票贴现，期限为6个月，面额为150万元，8月10日到期，请问晋华银行应如何办理汇票贴现？会计核算应如何处理？

一、票据贴现业务认知

票据贴现是指商业汇票的持票人在票据到期前为取得资金而将票据转让给银行，银行按汇票面额扣除从贴现日至汇票到期日的利息后，以其差额付给收款人的一种信用活动。贴现是一项融通资金的业务，同时又是票据转让行为，通过办理贴现，持票人可提前收回垫支于商业信用的资金，用于生产或流通过程，贴现银行买入未到期票据的债权，并使商业信用转化为银行信用，从而有利于加强对商业信用的疏导和管理，充分发挥商业信用的积极作用。

票据贴现业务也是一种贷款，但它与一般贷款又有所不同：

（1）贷款对象不同。贴现以持票人（债权人）为贷款对象；一般贷款以借款人（债务人）为贷款对象。

（2）信用关系不同。贴现体现的是银行与持票人、出票人、承兑人及背书人之间的信用关系；一般贷款体现的是银行与借款人、担保人之间的信用关系。

（3）计息时间不同。贴现在放款时就计收利息；一般贷款则是到期或定期才计收利息。

（4）资金流动性不同。贴现可通过转贴现或再贴现提前收回资金；一般贷款只有到期才能收回资金。

办理商业汇票贴现的持票人必须具备下列条件：

（1）在银行开立存款账户的企业法人及其他组织；

（2）与出票人或者直接前手之间具有真实的商品交易关系；

（3）提供与其直接前手之间的增值税发票和商品发运单据的复印件。

只有符合条件的持票人，才可以向银行申请贴现。

二、票据贴现的核算

（一）设置科目

为了正确核算票据贴现业务，金融企业可设置“贴现资产”科目。

“贴现资产”科目是资产类科目，用于核算银行办理商业票据的贴现、转贴现等业务所融出的资金。办理贴现时，借记本科目（面值），按实际支付的金额，贷记“存放中央银行款项”“吸收存款”等科目；收回贴现款时，记入本科目贷方；余额在借方，反映企业办理贴现、转贴现等业务融出的资金。本科目可按贴现类别和贴现申请人进行明细核算。

（二）贴现计算

会计部门接到做成转让背书的汇票和贴现凭证，除审查汇票是否真实、各项内容是否完整外，还应审核贴现凭证的填写与汇票内容是否相符，然后按照规定计算出贴现利息和实付贴现金额。其计算公式如下：

贴现利息=汇票金额×贴现天数×（月贴现率÷30）

实付贴现金额=汇票金额-贴现利息

贴现天数从贴现之日起算至汇票到期的前一日。如果承兑人在异地，那么贴现天数应另加3天的划款期。

【例4-3】 晋华银行开户单位甲公司3月5日持太原市乙公司1月10日开出并经其开户行承兑的汇票申请贴现，面额600 000元，到期日为6月10日，经审查同意办理，月贴现率为5‰，试计算贴现利息和实付贴现金额。

贴现利息=600 000×97×（5‰÷30）=9 700（元）

实付贴现金额=600 000-9 700=590 300（元）

（三）票据贴现的核算

持票人持未到期的商业汇票向银行申请贴现时，应填制一式五联的贴现凭证，并在第一联上加盖预留银行印鉴后连同商业汇票一并送交开户银行信贷部门，经信贷部门审核无误后，应在贴现凭证“银行审批”栏签注“同意”字样，并由有关人员签章后送交会计部门。贴现凭证见表4-2。

表4-2　　　　　　　　　　**贴现凭证（代申请书）**　　1

申请日期：　　年　月　日　　　　　　　　　　　　　　第　号

<table>
<tr><td rowspan="3">贴现汇票</td><td>种　类</td><td></td><td>号码</td><td></td><td rowspan="3">持票人</td><td>名　称</td><td colspan="2"></td></tr>
<tr><td>出票日</td><td colspan="3">年　月　日</td><td>账　号</td><td colspan="2"></td></tr>
<tr><td>到期日</td><td colspan="3">年　月　日</td><td>开户银行</td><td colspan="2"></td></tr>
<tr><td colspan="2">汇票承兑人</td><td>名称</td><td colspan="2"></td><td>账号</td><td></td><td>开户银行</td><td></td></tr>
<tr><td colspan="2">汇票金额</td><td colspan="5">人民币：
（大写）</td><td colspan="2">千 百 十 万 千 百 十 元 角 分</td></tr>
<tr><td>贴现率</td><td>‰</td><td>贴现利息</td><td colspan="2">千 百 十 万 千 百 十 元 角 分</td><td>实付贴现金额</td><td colspan="3">千 百 十 万 千 百 十 元 角 分</td></tr>
<tr><td colspan="4">附送承兑汇票申请贴现，请审核。

持票人盖章</td><td>银行审批</td><td colspan="2">负责人
信贷员</td><td colspan="2">科目（借）________
对方科目（贷）________
复核　　记账</td></tr>
</table>

10×17.5cm（白纸黑油墨）

会计部门经计算后，在贴现凭证有关栏填上贴现率、贴现利息和实付贴现金额，以第一联贴现凭证作贴现科目借方传票，第二、三联分别作有关存款科目和利息收入科目的贷方传票办理转账。其会计分录为：

借：贴现资产——面值

　贷：吸收存款——活期储蓄存款——贴现申请户

　　　贴现资产——利息调整

（或　利息收入——贴现利息收入户）

第四联贴现凭证加盖转讫章作收账通知交给贴现申请人，第五联贴现凭证和汇票按到期日顺序排列，专夹保管。

三、贴现汇票到期的核算

贴现汇票到期，贴现银行作为持票人，应在汇票背面背书栏加盖结算专用章并由授权的经办人员签名或盖章，同时注明“委托收款”字样。同时还需填制委托收款凭证，在“委托收款凭据名称”栏注明“商业承兑汇票”或“银行承兑汇票”及其汇票号码，连同贴现汇票一并向付款人收取票款。付款人在异地的，应在汇票到期前，匡算至付款人的邮程，并提前办理委托收款。将第五联贴现凭证作为第二联委托收款凭证的附件存放。

若付款人开户行收到委托收款凭证和商业承兑汇票，则应于汇票到期日将票款从付款人账户内付出，划转贴现银行。其会计分录为：

借：吸收存款——活期存款——××单位户

　贷：清算资金往来

如果付款人存款账户余额不足支付或付款人拒绝付款，则应将委托收款凭证、汇票和付款人未付票款通知书（或拒绝付款理由书）退回贴现银行。

若承兑银行收到委托收款凭证和银行承兑汇票，由于票款已于汇票到期日从出票人存款账户中付出并由专户储存，所以一般不会发生无款支付的情况，承兑银行只需将收到的凭证和汇票进行审核，审核无误后，即可从汇票款专户将款项转出，划转贴现银行。其会计分录为：

借：应解汇款——××单位户

　贷：清算资金往来

如果承兑银行提出拒绝付款，则应将委托收款凭证、拒绝付款理由书及汇票一并退贴现银行。贴现银行收到划回的上述材料后，以第二联委托收款凭证代转账贷方传票，第五联贴现凭证作附件办理转账。其会计分录为：

借：清算资金往来

　贷：贴现资产——面值

贴现银行如果收到付款人开户行或承兑银行退回的委托收款凭证、汇票和付款人未付票款通知书或拒绝付款理由书，在追索票款时，可向贴现申请人收取，此时，需填制两联特种转账借方传票，在“转账原因”栏注明原因“未收到××号汇票款，贴现款已从你账户收取”，第一联作借方传票，以第五联贴现凭证作贷方传票办理转账。其会计分录为：

借：吸收存款——活期存款——贴现申请人户

　贷：贴现资产——面值

另一联特种转账借方传票加盖转讫章作支款通知随同汇票和付款人未付票款通知书或拒绝付款理由书交给贴现申请人。

如果贴现申请人存款账户余额不足，则将不足部分转作逾期贷款，并按逾期贷款的规定处理。

任务五　贷款损失准备核算

【任务重点】

掌握贷款损失准备核算。

想一想

宏达公司已经逾期3年的银行贷款累计3 000万元，按规定予以核销，因晋华银行一直未计提贷款损失准备，使得该银行利润大幅下滑。请问为避免此种情况发生，晋华银行应该如何核算贷款呆账？

一、贷款损失准备的认知

根据《金融企业准备金计提管理办法》，银行对承担风险和损失的资产应计提准备金，具体包括发放贷款和垫款、存放同业、拆出资金等。银行准备金，又称拨备，是指银行对承担风险和损失的金融资产计提的准备金，包括资产减值准备和一般准备。

资产减值准备，是指银行对债权、股权等金融资产（不包括以公允价值计量且其变动计入当期损益的金融资产）进行合理估计和判断，对其预计未来现金流量现值低于账面价值部分计提的，计入银行成本的，用于弥补资产损失的准备金。

一般准备，是指银行运用动态拨备原理，采用内部模型法或标准法计算风险资产的潜在风险估计值后，扣减已计提的资产减值准备，从净利润中计提的、用于部分弥补尚未识别的可能性损失的准备金。

这里主要介绍资产减值准备的计提。

二、贷款损失准备的核算

银行为了抵御和减少贷款风险，设置“贷款损失准备”“资产减值损失”等科目对可能发生或已经发生的贷款损失进行核算。

“贷款损失准备”科目是资产类科目，主要用来核算银行贷款的减值准备。当贷款发生减值时记入贷方；对于确实无法收回的各项贷款和按管理权限报经批准后转销的各项贷款记入借方；期末余额在贷方，反映银行已计提但尚未转销的贷款损失准备。该科目可按计提贷款损失准备的资产类别进行明细核算。

“资产减值损失”科目是损益类科目，主要用来核算企业计提各项资产减值准备所形成的损失。企业的应收款项、存货、长期股权投资、持有至到期投资、固定资产、无形资产、贷款等资产发生减值时，按应减记的金额，借记本科目；企业计提坏账准备、存货跌价准备、持有至到期投资减值准备、贷款损失准备等，相关资产的价值又得以恢复的，应在原已计提的减值准备金额内，按恢复增加的金额，贷记本科目；期末，应将本科目的发生额转入“本年利润”科目，结转后本科目无余额。本科目可按资产减值损失的项目进行明细核算。

（一）提取损失准备金的核算

年末，银行应根据计提贷款损失准备资产科目的余额合计数，按一定比例计提贷款损失准备。然而计算的结果是“贷款损失准备”科目的期末余额，由于该科目有年初余额和本年发生额，因此要以计算的结果减去该科目原有余额的差额计提贷款损失准备。提取的贷款损失准备应计入当期损益。其会计分录为：

借：资产减值损失

　贷：贷款损失准备

【例 4-4】晋华银行H支行2017年12月31日各有关科目的余额为：短期贷款1 200 000元、长期贷款900 000元、抵押贷款6 300 000元、贴现资产200 000元，损失准备率为1%，“贷款损失准备”科目余额为78 000元。

贷款损失准备计算结果如下：

转账后贷款损失准备科目余额=（1 200 000+900 000+6 300 000+200 000）×1%=86 000（元）

应计提的贷款损失准备=86 000−78 000=8 000（元）

根据计算的结果，编制会计分录如下：

借：资产减值损失　　8 000

　贷：贷款损失准备　　8 000

（二）贷款损失准备核销的核算

对于被确认为损失的贷款，应按规定的核销条件、核销办法和审批权限，从提取的损失准备金中予以核销。损失核销条件为：

1.借款人和担保人依法宣告破产，经法定清偿后，仍不能还清的贷款。

2.借款人死亡，或依照《中华人民共和国民法通则》的规定，宣告失踪或死亡，以其遗产清偿后未能还清的贷款。

3.借款人遭受重大自然灾害或意外事故，损失巨大且不能获得保险补偿，确实无力偿还的部分或全部贷款，或经保险赔偿清偿后仍未能还清的贷款。

4.贷款人依法处理贷款抵押品所得价款不足补偿贷款的部分。

5.国务院专案批准核销的逾期贷款。

银行对需要核销的损失贷款，应按照规定的条件及规定的审批程序和权限办理核销，冲减已计提的损失准备。会计分录为：

借：贷款损失准备

  贷：贷款——××单位逾期贷款户

【例4-5】晋华银行H支行2017年1月30日因红达工厂破产，经追偿后仍有54 000元逾期贷款无法追回，经上级核准作损失处理，其会计分录为：

借：贷款损失准备	54 000	
贷：贷款——红达工厂逾期贷款户		54 000

如果已冲销的贷款损失以后又收回的，应按收回的金额编制会计分录如下：

借：贷款——逾期贷款

  贷：贷款损失准备

借：吸收存款——活期存款——××存款户

  贷：贷款——逾期贷款

【例4-6】晋华银行H支行2017年2月3日收回已核销的前进公司的逾期贷款50 000元。其会计分录为：

借：贷款——逾期贷款	50 000	
贷：贷款损失准备		50 000
借：吸收存款——活期存款——前进公司存款户	50 000	
贷：贷款——逾期贷款		50 000

任务六 贷款利息核算

【任务重点】

掌握贷款利息核算。

想一想

晋华银行2017年4月20日贷款给甲客户200 000元，期限6个月，利率4.275‰，该客户于2017年11月10日归还，逾期贷款利率为0.4‰。请问银行该对这笔贷款利息如何处理？

一、熟悉贷款利息计算的规定

根据《人民币利率管理规定》，对各种贷款的结息应按照下列规定执行：

第一，发放贷款应按照中国人民银行规定的利率以及浮动幅度确定合同利率。

第二，短期贷款按贷款合同签订日的相应档次的法定贷款利率计息。

在贷款合同期内，遇利率调整不分段计息。短期贷款按季结息的，每季度末月的20日为结息日；按月结息的，每月的20日为结息日。具体结息方式由借贷双方协商确定。对在贷款期内不能按期支付的利息按贷款合同利率按季或按月计收复利，贷款逾期后改按罚息利率计收复利，当最后一笔贷款清偿时，利随本清。

第三，中长期贷款利率实行一年一定。

贷款（包括贷款合同生效日起一年内应分笔拨付的所有资金）根据贷款合同确定的期限，按贷款合同生效日相应档次的法定贷款利率计息，每满一年后（分笔拨付的以第一笔贷款的发放日为准），再按当时相应档次的法定贷款利率确定下一年度利率。中长期贷款按季结息，每季度末月20日为结息日。对贷款期内不能按期支付的利息按合同利率按季计收复利，贷款逾期后改按罚息利率计收复利。

第四，贷款展期，期限累计计算，累计期限达到新的利率期限档次时，自展期之日起，按展期日挂牌的同档次利率计息；达不到新的期限档次时，按展期日的原档次利率计息。

第五，逾期贷款或挤占挪用贷款，从逾期或挤占挪用之日起，按罚息利率计收罚息，直到清偿本息为止。遇罚息利率调整，分段计息。对贷款逾期或挪用期间不能按期支付的利息按罚息利率按季（短期贷款也可按月）计收复利。

第六，借款人在借款合同到期日之前归还借款时，贷款人有权按原贷款合同向借款人收取利息。

第七，贷款到期日为节假日的，如在节假日前一日归还，应扣除归还日至到期日的天数，按合同利率计算利息；节假日后第一个工作日归还，应加收到期日至归还日的天数，按合同利率计算利息；节假日后第一个工作日未归还，应从节假日后第一个工作日按照逾期贷款利率计息。

二、贷款利息计算的方法

贷款利息的计算可以采用定期结息和利随本清两种方法。但在实际工作中，大多采用定期结息的方法。

（一）定期结息

定期结息是指银行在每月或每季度末月20日营业终了时，根据贷款科目余额表计算累计贷款积数（贷款积数计算方法与存款积数计算方法相同），再乘以规定的利率，即得利息，其计息公式为：

利息 = 累计贷款计息日积数×日利率

采用定期结息方法计算贷款利息，其计息方法与活期存款计息方法相同。

（二）利随本清

利随本清也称逐笔结息方法，是指银行按照规定的贷款期限，在借款人归还贷款本金的同时计收利息的一种方法。这种方法一般适用于小额质押贷款、农户小额贷款等利息的计算。其计息公式为：

利息 = 本金×期限×利率

贷款期限从放款之日起算至还款日前一天止，采用对年、对月、对日的方法，对年按360天，对月按30天，零头天数按实际天数计算。

逾期贷款或挤占挪用贷款，从逾期或挤占挪用之日起，按当期规定日利率计收逾期贷款罚息或按当期规定日利率计收挤占挪用贷款罚息。

【例4-7】某客户于2017年1月10日贷款20 000元，期限6个月，利率5.475‰，于2017年7月20日归还，逾期贷款利率为0.4‰，则银行应计利息为：

$20\ 000 \times 6 \times 5.475‰ + 20\ 000 \times 10 \times 0.4‰ = 737$（元）

三、计息的账务处理

（一）定期结息的利息入账

采用定期结息计收的利息因不涉及贷款本金偿还问题，只需将计算的各借款人的利息，编制一式三联的贷款利息清单，第一联作贷方传票；第二联作借方传票；第三联作回单，办理转账。其会计分录为：

借：吸收存款——活期存款——××单位存款户

　贷：利息收入——××利息收入户

如果借款人存款账户无款支付或存款资金不足支付，不足支付的部分作为应收利息。其会计分录为：

借：应收利息——××贷款应收利息户

　贷：利息收入——××利息收入户

待借款人存款账户有足够余额支付贷款利息时，再冲减应收利息。其会计分录为：

借：吸收存款——活期存款——××单位存款户

　贷：应收利息——××贷款应收利息户

【例4-8】接【例4-1】，6月20日结计利息。红达工厂支付贷款利息6 000元；瑞华集团公司支付利息10 500元；乐佳集团公司贷款利息3 000元，账户没有资金支付。

借：吸收存款——活期存款——红达工厂　　6 000

　贷：利息收入——贷款利息收入户　　6 000

借：吸收存款——单位活期存款——瑞华集团公司　　10 500

　贷：利息收入——贷款利息收入户　　10 500

借：应收利息——乐佳集团公司贷款利息户　　3 000

　贷：利息收入——贷款利息收入户　　3 000

对瑞华集团公司贷款及利息处理：

9月20日逾期200 000元转逾期贷款户，冲减已计入损益的利息，作会计分录：

借：利息收入——贷款利息收入户　　10 500

　贷：应收利息——瑞华集团公司贷款利息户　　10 500

9月20日结计的利息直接计入表外科目：

收入：未收贷款利息——瑞华集团公司贷款利息户　　10 500（9月20日的利息）

对乐佳集团公司的贷款已超过90天，转入非应计贷款，前已进行账务处理。计算逾期贷款利息：

利息$=200\ 000 \times 3 \times 5‰ + 200\ 000 \times 92 \times 0.4‰ \div 30 = 3\ 000 + 245.33 = 3\ 245.33$（元）

因为贷款已转入非应计贷款，所以利息不再计入表内，而计入表外科目：

收入：未收贷款利息——乐佳集团公司贷款利息户　　3 245.33（9月20日的利息）

对于原已计入损益的利息应当冲减利息收入转入表外：

借：利息收入——贷款利息收入户　　3 000

　贷：应收利息——乐佳集团公司贷款利息户　　3 000

收入：未收贷款利息——乐佳集团公司贷款利息户　　3 000（6月20日的利息）

(二)利随本清的利息入账

采用利随本清计算出来的利息随同归还的贷款本金一并进行入账处理。其会计分录为:

借:吸收存款——活期存款——借款人存款户(或现金)

　贷:贷款——××贷款——借款人贷款户

　　利息收入——××利息收入户

同步训练

☞思考训练

1.什么是贷款?

2.贷款有哪些种类?

3.如何进行单位贷款核算?

4.如何进行个人消费贷款核算?

5.什么是票据贴现?票据贴现如何进行核算?

6.贷款利息如何计算和核算?

☞业务训练

1.目的:能熟练操作贷款业务的会计处理。

资料:晋华银行于2017年7月发生如下贷款业务:

(1)7月2日,开户单位新兴商场申请流动资金贷款20万元,经信贷部门审查同意发放,转入该公司存款账户。

(2)7月6日,开户单位红星食品厂的3年期贷款50万元到期,该单位账户款项不足,转入逾期贷款账户。

(3)7月6日,借款人王刚以现金支付信用贷款本金5万元,利息0.23万元。

(4)7月7日,开户单位塑料厂申请办理抵押贷款50万元,以楼房作抵押,审核后办理。

(5)7月10日,借款人服装厂抵押贷款逾期未还,本金98万元,利息4.5万元,银行将抵押房产转作抵债资产。

(6)7月22日,借款人通信公司抵押贷款到期以存款归还,本金20万元,应收利息1.5万元。

要求:根据上述资料进行会计处理,填制有关记账凭证。

2.目的:能熟练操作票据贴现业务的会计处理。

资料:晋华银行于2017年5月发生如下票据业务:

(1)5月10日,开户单位通信公司持银行承兑汇票申请办理贴现,汇票金额为20万元,汇票到期日为8月4日,经信贷部门审查后予以办理(月贴现率为0.6%)。

(2)5月15日,收到承兑银行同城建设银行划回的银行承兑汇票贴现票款6万元。

(3)5月16日,给开户单位油漆厂贴现的商业承兑汇票15万元未能按期收回票款,向贴现申请人收取票款,该单位存款账户只有10万元。

(4)5月21日,收到异地中国工商银行划回的商业汇票贴现款6万元。

(5)5月22日,收到异地中国建设银行划回的商业汇票贴现款7.5万元。

（6）5月29日，收到中国工商银行太原分行退回的委托收款凭证和商业承兑汇票、付款人未付款项通知书，金额为19万元的汇票款尚未收回，从申请人蓝天贸易公司账户内扣回。

要求：根据上述资料进行会计处理，填制有关记账凭证。

项目五　支付结算业务核算

【知识目标】

1. 了解支付结算的概念、原则、纪律；
2. 熟悉支付结算的类型；
3. 掌握票据结算和非票据结算处理。

【技能目标】

1. 能正确判断各类结算工具的用途；
2. 能熟练处理各种结算业务手续。

任务一　支付结算业务认知

【任务重点】

掌握支付结算原则和结算纪律。

想一想

力江贸易公司是新设立的公司，即将有买卖结算业务发生，财务人员来晋华银行咨询有关结算方面的事宜。银行大堂经理指引该客户向你询问，请你给客户讲解有关事宜，你能否给客户一个满意的答复？

一、支付结算业务的含义

（一）概念

支付结算业务是商业银行三大传统业务之一。所谓支付结算是指单位、个人在社会经济活动中使用票据、信用卡和汇兑、托收承付、委托收款等结算方式进行货币给付及资金清算的行为，其主要功能是完成资金从一方当事人向另一方当事人的转移。支付结算根据其形式不同分为现金结算和银行转账结算。

支付结算业务不仅为银行广大客户办理支付结算活动提供了便捷的服务，同时也为银行带来了安全、稳定的收益，是银行汇集闲散资金、扩大信贷资金来源的重要手段，其在银行业务经营与管理中的作用无疑是重要的。

（二）特征

支付结算作为一种法律行为，具有以下法律特征：

1. 金融机构。支付结算行为必须通过中国人民银行批准的金融机构或其他机构进行。《支付结算办法》第6条规定：银行是支付结算和资金清算的中介机构。未经中国人民银行批准的非银行金融机构和其他单位不得作为中介机构经营支付结算业务。但法律、行政法规另有规定的除外。这一规定明确说明了支付结算不同于一般的货币给付及资金清算行为。

2.要式行为。所谓要式行为，是指法律规定必须依照一定形式进行的行为。如果该行为不符合法定的形式要件，即为无效。支付结算行为必须符合中国人民银行发布的《支付结算办法》的规定。《支付结算办法》第9条规定：票据和结算凭证是办理支付结算的工具。单位、个人和银行办理支付结算，必须使用按中国人民银行统一规定印制的票据凭证和统一规定的结算凭证。未使用按中国人民银行统一规定印制的票据，票据无效。未使用按中国人民银行统一规定格式的结算凭证，银行不予受理。中国人民银行除了对票据结算凭证的格式有统一要求外，对票据和结算凭证的填写也提出了基本要求。例如：票据和结算凭证的金额，出票和签发日期，收款人名称不得更改，更改的票据无效，更改的结算凭证银行不予受理。

3.委托人的意志。银行在支付结算过程中充当中介机构的角色，因此，银行只要以善意且符合规定的正常操作程序审查，对伪造、变造的票据和结算凭证上的签章以及需要交验的个人有效身份证件未发现异常而支付金额的，对出票人或付款人不再承担受委托付款的责任，对持票人或收款人不再承担付款责任。与此同时，当事人对自己在银行的存款有支配权；银行对单位、个人在银行开立存款账户的存款，除国家法律、行政法规另有规定外，不得为任何单位或个人查询，也不代任何单位或个人冻结、扣款，不得停止对单位、个人存款的正常支付。

4.管理体制。支付结算是一项政策性强，与当事人利益息息相关的活动，因此，必须对此实行统一管理。《支付结算办法》第20条规定：中国人民银行总行负责制定统一的支付结算制度，组织、协调、管理、监督全国的支付结算工作，调解、处理银行之间的支付结算纠纷。中国人民银行各分行根据统一的支付结算制度制定实施细则，报总行备案；根据需要可以制定单项支付结算办法，报经中国人民银行总行批准后执行。中国人民银行分、支行负责组织、协商、管理、监督本辖区的支付结算工作，协调、处理本辖区银行之间的支付结算纠纷。政策性银行、商业银行总行可以根据统一的支付结算制度，结合本行情况，制定具体管理实施办法，报经中国人民银行总行批准后执行。政策性银行、商业银行负责组织、管理、协调本行内的支付结算工作，调解、处理本行内分支机构之间的支付结算纠纷。

5.依法进行。《支付结算办法》第5条规定：银行、城市信用合作社、农村信用合作社以及单位和个人（含个体工商户），办理支付结算必须遵守国家的法律、行政法规和本办法的各项规定，不得损坏社会公共利益。支付结算的当事人必须严格依法进行支付结算活动。

二、支付结算原则

支付结算的基本原则是单位、个人和银行在进行支付结算活动时所必须遵循的行为准则，它是开展结算工作的出发点，是客观经济规律在结算业务中的具体体现，反映了客观经济规律对结算业务的基本要求，共有三项基本原则如下：

（一）恪守信用，履约付款

信用是企业生存发展的基础。银行支付结算是建立在信用基础之上的货币收付行为，参与支付结算的任何一方，都必须以讲信用为前提。这条原则要求结算当事人必须依法承担义务并行使权力，严格遵守信用，认真履行义务。销货方应按协议提供商品，购货方应按规定的时间、方式支付货款。同时，银行处于支付结算的中介地位，受购销双方委托为其办理资金清算，为此，在组织和办理支付结算时，必须严格遵守支付结算制度，按照各种支付结算方式法定的处理程序划拨资金，从而促使支付结算原则得以贯彻执行，维护正常的结算秩序。

（二）谁的钱进谁的账，由谁支配

存款人对其存入银行的资金拥有所有权和自主支配权。银行作为支付结算和资金清算的中介，在办理支付结算时必须按照委托人的要求收款和付款，只有这样，才能保护客户对其存款的所有权以及自主支配的合法权益。为此，在办理结算业务时，银行必须按照收款人的账号及户名，准确、及时地为其收账；而对各单位支取的款项，银行则必须根据付款人的委托办理。同时，银行会计还必须依法为单位、个人的存款保密，除国家法律规定和国务院授权中国人民银行的监督项目以外，其他部门委托监督的事项，均不予受理，亦不代任何单位扣款，不得停止对单位、个人存款的正常支付。

（三）银行不予垫款

银行办理支付结算的职责是根据客户的委托，进行账户资金转移。在支付结算业务处理过程中，必须坚持“先收后付，收妥抵用”的原则。客户委托银行代为收取的款项，在款项尚未收妥入账之前，不得使用；客户委托银行代为支付的款项，必须在其存款余额范围内，不得透支。设置这一原则的目的在于保护银行资金的所有权和经营权，保护银行资金安全运用。

三、支付结算纪律

支付结算纪律是国家财经纪律的重要组成部分，加强支付结算纪律，维护正常的结算秩序，是促进支付结算业务正常进行的重要保证。为此，参与支付结算的购销双方以及银行都必须严格遵守支付结算纪律。

（一）单位和个人必须遵守的支付结算纪律

1.不准为逃避还贷、还债和套取现金而多头开立账户转移资金。

2.不准出租出借账户。

3.不准签发空头支票、远期支票和空头汇票套取银行信用。

4.不准签发、取得和转让没有真实商品交易和债权债务的票据。

5.不准无理拒付，任意占用他人资金。

（二）银行必须遵守的支付结算纪律

1.不准以任何理由压票、任意退票、截留挪用客户和他行资金。

2.不准无理拒付应由银行支付的票据款项。

3.不准受理无理拒付、自行拒付退票、不扣或少扣滞纳金。

4.不准违章签发、承兑、贴现票据套取他行资金。

5.不准在支付结算制度之外规定附加条件影响汇路畅通。

6.不准违反规定开立和使用账户。

7.不准拒绝受理、代理他行正常结算业务。

8.不准为拉客户而放弃对单位违反结算纪律的制裁。

9.不准超额占用联行资金。

10.不准逃避向中国人民银行转汇大额汇划款项和清算大额银行汇票资金。

四、支付结算类型

支付结算按使用的支付结算工具不同分为票据结算和非票据结算两种类型。其中，票据结算包括支票、银行本票、银行汇票和商业汇票结算；非票据结算包括汇兑、委托收款、托收承付和信用卡结算。支付结算按其使用的区域不同分为异地结算方式、同城结算方式、异地与同城通用的结算方式。异地结算方式包括汇兑和异地托收承付结算方式；同城结算方式包括银行本票结算方式；异地与同城通用的结算方式包括支票、银行汇票、商业汇票、委托收款和电子银行支付结算方式。这样便形成了以票据为主体，多种结算方式合理配置、互为补充的结算制度，能适应多种形式的商品交易和经济活动款项结算的需要。

任务二 票据业务核算

【任务重点】

掌握支票结算、银行汇票结算、商业汇票结算。

想一想

2017年3月5日晋华银行受理：(1) 开户单位提交转账支票一张，金额5万元，提示向在他行开户的单位收款；(2) 开户单位申请签发金额20 000万元的银行汇票；(3) 开户单位申请承兑金额20万元的银行承兑汇票。

请问晋华银行该如何处理并核算这些业务？

一、支票业务核算

(一) 支票的含义

支票是指出票人签发的，委托办理支票存款业务的银行或者其他金融机构在见票时无条件支付确定的金额给收款人或者持票人的票据。

支票按照用途，可分为现金支票、转账支票两种。支票上印有“现金”字样的为现金支票（正面如图5-1所示，背面如图5-2所示），现金支票只能用于支取现金。支票上印有“转账”字样的为转账支票（如图5-3、图5-4所示），转账支票只能用于转账。

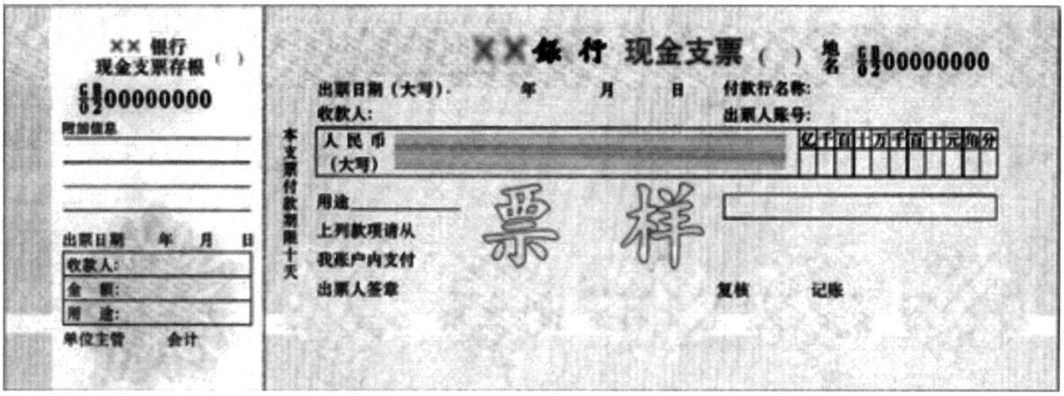

图5-1 现金支票（正面）

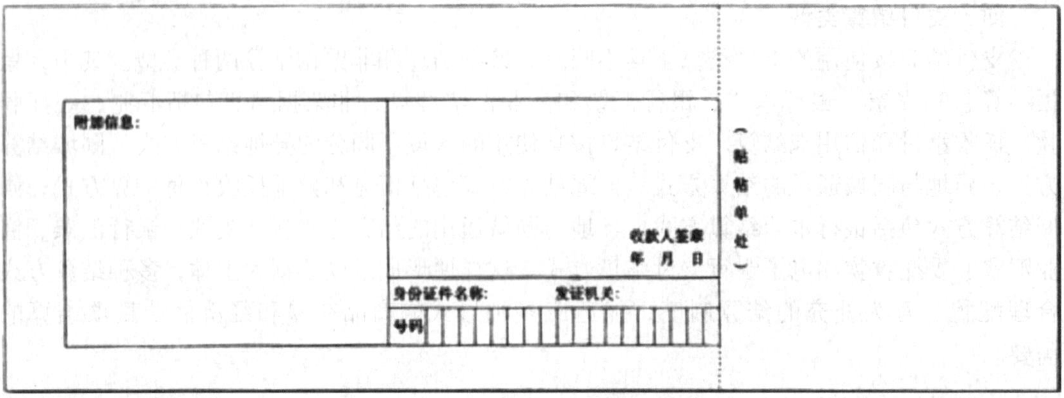
附加信息：

收款人签章
年 月 日

身份证件名称： 发证机关：

号码

（贴粘单处）

图 5-2 现金支票（背面）

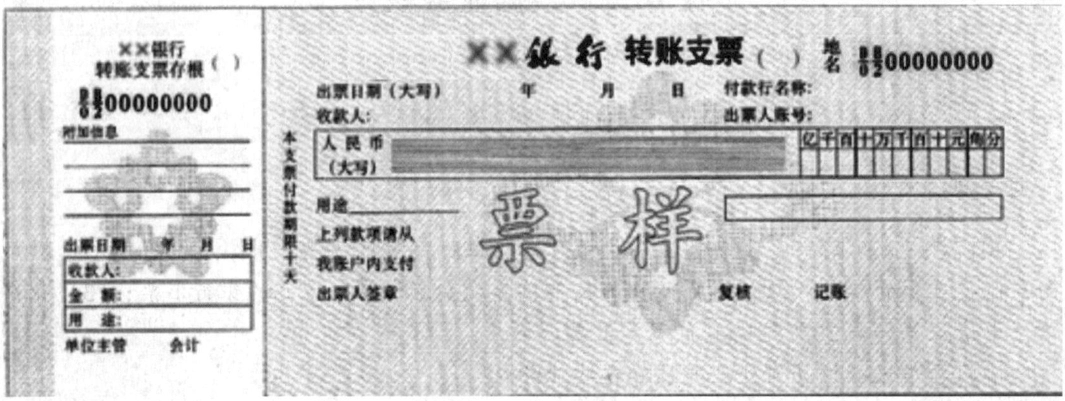
××银行
转账支票存根（ ）
BB
02 00000000
附加信息

出票日期 年 月 日
收款人：
金 额：
用 途：
单位主管 会计

××银行 转账支票（ ） 地名 BB 02 00000000
出票日期（大写） 年 月 日 付款行名称：
收款人： 出票人账号：
本支票付款期限十天

人民币（大写）	亿	千	百	十	万	千	百	十	元	角	分

用途
上列款项请从
我账户内支付
出票人签章 复核 记账
票样

图 5-3 转账支票（正面）

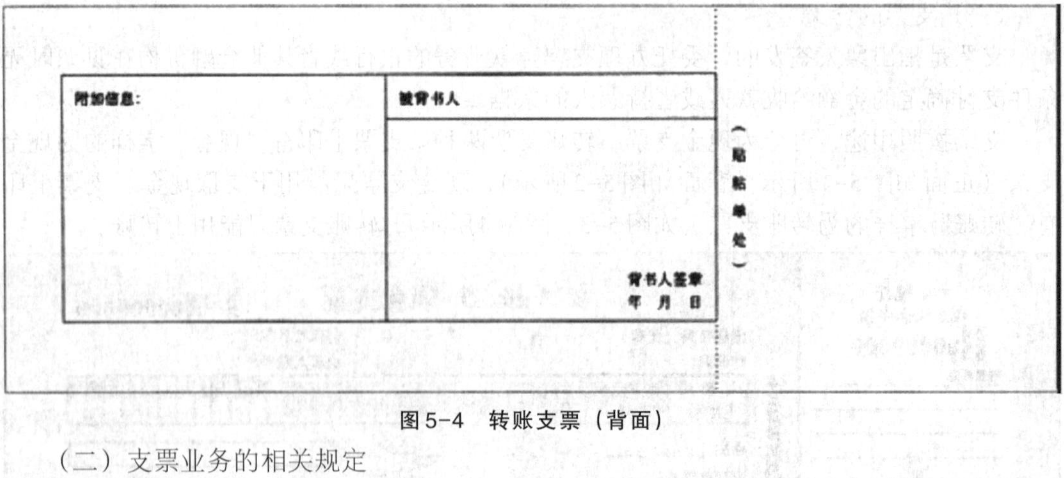
附加信息：

被背书人

背书人签章
年 月 日

（贴粘单处）

图 5-4 转账支票（背面）

（二）支票业务的相关规定

1.签发支票必须记载下列事项：

（1）标明“支票”的字样。

（2）无条件支付的委托。

（3）确定的金额。

（4）付款人名称。

（5）出票日期。

（6）出票人签章。

欠缺记载上列事项之一的，支票无效。支票的付款人为支票上记载的出票人开户银行。

2. 支票的金额、收款人名称，可以由出票人授权补记。未补记前不得背书转让和提示付款。

3. 签发支票应使用碳素墨水或墨汁填写，中国人民银行另有规定的除外。

4. 签发现金支票和用于支取现金的普通支票，必须符合国家现金管理的相关规定。

5. 支票的出票人签发支票的金额不得超过付款时在付款人处实有的存款金额，禁止签发空头支票。

6. 支票的出票人预留银行签章是银行审核支票付款的依据。银行也可以与出票人约定使用支付密码，作为银行审核支付支票金额的条件。

7. 出票人不得签发与其预留银行签章不符的支票；使用支付密码的，出票人不得签发支付密码错误的支票。

8. 出票人签发空头支票、签章与预留银行签章不符的支票、使用支付密码地区支付密码错误的支票，银行应予以退票，并按票面金额处以5%但不低于1 000元的罚款；持票人有权要求出票人赔偿支票金额2%的赔偿金。对屡次签发的，银行应停止其签发支票。

9. 支票的提示付款期限为自出票日起10日内，但中国人民银行另有规定的除外。超过提示付款期限提示付款的，持票人开户银行不予受理，付款人不予付款。

10. 持票人可以委托开户银行收款或直接向付款人提示付款。用于支取现金的支票仅限于收款人向付款人提示付款。持票人委托开户银行收款的支票，银行应通过票据交换系统收妥后入账。当持票人委托开户银行收款时，应作委托收款背书，在支票背面背书人签章栏签章、记载“委托收款”字样、背书日期，在被背书人栏记载开户银行名称，并将支票和填制的进账单送交开户银行。当持票人持用于转账的支票向付款人提示付款时，应在支票背面背书人签章栏签章，并将支票和填制的进账单交送出票人开户银行。收款人持用于支取现金的支票向付款人提示付款时，应在支票背面“收款人签章”处签章，持票人为个人的，还需交验本人身份证件，并在支票背面注明证件名称、号码及发证机关。

11. 出票人在付款人处的存款足以支付支票金额时，付款人应当在见票当日足额付款。

12. 存款人领购支票，必须填写票据和结算凭证领用单并签章，签章应与预留银行的签章相符。存款账户结清时，必须将全部剩余空白支票交回银行注销。

（三）支票业务的核算（以转账支票业务为例）

1. 出票人、持票人在同一银行开户的核算

转账支票签发后，可以在提示付款期内由出票人提交，也可以由持票人提交。持票人将支票连同进账单（一般持票人提交使用一式二联进账单，出票人提交使用一式三联进账单）（如图5-5、图5-6和图5-7所示）一并提交银行。银行接到持票人送来的支票和进账单，应认真审核以下内容：

①支票是否真实，是否超过10日的提示付款期。

②持票人开户行是否在本行，持票人名称是否与进账单一致。

③出票人账户是否有足够支付的款项。

④出票人签章是否与银行预留印鉴相符。

××银行 **进 账 单**（回　　单）　1

年　　月　　日

出票人	全　　称		收款人	全　　称	
	账　　号			账　　号	
	开户银行			开户银行	
金额	人民币（大写）				亿 千 百 十 万 十 百 十 元 角 分
票据种类		票据张数			
票据号码					
复核：　　记账：				开户银行签章	

此联是开户银行交给持票人的回单

图5-5　进账单1（回单）

××银行 **进 账 单**（贷方凭证）　2

年　　月　　日

出票人	全　　称		收款人	全　　称	
	账　　号			账　　号	
	开户银行			开户银行	
金额	人民币（大写）				亿 千 百 十 万 十 百 十 元 角 分
票据种类		票据张数			
票据号码					
备注：				复核：　　记账：	

此联由收款人开户银行作贷方凭证

图5-6　进账单2（贷方凭证）

××银行 **进 账 单**（收账通知）　3

年　　月　　日

出票人	全　　称		收款人	全　　称	
	账　　号			账　　号	
	开户银行			开户银行	
金额	人民币（大写）				亿 千 百 十 万 十 百 十 元 角 分
票据种类		票据张数			
票据号码					
复核：　　记账：				收款人开户银行签章	

此联是收款人开户银行交给收款人的收账通知

图5-7　进账单3（收账通知）

⑤支票大小写是否一致，与进账单金额是否相符。

⑥支票记载事项是否齐全，是否有涂改。

⑦背书转让的支票是否符合规定，背书是否连续，是否在粘单处签章。

⑧持票人是否在支票背面进行委托收款背书。

经银行审核无误后，以支票作为转账借方凭证附件，进账单第二联作转账贷方凭证，办理转账。其会计分录为：

借：吸收存款——活期存款——出票人户

　贷：吸收存款——活期存款——持票人户

转账后，进账单第三联加盖转讫章作收账通知交给持票人。其流程如图5-8所示。

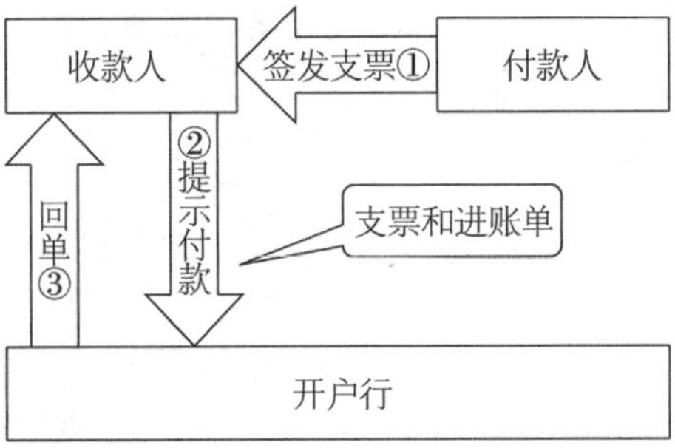

图5-8　收付款人在同一银行开户的支票结算流程图

2. 出票人、持票人不在同一银行开户的核算

持票人开户行接到持票人送交的支票及两联进账单，经审核无误后，在进账单加盖“收妥抵用”戳记和经办人员名章后，将第一联退还持票人，进账单第二联专夹保管，支票按票据交换的规定及时提出交换。待退票时间过后，第二联作转账贷方凭证。其流程如图5-9所示。

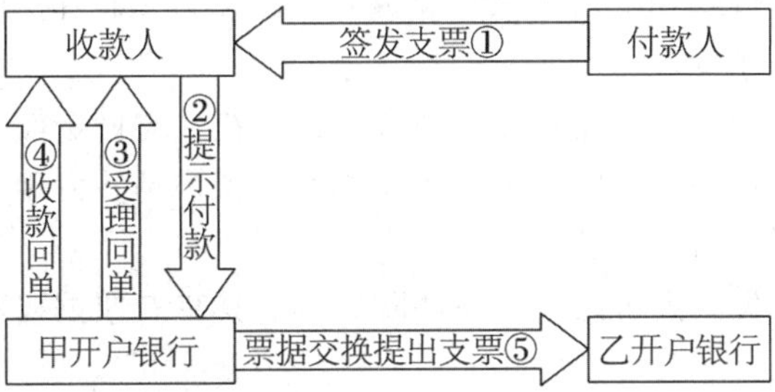

图5-9　收付款双方不在同一银行开户的支票结算流程图

其会计分录为：

借：存放中央银行款项

　贷：吸收存款——活期存款——持票人户

出票人开户行通过同城票据交换提入转账支票后，经审查确定可以转账时，以转账支票作借方凭证，办理转账。其会计分录为：

借：吸收存款——活期存款——出票人户

　贷：存放中央银行款项

支票若发生退票，出票人开户行应通过“其他应收款——退票专户”科目核算，持票人开户行应通过“其他应付款——退票专户”科目核算。如果所退支票属于空头支票，或者签章与预留银行签章不符以及支付密码错误的支票，除退票外，还应按规定处以罚款。会计分录为：

借：吸收存款——活期存款——出票人户

贷：营业外收入——结算罚款收入户

二、银行本票业务核算

（一）银行本票的含义

银行本票是指银行签发的，承诺自己在见票时无条件支付确定的金额给收款人或者持票人的票据。

（二）银行本票业务的相关规定

1.单位和个人在同一票据交换区域需要支付各种款项，均可以使用银行本票。

2.签发银行本票必须记载下列事项：

（1）标明“银行本票”的字样。

（2）无条件支付的承诺。

（3）确定的金额。

（4）收款人名称。

（5）出票日期。

（6）出票人签章。

欠缺记载上列事项之一的，银行本票无效。

3.银行本票可以用于转账，注明“现金”字样的银行本票可以用于支取现金。

4.银行本票分为不定额本票和定额本票两种。定额银行本票面额为1 000元、5 000元、10 000元和50 000元。

5.银行本票的出票人，为经中国人民银行当地分支行批准办理银行本票业务的银行机构。

6.银行本票的提示付款期限自出票日起最长不得超过2个月。超过提示付款期限的银行本票，代理付款人不予受理。

7.申请人和收款人均为个人需要支取现金的，应在“支付金额”栏先填写“现金”字样，后填写支付金额。申请人或收款人为单位的，不得申请签发现金银行本票。填明“现金”字样的银行本票不得背书转让。

8.银行本票丧失，失票人可以凭人民法院出具的其享有票据权利的证明，向出票银行请求付款或退款。

9.跨系统银行本票的兑付，持票人开户银行可根据中国人民银行规定的金融机构同业往来利率向出票银行收取利息。

（三）银行本票业务的核算

银行本票业务的核算分为出票、兑付、结清三个阶段。银行本票的操作流程如图5-10所示。

1.银行本票出票的核算

申请人在需要使用银行本票时，应向银行填写“银行本票申请书”，填明收款人名称、申请人名称、支付金额、申请日期等事项并签章。申请书一式三联，第一联作回单，转账后退还申请人；第二联作转账借方凭证，第三联作转账贷方凭证。交现金办理银行本票的，第二联注销。

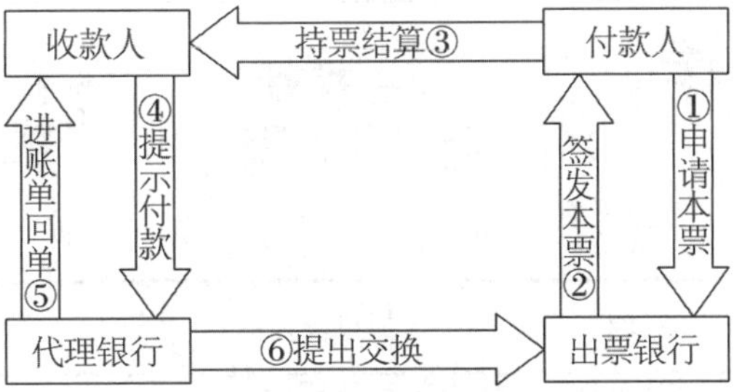

图 5-10　银行本票结算流程图

银行在受理申请人提交的“银行本票申请书”时，应按有关规定审核其填写的内容是否齐全、清楚；申请书上注明“现金”字样的，要审查申请人或收款人是否为个人，经审核无误后，才能签发本票。

转账交付的银行本票申请书，以第二联申请书作借方凭证，第三联作贷方凭证，办理转账。其会计分录为：

借：吸收存款——活期存款——申请人户

　贷：本票

现金交付的银行本票申请书，以第三联作贷方凭证，办理转账。其会计分录为：

借：现金

　贷：本票

出票行在办理转账或收妥现金后，签发银行本票。不定额本票一式二联，第一联为卡片，第二联为本票正本（如图 5-11、图 5-12 所示）。定额本票一式一联，左侧为存根，右侧为本票正本（如图 5-13 所示）。

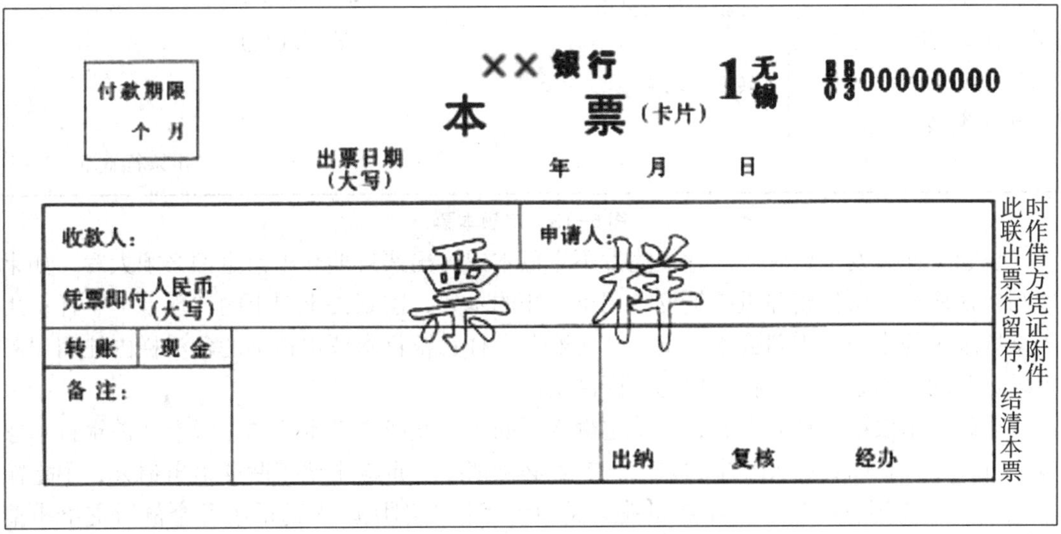
××银行
本　票（卡片）
1 无锡　BB 03 00000000
付款期限 个月
出票日期（大写）　年　月　日
收款人：　申请人：
凭票即付 人民币（大写）
转账　现金
备注：
出纳　复核　经办
此联出票行留存，结清本票时作借方凭证附件
票样

图 5-11　不定额本票第一联

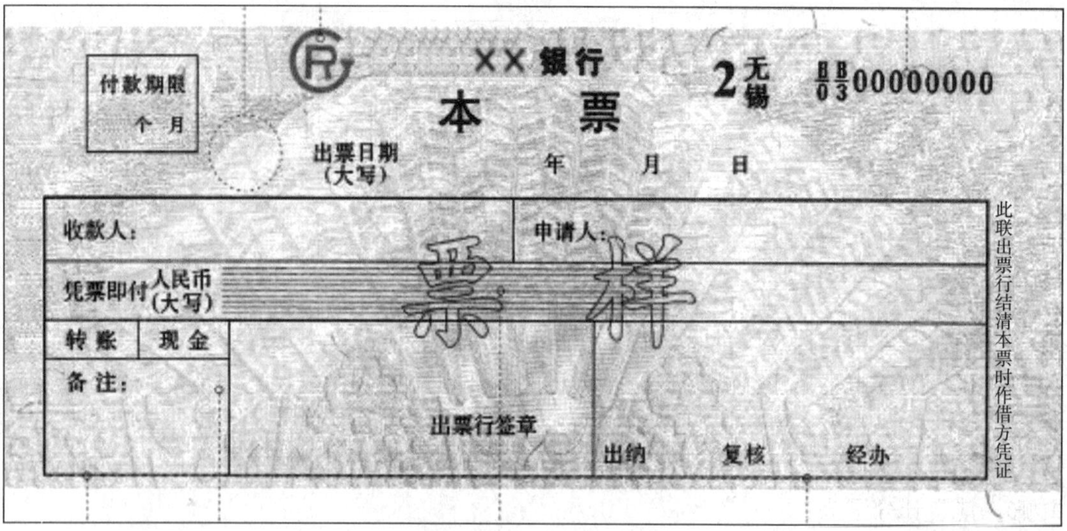

图5-12 不定额本票第二联

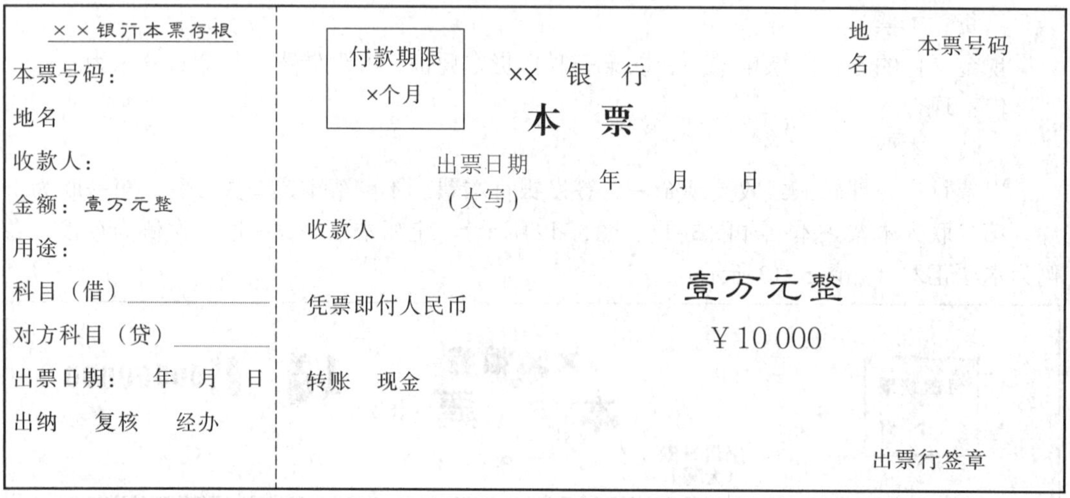

图5-13 定额本票

出票行在签发本票时应注意：签发不定额本票，出票日期和出票金额必须大写，如果填写错误应将本票作废并重新签发；用于转账的本票，需划去本票上的“现金”字样；用于支取现金的本票，需划去本票上的“转账”字样；银行本票申请书的备注栏内注明“不得转让”的，出票行应当在本票的正面注明。

填好的本票经复核无误后，在不定额本票的第二联或定额本票的正联上加盖银行本票专用章并由授权的经办人签字或盖章，签章必须清晰。定额本票正联交给申请人，不定额本票第二联需用总行统一的压数机在人民币大写栏右端压印人民币小写金额后交给申请人，第一联卡片或存根联上加盖经办、复核人员名章后留存，专夹保管。

2.银行本票兑付的核算

代理付款行在接到在本行开户的持票人提交的本票和进账单时，应对其严格进行审查：本票是否真实；提示付款期限是否超过；本票填明的持票人是否在本行开户，持票人名称与进账单上的名称是否相符；出票行的签章是否正确；不定额本票是否有统一制作的压数机压印的金额，与大写的出票金额是否一致；本票必须记载的事项是否齐全，出票金额、出票日期、收款人名称是否更改；是否压印“银行本票专用章”，背书转让的本票是否符合规范。经审核无误后，代理付款行以第二联作贷方凭证，办理转账。其会计分录为：

借：存放中央银行款项

　贷：吸收存款——活期存款——持票人户

第三联进账单加盖转讫章作收账通知交给持票人。银行本票加盖转讫章和票据交换章通过当地票据交换系统提交出票行。

填明“现金”字样的本票支付款项时，必须到出票行办理。出票行接到持票人交来的填明“现金”字样的本票时，抽出专夹保管的本票卡片或存根，经核对相符，确属本行签发，同时还必须按规定认真审查其内容，经审核无误后，办理付款手续。本票作借方凭证，本票卡片或存根联作附件入账。其会计分录为：

借：本票

　贷：库存现金

出票行在受理在本行开户的持票人提交的转账银行本票和进账单时，按规定审核无误后，办理转账。其会计分录为：

借：本票

　贷：吸收存款——活期存款——持票人户

本票上未划去“现金”和“转账”字样的，一律按照转账办理。

3.银行本票结清的核算

如果持票人、申请人不在同一行开户，出票行在收到票据交换提入的本票时，抽出保管的本票卡片或存根，经核对无误后办理转账。其会计分录为：

借：本票

　贷：存放中央银行款项

如果持票人、申请人在同一行开户，出票行受理本行签发的转账本票，则不需要通过票据交换。其会计分录为：

借：本票

　贷：吸收存款——活期存款——持票人户

若持票人超过付款期限不获付款的，在票据权利时效内请求付款时，应当向出票行说明原因，并将本票交给出票行。持票人为个人的，应当交验身份证件。出票行经与原专夹保管的本票卡片或存根核对无误后，在本票上注明“逾期付款”字样，办理付款手续。其会计分录为：

借：本票

　贷：吸收存款——活期存款（或库存现金）

申请人因本票超过提示付款期或其他原因要求出票行退款时，应填制进账单连同本票交给出票行，并按照支付结算办法的规定提交证明或身份证件。出票行经与原专夹保管的本票卡片或存根核对无误后，即在本票上注明“未用退回”字样，第二联进账单作贷方凭证，本票作借方凭证，卡片或存根联作附件。其会计分录为：

借：本票

　贷：吸收存款——活期存款——申请人户（或库存现金）

三、银行汇票业务核算

（一）银行汇票的含义

银行汇票是指出票行签发的，由其在见票时按照实际结算金额无条件支付给收款人或者持票人的票据。银行汇票的出票行为银行汇票的付款人。

（二）银行汇票的相关规定

1. 单位和个人的各种款项结算，均可使用银行汇票。

2. 签发银行汇票必须记载下列事项：

（1）标明“银行汇票”的字样。

（2）无条件支付的承诺。

（3）出票金额。

（4）付款人名称。

（5）收款人名称。

（6）出票日期。

（7）出票人签章。

欠缺记载上述事项之一的，银行汇票无效。

3. 银行汇票可以用于转账，填明“现金”字样的银行汇票可以支取现金，但申请人和收款人必须均为个人。

4. 银行汇票的出票和付款，在全国范围限于中国人民银行和各商业银行参加“全国联行往来”的银行机构办理。跨系统银行签发的转账银行汇票的付款，应通过同城票据交换将银行汇票和解讫通知提交给同城的有关银行审核支付后抵用。代理付款人不得受理未在本行开立存款账户的持票人为单位直接提交的银行汇票。省、自治区、直辖市内和跨省、市的经济区域内银行汇票的出票和付款，按照有关规定办理。

5. 银行汇票的提示付款期限为自出票日起1个月。持票人超过付款期限提示付款的，代理付款人不予受理。

6. 持票人向银行提示付款时，必须同时提交银行汇票和解讫通知，缺少任何一联，银行不予受理。

7. 银行汇票的出票行为银行汇票的付款人。银行汇票的代理付款人是代理本系统出票行或跨系统签约银行审核支付汇票款项的银行。

8. 收款人在受理申请人交付的银行汇票时，应在出票金额以内，根据实际需要的款项办理结算，并将实际结算金额和多余金额准确、清晰地填入银行汇票和解讫通知的有关栏内。未填明实际结算金额和多余金额或实际结算金额超过出票金额的，银行不予受理。

9. 银行汇票的实际结算金额不得更改，更改实际结算金额的银行汇票无效。

10. 银行汇票丧失，失票人可以凭人民法院出具的其享有票据权利的证明，向出票银行请求付款或退款。

（三）银行汇票业务的核算

银行汇票业务的核算过程分为出票、兑付、结清三个阶段。其结算流程如图5-14所示。

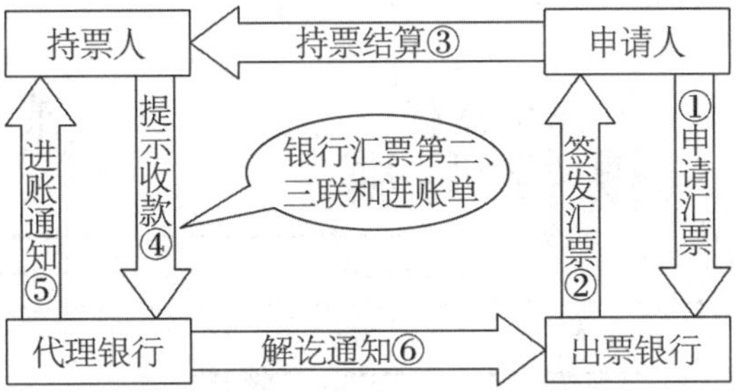

图5-14　银行汇票结算流程图

1.银行汇票出票的核算

申请人在使用银行汇票时，应向出票银行填写“银行汇票申请书”，填明收款人名称、汇票金额、申请人名称、申请日期等事项并签章，签章为其预留银行的签章。申请书一式三联，第一联申请人留作存根，第二、第三联送交银行。经银行审核无误后，银行以申请书第二联作借方凭证，第三联作贷方凭证，办理转账。会计分录为：

借：吸收存款——活期存款——申请人户

　贷：汇出汇款

如果申请人是用现金办理银行汇票，应在银行汇票申请书上注明“现金”字样。出票行审核申请人及收款人是否均为个人，并缴存现金，经审核无误后，受理签发银行汇票。会计分录为：

借：库存现金

　贷：汇出汇款

出票行在办好收账或收妥现金后，按规定签发银行汇票，银行汇票一式四联，第一联为卡片，第二联为汇票，第三联为解讫通知，第四联为多余款收账通知（银行汇票的格式如图5-15、图5-16、图5-17和图5-18所示）。

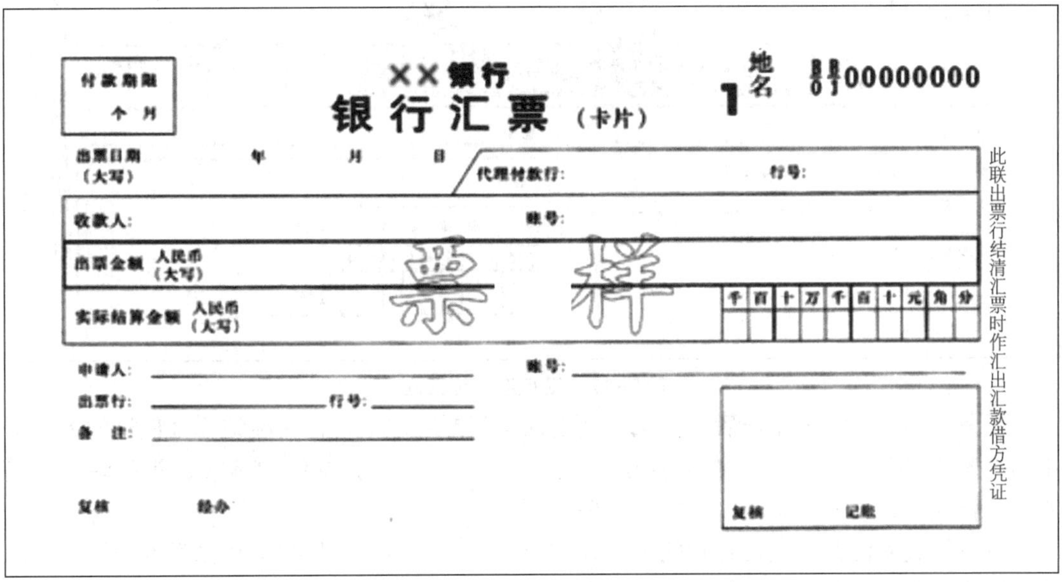
付款期限 个月

××银行

银行汇票（卡片）　1　地名　00000000

出票日期（大写）　年　月　日　　代理付款行：　行号：

收款人：　账号：

出票金额　人民币（大写）

实际结算金额　人民币（大写）　千 百 十 万 千 百 十 元 角 分

申请人：　账号：

出票行：　行号：

备　注：

复核　经办　　复核　记账

此联出票行结清汇票时作汇出汇款借方凭证

票样

图5-15　银行汇票第一联

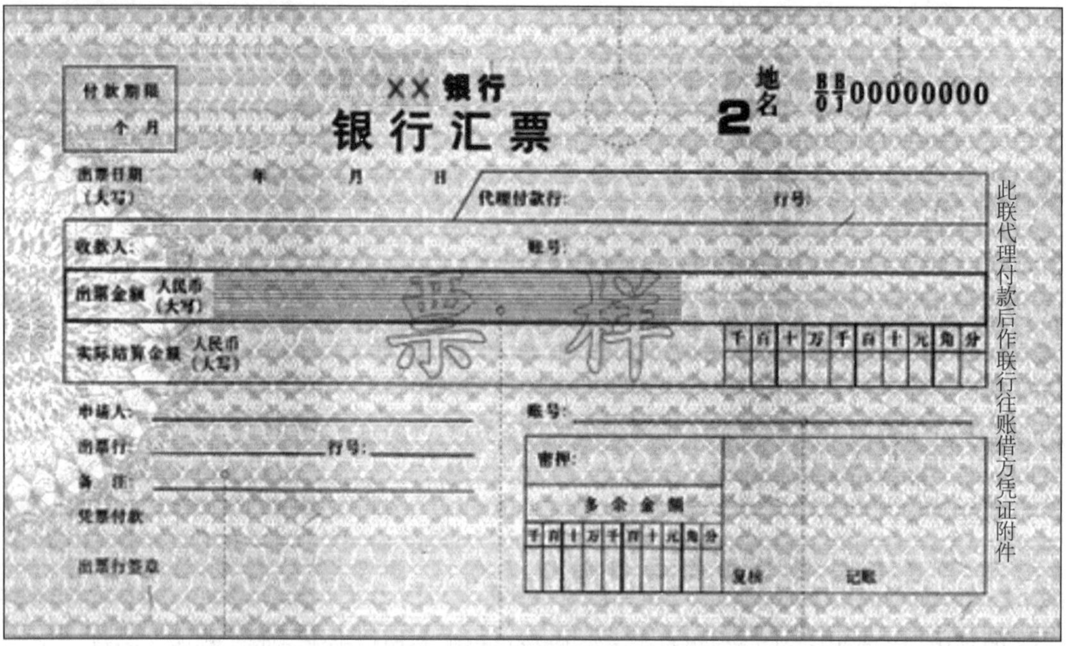

付款期限 个月

××银行

银行汇票 2

地名 BB 01 00000000

出票日期（大写） 年 月 日

代理付款行： 行号：

收款人： 账号：

出票金额 人民币（大写）

实际结算金额 人民币（大写）

千 百 十 万 千 百 十 元 角 分

申请人： 账号：

出票行： 行号：

备注：

凭票付款

出票行签章

密押：

多余金额

千 百 十 万 千 百 十 元 角 分

复核 记账

此联代理付款后作联行往账借方凭证附件

图 5-16 银行汇票第二联

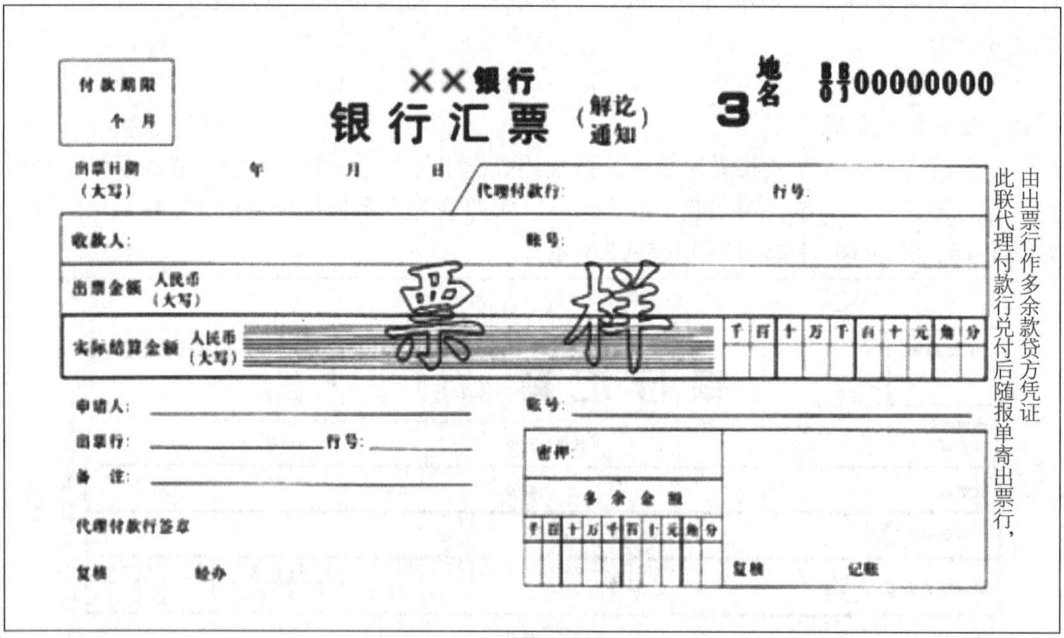

付款期限 个月

××银行

银行汇票（解讫通知） 3

地名 BB 01 00000000

出票日期（大写） 年 月 日

代理付款行： 行号：

收款人： 账号：

出票金额 人民币（大写）

实际结算金额 人民币（大写）

千 百 十 万 千 百 十 元 角 分

申请人： 账号：

出票行： 行号：

备注：

代理付款行签章

复核 经办

密押：

多余金额

千 百 十 万 千 百 十 元 角 分

复核 记账

此联代理付款行兑付后随报单寄出票行，由出票行作多余款贷方凭证

图 5-17 银行汇票第三联

汇票经出票行审核无误后，在第二联上加盖汇票专用章，在实际结算金额栏的人民币小写金额上端用压数机印出汇票金额，然后连同第三联一并交给申请人，第一联加盖经办、复核人名章，连同第四联一并专夹保管。

在不能签发汇票的银行开户的申请人需要使用汇票的，应将款项转交附近能够签发汇票的银行办理，出票行不得拒绝受理。

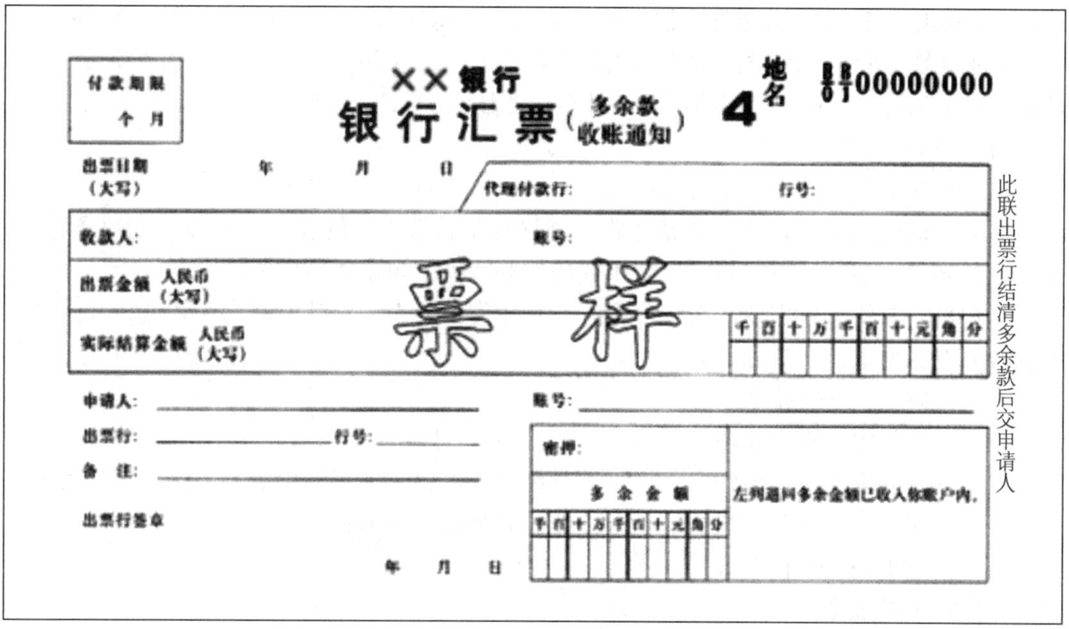
付款期限
个月
××银行
银行汇票（多余款收账通知）　4
地名　00000000
出票日期（大写）　年　月　日
代理付款行：　行号：
收款人：　账号：
出票金额　人民币（大写）
实际结算金额　人民币（大写）
千 百 十 万 千 百 十 元 角 分
票样
申请人：　账号：
出票行：　行号：
备　注：
出票行签章
年　月　日
密押：
多余金额
千 百 十 万 千 百 十 元 角 分
左列退回多余金额已收入你账户内。
此联出票行结清多余款后交申请人

图 5-18　银行汇票第四联

2. 银行汇票兑付的核算

代理付款行接到在本行开立账户的持票人直接交来的汇票、解讫通知和二联进账单时，应认真审查：

（1）银行汇票和解讫通知是否齐全、汇票号码和记载的内容是否一致。

（2）汇票是否是统一规定印制的凭证，是否超过提示付款期限。

（3）汇票填明的持票人是否在本行开户，持票人的名称是否为该持票人，与进账单上的名称是否相符。

（4）汇票必须记载的事项是否齐全。

（5）出票人签章是否符合规定，是否有压数机压印的出票金额，并与人民币大写出票金额一致。

（6）出票金额、出票日期、收款人名称是否更改，更改的其他记载事项是否由原记载人签章证明。

（7）持票人是否在汇票背面“持票人向银行提示付款签章”处签章，背书转让的汇票是否按规定的范围转让，其背书是否连续，签章是否符合规定，背书使用的粘单是否按规定在粘接处签章。

经审核无误后，汇票第二联作借方凭证附件，第二联进账单作贷方凭证，办理转账。其分录是：

借：清算资金往来等

　　贷：吸收存款——活期存款——持票人户

银行在进账单收账通知联上加盖转讫章作收账通知交给持票人，解讫通知加盖转讫章随联行借方报单寄给出票行。

当受理不在本行开户的持票人提交的银行汇票第二联、第三联和二联进账单时，除按上述内容认真审核外，还必须审核持票人的身份证件，并将身份证件复印件留存备查。对现金汇票持票人委托他人向代理付款行提示付款的，代理付款行必须查验持票人和被委托人的身份证件，在银行汇票背面是否作委托收款背书，以及是否注明持票人和被委托人身份证件名称、号码和发证机关，并要求提交持票人和被委托人身份证件复印件留存备查。经审核无误后，以持票人姓名开立应解汇款账户，以第二联进账单作转账贷方凭证，办理转账。会计分录为：

借：清算资金往来等

　贷：应解汇款——持票人户

在第一联进账单上加盖转讫章作收账通知交给持票人，解讫通知加盖转讫章及记账、复核人员名章后随电子清算划付款专用凭证或联行借方报单寄给出票行。

开户后，原持票人需要一次或分次办理转账支付的，应由其填制支付凭证，并向银行缴验本人的身份证件。其分录为：

借：应解汇款——持票人户

　贷：存放中央银行款项等

原持票人若需支取现金的，代理付款行经审查汇票上填写的申请人或收款人确为个人并按规定填明了“现金”字样的，予以办理。其会计分录为：

借：应解汇款——持票人户

　贷：库存现金

3.银行汇票结清的核算

当出票行接到代理付款行发来的划付信息时，会计部门根据本行清算中心交来的有关凭证，经核对无误后，分别进行如下处理：

（1）汇票全额付款，应在汇票的实际结算金额栏填入全部金额，在多余款收账通知上的多余金额栏填写“-0-”，其会计分录为：

借：汇出汇款

　贷：清算资金往来等

（2）汇票有多余款的，应在汇票上填写实际结算金额，在多余款收账通知上的多余金额栏填写多余金额。其会计分录为：

借：汇出汇款（汇票金额）

　贷：清算资金往来等（实际结算金额）

　　　吸收存款——活期存款——申请人户（多余款金额）

（3）如果申请人未在出票行开立账户，多余金额应先转入“其他应付款”科目，并按上述手续办理转账。其会计分录为：

借：汇出汇款

　贷：清算资金往来等

　　　其他应付款——申请人户

转账后，银行通知申请人持银行汇票申请书及本人身份证件来行办理取款手续。领取时，以第四联多余款收账通知作转账借方凭证。其会计分录为：

借：其他应付款——申请人户

　贷：库存现金

四、商业汇票业务核算

（一）商业汇票的含义

商业汇票是指出票人签发的，委托付款人在指定日期无条件支付确定的金额给收款人或者持票人的票据。

商业汇票的付款人为承兑人。商业汇票按其承兑人不同可分为商业承兑汇票和银行承兑汇票。由银行以外的付款人承兑的汇票为商业承兑汇票，由银行承兑的汇票为银行承兑汇票（如图5-19、图5-20、图5-21所示）。商业承兑汇票可以由付款人签发并承兑，也可以由收款人签发交由付款人承兑（如图5-22、图5-23、图5-24所示）。银行承兑汇票应由在承兑银行开立存款账户的存款人签发。

银行承兑汇票（卡片）　　1　　$\frac{B}{0}\frac{B}{1}$00000000

出票日期（大写）　　年　月　日

出票人全称		收款人	全　称	
出票人账号			账　号	
付款行全称			开户银行	
出票金额	人民币（大写）			亿 千 百 十 万 千 百 十 元 角 分
汇票到期日（大写）		付款行	行号	
承兑协议编号			地址	
本汇票请你行承兑，此项汇票款我单位按承兑协议于到期日前足额交存你行，到期请予以支付。 出票人签章		备注：		复核：　　记账：

此联承兑行留存备查，到期支付票款时作借方凭证附件

票样

图5-19　银行承兑汇票第一联

银行承兑汇票　　2　　$\frac{B}{0}\frac{B}{1}$00000000

出票日期（大写）　　年　月　日

出票人全称		收款人	全　称	
出票人账号			账　号	
付款行全称			开户银行	
出票金额	人民币（大写）			亿 千 百 十 万 千 百 十 元 角 分
汇票到期日（大写）		付款行	行号	
承兑协议编号			地址	
本汇票请你行承兑，到期无条件付款。 出票人签章		本汇票已经承兑，到期日由本行付款。 承兑行签章 承兑日期　年　月　日 备注：		复核：　　记账：

此联收款人开户行随托收凭证寄付款行作借方凭证附件

票样

图5-20　银行承兑汇票第二联

银行承兑汇票（存根）　　3　　$\frac{B}{0}\frac{B}{1}$00000000

出票日期（大写）　　年　　月　　日

出票人全称		收款人	全　称	
出票人账号			账　号	
付款行全称			开户银行	
出票金额	人民币（大写）	亿 千 百 十 万 千 百 十 元 角 分		
汇票到期日（大写）		付款行	行号	
承兑协议编号			地址	
		备注:		

此联由出票人留存

票样

图5-21　银行承兑汇票第三联

商业承兑汇票（卡片）　　1　　$\frac{A}{0}\frac{B}{1}$00000000

出票日期（大写）　　年　　月　　日

付款人	全　称		收款人	全　称	
	账　号			账　号	
	开户银行			开户银行	
出票金额	人民币（大写）		亿 千 百 十 万 千 百 十 元 角 分		
汇票到期日（大写）			付款人开户行	行号	
交易合同号码				地址	
出票人签章			备注:		

此联由承兑人留存

票样

图5-22　商业承兑汇票第一联

商业汇票适用于先发货后收款或双方约定延期付款的商品交易。这种汇票经过购货单位或银行承诺付款，有利于增强企业信用，促使企业偿付货款。商业汇票同城异地均可使用，并且没有起点限制。

（二）商业汇票的有关规定

1.在银行开立存款账户的法人与其他组织之间，必须具有真实的交易关系或债权债务关系，才能使用商业汇票。

商业承兑汇票 2

$\frac{A}{0}\frac{B}{1}$00000000

出票日期（大写） 年 月 日

<table>
<tr><td rowspan="3">付款人</td><td>全 称</td><td></td><td rowspan="3">收款人</td><td>全 称</td><td colspan="2"></td></tr>
<tr><td>账 号</td><td></td><td>账 号</td><td colspan="2"></td></tr>
<tr><td>开户银行</td><td></td><td>开户银行</td><td colspan="2"></td></tr>
<tr><td colspan="2">出票金额</td><td colspan="4">人民币
（大写）</td><td>亿 千 百 十 万 千 百 十 元 角 分</td></tr>
<tr><td colspan="2">汇票到期日
(大写)</td><td></td><td rowspan="2">付款人
开户行</td><td>行号</td><td colspan="2"></td></tr>
<tr><td colspan="2">交易合同号码</td><td></td><td>地址</td><td colspan="2"></td></tr>
<tr><td colspan="3">本汇票已经承兑，到期无条件支付票款。

承兑人签章
承兑日期 年 月 日</td><td colspan="4">本汇票请予以承兑于到期日付款。

出票人签章</td></tr>
</table>

此联持票人开户行随托收凭证寄付款人开户行作借方凭证附件

票样

图 5-23 商业承兑汇票第二联

商业承兑汇票（存根） 3

$\frac{A}{0}\frac{B}{1}$00000000

出票日期（大写） 年 月 日

<table>
<tr><td rowspan="3">付款人</td><td>全 称</td><td></td><td rowspan="3">收款人</td><td>全 称</td><td colspan="2"></td></tr>
<tr><td>账 号</td><td></td><td>账 号</td><td colspan="2"></td></tr>
<tr><td>开户银行</td><td></td><td>开户银行</td><td colspan="2"></td></tr>
<tr><td colspan="2">出票金额</td><td colspan="4">人民币
（大写）</td><td>亿 千 百 十 万 千 百 十 元 角 分</td></tr>
<tr><td colspan="2">汇票到期日
(大写)</td><td></td><td rowspan="2">付款人
开户行</td><td>行号</td><td colspan="2"></td></tr>
<tr><td colspan="2">交易合同号码</td><td></td><td>地址</td><td colspan="2"></td></tr>
<tr><td colspan="3">备注:</td><td colspan="4"></td></tr>
</table>

此联由出票人留存

票样

图 5-24 商业承兑汇票第三联

2.签发商业汇票必须记载下列事项：

（1）标明“商业承兑汇票”或“银行承兑汇票”的字样。

（2）无条件支付的委托。

（3）确定的金额。

（4）付款人名称。

（5）收款人名称。

（6）出票日期。

(7) 出票人签章。

欠缺记载上述事项之一的，商业汇票无效。

3.商业承兑汇票的出票人，为在银行开立存款账户的法人以及其他组织，与付款人具有真实的委托付款关系，具有支付汇票金额的可靠资金来源。

4.银行承兑汇票的出票人必须具备3个条件：在承兑银行开立存款账户的法人以及其他组织；与承兑银行具有真实的委托付款关系；资信状况良好，具有支付汇票金额的可靠资金来源。

5.出票人不得签发无对价的商业汇票用以骗取银行或者其他票据当事人的资金。

6.商业汇票可以在出票时向付款人提示承兑后使用，也可以在出票后先使用再向付款人提示承兑。

7.商业汇票的付款期限，最长不得超过6个月。

8.商业汇票的提示付款期限，为自汇票到期日起10日内。持票人超过提示付款期限提示付款的，持票人开户银行不予受理。

9.商业汇票的承兑银行，必须具备下列条件：与出票人具有真实的委托付款关系；具有支付汇票金额的可靠资金；内部管理完善，经其法人授权的银行审定。

10.银行承兑汇票的出票人应于汇票到期前将票款足额交存其开户银行。承兑银行应在汇票到期日或到期日后的见票当日支付票款。承兑汇票的出票人于汇票到期日未能足额交存票款的，承兑银行除凭票向持票人无条件付款外，对出票人尚未支付的汇票金额按照每天5‰计收利息。

11.符合条件的商业汇票持票人可持未到期的商业汇票连同贴现凭证向银行申请贴现。贴现银行可持未到期的商业汇票向其他银行转贴现，也可向中国人民银行申请再贴现。

(三) 商业汇票的核算

1.商业承兑汇票业务的核算

商业承兑汇票是由收款人或付款人签发，由银行以外的付款人承兑，在指定日期无条件支付确定金额给收款人或者持票人的票据。商业承兑汇票一式三联，第一联卡片，由承兑人留存；第二联商业承兑汇票正本，由持票人开户行随委托收款凭证寄付款人开户行作借方凭证附件；第三联存根。其结算流程如图5-25所示。

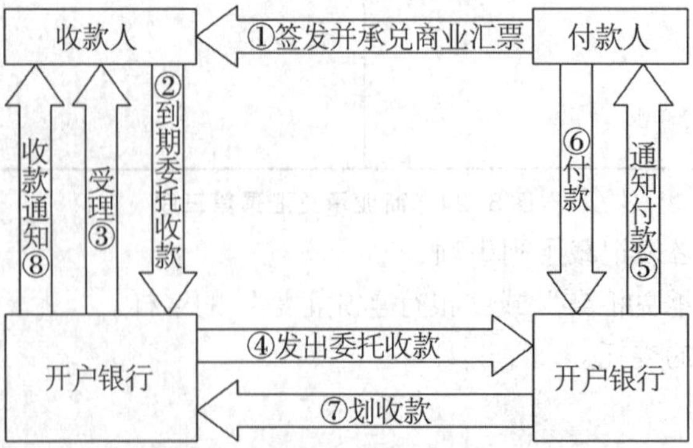

图5-25 商业承兑汇票结算流程图

(1) 持票人开户行受理汇票的处理手续

持票人持未到期的商业承兑汇票，委托开户银行收款时，应填制邮划或电划托收凭证一式五联，在“托收凭证名称”栏注明“商业承兑汇票”及其号码，商业承兑汇票第二联附后，作为收款凭据，一并交开户银行。

开户行收到汇票持票人交来的托收凭证和汇票后，应认真审查：

第一，汇票是否是统一规定印制的凭证，提示付款期限是否超过。

第二，汇票上填明的持票人是否在本行开户。

第三，出票人、承兑人的签章是否符合规定。

第四，汇票必须记载的事项是否齐全，出票金额、出票日期、收款人名称是否更改，其他记载事项的更改是否由原记载人签章证明。

第五，是否做成委托收款背书，背书转让的汇票其背书是否连续，签章是否符合规定，背书使用粘单是否按规定在粘接处签章。

第六，托收凭证的记载事项是否与汇票记载的事项相符。

经审核无误后，银行在托收凭证各联上加盖“商业承兑汇票”戳记。根据第二联托收凭证登记“发出委托收款结算凭证登记簿”后，用专夹保管，第一联托收凭证加盖业务公章作回单退还持票人，付款人在异地的，将托收凭证第三、四、五联与商业承兑汇票一并寄交付款人开户行。收付款人在同城，收款人可将商业承兑汇票送交开户银行，通过同城票据交换处理。

（2）付款人开户行收到汇票的处理手续

付款人开户行在接到持票人开户行寄来的托收凭证及汇票时，应按上述有关规定认真审查，经审核无误后，将第三、四联托收凭证登记到“收到委托收款结算凭证登记簿”后，用专夹保管，第五联交付款人签收，通知其付款。

付款人在接到付款通知次日起3日内没有任何异议，并且账户内有足够的资金用以支付汇票款的，开户行应于第4日起开始向持票人开户行划款，其会计分录为：

借：吸收存款——活期存款——付款人户

　　贷：清算资金往来等

同时销记“收到委托收款结算凭证登记簿”。

当付款人存款账户内金额不足或无款支付时，银行应填制“付款人未付票款通知书”，在托收凭证和“收到委托收款结算凭证登记簿”上注明退回日期和“无款支付”字样，将第一联通知书和第三联托收凭证留存备查，将第二、三联通知书、第四联托收凭证及其债务证明一并邮寄收款人开户行。

付款人拒绝支付票款的，应向其开户银行提交拒绝付款理由书与汇票，银行按照托收拒绝付款的手续处理。

【例5-1】2017年3月15日，晋华银行开户单位甲公司承兑的商业承兑汇票到期，金额450 000元，付款人甲公司同意付款。其会计分录为：

借：吸收存款——活期存款——甲公司户	450 000	
贷：清算资金往来等		450 000

同时销记“收到委托收款结算凭证登记簿”450 000元。

（3）持票人开户行收到划回票款或退回凭证的处理手续

持票人开户行收到付款人开户行寄来的联行报单和第四联托收凭证时，经与留存的第二联托收凭证核对无误后，以托收凭证第二联作转账贷方凭证，办理转账，并销记“发出委托收款结算凭证登记簿”。其会计分录为：

借：清算资金往来等

  贷：吸收存款——活期存款——持票人户

转账后，在托收凭证第四联上加盖转账收讫章交持票人作收账通知。

持票人开户行如收到付款人开户行寄来的未付款通知书或拒绝付款理由书及汇票、托收凭证，将托收凭证、未付款通知书或拒绝付款理由书及汇票退交持票人，由持票人与付款人自行交涉解决。

【例5-2】收到同系统他行寄来的贷方报单及托收凭证第四联，金额240 000元，此款系开户单位机械厂的商业承兑汇票划回款，经审核无误后，予以收账。

借：清算资金往来	240 000	
贷：吸收存款——活期存款——机械厂户		240 000

同时销记“发出委托收款结算凭证登记簿”240 000元。

2.银行承兑汇票业务的核算

银行承兑汇票是由在承兑银行开立存款账户的存款人（承兑申请人）签发，由承兑银行承兑的，在指定日期无条件支付确定的金额给收款人或持票人的票据。承兑银行是银行承兑汇票的付款人，承兑申请人在汇票到期前应将票款足额缴存承兑银行。银行承兑汇票一式三联，第一联卡片，由承兑人留存备查，到期支付票据时作借方凭证附件；第二联银行承兑汇票，由收款人开户行随委托收款凭证寄付款人开户行作借方凭证附件；第三联存根，由出票人留存。其结算流程如图5-26所示。

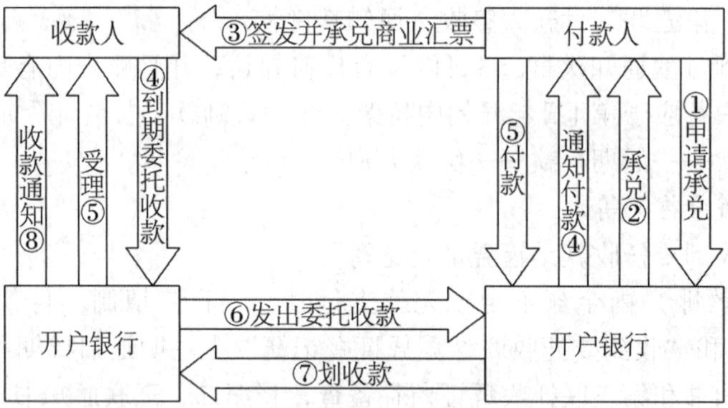

图5-26 银行承兑汇票结算流程图

（1）承兑银行受理汇票承兑的处理手续

银行承兑汇票的出票人（或持票人）向汇票上记载的付款银行申请或提示承兑时，银行的信贷部门按照支付结算办法和有关规定审查同意后，即可与出票人签署一式三联的承兑协议书（见表5-1），留存一份，其他交会计部门。

申请人向银行缴存保证金时，应提交转账支票和进账单，银行据以办理转账手续。会计分录为：

借：吸收存款——活期存款——出票人户

  贷：存入保证金——出票人户

表5-1 银行承兑协议

银 行 承 兑 协 议　　1

编号：____________________

银行承兑汇票的内容：

出票人全称____________________收款人全称____________________

开 户 银 行____________________开 户 银 行____________________

账　　　号____________________账　　　号____________________

汇 票 号 码____________________汇票金额（大写）________________

出 票 日 期________年____月____日 到期日期________年____月____日

以上汇票经银行承兑，出票人愿遵守《支付结算办法》的规定及下列条款：

一、出票人于汇票到期日前将应付票款足额交存承兑银行。

二、承兑手续费按票面金额千分之（　　）计算，在银行承兑的一次付清。

三、出票人与持票人如发生任何交易纠纷，均由其双方自行处理，票款于到期前仍按第一条办理不误。

四、承兑汇票到期日，承兑银行凭票无条件支付票款，如到期日之前出票人不能足额交付票款，承兑银行对不足支付部分的票款转作出票申请人逾期贷款，并按照有关规定计收罚息。

五、承兑汇票款付清后，本协议自动失败。

出票人签章

承兑银行签章

订立承兑协议日期______年____月____日

此联出票人存执一联，在“银行承兑协议”之后，第二联加印2，第三联加印（副本）字样。

25×18cm（白纸黑油墨）

会计部门核对信贷部门提交的有关单证无误后，按照承兑协议规定向出票人收取票面金额0.5‰的承兑手续费，同时根据第一联汇票填制“银行承兑汇票”表外科目收入凭证，登记表外科目登记簿。

收入：银行承兑汇票

其会计分录为：

借：吸收存款——活期存款——出票人户

　贷：手续费及佣金收入

【例5-3】开户单位钢铁厂提交银行承兑汇票承兑协议及银行承兑汇票，金额500 000元，申请承兑。经批准予以承兑并收取承兑手续费。

借：吸收存款——活期存款——钢铁厂户　　250

　贷：手续费及佣金收入　　250

同时登记表外科目登记簿：

收入：银行承兑汇票　　500 000

转账后在承兑汇票上加盖汇票专用章，连同银行承兑协议一份退还承兑申请人，其余的银行承兑协议连同承兑汇票卡片用专夹保管。

（2）持票人开户行受理银行承兑汇票的处理手续

当持票人凭汇票委托开户行向承兑银行收取票款时，应填制“托收凭证”，在“托收凭证名称”栏注明“银行承兑汇票”及汇票号码，连同汇票一并送交开户行。其他处理与商业承兑汇票相同。

（3）承兑银行到期收取票款的处理手续

承兑银行应每天查看汇票的到期情况，对到期的汇票，应于到期日（遇法定假日顺延）向承兑申请人（即出票人）收取票款。在收取票款时，应根据承兑申请人账户余额情况不同，分别处理：

①如果承兑申请人账户上有足额资金支付汇票款，那么应填制二联特种转账借方凭证，一联特种转账贷方凭证，并在“转账原因”栏注明“根据××号汇票划转票款”字样。其会计分录为：

借：存入保证金——出票人户
或　吸收存款——活期存款——出票人户
　贷：应解汇款——出票人户

一联特种转账借方凭证加盖转讫章后作支款通知交给出票人。

②如果出票人账户上没有足额资金支付，那么其差额应转入该出票人的逾期贷款户，每日按5‰计收利息。同时填制二联特种转账借方凭证，一联特种转账贷方凭证，并在“转账原因”栏注明“根据××号汇票划转部分票款”字样。其会计分录为：

借：存入保证金——出票人户
或　吸收存款——活期存款——出票人户
　　贷款——逾期贷款——出票人户
　贷：应解汇款——出票人户

③如果出票人账户上没有资金，那么全部转入出票人的逾期贷款账户。其会计分录为：

借：贷款——逾期贷款——出票人户
　贷：应解汇款——出票人户

【例5-4】针织厂申请承兑的银行承兑汇票100 000元到期，其账户内有足够的资金，向其收取汇票款以备支付。

借：吸收存款——活期存款——针织厂户　　100 000
　贷：应解汇款　　100 000

【例5-5】接【例5-4】，针织厂账户上只有50 000元，向其收取汇票款50 000元，同时发放逾期贷款50 000元。

借：吸收存款——活期存款——针织厂户　　50 000
　　贷款——逾期贷款——针织厂户　　50 000
　贷：应解汇款　　100 000

（4）承兑银行支付汇票款项的处理手续

承兑银行接到持票人开户行寄来的托收凭证及汇票，抽出用专夹保管的汇票卡片和银行承兑协议副本与之进行认真核对，经审核无误后，应于汇票到期日或到期日之后的见票当日，将款项划往持票人开户行。其会计分录为：

借：应解汇款——出票人户

贷：清算资金往来

另填制银行承兑汇票表外科目付出凭证，销记表外科目登记簿。

付出：银行承兑汇票

(5) 持票人开户行收到汇票款项的处理手续

持票人开户行收到承兑银行寄来的联行报单和托收凭证或拍来的电报，将委托收取的款项划回，入收款人账户。会计分录为：

借：清算资金往来

贷：吸收存款——活期存款——持票人户

任务三　非票据结算方式核算

【任务重点】

掌握汇兑结算。

想一想

H公司与W公司签订了商品购销合同，W公司（购货方）经手人依照合同到晋华银行营业部办理货款电汇。银行经过审查受理了凭证，并加盖“受理凭证专用章”。W公司经手人将回单传给H公司（销货方）。H公司见单发货后却迟迟收不到电汇款，去银行查询方知银行因W公司账上无款，没有转账。H公司多次追缴未果，于是向法院起诉，认为W公司以空头电汇回单欺骗他们，银行予以受理，双方都要承担责任。

请问晋华银行在结算中存在什么问题？

一、汇兑业务核算

(一) 汇兑的含义

汇兑是指汇款人委托银行将其款项支付给同城或异地收款人的结算方式。汇兑按其凭证寄递方式的不同，分为信汇和电汇两种。信汇是汇款人委托银行用邮寄凭证的方式通知汇入行付款的一种结算方式。信汇凭证一式四联，第一联回单，第二联借方凭证，第三联汇款依据，第四联收账通知（如图5-27、图5-28、图5-29、图5-30所示）。电汇是汇款人委托银行用拍电报的方式通知汇入行付款的一种结算方式。电汇凭证一式三联，第一联回单，第二联借方凭证，第三联汇款依据（如图5-31、图5-32、图5-33所示）。

信汇费用较低，但速度较慢；电汇速度较快，但费用较高，由汇款人根据自己的实际情况选择使用。

(二) 汇兑的相关规定

1.单位和个人的各种款项结算，均可使用汇兑结算方式。

2.签发汇兑凭证必须记载下列事项：

(1) 标明“信汇”或“电汇”的字样。

(2) 无条件支付的委托。

(3) 确定的金额。

(4) 收款人名称。

××银行 **信汇凭证** （回　单） 1

委托日期　年　月　日　×××××××

汇款人	全　称		收款人	全　称	
	账　号			账　号	
	汇出地点	省　市/县		汇入地点	省　市/县
汇出行名称			汇入行名称		
金额	人民币（大写）			亿 千 百 十 万 千 百 十 元 角 分	
			支付密码		
			附加信息及用途：		
	汇出行签章			复核　记账	

此联汇出行给汇款人的回单

图5-27　信汇凭证第一联

××银行 **信汇凭证** （借方凭证） 2

委托日期　年　月　日　×××××××

汇款人	全　称		收款人	全　称	
	账　号			账　号	
	汇出地点	省　市/县		汇入地点	省　市/县
汇出行名称			汇入行名称		
金额	人民币（大写）			亿 千 百 十 万 千 百 十 元 角 分	
此汇款支付给收款人。			支付密码		
			附加信息及用途：		
	汇款人签章			复核　记账	

此联汇出行作借方凭证

图5-28　信汇凭证第二联

××银行 **信汇凭证** （汇款依据） 3

委托日期　年　月　日　×××××××

汇款人	全　称		收款人	全　称	
	账　号			账　号	
	汇出地点	省　市/县		汇入地点	省　市/县
汇出行名称			汇入行名称		
金额	人民币（大写）			亿 千 百 十 万 千 百 十 元 角 分	
			支付密码		
			附加信息及用途：		
				复核　记账	

此联汇入行作贷方凭证

图5-29　信汇凭证第三联

××银行 **信汇凭证** （收账通知） 4

委托日期 年 月 日 ×××××××

汇款人	全称		收款人	全称	
	账号			账号	
	汇出地点	省 市/县		汇入地点	省 市/县
汇出行名称			汇入行名称		
金额	人民币（大写）			亿 千 百 十 万 千 百 十 元 角 分	
款项已收入收款人账户。 汇入行签章			支付密码		
			附加信息及用途： 复核 记账		

此联给收款人的收账通知

图5-30 信汇凭证第四联

××银行 **电汇凭证** （回 单） 1

□普通 □加急 委托日期 年 月 日 ×××××××

汇款人	全称		收款人	全称	
	账号			账号	
	汇出地点	省 市/县		汇入地点	省 市/县
汇出行名称			汇入行名称		
金额	人民币（大写）			亿 千 百 十 万 千 百 十 元 角 分	
  汇出行签章			支付密码		
			附加信息及用途： 复核 记账		

此联汇出行给汇款人的回单

图5-31 电汇凭证第一联

××银行 **电汇凭证** （借方凭证） 2

□普通 □加急 委托日期 年 月 日 ×××××××

汇款人	全称		收款人	全称	
	账号			账号	
	汇出地点	省 市/县		汇入地点	省 市/县
汇出行名称			汇入行名称		
金额	人民币（大写）			亿 千 百 十 万 千 百 十 元 角 分	
此汇款支付给收款人。 汇款人签章			支付密码		
			附加信息及用途： 复核 记账		

此联汇出行作借方凭证

图5-32 电汇凭证第二联

××银行 **电汇凭证**（汇款依据） 3

□普通 □加急 委托日期 年 月 日 ××××××××

<table>
<tr><td rowspan="3">汇款人</td><td>全　称</td><td></td><td rowspan="3">收款人</td><td>全　称</td><td></td><td rowspan="7">此联汇出行凭以汇出汇款</td></tr>
<tr><td>账　号</td><td></td><td>账　号</td><td></td></tr>
<tr><td>汇出地点</td><td>省　市/县</td><td>汇入地点</td><td>省　市/县</td></tr>
<tr><td colspan="2">汇出行名称</td><td></td><td colspan="2">汇入行名称</td><td></td></tr>
<tr><td>金额</td><td colspan="3">人民币
（大写）</td><td colspan="2">亿 千 百 十 万 千 百 十 元 角 分</td></tr>
<tr><td colspan="4" rowspan="2"></td><td>支付密码</td><td></td></tr>
<tr><td colspan="2">附加信息及用途：

复核　记账</td></tr>
</table>

图5-33 电汇凭证第三联

（5）汇款人名称。

（6）汇入地点、汇入行名称。

（7）汇出地点、汇出行名称。

（8）委托日期。

（9）汇款人签章。

汇兑凭证上欠缺上述记载事项之一的，银行不予受理。汇兑凭证记载的汇款人名称、收款人名称，其在银行开立存款账户的，必须记载其账号。欠缺记载的，银行不予受理。

3.汇兑凭证上记载收款人为个人的，收款人需要到汇入银行领取汇款，汇款人应在汇兑凭证上注明“留行待取”字样；留行待取的汇款，需要指定单位的收款人领取汇款的，应注明收款人的单位名称；信汇凭收款人签章支取的，应在信汇凭证上预留其签章。

4.汇款人确定不得转汇的，应在汇兑凭证“备注”栏注明“不得转汇”字样。

5.汇款人和收款人均为个人，需要在汇入银行支取现金的，应在信、电汇凭证的“汇款金额”大写栏，先填写“现金”字样，后填写汇款金额。

6.汇出银行受理汇款人签发的汇兑凭证，经审核无误后，应及时向汇入银行办理汇款，并向汇款人签发汇款回单。

7.汇入银行对开立存款账户的收款人，应将汇给收款人的款项直接转入收款人账户，并向其发出收账通知。

8.汇款人对汇出银行尚未汇出的款项可以申请撤销。汇款人对汇出银行已经汇出的款项可以申请退汇。转汇银行不得受理汇款人或汇出银行对汇款的撤销或退汇。

9.汇入银行对于收款人拒绝接受的汇款，应即办理退汇。汇入银行对于向收款人发出取款通知，经过2个月无法交付的汇款，应主动办理退汇。

（三）汇兑业务的核算

汇兑结算的处理过程分为汇出行汇出款项、汇入行解付汇款和退汇3个阶段。其结算流程如图5-34所示。

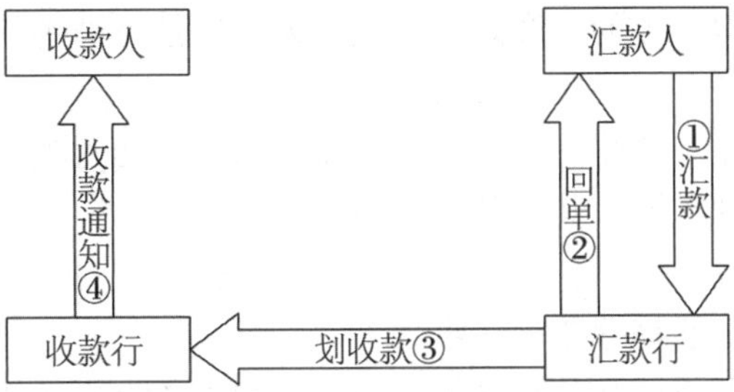

图5-34　汇兑结算流程图

1.信汇的结算

（1）汇出行的核算

汇款人申请办理信汇时，应向银行提交一式四联的信汇凭证。汇出行受理信汇凭证时，应认真审核以下内容：

第一，凭证记载的各项内容是否齐全正确。

第二，汇款人账户是否有足够支付的款项。

第三，凭证上注明“现金”字样的，应审查汇款人和收款人是否均为个人。

第四，汇款人的签章是否与预留印鉴相符。

经审核无误后，银行将第一联信汇凭证加盖转讫章后退给汇款人。对于转账汇款的，银行以信汇凭证第二联作借方凭证，其会计分录为：

借：吸收存款——活期存款——汇款人户

　　贷：清算资金往来等

汇款人交付现金的，银行另填一张特种转账贷方凭证，以第二联信汇凭证作借方凭证办理转账，其会计分录为：

借：库存现金

　　贷：应解汇款——汇款人户

借：应解汇款——汇款人户

　　贷：清算资金往来等

转账后第三联信汇凭证加盖联行专用章与第四联随同联行报单一并寄汇入行。

【例5-6】开户单位公交公司提交银行信汇凭证，金额80 000元，用以支付异地货款。其会计处理如下：

借：吸收存款——活期存款——公交公司户　　80 000

　　贷：清算资金往来等　　80 000

【例5-7】客户李鹏持现金5 000元来行办理信汇，要求汇往异地的收款人。其会计处理如下：

借：库存现金　　5 000

　　贷：应解汇款　　5 000

借：应解汇款　　5 000

　　贷：清算资金往来等　　5 000

（2）汇入行的核算

汇入行收到汇出行寄来的联行报单和信汇凭证第三、第四联，应审查第三联信汇凭证上的联行专用章与联行报单上的印章是否一致，无误后按下列手续处理。

①直接收账

收款人在汇入行开立存款账户的，银行应将汇款直接转入收款人账户，以第三联信汇凭证作转账贷方凭证办理转账。其会计分录为：

借：清算资金往来等

贷：吸收存款——活期存款——收款人户

转账后，第四联信汇凭证加盖转账收讫章交收款人作收账通知。

【例5-8】银行收到贷方报单及信汇凭证，金额65 000元，收款人为开户单位联通公司，经审核无误后予以收账，其会计分录为：

借：清算资金往来等　65 000

贷：吸收存款——活期存款——联通公司户　65 000

②不直接收账

收款人未在汇入行开立存款账户的，银行应以第三联信汇凭证作为贷方凭证，将款项转入“应解汇款”账户。该账户只付不收，付完清户，不计付利息。其会计分录为：

借：清算资金往来等

贷：应解汇款——收款人户

同时登记“应解汇款登记簿”，在信汇凭证上编列应解汇款顺序号，第四联信汇凭证留存保管，另以取款通知书通知收款人来行取款。

收款人持取款通知书来银行办理取款时，应交验本人身份证件，并将其证件名称、号码、发证机关填写在凭证空白处，同时在“收款人盖章”处签章。银行对其进行严格审查，确认无误后，办理付款手续。

若需要支付现金的，汇兑凭证必须有汇出行按规定填明的“现金”字样，应一次办理现金支付手续。未注明“现金”字样，需要支取现金的，由汇入行按照现金管理规定审查支付。其会计分录为：

借：应解汇款——收款人户

贷：库存现金

付款后，销记“应解汇款登记簿”。

若需要分次转账支取的，由收款人向汇入行提交一联取款单和三联进账单。汇入行受理后按照规定审核无误后，即可办理分次转账支付手续。其会计分录为：

借：应解汇款——收款人户

贷：吸收存款——活期存款——收款人户

同时销记“应解汇款登记簿”。

【例5-9】银行收到贷方报单及信汇凭证，金额45 000元，收款人王平不在本行开户，即日通知其取款。

借：清算资金往来等　45 000

贷：应解汇款——王平户　45 000

同时，登记“应解汇款登记簿”45 000元。

次日王平持有效证件来支取现金：

借：应解汇款——王平户　45 000

贷：库存现金　45 000

2.电汇的结算

（1）汇出行的核算

汇款人申请办理电汇时，应向银行提交一式三联的电汇凭证，汇出行受理电汇凭证时，审查的内容与受理信汇业务基本相同，经审核无误后，第一联加盖转讫章退给汇款人，第二联作借方凭证办理转账，其会计分录与信汇相同。转账后，汇出行根据第三联电汇凭证编制联行报单，并向汇入行拍发电报。对填明“现金”字样的电汇凭证，应在电文的金额前加拍“现金”字样。

（2）汇入行的核算

汇入行接到汇出行发来的电报，经审核无误后，应填制三联电划贷方补充报单，转账手续与信汇相同。

3.退汇的核算

退汇是指将已经汇出，但尚未解付的汇款退回给汇款人。退汇包括汇款人要求退汇和汇入行主动退汇两种。

（1）汇款人要求退汇的处理手续

如果汇款人要求退汇，对在汇入行开立账户的收款人，由汇款人与收款人自行联系退汇；对未在汇入行开立账户的收款人，汇款人应出具正式函件或本人身份证件以及原信汇、电汇回单，由汇出行通知汇入行。经汇入行核实汇款确未支付，并将款项汇回汇出行，方可办理退汇。

汇出行受理退汇业务时，应填制一式四联“退汇通知书”，在第一联上批注“×月×日申请退汇，待款项退回后再办理退款手续”字样，交给原汇款人，第二、第三联寄交汇入行，第四联与函件和回单联一起保管。

①汇入行的处理手续

汇入行接到退汇通知书，如该笔汇款已转入应解汇款及临时存款科目，尚未解付的，应向收款人索回取款通知书，并以第二联退汇通知书代借方凭证，第四联汇款凭证为附件办理转账。其会计分录为：

借：应解汇款——收款人户

　贷：清算资金往来等

转账后，第三联退汇通知书随同贷方报单寄回原汇出行。

如果该笔汇款已经解付，应在第二、第三联退汇通知书上注明解付情况及解付日期，留存第二联退汇通知书，以第三联退汇通知书通知原汇出行。

②汇出行收到退汇的处理手续

汇出行接到汇入行寄来的贷方报单及退汇通知书时，应以第三联退汇通知书代转账贷方凭证办理转账。其会计分录为：

借：清算资金往来等

　贷：吸收存款——活期存款——原汇款人户

如果汇款人未在银行开立账户，则应另填制一联现金借方凭证。其会计分录为：

借：清算资金往来等

　贷：其他应付款——原汇款人户

借：其他应付款——原汇款人户

贷：库存现金

如果汇出行接到汇入行寄回的第三联退汇通知书或发来的电报注明汇款已解付时，应在留存的第四联退汇通知书上批注解付情况，并通知原汇款人。

（2）汇入行主动退汇的处理手续

汇入行对于收款人拒绝接受的汇款，应立即办理退汇；对于向收款人发出取款通知，经两个月无人来行办理取款手续，或在规定期限内汇入行已寄出通知，但因收款人住址迁移或其他原因，以致该笔汇款无人领取时，也应主动办理退汇。

汇入行在办理退汇时，应填制一联特种转账借方凭证，两联特种转账贷方凭证，并在凭证上注明“退汇”字样，将第四联汇款凭证作附件。其会计分录为：

借：应解汇款——原收款人户

　贷：清算资金往来等

两联特种转账贷方凭证连同联行报单寄原汇出行，同时销记“应解汇款登记簿”。

汇出行接到退回的汇款处理手续同汇出行办理退汇收回的处理手续。

二、委托收款的核算

（一）委托收款的含义

委托收款是指收款人委托银行向付款人收取款项的结算方式。该结算方式不受金额起点限制，同城和异地都可使用。委托收款按结算款项的划回方式不同，分为邮寄和电报两种，由收款人选用。

（二）委托收款的有关规定

1.单位和个人凭已承兑商业汇票、债券、存单等付款人债务证明办理款项的结算，均可以使用委托收款结算方式。

2.签发委托收款凭证必须记载下列事项：

（1）标明“委托收款”的字样。

（2）确定的金额。

（3）付款人名称。

（4）收款人名称。

（5）委托收款凭据名称及附寄单证张数。

（6）委托日期。

（7）收款人签章。

委托收款凭证欠缺记载上述事项之一的，银行不予受理。

3.收款人办理委托收款应向银行提交委托收款凭证和有关的债务证明，仅凭发票不能使用委托收款方式。

4.委托收款以银行以外的单位为付款人的，委托收款凭证必须记载付款人开户银行名称；以银行以外的单位或在银行开立存款账户的个人为收款人的，委托收款凭证必须记载收款人开户银行名称；以未在银行开立存款账户的个人为收款人的，委托收款凭证必须记载被委托银行名称。欠缺记载的，银行不予受理。

5.在同城范围内，收款人收取公用事业费或根据国务院的规定，可以使用同城特约委托收款。收取公用事业费的，必须具有收付双方事先签订的经济合同，由付款人向开户银行授权，并经开户银行同意，报经中国人民银行当地分支行批准。

（三）委托收款业务的核算

1.收款人开户行受理委托收款的处理手续

收款人委托银行收款时，应提交一式五联的电报划回（或邮寄划回）托收凭证。第一联受理回单，第二联贷方凭证，第三联借方凭证，第四联汇款依据（邮寄划回为收账通知），第五联付款通知（如图5-35、图5-36、图5-37、图5-38、图5-39所示）。收款人在“业务类型”栏选择“委托收款”并在托收凭证第二联上签章后，将有关委托收款凭证和债务证明提交开户银行。

托收凭证（受理回单） 1

委托日期　　年　　月　　日

<table>
<tr><td colspan="2">业务类型</td><td colspan="4">委托收款（□邮划、□电划）</td><td colspan="4">托收承付（□邮划、□电划）</td><td rowspan="9">此联作收款人开户银行给收款人的受理回单</td></tr>
<tr><td rowspan="3">付款人</td><td>全　称</td><td colspan="3"></td><td rowspan="3">收款人</td><td>全　称</td><td colspan="3"></td></tr>
<tr><td>账　号</td><td colspan="3"></td><td>账　号</td><td colspan="3"></td></tr>
<tr><td>地　址</td><td>省　市县</td><td>开户行</td><td></td><td>地　址</td><td>省　市县</td><td>开户行</td><td></td></tr>
<tr><td>金额</td><td colspan="5">人民币
（大写）</td><td colspan="4">亿 千 百 十 万 千 百 十 元 角 分</td></tr>
<tr><td colspan="2">款项内容</td><td></td><td>托收凭据名　称</td><td></td><td colspan="2">附寄单证张数</td><td colspan="3"></td></tr>
<tr><td colspan="2">商品发运情况</td><td colspan="3"></td><td colspan="2">合同名称号码</td><td colspan="3"></td></tr>
<tr><td colspan="3">备注:
复核　　　记账</td><td colspan="4">款项收妥日期
年　　月　　日</td><td colspan="3">收款人开户银行签章
年　　月　　日</td></tr>
</table>

图5-35 托收凭证第一联

托收凭证（贷方凭证） 2

委托日期　　年　　月　　日

<table>
<tr><td colspan="2">业务类型</td><td colspan="4">委托收款（□邮划、□电划）</td><td colspan="4">托收承付（□邮划、□电划）</td><td rowspan="9">此联收款人开户银行作贷方凭证</td></tr>
<tr><td rowspan="3">付款人</td><td>全　称</td><td colspan="3"></td><td rowspan="3">收款人</td><td>全　称</td><td colspan="3"></td></tr>
<tr><td>账　号</td><td colspan="3"></td><td>账　号</td><td colspan="3"></td></tr>
<tr><td>地　址</td><td>省　市县</td><td>开户行</td><td></td><td>地　址</td><td>省　市县</td><td>开户行</td><td></td></tr>
<tr><td>金额</td><td colspan="5">人民币
（大写）</td><td colspan="4">亿 千 百 十 万 千 百 十 元 角 分</td></tr>
<tr><td colspan="2">款项内容</td><td></td><td>托收凭据名　称</td><td></td><td colspan="2">附寄单证张数</td><td colspan="3"></td></tr>
<tr><td colspan="2">商品发运情况</td><td colspan="3"></td><td colspan="2">合同名称号码</td><td colspan="3"></td></tr>
<tr><td colspan="3">备注:
收款人开户银行收到日期:
年　　月　　日</td><td colspan="4">上列款项随付有关债务证明，请予办理。
收款人签章</td><td colspan="3">复核　　　记账</td></tr>
</table>

图5-36 托收凭证第二联

托收凭证（借方凭证） 3

委托日期　　年　　月　　日　　付款期限　　年　　月　　日

业务类型	委托收款（□邮划、□电划）			托收承付（□邮划、□电划）		
付款人	全　称		收款人	全　称		
	账　号			账　号		
	地　址	省　　市县　开户行		地　址	省　　市县　开户行	
金额	人民币（大写）				亿 千 百 十 万 千 百 十 元 角 分	
款项内容		托收凭据名　称		附寄单证张数		
商品发运情况			合同名称号码			
备注： 付款人开户银行收到日期： 年　月　日		收款人开户银行签章 年　月　日		复核　　记账		

此联付款人开户银行作借方凭证

图5-37　托收凭证第三联

托收凭证（汇款依据或收账通知） 4

委托日期　　年　　月　　日　　付款期限　　年　　月　　日

业务类型	委托收款（□邮划、□电划）			托收承付（□邮划、□电划）		
付款人	全　称		收款人	全　称		
	账　号			账　号		
	地　址	省　　市县　开户行		地　址	省　　市县　开户行	
金额	人民币（大写）				亿 千 百 十 万 千 百 十 元 角 分	
款项内容		托收凭据名　称		附寄单证张数		
商品发运情况			合同名称号码			
备注： 复核　　记账		上列款项已划回收入方账户内 收款人开户银行签章 年　月　日				

此联付款人开户行凭以汇款或收款人开户行作收账通知

图5-38　托收凭证第四联

托收凭证（付款通知） 5

委托日期 年 月 日 付款期限 年 月 日

<table>
<tr><td colspan="2">业务类型</td><td colspan="3">委托收款（□邮划、□电划）</td><td colspan="5">托收承付（□邮划、□电划）</td></tr>
<tr><td rowspan="3">付款人</td><td>全 称</td><td colspan="3"></td><td rowspan="3">收款人</td><td>全 称</td><td colspan="3"></td></tr>
<tr><td>账 号</td><td colspan="3"></td><td>账 号</td><td colspan="3"></td></tr>
<tr><td>地 址</td><td>省 市县</td><td>开户行</td><td></td><td>地 址</td><td>省 市县</td><td>开户行</td><td></td></tr>
<tr><td>金额</td><td colspan="7">人民币
（大写）</td><td colspan="2">亿 千 百 十 万 千 百 十 元 角 分</td></tr>
<tr><td colspan="2">款项内容</td><td></td><td>托收凭据名称</td><td colspan="2"></td><td>附寄单证张数</td><td colspan="3"></td></tr>
<tr><td colspan="3">商品发运情况</td><td colspan="3">合同名称号码</td><td colspan="4"></td></tr>
<tr><td colspan="3">备注:
付款人开户银行收到日期:
年 月 日
复核 记账</td><td colspan="4">付款人开户银行签章
年 月 日</td><td colspan="3">付款人注意:
1.根据支付结算办法，上列委托收款（托收承付）款项在付款期限内未提出拒付，即视为同意付款，以此代付款通知
2.如需提出全部或部分拒付，应在规定期限内，将拒付理由书附债务证明退交开户银行</td></tr>
</table>

此联付款人开户银行给付款人按期付款通知

图5-39 托收凭证第五联

收款人开户行收到上述凭证后，应按照规定和填写凭证的要求进行认真审查以下内容：

（1）托收凭证是否是统一规定格式的凭证。

（2）收款人是否在本行开户。

（3）是否凭已承兑的商业汇票、债券、存单等付款人债务证明办理委托收款。

（4）托收凭证上必须记载的事项是否齐全。

（5）托收凭证的金额、委托日期、收款人是否更改，更改的其他记载事项是否由原记载人签章证明。

（6）所附单证种类、数量、金额与托收凭证记载是否一致。

（7）商业汇票背书转让的，背书是否连续，签章是否符合规定。

经审核不符的，银行将托收凭证及有关债务证明退收款人。经审核无误后，银行将第一联托收凭证加盖业务公章退给收款人，第二联收款凭证登记“发出委托收款结算凭证登记簿”后用专夹保管，第三联凭证加盖带有联行行号的结算专用章，连同第四、第五联凭证及有关债务证明，一并交付款人开户行。

2.付款人开户行的处理手续

付款人开户行在接到收款人开户行寄来的电报划回或邮寄划回第三、第四、第五联托收凭证及有关债务证明时，应审核是否属于本行受理的凭证，经审核无误后在凭证上注明收到日期，根据电报划回或邮寄划回第三、第四联凭证逐笔登记“收到委托收款结算凭证登记簿”后用专夹保管，分不同情况进行处理：

（1）以银行为付款人的，银行按规定付款时，以第三联委托收款凭证作借方凭证，有关债务证明作其附件，其会计分录为：

借：应解汇款——付款人户

贷：清算资金往来等

转账后，银行在收到委托收款登记簿上填明转账日期。属于电报划款的，应根据第四联凭证填制电划报单，向收款人拍发电报。属于邮寄划款的，第四联凭证填注支付日期后，随同联行报单寄交收款人开户行。

（2）以单位为付款人的，银行应将托收凭证加盖业务公章，连同有关债务证明及时交给付款人，并由其签收。付款人在接到通知的次日起3日内（遇法定休假日顺延）未通知银行付款，视同付款人同意付款，银行应于付款期满次日上午营业时将款项划给收款人，第三联凭证作借方凭证，办理转账。其会计分录为：

借：吸收存款——活期存款——付款人户

贷：清算资金往来等

其余手续视同以银行为付款人的处理。

银行在办理付款时，付款人账户不足以支付全部款项的，银行应在托收凭证和“收到委托收款结算凭证登记簿”上注明退回日期和“无款支付”字样，并填制三联付款人未付款通知书，将第一联通知书和第三联托收凭证留存备查，将第二、第三联通知书连同收到的凭证全部退回收款人开户银行。

（3）付款人拒绝付款的处理。

付款人在审查有关债务证明后，对收款人委托收取的款项需要拒绝付款的，可以办理拒绝付款。

付款人为银行的，银行应在收到托收凭证及债务证明的次日起3日内出具拒绝付款证明连同有关债务证明、委托收款凭证邮寄至收款人开户行，并转交收款人。

付款人为单位的，付款人应在接到付款通知的次日起3日内填制拒绝付款理由书，连同债务凭证及第五联托收凭证退给开户行，经银行审核无误后，在托收凭证和“收到委托收款结算凭证登记簿”上注明退回日期和“拒绝付款”字样，并将拒绝付款理由书及收到的凭证全部退回收款人开户银行，并转交收款人。

3.收款人开户行的处理手续

（1）款项划回的处理手续

收款人开户行收到由付款人开户行寄来的联行贷方报单及所附的第四联托收凭证时，应将留存的第二联凭证抽出同第四联凭证进行核对，经审核无误后，在两联凭证上填注转账日期，并以第二联托收凭证作为转账贷方凭证，办理转账。其会计分录为：

借：清算资金往来等

贷：吸收存款——活期存款——收款人户

转账后，银行将第四联托收凭证加盖转讫章作收账通知送交收款人，并销记“发出委托收款结算凭证登记簿”。

（2）付款人无款支付的处理手续

若收款人开户行收到无款支付而退回的托收凭证及有关单据时，应抽出第二联托收凭证，并在该联凭证“备注”栏注明“无款支付”字样，销记“发出委托收款结算凭证登记簿”，然后将第四联托收凭证、第一联未付款通知书及债务证明退给收款人。收款人在未付款通知书上签章后，收款人开户行将第一联未付款通知书及第二联托收凭证一并保管备查。

（3）拒绝付款的处理手续

若收款人开户行收到拒绝付款而退回的托收凭证及有关单据时，经核对无误后，应抽出第二联托收凭证，并在该联凭证“备注”栏注明“拒绝付款”字样，销记“发出委托收款结算凭证登记簿”，然后将第四、第五联托收凭证、第四联拒绝付款理由书及债务证明退给收款人。收款人在拒绝付款理由书的第三联上签章后，收款人开户行将第三联拒绝付款理由书及第二联托收凭证一并保管备查。

三、托收承付的核算

（一）托收承付的含义

托收承付是指根据购销合同由收款人发货后委托银行向异地付款人收取款项，由付款人向银行承认付款的结算方式。托收承付按结算款项划回方法的不同，可分为邮寄和电报两种，由收款人选用。

（二）托收承付的有关规定

1.使用托收承付结算方式的收款单位和付款单位，必须是国有企业、供销合作社以及经营管理较好并经开户银行审查同意的城乡集体所有制工业企业。

2.签发托收承付凭证必须记载下列事项：

（1）标明“托收承付”的字样。

（2）确定的金额。

（3）付款人名称及账号。

（4）收款人名称及账号。

（5）付款人开户银行名称。

（6）收款人开户银行名称。

（7）托收附寄单证张数或册数。

（8）合同名称、号码。

（9）委托日期。

（10）收款人签章。

托收承付凭证上欠缺记载上述事项之一的，银行不予受理。

3.办理托收承付结算的款项，必须是商品交易，以及因商品交易而产生的劳务供应的款项。代销、寄销、赊销商品的款项，不得办理托收承付结算。

4.收付双方使用托收承付结算必须签有符合《中华人民共和国经济合同法》的购销合同，并在合同上订明使用托收承付结算方式。

5.收付双方办理托收承付结算，必须重合同、守信用。收款人对同一付款人发货托收累计3次收不回货款的，收款人开户银行应暂停收款人向该付款人办理托收；付款人累计3次提出无理拒付的，付款人开户银行应暂停其向外办理托收。

6.收款人办理托收，必须具有商品确已发运的证件（包括铁路、航运、公路等运输部门签发的运单、运单副本和邮局包裹回执）。

7.托收承付结算每笔金额的起点为10 000元。新华书店系统每笔金额的起点为1 000元。

（三）托收承付业务的核算

托收承付结算分为托收和承付划款两个阶段。在托收阶段，收付款双方的开户行只对有关凭证进行审查、处理、登记和传递，尚未发生资金的收付，而在承付划款阶段，则会发生资金在收付款双方存款账户之间的划转。

1. 收款人开户银行受理托收的处理手续

（1）受理凭证

收款人受理托收时，应填制一式五联的电报划回（邮寄划回）托收凭证。收款人应在“业务类型”栏选择“托收承付”项并在第二联托收凭证上加盖单位印章后，将托收凭证和有关单证提交银行。

（2）审查凭证

收款人开户行收到上述的五联凭证后，应认真审查以下内容：

①托收款项是否符合托收承付结算办法规定的范围、条件、金额起点以及其他有关规定。

②有无商品已发运的证件。

③托收凭证是否填写齐全，是否符合填写要求。

④托收凭证与所附单证的张数是否相符。

⑤托收凭证上是否加盖收款人的印章。

收款人开户行审查凭证的时间不得超过次日。

（3）处理凭证

收款人开户行按规定认真审核凭证无误后，将第一联凭证加盖业务公章后退给收款人。对收款人向银行提交发运证件需要带回保管或自寄的，应在各联凭证和发运证件上加盖“已验发运证件”戳记，然后将发运证件退给收款人，同时凭第二联凭证登记“发出托收承付结算凭证登记簿”（见表5-2）后用专夹保管。

表5-2 **发出托收承付结算凭证登记簿**

第　　页

日期	摘要	借方		贷方		金额		复核签字
		金额	笔数	金额	笔数	金额	笔数	

（4）传递凭证

收款人开户行在第三联凭证上加盖带有联行行号的结算专用章后，连同第四联、第五联托收凭证及交易单证一起寄交付款人开户银行。

2. 付款人开户银行受理承付的处理手续

（1）审核凭证

付款人开户行在接到收款人开户行寄来的电报划回或邮寄划回第三、第四、第五联托收凭证及交易单证时，应审核付款人是否在本行开户，所附单证的张数与凭证的记载是否相符。经审核无误后，付款人开户行在凭证上填注收到日期和承付期，并及时通知付款人，然后根据电报划回或邮寄划回第三、第四联托收凭证，逐笔登记“定期代收结算凭证登记簿”后用专夹保管，将第五联加盖业务公章，连同交易单证一并及时交付收款人。

其中通知付款人的方法，可以根据具体情况与付款人签订协议，采用付款人来行自取、派人送达或对距离较远的付款人采取邮寄方式等。验单付款的承付期为3天，从银行对付款人发出承付通知日的次日算起，必须邮寄的，应加邮寄时间；验货付款的承付期为10天，从运输部门向付款人发出提货通知日的次日算起。

（2）承付款项的处理手续

①全额付款的处理手续

付款人在承付期满日开户行营业终了前，账户有足够资金支付全部款项的，付款人开户行应在次日上午（遇法定休假日顺延）以第三联凭证作借方凭证。会计分录为：

借：吸收存款——活期存款——付款人户

　贷：清算资金往来等

转账后，付款人开户行在登记簿上填注转账日期。属于电报划款的，银行应根据第四联电报划回凭证编制联行电划贷方报单，凭以向收款人开户行拍发电报。属于邮寄划款的，将第四联邮寄划回凭证填注支付日期后，随同联行贷方报单寄交收款人开户行。

②提前承付的处理手续

付款人在承付期满前通知银行提前付款，银行划款的手续可按照全额付款的手续处理，但应在托收凭证和登记簿“备注”栏注明“提前承付”字样。

③逾期付款的处理手续

承付期满，付款人账户上无款支付的，付款人开户行应在托收凭证和登记簿备注栏分别注明“逾期付款”字样，并填制一式三联“托收承付结算到期未收通知书”，将第一联、第二联通知书寄收款人开户行，第三联通知书与第三、四联托收凭证一并保管，等到付款人账户内有款时可以一次或分次支付，并收取赔偿金，划给收款人。逾期付款时的处理同全额付款。赔偿金的计算公式为：

赔偿金金额=逾期付款金额×逾期天数×0.5‰

逾期付款天数从承付期满日算起。当承付期满日银行营业终了时，付款人如无足够资金支付，其不足部分，应当算作逾期一天，计算一天的赔偿金。在承付期满的次日（遇法定休假日，逾期付款赔偿金的天数计算也应当顺延，但在以后遇法定休假日应当照算逾期天数）银行营业终了时，仍无足够资金支付，其不足部分，应当算作逾期两天，计算两天的赔偿金。其余类推。

赔偿金实行定期扣付，每月计算一次，于次月3日单独划给收款人。在月内有部分付款的，其赔偿金随同部分支付的款项划给收款人，对尚未支付的款项，月终再计算赔偿金，于次月3日划给收款人。

④部分付款的处理手续

付款人在承付期满日开户行营业终了前，账户只能部分支付的，付款人开户行应在托收凭证上注明当天可以扣收的金额，填制特种转账借方凭证，在资金汇划系统办理划款，并在登记簿备注栏内分别注明已承付和未承付的金额，批注“部分付款”字样，或将未承付金额登记“到期未收登记簿”。能够支付的部分可在次日上午划往收款人开户行。其会计分录为：

借：吸收存款——活期存款——付款人户

　贷：清算资金往来等

其剩余部分可在以后有款时陆续扣除。付款人开户行将第三、第四联凭证单独保管，作为继续扣款的依据。

付款人开户行在以后陆续扣款时，除按上述手续处理外，应逐次扣收延付赔偿金，每天按延付金额的0.5‰计付赔偿金，连同当次扣收的托收款一并划转收款单位开户行转收款单位，以弥补其损失。赔偿金的计算同上。

⑤拒绝付款的处理手续

付款人在承付期内提出全部或部分拒绝付款，应填写四联“托收承付或委托收款结算全部或部分拒绝付款理由书”（如图5-40所示）并签章，注明拒绝付款理由，涉及合同的应引证合同上的有关条款。

托收承付/委托收款 结算 全部/部分 拒绝付款理由书（借方凭证） 2

拒付日期　　年　　月　　日　　　　原托收号码：

<table>
<tr><td rowspan="3">付款人</td><td>全　称</td><td colspan="3"></td><td rowspan="3">收款人</td><td>全　称</td><td colspan="3"></td><td rowspan="6">此联银行作借方凭证或存查</td></tr>
<tr><td>账　号</td><td colspan="3"></td><td>账　号</td><td colspan="3"></td></tr>
<tr><td>开户银行</td><td></td><td>行号</td><td></td><td>开户银行</td><td></td><td>行号</td><td></td></tr>
<tr><td>托收金额</td><td colspan="2"></td><td>拒付金额</td><td colspan="2"></td><td>部分付款金额</td><td colspan="3">千 百 十 万 千 百 十 元 角 分</td></tr>
<tr><td>附寄单证</td><td>张</td><td>部分付款金额（大写）</td><td colspan="7"></td></tr>
<tr><td colspan="5">拒付理由：

付款人盖章</td><td colspan="5">科目（借）
对方科目（贷）
转账日期　年　月　日
复核　　记账</td></tr>
</table>

10×17.5cm（白纸蓝油墨）

图5-40　拒绝付款理由书

付款人开户行接到拒绝付款理由书及相关的拒付证明和第五联托收凭证，应认真审查拒绝付款理由，并查验合同。对于付款人提出拒绝付款的手续不全、依据不足、理由不符合规定，以及超过承付期拒付和应当部分拒付而提出全部拒付的，付款人开户行均不得受理，应实行强制扣款，由此而增加银行审查时间的，应从承付期满日起，为收款人计扣逾期付款赔偿金。赔偿金的计算同上。

对符合规定同意拒付的，付款人开户行应在拒绝付款理由书上签注意见，由经办人员和会计主管签章，然后在托收凭证和登记簿备注栏注明“全部拒付或部分拒付”，拒绝付款理由书第一联加盖业务公章，作为回单退还付款人，同意承付部分，以第二联拒绝付款理由书代借方凭证（第三联托收凭证作附件）办理转账。第三、第四联拒绝付款理由书连同有关拒付证明和第四、第五联托收凭证等一并寄收款人开户行。

3.收款人开户行受理托收承付款项划回的处理手续

其处理手续可比照委托收款款项划回的处理手续。

四、信用卡结算的核算

（一）银行卡的含义和种类

银行卡（Bank Card）是由商业银行等金融机构及邮政储汇机构向社会发行的具有消费信用、转账结算、存取现金等全部或部分功能的信用支付工具。银行卡包括信用卡和借记卡两种。因为各种银行卡都是塑料制成的，又用于存取款和转账支付，所以又称之为“塑料货币”。

银行卡依据不同的标准可以划分为不同的种类：按币种不同分为人民币卡、外币卡；按发行对象不同分为单位卡（商务卡）、个人卡；按信息载体不同分为磁条卡、芯片（IC）卡；按发卡行是否给予持卡人信用额度分为信用卡和借记卡。

信用卡是指发卡银行给予持卡人一定的信用额度，持卡人可在信用额度内先消费后还款，或者先按发卡银行的要求交存一定金额的备用金，当备用金账户余额不足支付时，可在发卡银行规定的信用额度内透支的银行卡。信用卡按照是否向发卡银行交存备用金分为贷记卡和准贷记卡两类。

贷记卡是指发卡银行给予持卡人一定的信用额度，持卡人可在信用额度内先消费后还款的信用卡。

准贷记卡是指持卡人必须先按发卡银行要求交存一定金额的备用金，当备用金账户余额不足支付时，可在发卡银行规定的信用额度内透支的信用卡。

借记卡是指持卡人先将款项存入卡内账户，然后再进行消费的银行卡。借记卡不具备透支功能。借记卡按功能不同分为转账卡（含储蓄卡）、专用卡和储值卡。

转账卡是指实时扣账的借记卡，具有转账计算、存取现金和消费功能。

专用卡是指具有专门用途、在特定区域使用的借记卡，具有转账、存取现金功能。专门用途是指在百货、餐饮、饭店、娱乐行业以外的用途。

储值卡是指发卡银行根据持卡人要求将其资金转至卡内储存，交易时直接从卡内扣款的预付钱包式借记卡。

2013年，中国人民银行发布了《银行卡收单业务管理办法》，规定了银行卡收单业务的内涵和适用范围，对收单机构的特约商户资质审核、业务检查、交易监测、信息安全及资金结算等环节的风险管理进行全面规范，提出严格的监管要求。

2017年5月1日起，银行全面关闭了芯片磁条复合卡的磁条交易。

（二）信用卡的基本规定

信用卡是指由银行发行，并给予持卡人一定信用额度，持卡人可在信用额度内先支付后还款，具有消费、转账结算、存取现金等功能的信用支付工具。

信用卡按使用对象分为单位卡和个人卡；按信誉等级分为普通卡、金卡和钻石卡。商业银行、非银行金融机构未经中国人民银行批准不得发行信用卡。

信用卡可在发卡机构指定的特约商户、营业网点、自动柜员机等或具有银联标识的受理点使用；在境外，人民币卡可在具有银联标识的受理点使用，双币卡可在银联及有关信用卡组织或公司指定的受理点使用。

个人卡账户的资金以现金存入或以合法款项转账存入。外币账户透支可用持卡人的外汇资金偿还，也可以用人民币购汇偿还。

单位卡存款一律从企业的基本存款账户或外汇账户转账存入，不得使用单位卡在境内存取现金。单位卡外币账户透支可从单位具有支付资格的外汇账户转账偿还，也可从单位的人民币基本存款账户资金购汇偿还。

持卡人遗失信用卡应立即通过电话银行、网上银行、手机银行等电子银行渠道或到发卡机构营业网点办理挂失（电子现金不可办理挂失），挂失手续办妥，挂失即生效。持卡人对挂失生效后其信用卡发生的交易不承担任何责任（电子现金交易除外），除非持卡人对该交易存在欺诈、串通他人欺诈或其他不诚信行为。挂失生效前信用卡产生的损失由持卡人承担，但发卡机构存在法律、法规规定的过错或与持卡人另有约定的除外。持卡人在挂失后如需补办新卡，可按照规定办理补办手续。

（三）信用卡申请流程

信用卡可以通过银行营业网点、网上和邀请等方式申请，具体流程如图5-41所示。

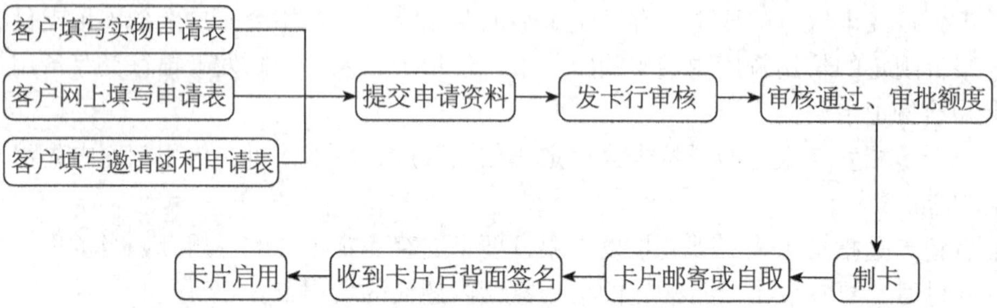

图5-41 信用卡申请流程

（四）信用卡业务的核算

1.发卡银行发行信用卡的处理手续

申请人在申请使用信用卡时，应向发卡银行提交申请表，发卡银行可根据申请人的资信程度，要求其提供担保。担保的方式可采用保证、抵押或质押。发卡银行经审查同意后，通知申请人办理领卡手续。

2.信用卡购物消费的处理手续

持卡人在特约商户购物后，出示信用卡办理结算。特约单位填制一式四联的签购单（如图5-42所示），持卡人在签购单上签名确认，特约单位留存第一联，第三联交持卡人，凭其余两联向开户银行办理转账。

进账时，特约商户填制一式三联进账单及一式三联的汇计单（如图5-43所示），连同签购单一并交开户行，开户行按有关规定认真审核无误后，分不同的情况处理。

如果特约单位与持卡人在同一行处开户，那么开户行直接根据签购单办理转账，会计分录为：

借：吸收存款——信用卡存款

　贷：吸收存款——活期存款——特约单位户

　　　手续费及佣金收入

如果特约单位与持卡人在同一城市不同银行机构开户，那么第一联进账单加盖转讫章作收账通知和第一联汇计单加盖业务公章作交费收据，退还给特约单位；第二联进账单作转账贷方凭证，第三联签购单作其附件。根据第二联汇计单的手续费金额填制一联特种转

持卡人姓名及账号		编号 0000000 × × 银行 （英文缩写） ××卡签购单
证 件	持卡人签名	
授权号码	日 期	
特约单位名称、代号 经办人签章	人民币	
	购物消费（小写）	
银行签章	什项（小写）	
	总额（大写）	
科目（借） 对方科目（贷）	摘要	

主管　　复核　　记账

第二联：持卡人开户银行作借方凭证

图 5-42 签购单

（行徽） × × 银行

× ×卡

汇计单

日期________

特约单位名称、代号________

签购单总份数 ____份

总计金额（￥）

手续费 %

净计金额（￥）

第二联：特约单位开户银行作贷方凭证附件

图 5-43 汇计单

账凭证后作其附件；将第二联签购单加盖业务公章连同第三联汇计单向持卡人开户行提出票据交换。其会计分录为：

借：存放中央银行款项等

　贷：吸收存款——活期存款——特约单位户

　　手续费及佣金收入

发卡行的会计分录为：

借：吸收存款——信用卡存款

　贷：存放中央银行款项

【例 5-10】特约单位华宇购物中心提交汇计单、签购单及进账单 86 000 元办理进账，持卡人在同城他行开户，交易手续费 426 元。银行的会计处理如下：

借：存放中央银行款项　　86 426
　　贷：吸收存款——活期存款——华宇购物中心户　　86 000
　　　　手续费及佣金收入　　426

3.信用卡支取现金的处理手续

个人持卡人来行提交信用卡及身份证件，要求办理支取现金业务时，代理行应认真审核信用卡的真伪及有效期、是否被列入止付名单等有关内容，审核无误后，压印一式四联的取现单，在取现单上填写持卡人取现的金额、身份证件号码、代理行名称和代号等内容，交持卡人签名确认。

对同一城市其他银行机构发行的银行卡支取现金的，代理行将第一联取现单加盖现金付讫章，连同信用卡、身份证交给持卡人；填制一联特种转账贷方凭证，第三联取现单作其附件；将第二联取现单加盖业务公章向持卡人开户行提出票据交换，第四联取现单留存备查。会计分录为：

借：存放中央银行款项
　　贷：应解汇款——持卡人户

支付现金时，另填制一联现金借方凭证。其会计分录为：

借：应解汇款——持卡人户
　　贷：库存现金

对异地联行发行的银行卡支取现金比照同城的处理手续，不同的是将第二联取现单加盖转讫章随联行借方报单寄持卡人开户行，另填制一联特种转账贷方凭证作收取手续费的贷方凭证。其会计分录为：

借：清算资金往来等
　　贷：应解汇款——持卡人户

同时按取现金额的1%收取手续费后，支付现金，其会计分录为：

借：应解汇款——持卡人户
　　贷：库存现金
　　　　手续费及佣金收入

4.银行对信用卡部分还款全额计息的处理

客户在到期还款日前未能全额还款，银行通常只对未偿还的透支消费部分按每日0.5‰计收从银行记账日起至还款日止的透支利息。透支取现及转账部分按每日0.5‰计收利息。

【例5-11】王先生5月31日消费10 000元，6月初收到对账单，账单显示上期账单余额为0，本期只有1笔10 000元的透支消费，本期到期还款日为6月25日，本期应还款金额为10 000元，最低还款额为1 000元。

若王先生于6月25日前，全额还款10 000元，则在7月份收到的对账单中无透支利息。

若王先生于6月25日前，未能全额还款但还款金额高于最低还款额的：如6月20日还款9 900元，则王先生在7月份收到的对账单中透支利息为1.50元。

透支利息=（10 000−9 900）×0.5‰×30=1.50（元）

若王先生于6月25日前，未能全额还款但还款金额低于最低还款额的：如6月20日还款900元，则除了支付透支利息外还需支付滞纳金，滞纳金为最低还款额未还部分的5%。王先生在7月份收到的对账单中除透支利息外，还包括滞纳金5元。

滞纳金=（1 000−900）×5%=5（元）

同步训练

☞思考训练

1.什么是支付结算？

2.支付结算应遵循什么原则？双方应遵守什么规则？

3.票据结算有哪些？

4.在票据结算中各种工具的结算流程是什么？如何核算？

5.非票据结算工具有哪些？如何核算？

☞业务训练

1.目的：能熟练操作票据结算业务。

资料：本行发生如下票据结算业务：

（1）开户单位制药公司签发转账支票，支付在同一银行的开户单位塑料公司货款70 000元，经审核无误后办理转账。

（2）收到开户单位汽车厂送交的支票和两联进账单，金额80 000元，该支票的签发人在同城他行开户，当日退票时间过后未被退票，银行办理转账。

（3）提入支票一张，金额为45 000元，系本行开户单位蓝天公司支付货款，经审核无误后支付票款。

（4）提入支票一张，金额79 000元，系本金融机构开户单位油漆厂支付材料款，因油漆厂账户资金不足，提出退票，当天未能退回，作挂账处理。

（5）开户单位新兴百货持异地中国工商银行签发的银行汇票及解讫通知和两联进账单来行办理入账手续，原汇票金额200 000元，实际结算金额195 000元，经审核无误后办理转账。

（6）开户单位汽车集团提交银行汇票申请书，金额900 000元，该集团要去外地购买设备，经银行审核无误后予以受理，办理转账。

（7）根据承兑协议，向承兑申请人制药厂收取到期的银行承兑汇票款30 000元，办理转账。

（8）开户单位焦化公司申请办理银行承兑汇票，汇票金额500 000元，经信贷部门审核同意，双方签订承兑协议，会计部门办理承兑手续，并按70%收取保证金，按5‰收取承兑手续费。

（9）收到异地中国农业银行划回的邮划贷方报单及银行承兑汇票，金额63 000元，收款人为开户单位服装厂，经审核无误后办理转账。

（10）收到异地中国银行的委托收款凭证及商业承兑汇票，金额800 000元，系开户单位塑料厂应支付的货款，但塑料厂拒付，作退回凭证处理。

要求：根据上述业务进行会计处理，编制有关凭证并登记账簿。

2.目的：能熟练操作非票据结算业务。

资料：本行发生如下结算业务：

（1）李明提交电汇凭证及现金26 000元，汇给异地工行李刚归还欠款，银行经审核无误后办理转账。

（2）收到异地中国建设银行寄来邮划贷方报单及信汇凭证一份，汇给开户单位服装厂货款90 000元，经审核无误后予以收账。

（3）开户单位焦化厂提交信汇凭证一份，金额550 000元，汇往异地某中国工商银行的开户单位清理旧欠款，银行经审核无误后通过中国人民银行办理转账。

（4）收到异地中国建设银行寄来的委托收款凭证，向本行开户单位新兴百货收取货款500 000元，经审核无误后，通过中国人民银行办理转账付款。

（5）收到异地中国农业银行通过中国人民银行划转的委托收款600 000元，为开户单位汽车厂收取到期银行承兑汇票款。

要求：根据上述业务进行会计处理，编制有关凭证并登记账簿。

项目六　金融机构往来业务核算

【知识目标】

1. 了解金融机构往来的概况；

2. 掌握商业银行与中央银行的往来、同业往来；

3. 掌握大额实时支付和小额批量支付。

【技能目标】

1. 能准确判断各项往来业务；

2. 能正确进行各项往来业务核算；

3. 能正确组织开展往来业务会计核算工作。

任务一　商业银行与中央银行往来业务核算

【任务重点】

掌握商业银行与中央银行往来业务核算。

想一想

晋华银行受理客户风华公司提交的一张金额20 000元的转账支票，付款人系在同城农业银行河西分行开户的万达公司。请问晋华银行应该如何处理？

一、商业银行与中央银行往来的主要内容

商业银行与中央银行往来是指各商业银行与中央银行之间因资金融通、调拨、汇划款项等引起的资金账务往来。商业银行与中央银行往来业务主要有：

第一，商业银行向中央银行领取并缴存现金。

第二，按规定向中央银行缴存存款准备金。

第三，向中央银行申请再贷款和再贴现。

第四，往来资金清算。

二、商业银行向中央银行缴存、提取现金的核算

（一）存放中央银行存款的核算

商业银行向中央银行缴存现金时，填制现金缴款单一式二联，连同现金一并送缴中央银行，中央银行经清点无误后，在现金缴款单第一联上加盖现金收讫章和经办员名章并交回商业银行。现金缴款单一式二联，第一联回单，银行盖章后退交款人；第二联代贷方凭证，格式见表6-1。

商业银行根据退回的缴款单联，填制现金付出传票进行账务处理。其会计分录如下：

借：存放中央银行款项

　　贷：库存现金

表6-1 中国××银行现金缴款单（回单联）

年 月 日

<table>
<tr><td>缴款单位</td><td colspan="12"></td><td>收款单位</td><td colspan="12"></td></tr>
<tr><td>款项来源</td><td colspan="5"></td><td>账号</td><td colspan="8"></td><td>开户银行</td><td colspan="10"></td></tr>
<tr><td rowspan="2">大写金额</td><td colspan="13" rowspan="2">（币种）</td><td>十</td><td>亿</td><td>千</td><td>百</td><td>十</td><td>万</td><td>千</td><td>百</td><td>十</td><td>元</td><td>角</td><td>分</td></tr>
<tr><td></td><td></td><td></td><td></td><td></td><td></td><td></td><td></td><td></td><td></td><td></td><td></td></tr>
<tr><td>券别</td><td></td><td></td><td></td><td></td><td></td><td></td><td></td><td></td><td></td><td></td><td></td><td></td><td colspan="2">合计金额</td><td colspan="11" rowspan="3">收款银行盖章
年 月 日</td></tr>
<tr><td>整把券</td><td></td><td></td><td></td><td></td><td></td><td></td><td></td><td></td><td></td><td></td><td></td><td></td><td colspan="2"></td></tr>
<tr><td>零张券</td><td></td><td></td><td></td><td></td><td></td><td></td><td></td><td></td><td></td><td></td><td></td><td></td><td colspan="2"></td></tr>
</table>

（二）提取现金的核算

商业银行在向中央银行提取现金时，应开出现金支票，经中央银行审核后办理取款手续。商业银行取回现金后，填制现金收入传票进行账务处理，其会计分录如下：

借：库存现金等

　贷：存放中央银行款项

三、缴存存款准备金的核算

缴存存款是指商业银行和其他金融机构将吸收的存款全部或按规定比例缴存中国人民银行的存款，通常分为缴存法定存款准备金和缴存财政性存款两种。

（一）缴存法定存款准备金的核算

存款准备金制度是中央银行的三大货币政策工具之一。中央银行通过规定或调整商业银行等金融机构缴存中央银行的存款准备金比率，调控商业银行的信用创造能力，间接地控制或调节市场的货币供应量。自1984年中国人民银行专门行使中央银行职能以来，存款准备金率已经经过45次调整，目前为20%。

法定存款准备金由各行按一定比例上缴，一般是各分支行逐级汇总到总行，再由总行统一划缴中央银行。

1.商业银行基层行的处理手续

各商业银行基层行于每旬旬末，应填制“应缴存存款科目余额表”一式二份，计算本次应缴存的金额后，与上旬已缴存的余额相比较，大于已缴存的，应调增存款准备金；小于已缴存款的，应调减存款准备金。将“应缴存存款科目余额表”一份留在本行作记账凭证的附件，另一份寄给总行，并及时报告各商业银行的总行。

当本旬调增法定准备金时，由各商业银行基层行填制特种转账借方传票两联，编制联行电划贷方报单通过本行联行系统办理汇划。其会计分录如下：

借：存放系统内款项——存放上级行法定准备金

　贷：存放系统内款项——存放上级行备付金

当本旬调减法定存款准备金时，由各商业银行基层行会计部门填制特种转账贷方传票与特种转账借方传票各一联办理汇划，以一联特种转账贷方传票作为记账凭证，一联“缴存存款科目余额表”作附件办理转账。编制联行电划借方报单，通过本行联行系统划付办理转账。其会计分录为：

借：存放系统内款项——存放上级行备付金

　贷：存放系统内款项——存放上级行法定存款准备金

2. 商业银行总行的处理手续

当总行收到基层行调增缴存存款的联行报单时，应编制一式三联的电划贷方补充报单，以第二联办理转账，或以中央银行的收账通知联办理转账，其会计分录为：

借：系统内存放款项——下级行备付金

　贷：系统内存放款项——下级行法定存款准备金

当总行收到基层行调减缴存存款的联行报单时，应填制一式三联的电划借方补充报单，以第二联办理转账，其会计分录为：

借：系统内存放款项——下级行法定存款准备金

　贷：系统内存放款项——下级行备付金

当商业银行总行本期调增法定存款准备金时，其会计分录为：

借：存放中央银行款项——法定存款准备金

　贷：存放中央银行款项——备付金

当商业银行总行本期调减法定存款准备金时，其会计分录相反。

（二）缴存财政性存款的核算

财政性存款是指财政部门拨付和待缴存财政的各种款项的待用资金，主要包括四种：属国家财政拨款的机关、团体、部队、事业单位款项；代理各种国债的发行与兑付；代理国家金库的款项经收、上解和中央国家机关预算经费支出等。

按照规定，商业银行必须在每旬的旬末，根据缴存存款科目的余额，按照100%的比率计算应缴存的金额，于旬后5天内向当地中央银行办理缴存。在调整缴存财政性存款时，应根据有关科目余额填制财政性存款科目余额表，然后填制一式四联的调整财政性存款划拨凭证，然后以划拨凭证第一、第二联作转账传票办理转账，如果为调增，其会计分录为：

借：存放中央银行款项——财政性存款

　贷：存放中央银行款项——备付金

如果为调减，其会计分录相反。划拨凭证第三、第四联，连同缴存存款各科目余额表一份一并交给当地中央银行，另一份余额表留存。

四、向中央银行借款的核算

向中央银行借款是指各商业银行为解决营运资金不足而按规定向中央银行的借款。借款通常有3种：年度性借款 、季节性借款、日拆性借款等。

（一）借入款项的核算

商业银行向中央银行申请借款时，要填写“贷款申请书”，经央行审查同意后，填写一式五联的借据，加盖印鉴后，提交中国人民银行办理有关手续。

商业银行收到中央银行退回的借据第三联即收款通知，填制转账借、贷方传票，然后办理转账，其会计分录为：

借：存放中央银行款项

　贷：向中央银行借款

（二）归还款项的核算

商业银行在贷款到期时，应主动填制一式四联的还款凭证，加盖预留印鉴后提交中国人民银行办理贷款归还手续。当商业银行收到中国人民银行退回的还款凭证第四联即支款通知后，编制转账借、贷方传票办理转账。其会计分录为：

借：向中央银行借款

　　利息支出

　贷：存放中央银行款项

五、再贴现的核算

再贴现是指商业银行以未到期的已贴现票据，向中央银行办理的贴现，是商业银行对票据债权的再转让，是中央银行从汇票面额中扣除从再贴现之日起到票据到期日止的利息后，以其差额向商业银行融通资金的业务。当商业银行在中央银行开立账户并因办理票据贴现而引起资金不足时，可以向中央银行申请再贴现，贴现期一般不超过6个月。

（一）办理再贴现时的处理手续

商业银行将未到期的商业汇票向中央银行办理再贴现时，应填写一式五联的再贴现凭证，与商业承兑汇票或银行承兑汇票一并提交中央银行。

中央银行审核同意签署意见后，按规定的再贴现率计算出再贴现利息和实付再贴现金额。其计算公式如下：

再贴现利息=汇票金额×再贴现天数×日贴现率

实付再贴现金额=汇票金额-再贴现利息

商业银行收到中央银行退回的第四联再贴现凭证，据以编制特种转账借、贷方传票，以第四联再贴现凭证作附件，办理转账，其会计分录如下：

借：存放中央银行款项

　　贴现负债——利息调整

　贷：贴现负债——面值

期末，按计算确定的利息费用进行处理，其会计分录为：

借：利息支出

　贷：贴现负债——利息调整

（二）再贴现到期的处理手续

当再贴现票据到期时，如果属于买断方式的贴现，由中央银行作为收款人办理收款，商业银行的会计处理如下：

借：贴现负债——面值

　贷：贴现资产——面值

如果属于商业银行回购方式的贴现，应由原再贴现申请银行购回票据，由商业银行负责收回票款。商业银行收到退回的商业汇票和特种转账借、贷方传票后，立即办理转账。

其会计分录如下：

借：贴现负债——面值

　贷：存放中央银行款项

然后再向票据付款人收回票款，其会计分录如下：

借：吸收存款或清算资金往来或存放中央银行款项

　贷：贴现资产——面值

【例 6-1】晋华银行某支行于3月5日持已贴现尚未到期的面额为500 000元的银行承兑汇票向中央银行申请再贴现，汇票到期日为6月12日，再贴现率为2.56%，则在这项贴现业务中：

再贴现利息 = 500 000×99×2.56%÷360 = 3 520（元）

实付再贴现金额 = 500 000 − 3 520 = 496 480（元）

会计分录为：

借：存放中央银行款项	496 480	
贴现负债——利息调整	3 520	
贷：贴现负债——面值		500 000

期末，按确定的利息费用，进行处理：

借：利息支出	3 520	
贷：贴现负债——利息调整		3 520

六、同城票据交换的核算

同城票据交换是指同一城市（或区域）各金融机构对相互代收、代付的票据，按照规定时间和要求通过同城票据交换所集中进行交换并清算资金的一种经济活动。同城票据交换一般由人民银行主持，并负责清算，进行监督。各商业银行和金融机构之间相互的资金往来，均通过同城票据交换所进行。

同城票据交换所可以分为提出行和提入行两个系统。向他行提出票据的银行称为提出行，应提交他行清算的票据为提出票据；提回票据的银行称为提入行，应提交本行清算的票据为提入票据。参加票据交换的各清算行都可能在提出交换票据的同时，也收到对方提交的票据，因而既是提出行又是提入行。各行提出的票据有两类：收到在本行开户的收款单位提交的应由他行开户单位付款的票据，称为借方票据或代付票据；收到在本行开户单位提交的委托本行向他行开户单位付款的票据，称为贷方票据或代收票据。

参加票据交换的银行按规定的交换场次和时间参加票据交换，将提出的代收、代付票据，按提入行分别填制一式二联的“票据交换借方汇总表”和“票据交换贷方汇总表”，一联与所提出的票据一并提出交换，另一联留存作传票或传票附件。

（一）提出行的处理手续

1.提出行的处理程序

（1）受理客户代收凭证（或代付凭证）。

（2）登记“代收代付凭证交换登记簿”。

（3）填制“提出代收凭证（或代付凭证）记数单”（一式二联）。

（4）填制“提出代收凭证（或代付凭证）清算表”（一式二份）。

（5）填制“票据交换差额报告表”（提出栏）。

（6）核对后填制“同城票据清算划收（划付）专用转账凭证（一式四联）。

2.会计处理

当提出行提出借方凭证时，其会计处理为：

借：存放中央银行款项

　贷：清算资金往来——票据交换款

如果发生退票，其会计处理为：

借：清算资金往来——票据交换款

　贷：存放中央银行款项

如果已过退票时间未发生退票，则其会计处理为：

借：清算资金往来——票据交换款

　贷：吸收存款等

当提出行提出贷方凭证时，其会计处理为：

借：吸收存款

　贷：存放中央银行款项

如果发生退票则作相反的会计分录。

（二）提入行的处理手续

1.提入行的处理程序

（1）在交换所当场核对记数单。

（2）填制“票据交换差额报告表”提入栏。

（3）轧出差额清算资金。

2.会计处理

提入行提入借方凭证，经审核无误后，进行会计处理，其会计分录为：

借：吸收存款

　贷：存放中央银行款项

如果因误提他行票据等不能入账的，其会计处理为：

借：清算资金往来——票据交换款

　贷：存放中央银行款项

当再提出交换时，其会计处理为：

借：存放中央银行款项

　贷：清算资金往来——票据交换款

提入行提入贷方凭证，经审核无误后，办理转账，其会计分录为：

借：存放中央银行款项

　贷：吸收存款

因误提他行票据等原因不能入账的，应作如下处理：

借：存放中央银行款项

　贷：清算资金往来——票据交换款

退票或再提出票据，应作如下处理：

借：清算资金往来——票据交换款

　贷：存放中央银行款项

（三）票据交换差额的清算处理手续

各行每天进行票据交换时，对代收他行的票据分别提交他行，同时收回他行提交本行的票据，当场轧抵应收或应付差额。

如果本行应付票据差额大于应收票据的，即轧差后为应付差额的，其会计处理为：

借：吸收存款等

　贷：存放中央银行款项等

如果为应收差额，则会计分录相反。

此外，2007年全国支票影像交换系统在全国推广建设，使得票据交换系统转换为由小额批量支付系统完成。

任务二　同业往来业务核算

【任务重点】

掌握跨系统转汇、同业拆借和转贴现核算。

想一想

晋华银行因季节性原因发生资金短缺，决定向建信银行拆借300万元；同时拟将已贴现未到期的商业汇票200万元向中国人民银行进行转贴现。请问晋华银行该如何处理？

一、异地跨系统转汇的核算

跨系统转汇是指由于客户办理异地结算业务而引起的各商业银行之间相互汇划款项的业务。汇划往来的汇出行与汇入行，分别为两家不同的银行系统。

跨系统转汇，根据各地商业银行机构设置情况可以有以下3种转汇方式。

（一）“先横后直”的转汇方式

汇出行为双设机构地区的，跨系统转汇采取“先横后直”的转汇方式。其程序如图6-1所示。

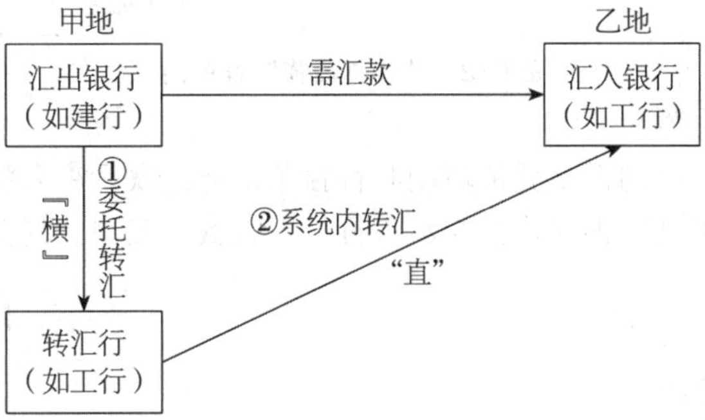

图6-1　“先横后直”程序图

1.汇出行的处理手续

汇出行根据客户提交的汇款凭证，分别按不同系统的汇入行逐笔填制“转汇清单”，直接或通过同城票据交换同城跨系统转汇行办理转汇，如为代收业务，其会计分录为：

借：吸收存款

　贷：清算资金往来

如为代付业务，则会计分录相反。

2. 转汇行的处理手续

转汇行收到汇出行转来的凭证和清单，经审核无误后，通过本行系统联行将款项划往异地汇入行转入收款人账户。其会计分录为：

借：存放中央银行款项等

　贷：清算资金往来

3. 汇入行的处理手续

汇入行收到系统划来的联行报单和有关结算凭证，经审核无误后，办理转账，其会计分录为：

借：清算资金往来等

　贷：吸收存款

（二）"先直后横"的转汇方式

汇出行为单设机构地区，汇入行所在地为双设机构的，跨系统转汇采取"先直后横"的转汇方式，其程序如图6-2所示。

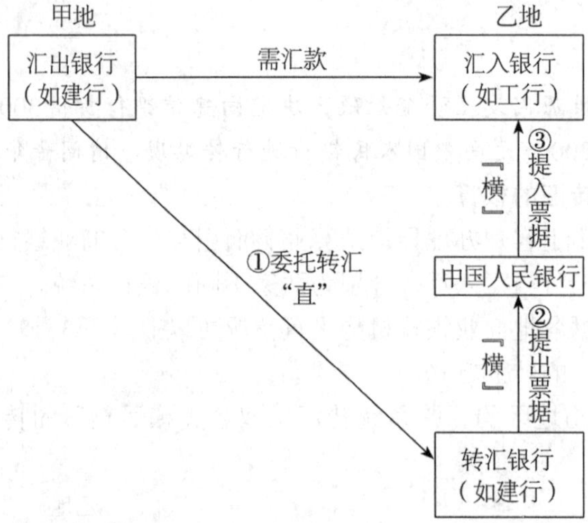

图6-2 "先直后横"程序图

1. 汇出行的处理手续

汇出行根据客户提交的汇款凭证填制联行报单，通过联行往来将款项划转异地本系统转汇行，由其直接或通过票据交换提交汇入行转入收款人账户。其会计分录为：

借：吸收存款

　贷：清算资金往来等

2. 转汇行的处理手续

转汇行收到本系统汇出行划来的联行报单及结算凭证，经审核无误后，直接或通过票据交换向跨系统汇入行办理转划，其会计分录为：

借：清算资金往来等

　贷：存放中央银行款项等

3. 汇入行的处理手续

汇入行收到转汇行划转的款项，为收款人入账。其会计分录为：

借：存放中央银行款项等

　贷：吸收存款或应解汇款等

（三）"先直后横再直"的转汇方式

汇出行与汇入行均为单设机构的，跨系统转汇采用"先直后横再直"的转汇方式。其程序如图6-3所示。

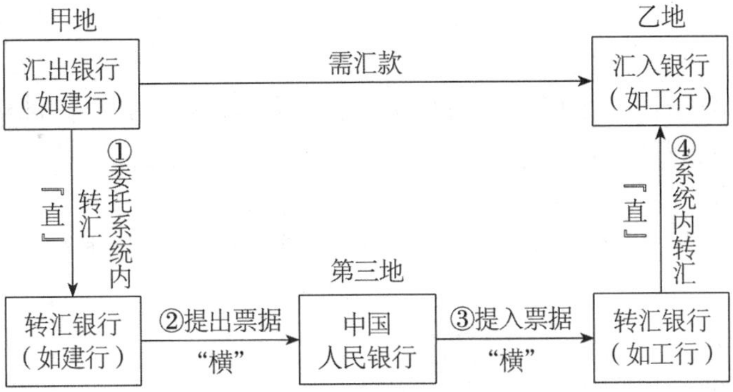

图6-3　"先直后横再直"程序图

1.汇出行的处理手续

汇出行根据客户提交的汇款凭证填制联行报单，就近划转第三地的系统内银行办理转汇，其会计分录为：

借：吸收存款

　贷：清算资金往来等

2.汇出行系统内转汇行的处理手续

系统内转汇行收到汇出行的有关单证，经审核无误后，向跨系统银行办理转汇，其会计分录为：

借：清算资金往来等

　贷：存放中央银行款项等

3.汇入行系统内转汇行的处理手续

汇入行系统内转汇行收到跨系统银行的有关单证后，通过系统内联行划转汇入行。其会计分录为：

借：存放中央银行款项

　贷：清算资金往来等

4.汇入行的处理手续

汇入行收到系统内转汇行划转来的款项后，为收款人入账，其会计分录为：

借：清算资金往来

　贷：吸收存款

二、同业拆借的核算

同业拆借是指经中国人民银行批准进入全国银行间同业拆借市场的金融机构之间，通过全国统一的同业拆借网络进行的无担保资金融通行为。同业拆借是商业银行之间临时融通资金的一种借贷行为。同业拆借可以在同城商业银行之间进行，也可在异地商业银行之间进行，但异地商业银行之间的拆借必须通过中央银行融资中心机构办理，双方银行在商定了拆借条件并签订拆借协议后，通过人民银行划拨资金。

同业拆借分同业头寸拆借和同业短期拆借。同业头寸拆借期限不得超过7天；同业短期拆借期限在7天以上，4个月之内。

拆借双方签订拆借合同后，借出行应根据合同开出中央银行存款账户转账支票，办理转账，其会计分录是：

借：拆出资金

　贷：存放中央银行款项

借入行应将借出行开出的支票送存中央银行，办理转账，其会计分录为：

借：存放中央银行款项

　贷：拆入资金

拆借资金到期时，拆入行需主动填制中央银行转账支票，办理还本付息手续，其会计分录为：

借：拆入资金

　　利息支出

　贷：存放中央银行款项

拆出行收到收款通知后，办理转账，其会计分录为：

借：存放中央银行款项

　贷：利息收入

　　　拆出资金等

三、转贴现业务的核算

转贴现是指商业银行持已贴现、未到期的商业汇票向其他商业银行融通资金的行为。商业银行持未到期的商业汇票向其他银行申请转贴现时，应根据汇票填制一式五联的转贴现凭证，在第一联上签章后，连同汇票一并转贴现银行信贷部门。

（一）转贴现时的账务处理

1.申请转贴现银行的处理手续

转贴现申请银行在收到转贴现银行交给的转贴现收账通知后，应填制两借一贷的特种转账传票，将收账通知作为存放中央银行款项借方传票的附件，办理转账。其会计分录为：

借：存放中央银行款项

　　贴现负债——利息调整

　贷：贴现负债——面值

期末，按计算确定的利息费用，作如下处理：

借：利息支出

　贷：贴现负债——利息调整

2.转贴现银行的处理手续

转贴现银行会计部门接到信贷部门转来审批同意的转贴现凭证和作为背书转让的商业汇票，经审查确认无误后，其余手续比照一般贴现办理。其会计分录为：

借：贴现资产——面值

　贷：存放中央银行款项

贷：贴现资产——利息调整

期末，按计算确定的贴现利息收入，进行如下处理：

借：贴现资产——利息调整

贷：利息收入

（二）转贴现到期时的账务处理

转贴现票据到期时，若为买断式，转贴现银行作为持票人向付款人办理收款，其会计处理如下：

借：存放中央银行款项或清算资金往来或吸收存款

贷：贴现资产——面值

如果是回购式，则转贴现银行应作如下会计分录：

借：存放中央银行款项

贷：贴现资产——面值

如果存在利息调整余额，也应同时结转。

申请转贴现的银行在贴现票据到期时，如果为回购式，其会计处理如下：

借：贴现负债——面值

贷：存放中央银行款项

然后向付款人收回票款，其会计分录如下：

借：存放中央银行款项或清算资金往来或吸收存款

贷：贴现资产——面值

若为买断式，则会计分录如下：

借：贴现负债——面值

贷：贴现资产——面值

如果存在利息调整余额，也应同时结转。

任务三　系统内往来与现代化支付系统业务核算

【任务重点】

掌握大额实时支付和小额批量支付的处理。

想一想

现代化支付系统建立以后，银行内的各种金额在规定起点以上的大额资金汇划业务，如汇兑、委托收款、托收承付等业务和金额在规定起点以下的业务都可以通过大额支付系统实时处理和小额批量系统组包发送处理，极大地提高了资金到账速度。请问晋华银行参与大额实时支付和小额批量支付应如何进行账务处理？

一、银行系统内支付系统核算

（一）银行系统内支付系统的含义

银行系统内支付系统是银行业内部往来与资金清算的渠道，是银行拓展支付服务市场，提升市场竞争能力的重要设施，在支付系统中居于基础地位。

系统内资金清算实行总行集中管理，总行、分行、支行三级清算方式。各支行在所属分行开立备付金账户，各分行在总行开立备付金账户，通过系统总行可对不同分行头寸进行监控和管理，分行可对支行头寸进行调节。各级行逐级在上级行开立系统内备付金存款账户，用于系统内资金往来和资金清算。

（二）银行系统内资金汇划清算系统的基本内容

1.实存资金。各级机构在上级行开立系统内备付金存款账户，存入资金用于汇划款项的清算。

2.实时清算。各经办行发生的汇划业务，由系统实时更新其在上级行的备付金存款户余额。

3.头寸控制。各级机构应合理控制其在上级行的备付金存款头寸，以满足资金清算的需要。

4.集中监督。总行清算中心对资金汇划业务、备付金存款账户和查询查复业务发生的情况进行管理和监督。

（三）银行系统内资金汇划系统的业务流程

经办行是具体办理资金结算和内部资金划转业务的机构，汇划业务的发生行为发报行，汇划业务的接收行为收报行。分行清算中心是办理其辖属资金汇划款项及跨行业务的本外币清算的机构。总行清算中心是办理系统内各分行清算机构之间及跨行业务本外币资金汇划清算业务管理的部门。其流程如图6-4所示。

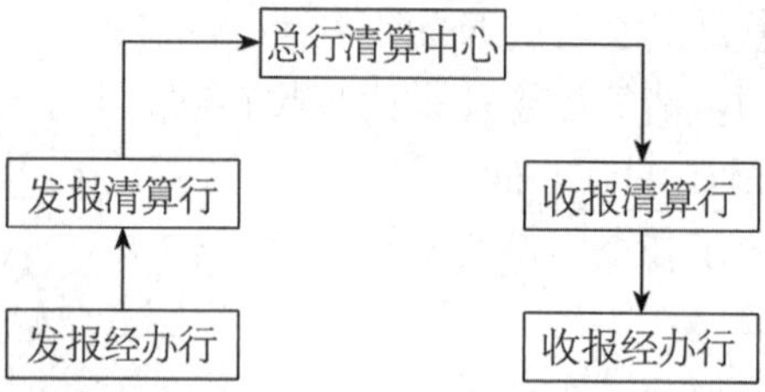

图6-4 资金汇划清算系统流程图

（四）资金汇划清算的核算

1.发报经办行的处理手续

借：吸收存款——活期存款等

　　贷：存放系统内款项——上级行

2.发报清算行的处理手续

借：系统内存放款项——下级行

　　贷：存放系统内款项——上存总行备付金

3.总行清算中心的处理手续

借：系统内存放款项——发报清算行备付金

　　贷：系统内存放款项——收报清算行备付金

4.收报清算行的处理手续

借：存放系统内款项——上存总行备付金

　　贷：系统内存放款项——收报行

5.收报经办行的处理手续

借：存放系统内款项——上级行

　　贷：吸收存款等

二、现代化支付系统的核算

（一）现代化支付系统的内容

1.现代化支付系统的含义

现代化支付系统是指中国人民银行按照我国支付清算需要，利用现代计算机技术和通信网络开发建设的，能够高效、安全处理各银行办理的异地、同城各种支付业务及其资金清算和货币市场交易的资金清算的应用系统。

现代化支付系统主要由以下几个应用系统组成：大额实时支付系统（HVPS）（简称大额支付系统）；小额批量支付系统（BEPS）（简称小额支付系统）；全国支票影像交换系统（CIS）；境内外币支付系统。

大额实时支付系统采取逐笔实时的方式处理同城和异地商业银行跨行之间和行内的各种金额在规定起点以上的大额资金汇划业务，如汇兑、委托收款、托收承付等业务。小额批量支付系统采取批量发送支付指令，轧差净额清算资金。

2.现代化支付系统的体系结构

现代化支付系统（CNAPS）采用以国家处理中心（NPC）为核心，以城市处理中心（CCPC）为接入点的两层结构。各政策性银行、商业银行的分支行可以与当地的支付系统城市处理中心连接，也可以由其总行通过所在地城市处理中心集中接入支付系统，商业银行下属各分支机构通过各商业银行的行内系统连接中国现代化支付系统处理支付业务。其体系结构如图6-5所示。

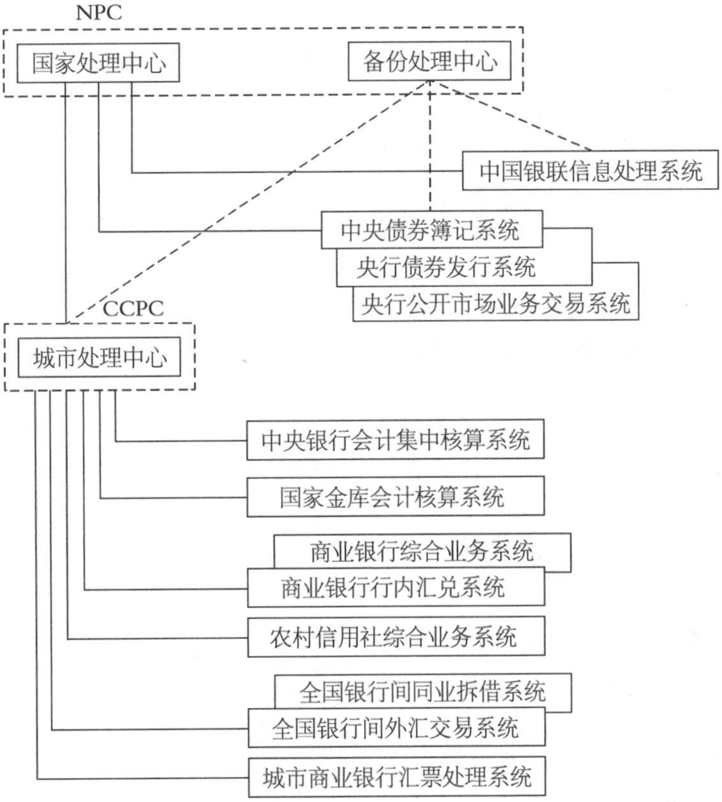

图6-5　中国现代化支付系统体系结构图

（二）大额实时支付系统业务核算

1.业务类型

目前，大额支付系统主要处理：规定金额起点以上的跨行贷记支付业务；规定金额起点以下的紧急跨行贷记支付业务；各银行行内需要通过大额支付系统处理的贷记支付业务；特许参与者发起的即时转账业务；城市商业银行银行汇票资金的移存和兑付资金的汇划业务；中国人民银行会计营业部门和国库部门发起的贷记业务及内部转账业务；中国人民银行规定的其他支付清算业务。大额支付系统处理的支付业务，其信息从发起行发起，经发起清算行、发报中心、国家处理中心、收报中心、接收清算行，至接收行止。

2.业务处理流程

大额支付系统采用支付指令实时传输，逐笔实时处理，全额清算资金的处理方式。

付款人在其开户银行柜面填制汇款凭证交付银行经办人员，经办人员经审核无误后，根据汇款凭证处理付款人的有关账务，发起大额支付业务，经大额支付系统转发至收款人开户银行，收款人开户银行收到后，审核确认，并将款项入收款人银行账户。

3.发起行处理

业务经办行受理发起人提交的有关原始凭证，经审核无误后，选择“大额实时”邮路，完成结算业务记账处理，其会计分录为：

借：吸收存款等

　贷：存放系统内款项——存放分行备付金

4.发起清算行处理

清算行收到下级行的支付信息后进行账务处理，其会计分录为：

借：系统内存放款项——××行清算备付金

　贷：存放中央银行款项——大额实时

5.接收清算行处理

当接收清算行收到由国家处理中心转发来的信息后，经系统自动核对后进行账务处理，其会计分录为：

借：存放中央银行款项——大额实时

　贷：系统内存放款项——××行清算备付金

6.接收行处理

接收行在收到由清算行转来的信息后经审核确认进行账务处理，其会计分录为：

借：存放系统内款项——清算备付金

　贷：吸收存款等

（三）小额批量支付系统业务核算

1.业务类型

小额支付系统主要处理跨行同城、异地纸质凭证截留的借记支付业务以及金额在规定起点以下的小额贷记支付业务。小额支付系统批量或实时发送支付指令，轧差净额清算资金，支持各种支付工具的应用。

目前小额贷记业务金额的上限为5万元，借记业务不设金额上限。

2.业务处理流程

小额支付系统的基本业务处理流程是“24小时连续运行，逐笔发起，组包发送，实时传输，双边轧差，定时清算”。

根据支付业务的发起者和接收者是否属于同一城市处理中心，小额支付系统处理的业务可以分为同城业务和异地业务。同城业务是指属于同一城市处理中心的参与者相互间发生的支付业务；异地业务是指分属于不同城市处理中心的参与者相互间发生的支付业务。

小额支付系统处理的同城贷记支付业务，其支付指令从付款行发起，经付款清算行、城市处理中心、收款清算行，至收款行止；小额支付系统处理的异地贷记支付业务，其支付指令从付款行发起，经付款清算行、付款行城市处理中心、国家处理中心、收款行城市处理中心、收款清算行，至收款行止。

小额支付系统处理的同城借记支付业务，其支付指令从收款行发起，经收款清算行、城市处理中心、付款清算行、付款行后，付款行按规定时限发出付款回执信息原路径返回至收款行止；小额支付系统处理的异地借记支付业务，其支付指令从收款行发起，经收款清算行、收款行城市处理中心、国家处理中心、付款行城市处理中心、付款清算行、付款行后，付款行按规定时限发出付款回执信息原路径返回至收款行止。

3.轧差的业务处理

对于本行发出的支付业务包（含贷记业务包、借记业务回执包、贷记退回包），经过城市处理中心或国家处理中心的检查后，行内系统将根据处理中心返回的“已轧差”的通知修改该支付业务包状态为“成功（已轧差）”，登记轧差日期、轧差节点、轧差场次，并对明细业务进行相应处理。

本行接收的支付业务包轧差处理同上。已轧差的净额原则上应纳入当日清算。如果该场次本行为借方轧差净额，其会计分录为：

借：存放中央银行款项——小额批量

　　贷：清算资金往来——小额批量资金清算

如果该场次本行为贷方轧差净额，则会计分录相反。

同步训练

☞思考训练

1.什么是银行往来？

2.商业银行与中央银行之间有哪些往来业务？应该如何核算？

3.跨系统银行之间有哪些往来业务？应该如何核算？

4.什么是现代化支付系统？

5.什么是大额实时支付？应该如何核算？

6.什么是小额批量支付？应该如何核算？

☞业务训练

目的：能熟练操作银行往来的各项业务。

资料：华晋银行于2017年6月发生以下往来业务：

（1）收到本行开户单位新兴百货公司提交的由中国工商银行太原分行签发的银行汇票，金额300 000元，要求全额兑付，经审核无误后，办理转账手续。

（2）会计科收到由本行清算中心转来的电子汇划信息，本行开户单位市服装公司收到货款60 000元，经审核无误后，办理转账手续。

（3）本行本月办理缴存款业务，有关各种存款账户期末余额合计数见表6-2。

表6-2 **华晋银行存款账户余额表** 金额单位：元

项　目	上期期末余额	本期期末余额	缴存比例
财政性存款	987 500	1 324 000	100%
一般性存款	35 667 000	29 867 000	20%

（4）签发现金支票，向开户的中国人民银行提取现金100万元，经中国人民银行审核无误后，从本行存款账户中支付。

（5）本行为客户××服装厂电汇资金15万元给中国建设银行西安分行的开户单位，通过中国人民银行转汇。

（6）本行于18日向中国人民银行申请季节性贷款，金额500万元，期限3个月，贷款月利率为5‰，经中国人民银行审查同意后，办理贷款发放手续。

（7）本行归还于上月向中国人民银行借入的临时性借款300万元，利息5万元。

（8）本行提出转账支票12张，金额75 000元；提出进账单4张，金额25 000元；提入转账支票7张，金额193 000元；提入进账单2张，金额70 000元（假设均未发生退票）。

（9）本行的开户单位××制药厂办理信汇业务，汇往异地中国建设银行郑州分行的开户单位××机械厂，支付货款95 000元，通过同城建设银行将款项转汇。

（10）本行因季节性资金需要于11日从中国建设银行太原分行拆借资金200万元，经中国人民银行批准后，确定拆借期限为15天，月利率为7‰。

（11）本行于25日归还上述拆借资金本息。

要求：根据上述业务进行相应会计处理，编制有关凭证并登记账簿。

项目七　外汇业务核算

【知识目标】

1.了解外汇和汇率的概念及种类；

2.掌握外汇买卖业务和外汇存贷款业务的核算；

3.熟悉常见国际结算方式的会计处理。

【技能目标】

1.能正确运用汇率；

2.能准确进行各类外汇业务核算；

3.能正确组织开展外汇业务核算工作。

任务一　外汇业务认知

【任务重点】

掌握外汇、汇率和分账制。

想一想

有一客户持1 000美元来晋华银行想兑换人民币，到大厅咨询目前兑换是否划算。大堂经理指引其到你面前，请你结合当前行情为客户解答。你该如何解答？

一、外汇认知

（一）外汇的概念

外汇（Foreign Exchange）是指外国货币或以外国货币表示的能用于国际结算的支付手段。

《中华人民共和国外汇管理条例》（2008年）规定，外汇是指下列以外币表示的可以用作国际清偿的支付手段和资产：

（1）外币现钞，包括纸币、铸币；

（2）外币支付凭证或者支付工具，包括票据、银行存款凭证、银行卡等；

（3）外币有价证券，包括债券、股票等；

（4）特别提款权；

（5）其他外汇资产。

（二）外汇的特征

通常外汇具有以下3个基本特征：

（1）是以外币计值的金融资产，如美元在美国则不是外汇。

（2）外汇的偿还必须有可靠的物质保证，能为各国所普遍承认和接受。

（3）具有充分的可兑换性。

（三）外汇的分类

外汇从不同的角度划分为不同的类型，具体包括：

1.根据外汇的来源或用途不同划分

根据外汇的来源或用途不同，外汇可以分为贸易外汇、非贸易外汇和金融外汇。贸易外汇，又称实物贸易外汇，是指来源于或用于进出口贸易的外汇，即由于国际商品流通所形成的一种国际支付手段。非贸易外汇是指除贸易外汇以外的一切外汇，即一切非来源于或用于进出口贸易的外汇，如劳务外汇、侨汇和捐赠外汇等。金融外汇与贸易外汇、非贸易外汇不同，它属于一种金融资产外汇，例如银行同业间买卖的外汇，既非来源于有形贸易或无形贸易，也非用于有形贸易，而是为了各种货币头寸的管理和摆布。资本在国家之间的转移，也要以货币形态出现，或是间接投资，或是直接投资，都是形成在国家之间流动的金融资产。

2.根据外汇进行兑换时的受限制程度不同划分

根据外汇进行兑换时的受限制程度不同，外汇可分为自由兑换外汇、有限自由兑换外汇和记账外汇。自由兑换外汇是指在国际结算中用得最多、在国际金融市场上可以自由买卖、在国际金融中可以用于偿清债权债务并且可以自由兑换成其他国家货币的外汇，如美元、港币、加拿大元等。有限自由兑换外汇是指未经货币发行国批准，不能自由兑换成其他货币或对第三国进行支付的外汇。国际货币基金组织规定凡对国际性经常往来的付款和资金转移有一定限制的货币均属于有限自由兑换货币。世界上有一大半的国家货币属于有限自由兑换货币，包括人民币。记账外汇又称清算外汇或双边外汇，是指记账在双方指定银行账户上的外汇，不能兑换成其他货币，也不能对第三国进行支付。

3.根据外汇汇率的市场走势不同划分

根据外汇汇率的市场走势不同，外汇可分为硬外汇和软外汇。在国际外汇市场上，由于多方面的原因，各种货币的币值总是经常变化的，汇率也总是经常变动的。硬外汇是指币值坚挺，购买能力较强，汇价呈上涨趋势的自由兑换货币。软外汇是指币值不稳定或者预计会贬值的币种。由于各国国内外经济、政治情况千变万化，各种货币所处硬币、软币的状态也不是一成不变的，而是经常转化的。

二、汇率认知

（一）汇率的概念

汇率是指一国货币与另一国货币相互折算的比率，也称外汇牌价。折算两种货币的比率，首先要确定以哪一国货币作为标准，这称为汇率的标价方法。

汇率的标价方法有两种：一是直接标价法，二是间接标价法。

直接标价法又称价格标价法，是指以一定单位的外国货币作为标准，折成若干单位本国货币来表示的汇率。例如，在中国外汇市场上：

某日RMB汇率　　USD100=RMB607.75

次日RMB汇率　　USD100=RMB601.70

以上变动表示美元汇率下降，本币（人民币）升值。

间接标价法又称数量标价法，与直接标价法相反，即用本国货币为标准，折成外国货币来表示。汇率变动方向与币值方向一致。目前除美国和英国外，世界上绝大多数国家和地区都采用直接标价法。例如，在美国外汇市场上：

某日USD汇率　　USD100=JAN9863.10

两周后　　　　　USD100=JAN9852.32

以上变动说明美元本币贬值，外币（日元）升值。

（二）汇率分类

汇率从不同的角度划分，有不同的种类。

1.基本汇率和套算汇率

基本汇率，是一国货币对其关键货币的汇率。关键货币需要具备三个基本条件：

①本国收支中使用最多的货币。

②外汇储备中比重最大的货币。

③充分的可兑换性。

套算汇率又称交叉汇率或介率，是指两种货币通过第三种货币为中介，而间接套算出来的汇率。

2.买入汇率、卖出汇率和中间汇率

从外汇买卖的角度分类，汇率分为买入汇率、卖出汇率和中间汇率。

买入汇率又称外汇买入价，是指银行向客户买入外汇时使用的汇率，是银行买入外汇时付出的本币数。

卖出汇率又称外汇卖出价，是指银行向客户卖出外汇时使用的汇率，是银行卖出外汇时收进的本币数。

中间汇率是指外汇买卖的中间价。

三、外汇分账制

（一）外汇分账制的概念

金融企业在经营外汇业务的过程，必然涉及外汇资金和人民币资金的增减变动。为了核算和监督本外币资产负债增减变化情况及其结果，必须采用专门的核算方法。外汇业务专门的核算方法有两种：外汇统账制和外汇分账制。

外汇统账制又称本币记账法，即在业务发生时，以本国货币为记账单位，外国货币按一定的汇率折算成本国货币记账的一种方法。

外汇分账制又称原币记账法，是以外币为记账单位，对每种货币单位的收付，各设置一套明细账和总账，平时将所收付的外币，按不同的原币分别填制凭证、登记账簿、编制报表。

（二）外汇分账制的内容

1.人民币和外币分账

分账是指人民币和各种外币都自成一套独立的账务系统，日常每一笔外汇业务都按原币金额填制凭证、登记账簿、编制报表。

2.买入或卖出外汇时，必须使用“货币兑换”科目

“货币兑换”科目是为适应分账制的要求而特设的，在不同币种的账务系统之间起着联系和平衡的作用，通过“货币兑换”科目，在两套相互独立的账务系统中，分别记载反映外币和人民币的交易金额，使外币和人民币账务系统紧密相连。

3.年终决算时并表，以本币统一反映经营状况和成果

在年终决算时，会计人员先分别编制各币种的会计报表，再将各种外币的会计报表按照年终决算时的牌价和规定的折算程度折合成人民币，再与原人民币报表合并，形成本外币汇总的会计报表。

（三）外汇买卖的账务组织

1.“货币兑换”科目

“货币兑换”科目是金融企业分账制核算外币交易所产生的不同币种之间的兑换，属于资产负债共同类科目。“货币兑换”科目的结构如下：

借方	货币兑换　　　贷方
买入外币时，记人民币 卖出外币时，记外币	买入外币时，记外币 卖出外币时，记人民币
外币余额：表示卖出大于买入，俗称“空头” 人民币余额：表示买入大于卖出	外币余额：表示买入大于卖出，俗称“多头” 人民币余额：表示卖出大于买入

期末，应将所有以外币表示的本科目余额按期末汇率折算为记账本位币金额，折算后的记账本位币金额与本科目（记账本位币）余额进行比较，为贷方差额的，转入“汇兑损益”科目贷方；为借方差额的，转入“汇兑损益”科目借方。

2.“货币兑换”科目传票

“货币兑换”科目传票分为货币兑换借方凭证和货币兑换贷方凭证两种，且都是多联套写的。其中主要的两联是货币兑换外币凭证和货币兑换人民币凭证，两种货币同时并列在同一张“货币兑换”科目凭证上，每张凭证上都有外币金额和人民币金额。外币金额和人民币金额必须同时填列，以反映一笔外汇买卖业务的全部内容。两联凭证必须当天与对方有关科目对转，不得只转一方。“货币兑换”科目凭证的外币联凭证应与对应科目的外币凭证自求平衡；“货币兑换”科目凭证的人民币联凭证应与对应科目的人民币凭证自求平衡。通常，对同一牌价的货币，同一借贷方向，同一客户的多笔结汇业务可以汇总填制货币兑换凭证，凭以记账。货币兑换凭证格式见表7-1、表7-2。

表7-1　　　　中国××银行货币兑换借方凭证

20　年　月　日

（借）货币兑换　　　　　　　　对方科目

摘　要	外币金额	牌　价	人民币金额

附件　张

会计　　复核　　出纳　　记账　　经办

表 7-2　　中国××银行货币兑换贷方凭证

20 年 月 日

（贷）货币兑换　　　　对方科目

摘　要	外币金额	牌　价	人民币金额

附件　张

会计　复核　出纳　记账　经办

3. 货币兑换分户账

货币兑换分户账是一种把人民币金额和外币金额分别记在同一账页上的特定格式的账簿，它由买入、卖出、结余三栏组成，买入、卖出栏又各由外币、牌价、人民币三栏组成，结余栏由借或贷外币、借或贷人民币两栏组成。其格式见表 7-3。

表 7-3　　中国××银行货币兑换分户账

货币：　　　　分户：

年		摘要	买　入			卖　出			结　余				记账	复核
月	日		外币（贷）	牌价	人民币（借）	外币（借）	牌价	人民币（贷）	借或贷外币		借或贷人民币			

4. 货币兑换总账

货币兑换总账用一般总账格式，按各币种分别设置。当营业终了时，根据各种货币的货币兑换科目日结单借贷方发生额填记，然后，根据上日余额加减本日发生额分别计算出本日余额，记入余额栏。

四、外汇业务的种类

我国银行已先后批准办理各项外汇业务，但各行经营外汇业务的范围不尽相同。通常外汇业务主要有以下几种：

（一）外汇兑换业务

外汇兑换业务是指银行和银行设立的外币兑换分支机构办理的自然人、驻华机构在非贸易下的人民币与外币的兑换，包括结售汇业务、套汇业务等。

（二）外汇存款业务

外汇存款业务包括对公外汇存款和外币储蓄存款。对公外汇存款是指银行吸收境内依法设立的机构、驻华机构和境内机构外汇资金的业务；外币储蓄存款，是指银行吸收自然人外汇资金的业务。

（三）外汇贷款业务

外汇贷款业务包括境内外汇贷款和境外外汇贷款。境内外汇贷款，是指银行对境内依法设立的机构和具有中国国籍的有完全民事行为能力的自然人发放的外汇贷款以及外国政府、国际金融组织贷款和进出口信贷；境外外汇贷款是指银行对境外机构和我国在境外注册机构发放的外汇贷款和进出口贷款。

（四）国际结算业务

国际结算业务包括贸易结算与非贸易结算两大类，前者一般使用汇款、托收和信用证等几乎所有国际结算形式；后者一般使用汇款、托收和旅行支票结算形式。

（五）外汇同业拆借业务

外汇同业拆借业务是指金融机构间临时调剂外汇头寸余缺的借贷行为，包括境内外汇同业拆借和境外外汇同业拆借。境内外汇同业拆借的对象为经国家外汇管理局批准可经营外汇业务的境内中资金融机构；境外外汇同业拆借的对象为境外金融机构和境内外资金融机构。

（六）外汇担保业务

外汇担保是银行凭其信用以自有外汇资金向境内外债权人或其他受益人承诺，当债务人未按合同规定偿付外汇债务时，由担保人代为履行偿付外汇债务义务的保证。外汇担保包括境内外汇担保和涉外外汇担保。境内外汇担保是指银行对境内债权人或其他受益人出具的外汇担保；涉外外汇担保是指银行对境外债权人或其他受益人或境内外资金融机构出具的外汇担保。

（七）发行或代理发行除股票以外的外币有价证券

发行或代理发行除股票以外的外币有价证券，包括外汇债券、外汇票据等。发行除股票以外的外币有价证券，是指银行作为发行人在境内外证券市场发行股票以外的外币有价证券；代理发行除股票以外的外币有价证券是指银行作为代理方在境内外证券市场发行、承销和兑付除股票以外的外币有价证券的经营活动。

（八）买卖或代理买卖除股票以外的外币有价证券

买卖除股票以外的外币有价证券是指银行以自有或自筹外汇资金，在境内外证券市场买入或卖出除股票以外的外币有价证券；代理买卖除股票以外的外币有价证券是指银行作为代理方代客户在境内外证券市场买卖除股票以外的外币有价证券的交易活动。

（九）自营及代客外汇买卖业务

自营外汇买卖业务是指银行以自有和筹集的外汇资金在国际金融市场按市场汇价进行的可自由兑换货币间买卖的经营活动，包括银行从事资金管理所进行的外汇买卖交易活动；代客外汇买卖业务是指银行接受客户委托，依据其委托指示买入或卖出外汇，并根据交易金额收取一定比例的手续费的交易经营活动，包括银行代客从事资金管理所进行的外汇买卖交易活动。

（十）外汇信用卡的发行和代理国外信用卡的发行及付款业务

外汇信用卡发行是指参加信用卡国际组织的境内商业银行经批准在境内向个人和单位发行信用支付工具的业务；代理国外信用卡发行是指境内银行与境外发卡机构签订协议代理其发行信用卡并收取手续费的业务；代理国外信用卡付款是指境内银行代理境外发卡机构发行的信用卡持卡人在境内消费和取现、办理清算的业务。

（十一）资信调查、咨询和见证业务

资信调查是指银行接受境内外客户委托，对企业的资信状况进行调查或对客户自身的资信状况进行调查，并向其业务对象证明自身资信的业务；咨询是指银行接受客户委托，为其解答与金融业务有关的询问，或为其决策提供依据的业务；见证业务是指银行为申请人提供证明，证明申请人向受益人所提供的材料属实、有履约能力，但不负法律责任的业务。

（十二）外汇管理局批准的其他外汇业务

外汇管理局批准的其他外汇业务是指银行办理的经外汇管理局批准的不包括在上述十一项业务的其他外汇业务。

任务二 外汇买卖业务核算

【任务重点】

掌握结汇业务核算和售汇业务核算。

想一想

客户张华持20 000美元来晋华银行要求汇往美国，可是当他办理完手续后发现实际汇出金额为19 787美元。请问你能为客户解释为什么汇出的不是20 000美元吗？现钞和现汇一样吗？

一、外汇买卖业务的认知

银行在办理外汇业务的过程中，由于使用的币种不同，经常会发生以一种货币兑换成另一种货币的需要，这种按一定价格卖出一种货币或买入一种货币的行为，称为外汇买卖。

通常外汇银行经营的外汇买卖业务主要有3种：结汇、售汇、套汇以及银行自营或代客进行的外汇买卖交易。

二、结汇业务的核算

结汇业务是指外汇指定银行按规定的人民币汇率买入企事业单位或个人的外汇，并支付相应人民币的外汇业务。

我国外汇收支分为经常性项目和资本性项目。经常性项目是指在国际收支中经常发生的交易项目，包括贸易收支、劳务收支和单方面转移；资本性项目是指在国际收支中因资本输出和输入而产生的资产与负债的增减项目，包括直接投资、各类贷款和证券投资等。我国对经常性项目的外汇收入实行结汇制，境内机构的经常性外汇收入必须汇回国内，并按规定卖给外汇指定银行，经批准可以在外汇指定银行开设外汇账户。

银行买入外汇时或受理客户结汇业务时，应按照结汇外币金额和当天外汇买入价或钞买价计算人民币金额，并填制货币兑换贷方传票，其基本会计分录为：

借：库存现金等　外币

　贷：货币兑换——汇买价　外币

借：货币兑换——汇买价　本币

　贷：吸收存款或库存现金等　本币

【例 7-1】某客户持美元现钞 USD500 来银行兑换人民币，当日美元的钞买价是 600.04，其会计分录是：

借：库存现金　$ 500

　贷：货币兑换——汇买价　$ 500

借：货币兑换——汇买价　¥3 000.20

　贷：库存现金　¥3 000.20

【例 7-2】某产品出口企业收到香港汇丰银行汇入的产品出口货款 HKD1 000 000，当日港币汇买价是 78.00，其会计分录为：

借：汇入汇款　HKD1 000 000

　贷：货币兑换——汇买价　HKD1 000 000

借：货币兑换——汇买价　¥780 000

　贷：吸收存款——某产品出口企业　¥780 000

三、售汇业务的核算

售汇业务即卖出外汇，是指境内企事业单位、机关和社会团体持相关有效凭证，用人民币到外汇指定银行办理兑换外汇的业务。

境内机构和个人的经常性项目用汇，要按照有关规定，持有效凭证和商业单据向外汇指定银行购汇支付。

银行售出外汇时，按汇卖价或钞卖价，收取相应人民币，其会计分录是：

借：吸收存款等　本币

　贷：货币兑换——汇卖价　本币

借：货币兑换——汇卖价　外币

　贷：吸收存款、库存现金等　外币

【例 7-3】某企业需进口一批原材料，通过中国银行购入 USD1 000，汇往美国某公司。当日汇卖价是 607.03。其会计分录为：

借：吸收存款——某出口企业　¥6 070.30

　贷：货币兑换——汇卖价　¥6 070.30

借：货币兑换——汇卖价　$ 1 000

　贷：汇出汇款　$ 1 000

四、套汇业务的核算

套汇业务是指银行按照挂牌人民币汇率，将一种外汇通过人民币折算，兑换成另一种外汇的业务活动。这里的套汇业务不同于国际金融市场上利用不同的外汇市场、不同的货币种类、不同的交割期限在汇率或利率上的差异进行的套期投机的套汇业务，只是两种外币之间通过人民币汇率实现的套算。

由于套汇业务通常是与国际债权债务的了结相互联系的，使得套汇业务在具体折算时有两种不同情况：一种是套汇的外汇一头数额是固定的，另一头数额是不固定的；另一种是套进套出的外币两头数额都是固定的。二者在会计处理上有着很大的区别。

（一）套进套出外币数额一头固定，一头不固定的核算

银行套汇业务的核算，一般包括两种情况：一是两种外币的套算，即用一种外币兑换为另一种外币，就是先买入外币A，按A的汇买价折算成人民币数额，再卖出另一种货币B，把人民币数额按B汇卖价折算为外币B；二是同种外币的套算，包括钞兑汇或汇兑钞，因为同一外币体现在汇率上，现钞和现汇价值有所差异，所以也必须按套汇方法处理。其基本折算公式：

B币种金额=A币种金额×A币种的汇买价（钞买价）÷B币种的汇卖价

其会计分录为：

借：吸收存款　　A币种

　贷：货币兑换——A币种汇买价　　A币种

借：货币兑换——A币种汇买价　　本币

　贷：货币兑换——B币种汇卖价　　本币

借：货币兑换——B币种汇卖价　　B币种

　贷：汇出汇款等　　B币种

1.异种货币套汇

【例7-4】2017年12月31日，在中国银行开有美元账户的某公司，需要支付HKD10 000汇往香港汇丰银行，当日外汇牌价美元汇买价是606.10，港币汇卖价是78.32。则计算公式为：

HKD10 000 = USD金额×USD汇买价606.10÷HKD汇卖价78.32

USD金额 = 10 000×78.32÷606.10 = USD1 292.20

其会计分录为：

借：吸收存款——某公司　　USD1 292.20

　贷：货币兑换——USD汇买价（606.10）　　USD1 292.20

借：货币兑换——USD汇买价（606.10）　　￥7 832

　贷：货币兑换——HKD汇卖价（78.32）　　￥7 832

借：货币兑换——HKD汇卖价（78.32）　　HKD10 000

　贷：汇出汇款　　HKD10 000

2.同种货币套汇

【例7-5】2017年12月31日，某客户王平持港币现钞HKD2 000.00要求汇给在香港汇丰银行开户的李某，当日外汇牌价钞买价77.46，汇卖价78.31。其会计分录为：

汇出的HKD金额 = HKD2 000.00×HKD钞买价77.46÷HKD汇卖价78.31 = HKD1 978.29

借：库存现金　　HKD2 000

　贷：货币兑换——HKD钞买价（77.46）　　HKD2 000

借：货币兑换——HKD钞买价（77.46 ）　　￥154 920

　贷：货币兑换——HKD汇卖价（78.31）　　￥154 920

借：货币兑换——HKD汇卖价（78.31）　　HKD1 978.29

　贷：汇出汇款　　HKD1 978.29

（二）套进套出的外币数额两头固定的核算

套汇有时会出现套进套出的外币数额两头固定的情况。在这种情况下，卖出外币金额与汇率和买入外币金额与汇率不同，使两种货币之间产生差价，这种差价有时是银行外汇买卖的收益，有时是损失。此差额在会计核算上有4种不同的处理方法。

第一种是将差价表现为人民币差额，作为外汇买卖的损益，即将买入、卖出的两种外币数额，均折算成人民币，所折人民币的差额即为外汇买卖损益。

第二种是将差价表现为买入外币差额，作为外汇买卖损益，即将卖出外币金额折成买入外币金额，与实际买入金额之间的差额列为外汇买卖损益。

第三种是将差价表现为卖出外币差额，作为外汇买卖损益，即将买入外币金额折成卖出外币金额，与实际卖出金额之间的差额列为外汇买卖损益。

第四种是求比价，平时不计算套汇差价，即将买入或卖出的外币金额按相关汇价折成人民币，与套出或套进的外汇金额等值，计算出比价，使账面上表现为平衡，待年终决算日进行一次调整，至于外汇买卖的损益，待年终决算时再按决算牌价进行折算。

在实际操作中，常采用第一种和第四种方法处理此差额。

【例7-6】2017年12月31日某银行应A公司要求代销货款USD10 000，某银行通过香港汇丰银行收款，其以等值港币报单HKD77 310，划入该行账户。当日外汇牌价HKD汇买价78，USD汇卖价607.31，其会计分录为：

借：存放同业——香港汇丰银行　　HKD77 310
　贷：货币兑换——HKD汇买价（78）　　HKD77 310
借：货币兑换——HKD汇买价（78）　　¥60 301.80
　汇兑损益　　¥429.20
　贷：货币兑换——USD汇卖价（607.31）　　¥60 731
借：货币兑换——USD汇卖价（607.31）　　USD10 000
　贷：吸收存款　　USD10 000

任务三　外汇存贷款业务核算

【任务重点】

掌握外汇存贷款业务核算。

想一想

一驻华机构来晋华银行开立存款户（美元户），从国外转账汇入50万美元。同时一外贸公司来行申请外币贷款。请问晋华银行该如何处理外汇存贷款业务？

一、外汇存款业务的核算

（一）外汇存款的种类

外汇存款业务根据不同分类标准，有不同的类型。

1.按存款对象不同分为对公外汇存款和外币储蓄存款

对公外汇存款，即单位外汇存款，是银行吸收境内依法设立的机构、驻华机构和境外机构的外汇资金存款，包括甲种外币存款及外债专户存款；外币储蓄存款，即个人外汇存款，是银行吸收自然人外汇资金的存款，包括乙种、丙种外币存款。

2.按存款期限分为外币定期存款和外币活期存款

外币定期存款是指客户存入外币存款时与银行约定存期，在存款到期支取时，银行按存入日约定的利率计付利息的一种存款。

外币活期存款是指客户将外币存款存入银行，事先不约定存期，随时可以存取，按银行股份有限公司挂牌公布的活期存款利率计息的一种存款。

3.按存款对象和管理要求分为甲种外汇存款、乙种外汇存款和丙种外汇存款

甲种外汇存款的主要对象为：各国驻华外交代表机构、领事机构、商务机构，驻华的国际组织机构和民间机构；在中国境外或港澳地区的中、外企业、团体；在中国境内的机关、团体、学校、国有企业事业单位、城乡集体经济组织；在中国境内的外商投资企业。

乙种外汇存款的主要对象是：居住在国外或港澳地区的外国人、外籍华人、港澳同胞、短期来华者以及居住在中国境内的驻华使馆、驻华代表机构外籍人员、外国专家学者、海外留学生、实习生等，还有按国家规定有个人留存外汇的中国人等。

丙种外汇存款的主要对象为：中国境内的居民，包括归侨、侨眷、港澳台胞的亲属。丙种外币现钞户一般不准汇往国外。

（二）单位外汇存款的核算

1.存入时的核算

境内外企业以及各国驻华外交代表机构、商务机构等单位以外币现钞或其他币种结算款项开立和存入款项时，其会计分录为：

借：库存现金等　　外币
　贷：货币兑换　　外币
借：货币兑换　　人民币
　贷：货币兑换　　人民币
借：货币兑换　　外币
　贷：吸收存款　　外币

【例7-7】某进出口公司当日存入其外汇存款户（港币）现钞HKD50 000，当日HKD钞买价78.46，当日HKD汇卖价78.32，其会计分录为：

借：库存现金　　HKD50 000
　贷：货币兑换　　HKD50 000
借：货币兑换（钞买价）　　¥39 230
　贷：货币兑换（汇卖价）　　¥39 230
借：货币兑换（汇卖价）　　HKD50 089.38
　贷：吸收存款　　HKD50 089.38

2.支取时的核算

支取款项时只限在5万美元以下支取外钞，超额需经国家外汇管理局批准。

若以原币汇往国外，则需收取手续费，其会计分录如下：

借：吸收存款　　外币
　贷：汇出汇款等　　外币
　　　手续费及佣金收入　　外币

若兑换成人民币，其会计分录为：

借：吸收存款　　外币

　贷：货币兑换　　外币

借：货币兑换　　人民币

　贷：库存现金　　人民币

若支取原币现钞，其会计分录为：

借：吸收存款　　外币

　贷：库存现金　　外币

（三）个人外汇存款的核算

个人外汇存款分现汇户和现钞户。从中国港澳地区或国外汇入、携入和国内居民持有的可自由兑换的外汇现汇，可存入现汇存款户或现钞存款户，但对不能立即付款的外币票据，经外汇银行收妥后，方能存入现汇存款户。现汇户存款和现钞户存款均可支取外币现钞，也可汇往港澳地区和国外。境内居民个人现汇户支取同币种现钞同一天在1万美元（含1万美元）以下部分（或等值外汇）免收买卖差价，同一天支取1万美元以上部分（或等值外汇）按外汇汇兑钞折算；现钞户存款资金汇出时，要按中间价折算计收人民币手续费，丙种外钞户存款汇出境外金额较大时需经国家外汇管理局批准。其账务处理基本同人民币业务。

二、外汇贷款业务的核算

外汇贷款是指银行办理的外汇资金贷款，它是外汇银行一项重要的信贷业务。

（一）外汇贷款的特点

外汇贷款除具有人民币贷款的各种特性外，还有其自身独有的特点，具体表现为：

第一，借什么货币，还什么货币，并收取原币利息。

第二，实行浮动汇率，贷款利率由商业银行总行自主制定并发布，下级分行允许浮动。

第三，计收承担费。对于金额较大的贷款项目，如果借款人不能按计划使用，银行可以按规定收取承担费以弥补临时调度资金的损失。

第四，一般不发生派生存款。贷款发放后直接由贷款账户对外支付，一般不再转作存款。

（二）短期外汇贷款的核算

短期外汇贷款是指银行发放的贷款期限在1年以内，实行浮动利率计息的短期现汇贷款。

1.短期外汇贷款的发放

借款单位申请使用外汇贷款时，应向银行填具借款申请书，经批准后应订立借款契约，据以开立贷款账户。在放款时，银行还应填制外汇贷款借款凭证，经审核同意后，办理转账。其会计分录为：

借：贷款——短期外汇贷款　　外币

　贷：存放同业等　　外币

2.短期外汇贷款利息的计收

短期外汇贷款实行按季计息。在结息时，银行应填制结息凭证办理转账，其会计分录为：

借：贷款

　贷：利息收入

3.短期外汇贷款的收回

短期外汇贷款必须按期偿还。收回贷款时，需将最后一个结息日至还款日尚未计收的利息与本金一并收回。当借款单位用人民币买汇偿还时，其会计分录为：

借：吸收存款

　贷：货币兑换

同时，借：货币兑换

　　　贷：贷款——短期外汇贷款

　　　　　利息收入等

（三）买方信贷外汇贷款的核算

买方信贷是出口国的银行直接向买方或买方银行提供信贷，以便买方利用这项贷款向提供贷款的国家购买技术和设备，或货物，以及支付有关费用，其目的是出口国为了扩大出口。

在核算时，总行采用“借入买方信贷款”科目核算，分行采用“买方信贷外汇贷款”科目核算。

1.对外签订信贷协议

买方信贷总协议由总行统一对外签订，总协议下每个项目的具体协议按贸易合同逐笔申请贷款，可由总行或总行授权分行对外签订。协议签订后，均由总行按协议商定的定金，用“买方信贷用款限额”表外科目进行控制。其账务处理为：

收入：买方信贷用款限额　　外币

使用时，逐笔转销表外科目：

付出：买方信贷用款限额　　外币

2.支付定金

使用买方信贷外汇贷款前，一般要先支付一定比例的定金，定金的支付银行按买方信贷协议的规定汇划。

如果使用人民币购入外汇支付定金，其会计分录为：

借：吸收存款　　人民币

　贷：货币兑换　　人民币

借：货币兑换　　外币

　贷：存放同业　　外币

3.使用贷款

如果进口单位与供款总行在同城，由总行直接发放贷款，其会计分录为：

借：买方信贷外汇贷款　　外币

　贷：借入买方信贷款　　外币

或　全国联行外汇往来　　外币

同时冲销用款限额。

如果进口单位与供款总行在异地，由分行发放贷款，其会计分录为：

借：买方信贷外汇贷款　　外币

贷：全国联行外汇往来　　外币

总行接到分行报单，其会计分录为：

借：全国联行外汇往来　　外币

贷：借入买方信贷款　　外币

4.贷款本息的偿还

在买方信贷项下借入贷款的本息由总行统一对外偿还，总行按协议规定计息，对国外贷款行写来的计息清单认真核对，并按规定及时偿付本息。其会计分录为：

借：借入买方信贷款　　外币

利息支出　　外币

贷：存放同业等　　外币

对国内借款单位，银行按契约规定计息，并按期收回本息。如果借款单位以外汇额度偿还贷款本息，其会计分录为：

借：吸收存款　　人民币

贷：货币兑换　　人民币

借：货币兑换　　外币

贷：买方信贷外汇贷款　　外币

利息收入　　外币

如果借款单位不能按期归还贷款，银行应将贷款转入“短期外汇贷款”进行核算，并按短期外汇贷款利率计息。如果借款单位仍逾期不能偿还，银行应采取措施，促使借款单位尽快还贷。

任务四　外汇结算业务核算

【任务重点】

掌握信用证和托收业务核算。

想一想

客户张方来晋华银行将6万美元汇给在美国学习的女儿。请问银行应如何办理这笔汇款？

一、外汇结算业务认知

(一) 外汇结算的含义

外汇结算又称国际结算，是清偿国际经贸和其他往来所引起的债权债务，实现国际资金流动的一种重要手段。外汇结算可分为三类：国际贸易结算、国际非贸易结算和国际金融交易结算。

1.国际贸易结算，又称进出口贸易结算，是指国内企业在商品进出口业务中所发生的与国外企业、组织和个人之间债权债务关系的结算业务。

2.国际非贸易结算，是指国内企业在商品贸易以外的经济、文化和政治交往活动中，如劳务输出、国际旅游、技术转让以及侨民汇款、捐赠等发生的债权债务关系的结算业务。

3.国际金融交易结算，是指国内企业由于从事国际金融交易活动，如对外投资、对外融资、外汇买卖等而发生的债权债务关系的结算业务。

（二）外汇结算的特点

与国内结算相比，外汇结算具有如下几方面的特点：

1.国际性

虽然从总体上说，结算的目的都是解决交易双方的债权债务问题，但产生国内结算的原因主要是国内各单位和个人之间的经济活动，而产生外汇结算的原因主要是国内单位和个人与国外单位和个人之间的经济活动。因而国内结算只限于国内，其债权人、债务人和中间机构都在国内，它所反映的也只是国内各单位之间的债权债务关系，适用的也是国内有关的法律规定；而外汇结算的债权人、债务人和中间机构通常在不同的国家和地区，所反映的是不同国家之间债权债务的清偿关系，它所遵循的方针、原则等必须是国际上通行的而不仅仅是本国法律规定的。

2.信用性

虽然在国内结算中也广泛地使用银行信用和商业信用，但在国内结算中现金结算也占了一定的分量，有些结算不以信用为基础，而在国际结算中，不论采用何种结算方法，都必须以信用中介为基础和前提，所有的结算都通过银行来进行。几乎全部的结算业务都是转账结算，结算中的主要工具是本票、汇票、支票等信用工具。

3.复杂性

虽然国内结算也存在着不同时期、不同地点等问题，但国内结算都使用本国通用货币，其货币价值在短期内一般不会发生重大变化，因而相对较为简单；外汇结算需要考虑不同货币之间的比价（即汇率）问题，因而具有一定的复杂性。

目前贸易结算大都采用现汇结算的方式，即以国际可兑换货币来支付国际贸易货款，主要采用信用证、汇兑和托收等方式。

二、信用证结算的核算

（一）信用证的含义

信用证是开证银行根据开证申请人的要求向出口商开立的具有一定金额，并在一定期限内凭规定的单据付款或承兑汇票的书面证明。

信用证结算的基本特点有：一是信用证是一种银行信用，是开证银行以其信用作出有条件保证付款的承诺，一旦交易完成，只要单据符合信用证条件，开证行就必须对受益人承担第一性的付款责任；二是信用证是银行的一项独立文件，虽然开证时可能以贸易合同为依据，但信用证一旦开立，就不受贸易合同的约束，对贸易合同也不负担任何责任；三是银行办理信用证业务，仅对信用证负责，只认单据不认商品，只要单据符合信用证条款规定，开证行就必须履行付款责任。所以，跟单信用证项下处理的是单据而不是货物。

信用证通常从不同的角度划分有不同的类型：按照付款期限划分为即期信用证和远期信用证；按照是否保兑划分为保兑信用证和非保兑信用证；按照结算方式划分为付款信用证、承兑信用证和议付信用证。

信用证结算的当事人有开证申请人、开证行、通知行和受益人，还可能涉及付款行、议付行和保兑行等当事人。其结算程序如图7–1所示。

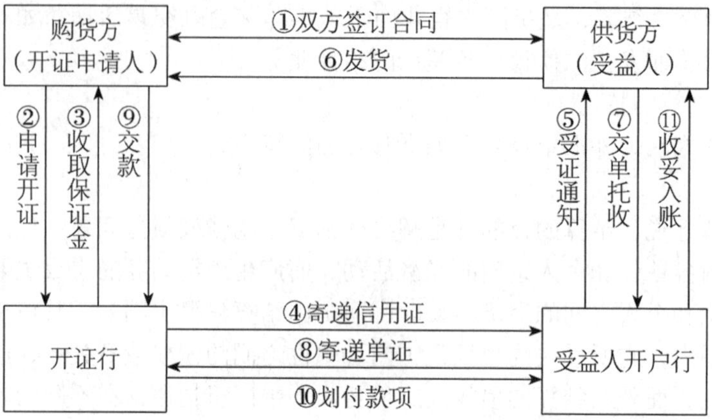

图7-1 信用证结算程序图

（二）进口信用证

进口信用证是指我国银行根据国内进口公司的申请，向国外出口商开立信用证，并凭国外寄来信用证中规定的单据，按照信用证条款规定对外付款的一种结算方式。

1.开立信用证

进口公司在与国外出口商签订贸易合同后，根据合同条款填具“开证申请书”向银行申请开立信用证。其会计分录为：

借：应收开出信用证款项　　外币
　贷：应付开出信用证款项　　外币

同时向开证申请人收取手续费。其会计分录为：

借：吸收存款　　人民币
　贷：手续费及佣金收入　　人民币

然后预收保证金，其会计分录为：

借：吸收存款　　人民币
　贷：货币兑换　　人民币
借：货币兑换　　外币
　贷：存入保证金　　外币

2.审单付款

出口商收到银行开立的信用证，应立即发货并向其议付行交单。议付行议付后，将单据寄回本国开证银行，开证行收到单据后经审核无误后按约定支付方式付款。进口信用证付款一般分即期付款和远期付款两种。

第一，即期信用证项下的进口付款。议付行寄来发货单据，经进口商确认后，银行即填付款报单并对进口商售汇，其会计分录为：

借：吸收存款　　人民币
　贷：货币兑换　　人民币
借：货币兑换　　外币
　　存入保证金　　外币
　贷：存放同业　　外币

同时转销“或有资产”“或有负债”科目，其会计分录为：

借：应付开出信用证款项　　外币

　贷：应收开出信用证款项　　外币

第二，远期信用证项下的进口付款。开证行依照进口商（即开证申请人）的要求和指示，对出口商（即受益人）发出的、授权出口商签发以银行或进口商为付款人的远期汇票，保证在交来符合信用证条款规定的汇票和单据时，必定承兑，等到汇票到期时履行付款义务。它的汇票付款日期不是见票即付，而是约定一定期限到期付款的责任，分承兑和付款两个阶段。

承兑时，其会计分录为：

借：应收承兑汇票款　　外币

　贷：承兑汇票　　外币

同时转销或有资产和或有负债，其会计分录为：

借：应付开出信用证款项　　外币

　贷：应收开出信用证款项　　外币

付款时，其会计分录为：

借：承兑汇票　　外币

　贷：应收承兑汇票款　　外币

（三）出口信用证

出口信用证是指我国出口单位根据国外进口商通过国外银行开来的信用证。它是按规定将出口单据及汇票送交国内银行，由银行办理审查议付，并向国外开证银行收取外汇后，再向国内出口公司办理结汇的一种结算方式。

1.受理信用证

银行在受理国外寄来的信用证时，经审核无误后应进行表外核算。

收入：国外开来信用证　　外币

2.交单议付

银行在接到出口公司交来的全套出口单据议付时，必须按照信用证规定的条款和要求进行审单，然后议付行应编制出口寄单议付通知书，并附全套出口单据寄往开证行收取货款及有关费用。其会计分录为：

借：应收即期（远期）信用证出口款项　　外币

　贷：代收即期（远期）信用证出口款项　　外币

同时，销记“国外开来信用证”表外科目。

付出：国外开来信用证　　外币

3.出口结汇

议付行在收妥信用证款项的同时，对未在银行开设外汇专户或外汇存款的单位办理结汇业务，其会计分录为：

借：代收即期（远期）信用证出口款项　　外币

　贷：应收即期（远期）信用证出口款项　　外币

借：存放同业等　　外币

　贷：手续费及佣金收入　　外币

　　　货币兑换　　外币

借：货币兑换　　人民币

　　贷：吸收存款　　人民币

【例 7-8】中国银行太原分行于5月10日接到美国某银行开来的即期信用证，金额为USD5 000，收款人为太原市纺织品进出口公司，凭信用证规定单到开证行办理验单付款，经分行审核后当天通知收款人。6月5日收款人备货出运后送来全套单据及跟单汇票USD5 000，经分行审查合格后于6月6日寄单索汇并加计通知费、议付费USD120向开证行收取。6月24日分行接到代理行的已贷记报单，金额USD5 120，当天对太原市纺织品进出口公司结汇。该分行在开证行有美元账户，美元买入价为681.5。

5月10日收证通知时，其处理如下：

收入：国外开来信用证　　USD5 000

6月6日议付寄单索汇时，其会计分录为：

借：应收即期信用证出口款项　　USD5 000

　　贷：代收即期信用证出口款项　　USD5 000

付出：国外开来信用证　　USD5 000

6月24日收妥结汇时，其会计分录为：

借：存放同业　　USD5 120

　　贷：手续费及佣金收入　　USD120

　　　　货币兑换　　USD5 000

借：货币兑换　　¥34 075

　　贷：吸收存款——纺织品公司　　¥34 075

借：代收即期信用证出口款项　　USD5 000

　　贷：应收即期信用证出口款项　　USD5 000

三、国际汇兑结算的核算

国际汇兑结算是指外汇银行通过国外联行或同业间款项划拨，结算不同国家间债权、债务关系的一种方式，主要分为汇出国外汇款和国外汇入汇款两种。

(一) 汇出国外汇款

汇出国外汇款是指国内银行根据汇款人的委托，以电汇、信汇、票汇方式委托国外联行或代理行将款项交给收款人的一种业务。

1.汇出汇款的核算

汇款人在来行办理汇款手续时，应填交申请书，经银行受理后办理有关手续。

如果汇款人是从其现汇存款账户中汇款的，其会计分录为：

借：吸收存款　　外币

　　贷：汇出汇款等　　外币

　　　　手续费及佣金收入　　外币

如果汇款人是购买外汇支付汇款的，其会计分录为：

借：吸收存款　　人民币

　　贷：手续费及佣金收入　　人民币

　　　　货币兑换　　人民币

借：货币兑换　　外币

贷：汇出汇款等　外币

2.汇款解付后的核算

国外汇入行接到我国银行的汇款凭证后，通知我国银行，其会计分录为：

借：汇出汇款　外币

贷：存放同业　外币

（二）国外汇入汇款

国外汇入汇款是指中国港澳地区和国外联行、代理行委托我国银行解付的款项。

汇入行接到国外汇出行的汇款电报、电传或信汇委托书后，应认真进行审查，经审核无误后，填制汇款通知书，通知收款人来行取款。如果收款人没有现汇账户，收汇时必须结汇，其会计分录为：

借：存放同业　外币

贷：汇入汇款　外币

汇款解付时，其会计分录为：

借：汇入汇款　外币

贷：货币兑换　外币

借：货币兑换　人民币

贷：吸收存款　人民币

收款人有现汇账户的，其会计分录为：

借：存放同业等　外币

贷：吸收存款　外币

四、托收业务的核算

托收结算是指出口商为向国外进口商收取销售货款，开出汇票或提供索汇凭证，委托出口地银行通过其在进口地的联行或代理行，向进口商收取款项的一种结算方式。

（一）出口托收

出口托收是指出口商根据贸易合同规定，在货物发运后，委托银行向国外进口商收取货款的方式。出口托收包括交单寄收和收妥结汇两个环节。

1.交单寄收

出口商备妥单据，填制出口托收申请书，连同出口单据一并交银行办理托收。银行审核后寄往国外银行委托收款，发出托收时，应编制表外科目，其处理如下：

收入：应收外汇托收款项　外币

2.收妥结汇

出口托收款项一律实行收妥进账的做法。银行根据代收行的划收报单等办理结汇时，其会计分录为：

借：存放同业　外币

贷：货币兑换　外币

借：货币兑换　人民币

贷：手续费及佣金收入　人民币

吸收存款　人民币

同时销记表外科目，其处理如下：

付出：应收外汇托收款项　　外币

【例 7-9】中国银行太原分行收到某外贸公司的委托，向香港华侨银行办理出口托收，金额 HKD60 000，收到贷方报单办理结汇，当日牌价 HKD 汇买价 78。

太原分行受托发出托收时，应通过表外科目核算，其处理如下：

收入：应收外汇托收款项　　HKD60 000

当对委托人办理结汇时，其会计分录为：

借：存放同业　　HKD60 000

　贷：货币兑换　　HKD60 000

借：货币兑换　　¥46 800

　贷：吸收存款——某外贸公司　　¥46 800

同时销记表外科目，其处理如下：

付出：应收外汇托收款项　　HKD60 000

（二）进口代收

进口代收是指国外出口商根据贸易合同规定，不通过开立信用证，在货物发运后委托银行寄单，通过我国银行向进口商收取货款的结算方式。

1. 收到进口代收单据

我国外汇银行在收到国外寄来的进口代收单据时，经审核无误后填制“进口代收单据通知书”，随同单据交送进口商，同时编制表外科目，其处理如下：

收入：代收外汇托收款项　　外币

2. 进口单位确认付款

进口公司经审核同意承付后，通知银行代为付款，其会计分录为：

借：吸收存款　　人民币

　贷：货币兑换　　人民币

借：货币兑换　　外币

　贷：手续费及佣金收入　　外币

　　　存放同业　　外币

同时销记表外科目，其处理如下：

付出：代收外汇托收款项　　外币

同步训练

☞思考训练

1. 什么是外汇？外汇包括哪些类型？
2. 什么是汇率？汇率的标价方法有哪几种？
3. 什么是分账制？其内容如何？
4. 外汇买卖应如何核算？
5. 外汇存贷款业务应如何核算？
6. 外汇结算方式有哪些？如何进行外汇结算的账务处理？

☞业务训练

目的：能熟练处理外汇业务。

资料：2018年3月中国银行太原分行发生下列业务：

1.8日，客户林南持HKD1 000现钞，要求兑换人民币。

2.8日，王兵经批准，从其活期存款美元账户支取USD1 000，换成等值的英镑，汇往国外支付购药费用。

3.10日，H钢厂向开户银行申请外汇贷款50万美元，期限半年，转入美元外汇存款账户。假定3月4日美元3个月浮动利率为3.6%，6月4日美元3个月浮动利率为3.69%。

4.客户马明于26日持2017年3月1日开立的1年期定期存单（汇户）USD3 000，存单标明利率3.25%，逾期部分按活期外汇存款利率0.99%计息，2017年年末提取应付利息USD80.2。客户要求将本金转为2年的定期存款，利息存入活期人民币存款户，同时计算利息。

5.31日，在中国银行开有美元账户的某公司，需要支付HKD20 000汇往香港汇丰银行。

6.31日，某客户王平持港币现钞HKD2 000要求汇至在香港汇丰银行开户的张力的账户。

7.31日，应W公司的要求代收销货款USD5 000，通过其在香港的开户行汇丰银行收款，其以等值港币报单HKD39 108划入该行账户。

8.美国H公司通过纽约中国银行开来不可撤销即期信用证向我国某纺织品进出口公司购进纺织品，信用证金额USD800 000元，我国银行于6日收到并经审核该信用证条款无异议后，通知纺织品进出口公司；20日出口商根据信用证条款备货出运后，将全套出口单据提交银行，我行经审单无误后，计算议付费USD16 000元，并向开证行索汇，要求货款贷记我行账户；4月10日收到开证行划来货款，对出口商办理结汇。

注：所用汇价见表7-4。

表7-4 **人民币外汇汇价表（假设）**

外币	外币单位	汇买价	汇卖价	钞买价
USD美元	100	625.61	628.11	620.59
GBP英镑	100	961.92	968.68	932.24
HKD港币	100	80.68	80.99	80.03

要求：根据上述业务进行相应会计处理，并填制记账凭证。

模块三　证券公司会计实务

模块概览

- 证券公司会计实务
  - 证券公司业务核算
    - 证券业务认知
    - 证券经纪业务核算
    - 证券自营业务核算
    - 证券承销业务核算
    - 融资融券业务核算
    - 其他证券业务核算

项目八　证券公司业务核算

【知识目标】

1. 了解证券业务特点；

2. 熟悉证券业务类型；

3. 掌握证券业务核算。

【技能目标】

1. 会辨别各类证券业务；

2. 能熟练操作各类证券业务的会计核算工作。

任务一　证券业务认知

【任务重点】

熟悉证券的概念及证券业务种类。

想一想

华信证券公司刚调来的会计小张，在熟悉公司的账务情况时提出：公司购买的支票也是有价证券，所以应该作为公司买入证券进行核算。

请问你认为小张的看法正确吗？为什么？

一、证券与证券市场认知

（一）证券认知

1. 证券的概念

证券是各类财产所有权和债券凭证的通称，是记载并代表了一定权利的法律凭证。从一般意义上来说，证券是指用以证明或设定权利所做成的书面凭证，它表明证券持有人或第三者有权取得该证券拥有的特定权益，或证明其曾经发生过的行为，如股票、政府证券、基金证券、票据、提单、保险单、存款单等都是证券。

2. 证券的票面要素

作为一种权利的书面证明，证券的票面要素主要包括4个方面：

第一，持有人，即证券为谁所有，表明一种权利的归属。

第二，标的物，即证券票面上所载明的特定的具体内容，它表明持有人权利所指向的特定对象。

第三，标的物的价值，即证券所载明的标的物的价值大小。

第四，权利，即持有人持有该证券所拥有的权利。

3. 证券的特征

第一，证券的产权性，即指有价证券记载着权利人的财产权内容，代表着一定的财产所有权，拥有证券就意味着享有财产的占有、使用、收益和处置的权利。

第二，证券的收益性，即指持有证券本身可以获得一定数额的收益，这是投资者转让资本使用权的回报。

第三，证券的流通性，即变现性，是指证券持有人可按自己的需要灵活地转让证券以换取现金。流通性是证券的生命力所在。

第四，证券的风险性，即指证券持有者面临着预期投资收益不能实现，甚至使本金也受到损失的可能。这是由未来经济状况的不确定性所导致的。

4.证券的分类

证券的分类方法有很多，我们只介绍一种，即按其性质不同，可以分为证据证券、凭证证券以及有价证券。

（1）证据证券是指只是单纯证明事实的文件，主要有借用证、证据（书面证明）等。在证据证券中，有一种具有特殊效力的证券，被称为“免责证券”，如提单等属于此类。

（2）凭证证券是指认定持证人是某种私权的合法权利者，证明对持证人所履行的义务是有效的文件，如借据、收据等就属于这一类。凭证证券实际上是无价证券。其特点是，虽然凭证是代表所有权的凭证，但不能让渡，不能真正独立地作为所有权证书来行使权利。

（3）有价证券是指对某种有价物具有一定权利的证明书或凭证。

（二）有价证券认知

1.有价证券的概念

有价证券是指具有一定票面金额，证明持券人有权按期取得一定收入，并可自由转让和买卖的所有权或债权证书。

影响有价证券的主要因素是利息收入和市场利率。

2.有价证券的分类

（1）按发行主体的不同，有价证券可分为政府证券（公债券）、金融债券和公司证券

政府证券，又称政府债券或公债券。它是指政府为筹措财政资金或建设资金，凭其信誉，采用信用方式，按照一定程序向投资者出具的一种债务凭证。

金融证券，是指商业银行及非银行金融机构为筹措信贷资金而向投资者发行的，承诺支付一定利息并到期偿还本金的一种有价证券。

公司证券，是指公司为筹措资金而发行的有价证券，主要包括股票、公司债券及商业票据等。

（2）按所体现的内容不同，有价证券可分为货币证券、货物证券和资本证券

货币证券，是指可以用来替代货币使用的有价证券，是商业信用工具。货币证券在功能和范围上与商业票据基本相同，即货币证券的范围主要包括期票、汇票、支票和本票等，信用卡实质上也是一种货币证券。

货物证券，是指对货物有提取权的证明。证券持有人可以凭单提取单据上所列明的货物。货物证券主要包括栈单、运货证书及提款单等。

资本证券，是有价证券的主要形式，它是指把资本投入企业或者把资本贷给企业和国家的一种证书。资本证券主要包括股权证券和债权证券。股权证券具体表现为股票，有时也包括认股权证；债权证券则表现为各种债券。狭义的有价证券通常仅指资本证券。资本

证券是虚拟资本。

（3）根据上市与否，有价证券可分为上市证券和非上市证券

非上市证券可以在除交易所以外的“场外交易市场”进行交易。

3.有价证券的特征

有价证券只是证券的一种，所以它的特征与证券的特征没有本质区别，主要有4个显著特征：期限性、收益性、流通性和风险性。

（三）证券市场认知

1.证券市场的概念

证券市场是指股票、债券、投资基金等有价证券发行和交易的场所。从广义上讲，证券市场是指一切以证券为对象的交易关系的总和，通过自由竞争的方式，根据供求关系决定有价证券价格的一种交易机制。

2.证券市场的三个显著特征

（1）证券市场是价值直接交换的场所。虽然证券交易的对象是各种各样的有价证券，但由于有价证券是价值的直接表现形式，所以证券市场在本质上是价值的直接交换场所。

（2）证券市场是财产权利直接交换的场所。证券市场上的交易对象是作为经济权益凭证的股票、债券、投资基金等有价证券，它们本身是一定量的财产权利的代表，所以证券市场从某种程度上说是财产权利直接交换的场所。

（3）证券市场是风险直接交换的场所。有价证券的交换在转让出一定收益权的同时，也把有价证券的风险转让了出去。所以，从风险的角度看，证券市场也是风险直接交换的场所。

二、证券公司认知

（一）证券公司及功能认知

根据《中华人民共和国证券法》（以下简称《证券法》）的规定，证券公司是指依照《中华人民共和国公司法》规定，经国务院证券监督管理机构审查批准设立的从事证券经营业务的有限责任公司或者股份有限公司。证券公司不仅是证券市场上最重要的中介机构，而且是证券市场的主要参与者，承担着证券代理发行、证券代理买卖、资产管理以及证券咨询等重要职能。

（二）证券公司的种类和业务范围

证券公司可以根据自己的条件，申请从事不同的证券业务。《证券法》规定，证券公司可以经营以下部分或者全部业务：

第一，证券经纪。

第二，证券投资咨询。

第三，与证券交易、证券投资活动有关的财务顾问。

第四，证券承销与保荐。

第五，证券自营。

第六，证券资产管理。

第七，其他证券业务。

三、证券业务核算特点

证券公司在对所从事业务进行核算时，由于证券业务的特殊性，决定其会计核算具有

其自身特点：

（一）业务针对性强

证券业务所涉及的单位从业务性质上可分为三大类：一是以证券公司为主体，包括各类投资信托公司及非银行金融机构所属证券部等证券经营机构；二是以证券交易所为主体，包括各地证券交易中心等证券中介机构；三是证券登记公司、登记结算公司和投资咨询公司等证券服务机构。由于这些机构的业务性质、经营范围和所涉及的对象均不同，因此使用的会计科目及账务处理既有区别，又有联系，有的甚至借贷方向相反。

（二）价值变动频繁

各类证券是证券公司的主要流动资产，其价值反映在表内会计科目中，但数量都在表外科目中核算。各类证券的实际价值并非是账面价值，其真正价值应该是市价。因此这类证券流动性很强，价值变动频繁，在会计核算上要体现其价值的变动情况。

（三）清算关系复杂

证券市场中的证券买卖交易同商品市场中的商品交易，从形式上看二者的交易原则基本相同，即“钱货两清”，但二者的交易对象不同，商品交易中的买卖双方地位相对较稳定，而在证券交易中无论是充当经纪人的证券经营机构，还是作为客户的投资人在整个证券市场中地位都是不稳定的。一会儿买入某种证券，一会儿卖出某种证券，他们不断地充当应收证券者，或者应付证券者，给资金或证券的清算带来了难度，而且在证券交易中涉及的机构也多，既有证券公司又有交易所，还有中登公司和存管银行等等，这些都使得证券交易清算关系复杂化，在会计核算中都需要清晰体现各方关系。

任务二　证券经纪业务核算

【任务重点】

代理买卖证券业务核算和代理兑付证券业务核算。

想一想

华信证券营业部某日交易清算数据如下：客户买入总金额为50万元，卖出总金额为40万元，印花税为900元，收取佣金1 800元，向交易所支付交易规费135元。

请问证券公司应该怎样进行会计处理？

一、证券经纪业务认知

（一）证券经纪业务的含义

证券经纪业务是指证券公司通过其设立的证券营业部，接受客户委托，按照客户的要求，代理客户买卖证券的业务。

在证券经纪业务中包含的要素有：委托人、证券经纪商、证券交易所和证券交易的对象。

所谓证券经纪商，是指接受客户委托、代客买卖证券并以此收取佣金的中间人。

目前，我国具有法人资格的证券经纪商是指在证券交易中代理买卖证券，从事经纪业务的证券公司。

（二）证券经纪业务的流程

证券经纪业务一般经过开立账户、委托买卖、竞价成交、交易结算4个步骤。证券公司客户必须开立证券账户和资金账户两种账户。

1.证券账户

证券账户是指由证券登记结算公司及其代理机构开立的记录投资者持有上市证券及相关事宜的账册。现在证券账户均由证券营业部代理开立。

证券账户虽然名义上有股票账户、基金账户、债券账户3种，但由于股票账户也可用于基金、债券买卖，所以投资者只需开立股票账户。

2.资金账户

资金账户又称客户保证金账户，是指客户用于存取买卖证券资金的账户。

客户在买证券时从其账户扣款，在卖证券时款项存入其账户，是记载客户交易资金的增减及余额的账户。客户的资金账户要与第三方存管银行的银行卡相连接。

（三）证券经纪业务的特点

第一，业务对象的广泛性。

第二，证券经纪商的中介性。

第三，客户指令的权威性。

第四，客户资料的保密性。

（四）证券经纪业务的内容

证券经纪业务是证券公司最基本的业务之一。证券经纪业务分为柜台代理买卖证券业务和通过证券交易所代理买卖证券业务。证券公司常见的经纪业务包括代理买卖业务、代理新股认购、代理配股派息、代理兑付债券和代理保管证券等业务。

二、代理买卖证券业务核算

（一）代理买卖证券业务认知

代理买卖证券业务是指证券经营机构接受投资者（客户）委托，代投资者（客户）买卖有价证券的行为，是经纪业务的核心，所以又称证券经纪业务。

代理买卖证券业务一般包括接受委托、代理买入、代理卖出3个过程。

（二）会计科目设置

1.“结算备付金”科目

“结算备付金”属于资产类科目，用来核算证券公司为证券交易的资金清算与交收而存入指定清算代理机构的款项。其借方登记证券公司存入清算代理机构的款项，贷方登记从清算代理机构收回资金的数额。该科目期末借方余额反映存入证券登记结算机构尚未使用的款项。

“结算备付金”科目下设“自有”和“客户”两个明细科目。“自有”明细科目核算公司为进行自营证券交易等业务的资金清算与交收而存入指定清算代理机构的款项；“客户”明细科目核算公司代理客户进行证券交易等业务的资金清算与交收而为客户存入指定清算代理机构的款项。

2.“代买卖证券款”科目

“代买卖证券款”属于负债类科目，用于核算公司接受客户委托，代客户买卖股票、债券和其他有价证券，由客户交存的款项。公司代客户认购新股的款项、代客户领取的现金股利和债券利息、代客户向证券交易所支付的配股款等，也在此科目中核算。

“代买卖证券款”科目按客户名称设置明细账，期末贷方余额反映客户交存的代买卖证券款项的余额。

3.“手续费及佣金收入”科目

“手续费及佣金收入”属于损益类科目，是用来核算证券公司确认的手续费及佣金收入，主要包括代理买卖证券、代理承销证券、代理兑付证券、代理保管证券、代理保险业务等代理业务以及其他相关服务实现的手续费及佣金收入等。其贷方登记企业确认的手续费及佣金收入，借方用于冲减确认的手续费及佣金等收入。期末，应将本科目发生额转入“本年利润”科目，结转后本科目无余额。本科目可按手续费及佣金收入类别进行明细核算。

4.“手续费及佣金支出”科目

“手续费及佣金支出”属于损益类科目，是用来核算证券公司发生的与其经营活动相关的各项手续费、佣金等支出。其借方登记企业发生的与其经营活动相关的手续费、佣金等支出，贷方登记冲减确认的手续费及佣金支出。期末，应将本科目发生额转入“本年利润”科目，结转后本科目无余额。本科目可按支出类别进行明细核算。

（三）代理买卖证券业务会计处理

1.代理买卖证券款存取的核算

客户的代理买卖证券款只能通过第三方存管银行进行资金的转入转出。

当客户通过存管银行转入资金时，其会计分录为：

借：银行存款——××存管行

　贷：代买卖证券款——客户

当客户通过存管银行转出资金时，其会计分录为：

借：代买卖证券款——客户

　贷：银行存款——××存管行

2.证券公司与清算代理机构划转清算资金的核算

当公司从清算代理机构划回资金时，其会计分录为：

借：银行存款

　贷：结算备付金——客户

当公司向清算代理机构划转资金时，其会计分录相反。

3.代买卖证券业务的核算

（1）买差情况下的核算

买差是指买入总额大于卖出总额的差额，又称付差。

第一，证券公司按成交差价及相关费用作会计分录如下：

借：代买卖证券款（买差+相关费用）

　贷：结算备付金——客户

第二，发生手续费及佣金支出时作如下会计分录：

借：手续费及佣金支出——代买卖证券手续费支出

　贷：结算备付金——自有

第三，收取手续费及佣金收入时作会计分录如下：

借：结算备付金——自有

　贷：手续费及佣金收入——代买卖证券手续费收入

【例 8-1】华信证券公司营业部某日交易清算数据如下：客户买入总金额为50万元，卖出总金额为40万元，印花税为900元，收取佣金1 800元，向交易所支付交易规费135元。根据题意作会计分录如下：

应扣收客户资金=500 000-400 000+900+1 800=102 700（元）

借：代买卖证券款　　102 700

　贷：结算备付金——客户　　102 700

借：手续费及佣金支出——交易规费　　135

　　结算备付金——自有　　1 665

　贷：手续费及佣金收入——佣金　　1 800

（2）卖差情况下的核算

卖差是卖出成交额大于买入成交额的差额，又称收差。它核算时的记账方向与买差时相反。

第一，证券公司按成交差价作会计分录如下：

借：结算备付金——客户

　贷：代买卖证券款

第二，发生手续费及佣金时，作会计分录如下：

借：手续费及佣金支出——代买卖证券手续费支出

　贷：结算备付金——自有

第三，收取手续费及佣金收入时，作如下会计分录：

借：结算备付金——自有

　贷：手续费及佣金收入——代买卖证券手续费收入

【例 8-2】华信证券公司营业部收到清算数据，客户当日买入总额为150 000元，卖出总额为200 000元，印花税为350元，应向客户收取佣金700元，交易规费为50元。作会计分录如下：

客户应收资金总额=200 000-150 000-350-700=48 950（元）

借：结算备付金——客户　　48 950

　贷：代买卖证券款　　48 950

借：手续费及佣金支出——交易规费　　50

　　结算备付金——自有　　650

　贷：手续费及佣金收入——佣金　　700

（四）代理认购新股业务核算

1.代理认购新股业务认知

代理认购新股业务是指证券公司通过其设立的证券营业部，接受客户委托，按照客户要求，代客户认购新股的活动。新股认购的基本规定如下：

（1）客户应在新股发行当日或之前办理好沪、深交易所的证券账户，同时在与沪、深交易所联网的证券营业部开立资金账户，并根据自己的认购量存入足额的保证金。

（2）交易所对认购新股的每个账户申购数量是有限制的。首先，申报下限是1 000

股，认购必须是1 000股或者其整数倍；其次认购有上限，具体在发行公告中有规定，委托时不能低于下限，也不能超过上限，否则被视为无效委托。

（3）新股认购只能认购一次，并且不能撤单，重复申购除第一次有效外，其他均无效，而且如果由于投资者误操作而导致新股重复申购，券商会重复冻结新股申购款，重复申购部分无效而且不能撤单，这样会造成投资者资金当天不能使用，只有等到当天收盘后，交易所将其作为无效委托处理，资金在第二天回到投资者账户内，投资者才能使用。

根据两个交易所的规定，认购新股不收取手续费、印花税、过户费等费用，但可以酌情收取委托手续费。

（4）申购程序：

①申购日（T日）：投资者下单委托申购。

②T+1日：登记公司冻结划扣申购款。

③T+2日：登记公司及承销商统计申购总量，并为申购者配号。

④T+3日：承销商组织摇号抽签，公布中签结果，办理交割和股东登记。

⑤T+4日：解冻退还未中签部分的申购款。

2.投资者网上全额预交款申购新股的核算

（1）申购扣划款的核算

借：代买卖证券款

　　贷：结算备付金——客户

（2）解冻退还申购款的核算

借：结算备付金——客户

　　贷：代买卖证券款

【例8-3】华信证券公司营业部客户用全额预交款方式申购金地股份公司新股款1 000万元，中签10 000股，总价款10万元。编制有关冻结扣划申购款和解冻退还申购款的会计分录。

（1）冻结扣划款的会计分录

借：代买卖证券款　　10 000 000

　　贷：结算备付金——客户　　10 000 000

（2）解冻返还款的会计分录

借：结算备付金——客户　　9 900 000

　　贷：代买卖证券款　　9 900 000

3.定价市值配售新股的核算

定价市值配售新股是每1 000股股票市值配一个号签，然后抽签摇号，中签1个可认购1 000股新股。其会计分录为：

借：代买卖证券款

　　贷：结算备付金——客户

【例8-4】华信证券公司营业部客户用市值配售形式认购新股，中签10个，总价款50 000元，缴款认购时的会计分录为：

借：代买卖证券款　　50 000

　　贷：结算备付金——客户　　50 000

（五）代理客户配股业务的核算

配股是指上市公司根据业务发展需要，依据有关规定和相关程序，按一定比例，向现有股东发行新股募集资金的行为。其核算与买入股票基本相同。

客户配股交款时，证券公司的处理为：

借：代买卖证券款

　贷：结算备付金——客户

【例8-5】华信证券公司客户配股交款（红星股份公司）160 000元。其会计分录为：

借：代买卖证券款　　160 000

　贷：结算备付金——客户　　160 000

（六）代理客户领取现金股利和利息的核算

股利是上市公司对股东的投资回报，股利是不固定的，共有两种形式：现金股利和股票股利。股票股利的发放也称送股，由登记公司直接记入客户的证券账户，无资金往来，所以无须记账核算。

利息主要是指客户持有的上市债券的利息。

现金股利和债券利息的发放是由登记公司通过证券公司发放给客户的。

1.发放现金股利的核算

证券公司代理客户收到现金股利时，会计分录如下：

借：结算备付金——客户

　贷：代买卖证券款

2.证券公司向客户支付资金存款户利息的核算

客户存在证券公司的买卖证券资金，证券公司要为其计息，通常是按季计提，于每年6月30日发放一次。

（1）计提利息时的会计分录

借：利息支出

　贷：应付利息——应付客户资金利息

（2）在6月30日支付利息时的会计分录

借：应付利息——应付客户资金利息

　贷：代买卖证券款

　　　应交税费——利息税

三、代理兑付证券业务核算

（一）代理兑付证券业务认知

代理兑付证券业务是指证券公司接受国家或企业的委托，对其发行的到期债券（包括国库券、国家重点建设债券、金融债券和企业债券等）代理兑付的证券业务。

企业发行的债券按有无记名，可分为记名债券和无记名债券两种。证券公司在代理兑付业务时，两种债券的处理程序是不一样的。

（二）科目设置

1.“代理兑付证券”科目

“代理兑付证券”属于资产类科目，是用来核算证券公司接受委托代理兑付到期的证券。借方登记当委托单位尚未拨付兑付资金而收到客户交来的证券并由企业垫付的兑付金额，以及收到客户交来的无记名证券时的兑付金额，贷方登记向委托单位交回已兑付的证券并收回垫付的资金。该科目期末一般为借方余额，反映企业已兑付但尚未收到委托单位兑付资金的证券金额。该科目可按委托单位和证券种类进行明细核算。

2.“代理兑付证券款”科目

“代理兑付证券款”属于负债类科目，是用来核算证券公司接受委托代理兑付证券收到的兑付资金。其贷方登记公司收到的委托单位的兑付资金，借方登记公司收到客户交来记名证券时的兑付金额和交回无记名证券的金额。该科目期末一般为贷方余额，反映企业已收到但尚未兑付的代理兑付证券款项，可按委托单位和证券种类进行明细核算。

（三）代理兑付业务的会计处理

1.代理兑付无记名证券的会计处理

（1）收到委托单位的兑付资金，其会计分录为：

借：银行存款

　贷：代理兑付证券款

（2）收到客户交来的无记名证券（实物债券），按兑付金额（债券本息）作如下会计分录：

借：代理兑付证券

　贷：银行存款

（3）向委托单位交回已兑付的实物债券，其会计分录为：

借：代理兑付证券款

　贷：代理兑付证券

　　手续费及佣金收入

如果接受委托资金时未包括手续费，则结算手续费时，其会计分录为：

借：应收账款或银行存款

　贷：手续费及佣金收入

（4）如果委托单位尚未拨付兑付资金，并由公司垫付，收到兑付债券等，按兑付金额作如下会计分录：

借：代理兑付证券

　贷：银行存款

（5）向委托单位交回已兑付的证券并收回垫付的资金，其会计分录为：

借：银行存款

　贷：代理兑付证券

（6）收到代理兑付手续费收入，其会计分录为：

借：银行存款

　贷：手续费及佣金收入——代理兑付债券手续费收入

2.代理兑付记名债券的会计处理

（1）收到委托单位的兑付资金，其会计分录为：

借：银行存款

　贷：代理兑付证券款

（2）兑付债券本息，其会计分录为：

借：代理兑付证券款

贷：银行存款

（3）公司收取的代理兑付手续费收入，其会计分录为：

借：应收账款或银行存款

贷：手续费及佣金收入——代理兑付债券手续费收入

（4）如果手续费与兑付款一并汇入，当兑付债券业务完成后，确认手续费收入时的会计分录为：

借：代理兑付证券款

贷：手续费及佣金收入——代理兑付债券手续费收入

（5）代理兑付债券结束后，若委托单位拨来兑付资金有剩余，应退回委托单位。其会计分录为：

借：代理兑付证券款

贷：银行存款

任务三 证券自营业务核算

【任务重点】

自营买卖和期末计价核算。

想一想

华信证券公司自营购买华强公司股票2 000股，实际成本20 000元，后来卖出，总价款（假如不考虑费用）30 000元。请问证券公司应如何进行会计处理？

一、证券自营业务认知

（一）证券自营业务的概念

证券自营业务是指证券公司以自己的名义，使用证券公司的自有资金和依法募集的资金买卖证券，以达到获利目的的业务。

自营业务包含以下3点含义：

第一，自营业务是一种经营行为，为自己买卖证券，通过买卖价差获利。

第二，从事自营业务，该业务证券公司必须首先拥有资金或证券。

第三，作为自营业务的对象，既可以是上市的证券，也可以是非上市的证券。

（二）证券自营业务的特点

1.决策的自主性。证券公司自营买卖业务的首要特点即为决策的自主性，这表现在：

（1）交易行为的自主性。证券公司自主决定是否买入或卖出某种证券。

（2）选择交易方式的自主性。证券公司在买卖证券时，是通过交易所买卖，还是通过其他场所买卖，由证券公司在法规范围内依一定的时间、条件自主决定。

（3）选择交易品种、价格的自主性。证券公司在进行自营买卖时，可根据市场情况，自主决定买卖品种、价格。

2.交易的风险性。风险性是证券公司自营买卖业务区别于经纪业务的另一重要特征。由于自营业务是证券公司以自己的名义和合法资金直接进行的证券买卖活动，证券交易的风险性决定了自营买卖业务的风险性。在证券的自营买卖业务中，证券公司自己作为投资者，买卖的收益与损失完全由证券公司自身承担。而在代理买卖业务中，证券公司仅充当代理人的角色，证券买卖的时机、价格、数量都由证券委托人决定，由此而产生的收益和损失也由委托人承担。

3.收益的不稳定性。证券公司进行证券自营买卖，其收益主要来源于低买高卖的价差，但这种收益不像收取代理手续费那样稳定。

（三）证券自营业务的内容

证券自营业务通常包括买入证券和卖出证券两大类。在证券自营业务操作中涉及自营买入、自营配股派息、自营新股认购、自营卖出等各项业务。

二、自营证券买入业务核算

证券公司买入自营证券形成了证券公司的金融资产，按照证券公司自营买入证券的意图，可以将证券公司自营买入证券分为两类：以公允价值计量且其变动计入当期损益的金融资产和可供出售金融资产。

（一）设置会计科目

1.“交易性金融资产”科目

“交易性金融资产”科目属于资产类科目，用来核算企业为交易目的所持有的债券投资、股票投资、基金投资等交易性金融资产的公允价值。该科目借方登记企业取得交易性金融资产时的公允价值，以及资产负债表日，交易性金融资产的公允价值高于其账面余额的差额（公允价值变动）；贷方登记出售交易性金融资产时转销的该金融资产的账面余额。该科目余额在借方，表示企业持有的交易性金融资产的公允价值。该科目可按交易性金融资产的类别和品种，分别设置“成本”“公允价值变动”等明细科目进行明细核算。

2.“可供出售金融资产”科目

“可供出售金融资产”科目属于资产类科目，用来核算企业持有的可供出售金融资产的公允价值，包括划分为可供出售的股票投资、债券投资等金融资产。该科目借方登记企业取得可供出售金融资产时的公允价值与交易费用之和以及债券投资的利息调整金额；贷方登记出售可供出售金融资产时转销的该金融资产的账面余额以及债券投资的利息调整的金额和资产减值后公允价值变动的金额。期末余额在借方，反映企业持有的可供出售金融资产的公允价值，该科目按可供出售金融资产的类别和品种，分别设置“成本”“利息调整”“应计利息”“公允价值变动”等明细科目进行明细核算。

3.“结算备付金”科目

“结算备付金”科目属于资产类科目，用来核算（证券）企业为证券交易的资金清算与交收而存入指定清算代理机构的款项。企业将款项存入清算代理机构时记入本科目借方；从清算代理机构划回资金时记入本科目贷方。该科目期末余额一般在借方，反映企业存在指定清算代理机构的款项。该科目可按清算代理机构，分别设置“自有”“客户”等明细科目进行明细核算。

（二）自营买入业务的会计处理

1.开立专户

证券公司将自有资金款项存入清算代理机构，按实际金额入账。其会计分录为：

借：结算备付金——自有

贷：银行存款——自有

从清算代理机构收回资金时：

借：银行存款——自有

　贷：结算备付金——自有

2. 自营买入交易性金融资产

证券公司自营买入以公允价值计量且其变动计入当期损益的金融资产时，按其公允价值作为初始确认金额，相关的交易费用计入当期损益。其会计分录为：

借：交易性金融资产——成本（买入时的公允价值）

　　投资收益（买入时发生的交易费用）

　贷：结算备付金

若证券公司购入的证券包含已宣告但尚未发放的股利或分期付息债券利息，其股利或债券利息应通过“应收股利”“应收利息”科目核算。其会计分录为：

借：交易性金融资产——成本

　　应收股利（或应收利息）

　贷：结算备付金

3. 自营买入可供出售金融资产

当证券公司取得可供出售金融资产时，应分别按照股票投资和债券投资进行处理。

如果是股票投资，应当按照取得该金融资产时的公允价值和相关交易费用之和作为初始确认金额。其会计处理为：

借：可供出售金融资产——成本（取得金融资产时的公允价值和相关费用之和）

　　应收股利（支付的价款中包含已宣告但尚未发放的现金股利）

　贷：结算备付金

如果是债券投资，由于债券票面利率和实际利率的差异，致使债券的公允价值与面值不相等。其会计处理有所不同，具体会计分录为：

借：可供出售金融资产——成本（债券面值）

　　应收利息（实际支付价款中包含已到期但尚未领取的债券利息）

　贷：结算备付金

借或贷：可供出售金融资产——利息调整（公允价值和面值的差额）

【例 8-6】华信证券公司自营购买华强公司股票 2 000 股，实际成本 20 000 元。其会计分录为：

借：交易性金融资产——成本	20 000	
贷：结算备付金——自有		20 000

三、自营证券卖出业务核算

（一）证券卖出业务认知

自营业务是证券公司以盈利为目的，为自己买卖证券，并通过买卖价差获利的经营行为。卖出业务是完成证券自营买卖的一个关键环节，只有通过卖出证券才能实现获利的目的。柜台自营卖出业务，其价格是证券公司自行确定的，交易所自营卖出业务其价格是通过自由竞价确定的，随证券市场行情变化而变化。

（二）证券卖出业务核算

1.售出前公允价值没有发生变动

（1）公司卖出证券，按清算日实际收到的金额入账，其会计分录为：

借：结算备付金或银行存款（实际收到的价款）

　贷：交易性金融资产——成本

　　投资收益

（2）公司自营证券中途卖出，可将购买日至卖出日的持有期间应计利息确认为投资收益，其会计分录为：

借：结算备付金（实际收到的价款）

或　银行存款

　贷：交易性金融资产——成本

　　投资收益（买卖持有期间应计利息）

（3）公司自营证券持有至到期兑付本息的会计分录为：

借：结算备付金（兑付的金额）

或　银行存款

　贷：交易性金融资产——成本

　　投资收益（到期兑付的利息）

2.售出前公允价值发生变动

如果公司出售的该笔证券在持有期间存在公允价值变动损益，其会计分录为：

借：结算备付金（实际收到的价款）

　交易性金融资产——公允价值变动（持有期间发生的公允价值变动损失）

　贷：交易性金融资产——成本

　　——公允价值变动（持有期间发生的公允价值变动利得）

　　投资收益（差额）

【例8-7】华信证券公司2018年5月出售一批红旗公司的股票，实际收到金额为50 000元，该批股票的实际成本为44 000元。则该公司卖出股票时：

借：结算备付金——自有　50 000

　贷：交易性金融资产——成本　44 000

　　投资收益　6 000

四、认购新股业务核算

（一）认购新股业务认知

新股认购业务是指证券公司以自有资金，在指定申购时间内通过本公司营业部，根据发行人公告规定的发行价格和申购数量缴足申购款，进行申购操作的业务。

（二）认购新股业务核算

1.证券公司通过网上认购新股，公司申购款被证券交易所从账户中划出并冻结时，其会计分录为：

借：应收账款——应收认购新股占用款

　贷：结算备付金——自有

2.认购新股中签，证券公司在与证券交易所清算中签款项时，按中签的实际成本入账，其会计分录为：

借：交易性金融资产——成本

　贷：应收账款——应收认购新股占用款

同时退回的未中签占用款款项的会计分录为：

借：结算备付金——自有

　贷：应收账款——应收认购新股占用款

网下认购与网上认购的会计处理基本相同，唯一不同就是使用“银行存款”科目。

【例 8-8】华信证券公司通过网上认购中华股份公司发行的新股，交易所扣划申购资金总额100 000元，中签款项为40 000元。

证券公司申购、认购交款及退还申购款的会计分录如下：

（1）现金申购时

借：应收账款——应收认购新股占用款	100 000	
贷：结算备付金——自有		100 000

（2）缴中签部分款项、其余退还

借：交易性金融资产	40 000	
结算备付金——自有	60 000	
贷：应收账款——应收认购新股占用款		100 000

五、配股派息业务核算

（一）配股业务核算

配股是上市公司根据公司发展的需要，依据有关规定和相应程序，旨在向原股东进一步发行新股、筹集资金的行为。按照惯例，公司配股时新股的认购权按照原有股权比例在原股东之间分配，即原股东拥有优先认购权。配股的一大特点，就是新股的价格是按照发行公告发布时的股票市价作一定的折价处理来确定的。

公司因持有股票而享有的配股权，通过网上配股的，在与证券交易所清算配股款时，按实际清缴的配股款入账，其会计分录为：

借：交易性金融资产——成本

　　可供出售金融资产等

　贷：结算备付金

通过网下配股的，按实际支付的配股款入账，其会计分录为：

借：交易性金融资产——成本

　　可供出售金融资产等

　贷：银行存款

（二）派息业务核算

派息是指股份公司在以税后利润弥补以前年度亏损、提取法定盈余公积及任意盈余公积后，将剩余利润以现金或股票的方式，按股东持股比例或按公司章程规定的办法进行分配的行为。

1.因持有股票而分得的股票股利（也称为送股），应于股权登记日，根据本公司持有的股数和送股比例，计算确定本公司分配的股票股利数量，在交易性金融资产“数量”栏中登记。

2.自营股票持有期间取得的现金股利，其会计分录为：

借：结算备付金——自有

　贷：投资收益

六、期末计价业务核算

（一）证券期末计价认知

自营证券期末计价是指期末自营证券在资产负债表上反映的价值，是期末自营证券的账面价值。资产负债表日，证券公司将持有的自营证券的公允价值与其账面余额的差额，直接计入当期损益。证券公司自营证券的期末账面余额的计算，可以采用加权平均法、先进先出法等方法。

（二）证券期末计价核算

期末，证券公司持有的自营证券，公允价值大于其账面余额的，其会计分录为：

借：交易性金融资产——公允价值变动

　贷：公允价值变动损益

如果期末公允价值小于其账面余额的，其会计分录为：

借：公允价值变动损益

　贷：交易性金融资产——公允价值变动

当该证券公司将该股票全部出售时，其会计分录为：

借：银行存款

　　交易性金融资产——公允价值变动

　贷：交易性金融资产——成本

　　　投资收益

【例8-9】2017年5月末，华信证券公司月初以5元/股买入的股票价格涨到11元/股，共10 000股，6月下旬在15元/股时卖出。其会计分录为：

（1）买入时

借：交易性金融资产——成本	50 000	
贷：结算备付金——自有		50 000

（2）期末

借：交易性金融资产——公允价值变动	60 000	
贷：公允价值变动损益		60 000

（3）6月卖出时

借：结算备付金	150 000	
贷：交易性金融资产——成本		50 000
——公允价值变动		60 000
投资收益		40 000

任务四　证券承销业务核算

【任务重点】

掌握全额包销、余额包销和代销方式核算。

想一想

华信证券公司承销广立公司股票2 000万股，承购价6元，双方签订了承销合同。

请问证券公司对该承销业务应如何进行会计核算？需要注意什么问题？

一、证券承销业务认知

（一）证券承销业务含义

证券承销是指具有证券承销业务资格的证券公司，接受证券发行人的委托，在法律规定或约定的时间范围内，利用自己的良好信誉和销售渠道将拟发行的证券发售出去，并因此收取一定比例的承销费用的活动，如代国家发售国库券、国家重点建设债券，代企业发行的集资债券和股票、基金等。

（二）证券承销业务方式

证券承销业务是证券公司的主要业务之一，根据公司与发行人确定的发售方式有全额包销方式、余额包销方式和代销方式3种。

二、全额包销方式承销业务核算

（一）全额包销方式承销业务认知

全额包销方式是指证券公司与证券发行单位签订合同或协议，由公司按合同或协议确定的价格将证券从发行单位购进，并马上向发行单位支付全部款项，然后再按市场条件转售给投资者的证券承销方式。

全额包销方式承销的特点：

第一，承销的证券公司与发行人之间是一种买卖关系，而不是代理关系。

第二，承销的证券公司赚取的利润来源于其购买与销售证券之间的差价，而不是承销手续费。

第三，发行人在向承销的证券公司出售其证券的同时即已取得全部价款。

采用此种方式，证券公司要承担全部发行风险，但可确保发行单位及时获得所需的资金。证券公司向发行单位承购证券的价格可能低于或等于或高于证券面值，由双方在协议里确定，但发售价格由证券公司确定，发行单位原则上不干预。

（二）会计科目设置

1.“代理承销证券”科目

“代理承销证券”属于资产类科目，用来核算证券公司在采用全额承购包销方式下，收到委托发行的股票、债券等证券时以公允价值计量且其变动计入当期损益的公允价值。其借方登记收到发行人委托代理承销证券时的承购价，贷方登记发行期结束后结转的已销售代理承销证券的成本。其借方余额表示未发售证券的公允价值。本科目按委托单位和代发行证券的种类设置明细账。

2.“手续费及佣金收入”科目

“手续费及佣金收入”属于损益类科目，用来核算证券公司在采用全额包销方式下，出售代承销证券时确认的收益或损失。其贷方登记在承销期结束后承销证券的发行价大于承购价的差价，借方登记在承销期结束后发行价小于承购价的差价。期末，应将本科目发生额转入“本年利润”科目，结转后应无余额。

（三）全额包销方式承销业务的会计处理

1.证券公司根据协议将证券全部认购，并按承购价向发行单位支付全部证券款项，其会计分录为：

借：代理承销证券

　贷：银行存款

　或　应付账款

2.将证券转售给投资者，按承销价与承购价之间的差额作手续费及佣金收入，其会计分录为：

借：银行存款或结算备付金——自有

　贷：代理承销证券

　　手续费及佣金收入

3.当发行期结束，将未发售完的证券结转自营证券，其会计分录为：

借：交易性金融资产或可供出售金融资产、长期股权投资等

　贷：代理承销证券

【例8-10】华信证券公司代理开成公司全额包销股票10 000 000股，承购价为5元/股，发行价为6元/股，已按承购价支付价款。当发行期结束时股票已全部发售。（假设其他费用忽略不计）手续费率为2‰。

华信证券公司的处理如下：

接受股票时：

借：代理承销证券　50 000 000

　贷：银行存款　50 000 000

将证券转售给投资者，其会计分录如下：

借：银行存款　60 000 000

　贷：代理承销证券　50 000 000

　　手续费及佣金收入——差价收入　10 000 000

三、余额包销方式承销业务核算

（一）余额包销方式承销业务认知

余额包销方式是指证券公司与委托发行单位签订合同或协议，由证券公司代理委托单位发行证券，在证券发行期内未售出的证券一般由证券公司购入作为自有证券。余额包销方式的承销商要承担部分发行风险。

余额包销方式承销的特点：

第一，承销的证券公司与发行人之间总体上是一种代理关系，但在承销期限届满后如发生由承销的证券公司购买全部剩余证券的情况，则二者之间的关系就转变为买卖关系。

第二，承销的证券公司所取得的收益主要来自于承销手续费。

（二）会计科目设置

1.“代理承销证券款”科目

“代理承销证券款”科目属于负债类科目，用来核算证券经营机构采用代销方式或余额包销方式下所形成的、应付证券发行人的承销资金。其借方登记证券公司向委托方（发

行人）结算的承销价；贷方登记证券公司与证券交易所交割清算的实收金额。其贷方余额表示在代理发行期间尚未向委托单位支付代发行证券的认购款项，但在发行期结束付清款项后该科目应无余额。本科目按委托单位和证券种类进行明细核算。

2.“手续费及佣金收入”科目

“手续费及佣金收入”科目属于损益类科目，用来核算证券公司确认的办理承销证券业务取得的手续费及佣金收入，贷方登记在承销业务中确认的应收手续费金额。期末应将本科目发生额转入“本年利润”科目，结转后本科目应无余额。

（三）余额包销方式下承销业务的会计处理

证券公司以余额包销方式经办承销业务的，应在收到代发行人发售的证券时，根据承销合同确认的证券发行总额，按承销价款，在备查簿中记录承销证券情况。在发行期结束后，如有未售出的证券，应按约定的发行价格转为公司的自有证券。代发行证券的手续费收入，应于发行期结束后，与发行人结算发行价款时确认。

第一，证券公司在收到委托单位委托发行的证券时，应按约定的承销价格，在备查簿中记录承销的证券情况。

第二，在约定的期限内售出，证券公司与证券交易所交割清算时，其会计分录为：

借：银行存款或结算备付金

　贷：代理承销证券款

第三，未售出部分按规定由证券公司认购，转为金融资产管理，其会计分录：

借：交易性金融资产

或　可供出售金融资产等

　贷：代理承销证券款

第四，在承销期结束后，证券公司将所募集资金付给委托单位，并收取手续费，其会计分录为：

借：代理承销证券款

　贷：银行存款

　　手续费及佣金收入

【例 8-11】华信证券公司余额包销开成公司股票 10 000 000 股，发行价为 6 元/股，手续费率为 2‰，在发行期结束时发售了 90% 的股票，价款已支付（假设其他费用忽略不计）。

华信证券公司的会计处理如下：

（1）收到委托单位委托发行的证券，按约定的承销价格，在备查簿中记录承销的证券情况。

（2）出售股票时，其会计分录为：

借：银行存款	54 000 000	
贷：代理承销证券款		54 000 000

（3）在承销期结束后，支付价款，并收取手续费，其会计分录为：

借：代理承销证券款	60 000 000	
贷：银行存款		59 880 000
手续费及佣金收入		120 000

（4）未售出部分按规定由证券公司认购，转为金融资产管理，其会计分录为：

借：交易性金融资产　　6 000 000

　贷：代理承销证券款　　6 000 000

四、代销方式承销业务核算

（一）代销方式承销业务认知

代销方式是指证券公司代发行人按照规定的条件，在约定的期限内发售证券，在承销期结束时，将未售出的证券全部退还给发行人的承销方式。代销证券的证券公司向委托人收取手续费，不承担任何发行风险。

代销方式承销的特点：

第一，发行人与承销商之间建立的是一种委托代理关系。在代销过程中，未售出证券的所有权属于发行人，承销商仅是受委托办理证券销售事务。

第二，承销商作为发行人的推销者，不垫付资金，对不能售出的证券不负任何责任，证券发行的风险基本上由发行人自己承担。

第三，由于承销商不承担主要风险，相对于包销而言，其所得收入（手续费）也少。

（二）会计科目设置

在代销方式承销业务中，应设置“代理承销证券款”和“手续费及佣金收入”等科目。

（三）代销方式承销业务的会计处理

证券公司以代销方式经办承销业务的，应在收到代发行人发售的证券时，根据承销合同确认的证券发行总额，按承销价款，在备查簿中记录承销证券情况；代发行证券的手续费收入，应于发行期结束后，与发行人结算发行价款时确认，并将未售出的证券退还给委托单位，并冲销在备查簿中登记的承销证券。

第一，证券公司通过证券交易所网上发行证券，在证券网上发行日根据承销合同确认证券发行总额，按承销价在备查簿中记录承销证券的情况。

第二，在网上发行结束后，证券公司与证券交易所交割清算，按网上发行数量和承销价格计算的承销款项减去上网费用，其会计分录为：

借：结算备付金——自有

　　应收账款——应收代垫委托单位上网费

　贷：代理承销证券款

第三，证券公司将发行证券款项交给委托单位，并收取发行手续费和代垫上网费用，会计分录为：

借：代理承销证券款

　贷：应收账款——应收代垫委托单位上网费

　　　手续费及佣金收入

　　　结算备付金——自有

第四，在发行期结束后，证券公司将未售出的代承销证券退还委托单位。同时，销记在备查簿中登记的承销证券。

【例 8-12】承【例 8-11】资料，华信证券公司的账务处理前两步相同，在发行期结束后与委托单位结算的会计分录为：

借：代理承销证券款　　54 000 000

贷：手续费及佣金收入　　108 000

　　结算备付金　　53 892 000

同时将未发行完的股票退回，并销记备查登记簿。

任务五　融资融券业务核算

【任务重点】

掌握融资业务核算以及融券业务核算。

想一想

2017年6月1日某客户融资买入沪市股票A10 000股，成交价为10元/股，手续费为100元，过户费为10元。请问证券公司应该如何进行核算？

一、融资融券业务认知

（一）融资融券的含义

“融资融券”又称“证券信用交易”，是指投资者向具有证券交易所会员资格的证券公司提供担保物，借入资金并买入交易所上市证券或借入交易所上市证券并卖出的行为。融资融券业务是指通常投资者在看涨时，从证券公司借入资金低价买入证券再高价卖出；在看跌时，从证券公司借入证券高价卖出再低价买回，从而获得收益的交易方式。

（二）相关概念

1. 标的证券，可作为融资买入或融券卖出的标的证券，其中包括：符合上交所、深交所规定的股票；证券投资基金；债券；其他证券。

2. 折算率，充抵保证金的有价证券，在计算保证金金额时应当以证券市值的一定折算率进行折算。

3. 保证金，投资者参与融资融券业务必须向证券公司缴纳一定比例的保证金，保证金可以证券充抵，充抵保证金的证券与客户融资买入的全部证券和融券卖出所得的全部价款，分别存放在客户信用交易担保证券账户和客户信用交易担保资金账户，作为对该客户融资融券所生债权的担保物。

4. 维持担保比例，是指客户担保物价值与其融资融券债务之间的比例，其计算公式为：

$$\text{维持担保比例} = \left(\text{现金} + \text{信用证券账户内证券市值}\right) \div \left(\text{融资买入金额} + \text{融券卖出证券数量} \times \text{市价} + \text{利息及费用}\right)$$

5. 强制平仓，是指当投资者未按规定补足担保物或到期末未偿还债务时，将被证券公司立即强制平仓，平仓所得资金优先用于偿还客户所欠债务，剩余资金计入客户信用资金账户。该指令由证券公司总部发出，且发出平仓指令的岗位和执行平仓岗位的指令，不得由同一人兼任，其操作应当留痕。

6. 保证金可用余额，是指投资者用于充抵保证金的现金、证券市值及融资融券交易产生的浮盈经折算后形成的保证金总额，减去投资者未了结融资融券已占用保证金和相关利息、费用的余额。

二、融资业务核算

(一)融资业务的含义

融资业务是指客户以其信用账户的资金或证券作为担保品，向证券公司申请融资买入，是一种保证金买长交易，又叫多头或买空。通常是看涨的股票买卖者在缴纳一部分保证金后，由证券公司为其买入某种股票。

融资业务是客户在证券价格低位时缴纳保证金从证券公司借入资金买入证券，以便在证券价格走高之后卖出，在归还证券公司借入资金的同时赚取差价。融资协议期最长不超过6个月。

(二)会计科目设置

在融资业务中，证券公司应设置“银行存款——客户信用资金、自有信用资金”“结算备付金——信用备付金（总公司）”“融出资金”“应收利息——融资融券业务利息”“代理买卖证券款——信用交易”“手续费及佣金收入——融资融券代理买卖证券收入”“利息收入——融资（融券）利息收入”“手续费及佣金支出——融资融券代理买卖证券支出”等科目。

(三)融资业务会计处理

在融资买入证券后，证券公司要记入客户信用证券账户；账户中同时记入一笔资金负债。

1.客户在向证券公司申请融资时，要先按规定交存保证金。证券公司在收到客户交存的保证金时，其会计分录为：

借：银行存款——客户信用资金

　贷：代理买卖证券款——信用交易

如果证券公司收取的是保证券，则证券公司不作会计处理。证券公司对于客户提交的保证券应采用逐日盯市的原则进行每日评估，当保证券的余额不足时，证券公司有权要求客户立刻补足担保品，既可以是现金，又可以是股票，只要使担保品价值足额即可。

2.按协议，证券公司融资给客户，其会计分录为：

借：融出资金

　贷：代理买卖证券款——信用交易

借：银行存款——客户信用资金

　贷：银行存款——自有信用资金

3.客户动用信用资金买入证券时，其会计分录为：

借：代理买卖证券款——信用交易

　贷：银行存款——客户信用资金

借：手续费及佣金支出——融资融券代理买卖证券支出

借或贷：结算备付金或银行存款——自有信用资金

　贷：手续费及佣金收入——融资融券代理买卖证券收入

4.融资到期，客户以卖券还款或者直接还款的方式偿还融资。

客户以存管信用证券账户卖出证券（包括公司根据合同约定对担保证券采取强制平仓）的资金先归还公司融资款，余额转入客户信用资金账户，其会计分录为：

借：银行存款或结算备付金——客户

　贷：代理买卖证券款——信用交易

借：手续费及佣金支出——融资融券代理买卖证券支出

借或贷：结算备付金或银行存款——自有信用资金

　贷：手续费及佣金收入——融资融券代理买卖证券收入

当客户归还融资时，扣减信用交易代理买卖证券款，归还融出资金。

借：代理买卖证券款——信用交易

　贷：融出资金

借：银行存款——自有信用资金

　贷：银行存款——客户信用资金

如果客户直接用其信用资金存款归还融资，需要先转入客户保证金账户，然后进行还款，其账务处理大致相同。

5.计收融资客户利息、罚息及其他费用的账务处理。

根据权责发生制原则，证券公司按月计提融出资金的应收利息，同时收取客户管理费，其会计分录为：

借：应收利息——融资融券业务利息

　贷：利息收入——融资融券利息收入

借：其他应收款——应收融资融券客户款

　贷：其他业务收入——融资融券业务管理费收入

当收到客户融资利息、罚息及其他费用时，其会计分录为：

借：代理买卖证券款——信用交易

　贷：应收利息——融资融券业务利息

　　　其他应收款——应收融资融券客户款

借：银行存款——自有信用资金

　贷：银行存款——客户信用资金

【例8-13】2017年11月1日假设大盘指数在1 800点（假设为相对低位）时，华信证券公司融出资金1 000 000元给乙客户。乙客户以5元/股的单价买了200 000股A公司股票，年利率为8%，期限为6个月，首期交割日为2017年11月1日，到期交割日为2018年4月30日。乙客户向华信证券公司支付50%的保证金500 000元。

假定2018年4月30日，乙客户通过交易所撮合交易以10元/股的单价卖出A公司股票100 000股，假设佣金率为1‰，手续费及佣金支出综合费率为0.2‰。

（1）乙客户向华信证券公司按规定交存保证金时，其会计分录为：

借：银行存款——客户信用资金	500 000	
贷：代理买卖证券款——信用交易		500 000

（2）2017年11月1日华信证券公司融资给客户，其会计分录为：

借：融出资金	1 000 000	
贷：代理买卖证券款——信用交易		1 000 000
借：银行存款——客户信用资金	1 000 000	
贷：银行存款——自有信用资金		1 000 000

（3）乙客户动用信用资金买入证券时，其会计分录为：

借：代理买卖证券款——信用交易　　1 001 000
　贷：结算备付金——客户　　1 001 000
借：手续费及佣金支出——融资融券代理买卖证券支出　　200
　　结算备付金——自有　　800
　贷：手续费及佣金收入——融资融券代理买卖证券收入　　1 000

（4）2018年4月30日乙客户通过交易所撮合交易以10元/股的单价卖出A公司股票100 000股，其会计分录为：

借：结算备付金——客户　　999 000
　贷：代理买卖证券款——信用交易　　999 000
借：手续费及佣金支出——融资融券代理买卖证券支出　　200
　　结算备付金——自有　　800
　贷：手续费及佣金收入——融资融券代理买卖证券收入　　1 000

当客户归还融入资金时，其会计分录为：

借：代理买卖证券款——信用交易　　1 000 000
　贷：融出资金　　1 000 000
借：银行存款——自有信用资金　　1 000 000
　贷：银行存款——客户信用资金　　1 000 000

（5）证券公司计提融出资金的应收利息，同时收取客户管理费，其会计分录为：

借：应收利息——融资融券业务利息　　40 000
　贷：利息收入——融资融券利息收入　　40 000
借：其他应收款——应收融资融券客户款　　1 000
　贷：其他业务收入——融资融券业务管理费收入　　1 000

当收到客户融资利息、罚息及其他费用时，其会计分录为：

借：代理买卖证券款——信用交易　　41 000
　贷：应收利息——融资融券业务利息　　40 000
　　　其他应收款——应收融资融券客户款　　1 000
借：银行存款——自有信用资金　　41 000
　贷：银行存款——客户信用资金　　41 000

三、融券业务核算

（一）融券业务的含义

融券业务是指客户以其信用账户中的资金或证券作为担保品，向证券公司申请融券卖出，是一种保证金卖短交易，又叫空头或卖空。通常是看跌的股票买卖者在缴纳一部分保证金后，通过证券公司为其借入某种股票并卖出。

融券业务就是在证券价格高位时客户缴纳保证金并从证券公司借入证券，然后卖出，以便在证券价格走低之后低价买回同种证券，在归还证券公司借入证券的同时赚取差价。

（二）融券业务的会计处理

融券卖出收到资金进入客户信用资金账户，在账户中记入一笔证券负债。其核算应设立与自营业务相区别的交易性金融资产融券账户、银行存款账户、公允价值变动损益账户。不得与自营业务混淆使用。

1.客户向证券公司申请融券时，要先按规定交存保证金。证券公司收到客户交存的保证金时，其会计分录为：

借：银行存款——客户信用资金

贷：代理买卖证券款——信用交易

2.证券公司将自营账户的证券划转到融券专用证券账户上，其会计分录为：

借：可供出售金融资产——融券专用证券（成本）

贷：可供出售金融资产——成本

借（或贷）：可供出售金融资产——融券专用证券（公允价值变动）

贷（或借）：可供出售金融资产——公允价值变动

3.证券公司融券转账，其会计分录为：

借：融出证券——成本

借（或贷）：融出证券——公允价值变动

贷：可供出售金融资产——融券专用证券（成本）

贷（或借）：可供出售金融资产——融券专用证券（公允价值变动）

4.融券卖出，其会计分录为：

借：结算备付金——客户

贷：代理买卖证券款——信用交易

借：手续费及佣金支出——融资融券代理买卖证券支出

结算备付金——自有

贷：手续费及佣金收入——融资融券代理收入

5.到期买券，其会计分录为：

借：代理买卖证券款——信用交易

贷：结算备付金——客户

借：手续费及佣金支出——融资融券代理买卖证券支出

结算备付金——自有

贷：手续费及佣金收入——融资融券代理买卖证券收入

6.还券时，其会计分录为：

借：可供出售金融资产——融券专用证券（成本）

借（或贷）：可供出售金融资产——融券专用证券（公允价值变动）

贷：融出证券——成本

贷（或借）：融出证券——公允价值变动

7.计提利息、费用，其会计分录为：

借：应收利息——融资融券业务利息

贷：利息收入——融资融券利息收入

借：其他应收款——应收融资融券客户款

贷：其他业务收入——融资融券业务管理费收入

当收到客户融资利息、费用时，其会计分录为：

借：代理买卖证券款——信用交易

贷：应收利息——融资融券业务利息

贷：其他应收款——应收融资融券客户款

借：银行存款——自有信用资金

贷：银行存款——客户信用资金

8.融券证券转入自营证券，其会计分录为：

借：可供出售金融资产——成本

借（或贷）：可供出售金融资产——公允价值变动

贷：可供出售金融资产——融券专用证券（成本）

贷（或借）：可供出售金融资产——融券专用证券（公允价值变动）

任务六 其他证券业务核算

【任务重点】

掌握受托资产管理业务核算和回购业务核算。

想一想

华信证券公司通过上海证券交易所逆回购融入标准券1 000万元，回购交易品种为R28（28天回购），成交收益率为3.6%。请问证券公司在回购买入证券时和到期返售证券时将如何进行会计处理？

一、其他证券业务的内容

其他证券业务是指经批准在国家许可范围内经营的除自营、经纪、承销等主营证券业务以外的一些与证券交易有关的业务。这些业务进一步拓展了融资方的资金融通和投资方的投资渠道，提高了证券的流动性、交易的安全性，使证券交易市场更为活跃。

证券公司其他业务主要包括受托资产管理业务、证券回购业务等。

二、受托资产管理业务核算

（一）受托资产管理业务认知

1.受托资产管理业务的含义

受托资产管理业务是指证券公司接受委托，负责经营管理受托资产的业务。证券公司受托经营管理的资产，应按实际受托资产的款项，同时确认为一项资产和一项负债；证券公司对受托管理的资产进行证券买卖，按代买卖证券业务的会计核算进行处理；当合同到期时，证券公司与委托单位结算收益或损失，按合同规定的比例计算的由证券公司享有的收益或承担的损失，应确认为当期的收益或损失。

2.受托资产管理业务的原则

证券公司从事受托资产管理业务，应当遵循以下原则：

第一，公平、公正原则。

第二，诚实守信，审慎尽责原则。

第三，坚持公平交易，避免利益冲突，禁止利益输送，保护客户合法权益原则。

（二）会计科目设置

1.“代理业务资产”科目

“代理业务资产”科目属于资产类科目，用来核算由企业不承担风险的代理业务形成的资产，包括受托理财业务进行的证券投资和受托贷款等。该科目借方登记代理业务资金购买证券的成本，贷方登记证券售出的成本，期末借方余额反映企业代理业务资产的价值。“代理业务资产”科目可按委托单位、资产管理类别等分别设置“成本”，“已实现未结算损益”等明细科目进行明细核算。

2.“代理业务负债”科目

“代理业务负债”科目属于负债类科目，用来核算企业不承担风险的代理业务收到的款项，包括受托投资资金、受托贷款资金等。该科目贷方登记企业收到代理业务的款项，借方登记按规定划转、核销或退还代理业务的资金等，期末贷方余额反映企业收到的代理业务资金。“代理业务负债”科目可按委托单位、负债管理类别分别进行明细核算。

（三）受托资产管理业务的会计处理

1.证券公司收到委托单位汇入款项，其会计分录为：

借：银行存款

　贷：代理业务负债

2.证券公司将资金划入清算公司账户，其会计分录为：

借：结算备付金——客户

　贷：银行存款——客户

3.证券公司用受托资金购买证券，其会计分录为：

借：代理业务资产——成本

　贷：结算备付金——客户

4.证券公司将购买的证券卖出，其会计分录为：

借：结算备付金——客户

　贷：代理业务资产——成本

　　　　　　　　——已实现未结算损益

5.证券公司与委托单位结算，如为收益，其会计分录为：

借：代理业务资产——已实现未结算损益

　贷：代理业务负债

　　手续费及佣金收入

证券公司与委托单位结算，如为损失，其会计分录为：

借：代理业务负债

　手续费及佣金支出

　贷：代理业务资产——已实现未结算损益

如果证券公司在不承担损失风险的情况下，不论盈亏，证券公司都收取管理报酬，其会计分录为：

借：代理业务负债

　贷：代理业务资产——已实现未结算损益

　　手续费及佣金收入

6.证券公司到期退还委托管理的资金及损益，其会计分录为：

借：代理业务负债

贷：银行存款

【例8-14】华信证券公司接受A公司委托为其进行资产管理，6月1日收到A公司汇入资金1 500 000元。6月10日华信证券公司用委托资金购入股票，实际成本为900 000元。7月10日华信证券公司将购入的股票售出，扣除佣金和印花税后实际收入为960 000元。7月底合同到期，华信证券公司与A公司结算时，根据合同规定，华信证券公司获得资产管理手续费收入为总收益的20%，A公司获得总收益的80%，在合同到期后华信证券公司将资金和资产管理收益退还给A公司。华信证券公司的会计分录如下：

（1）6月1日收到委托单位汇入款项，其会计分录为：

借：银行存款——受托管理客户存款　　1 500 000

　贷：代理业务负债　　1 500 000

（2）将委托资金款项划入清算公司，其会计分录为：

借：结算备付金——受托管理客户备付金——A公司　　1 500 000

　贷：银行存款——受托管理客户存款　　1 500 000

（3）6月10日用受托资金购买证券，其会计分录为：

借：代理业务资产——A公司（成本）　　900 000

　贷：结算备付金——受托管理客户备付金——A公司　　900 000

（4）7月10日出售股票时，其会计分录为：

借：结算备付金——受托管理客户备付金——A公司　　960 000

　贷：代理业务资产——A公司（成本）　　900 000

　　　　——A公司（已实现未结算损益）　　60 000

（5）7月底，合同到期与A公司结算，其会计分录为：

借：代理业务资产——A公司（已实现未结算损益）　　60 000

　贷：手续费及佣金收入——受托资产管理业务收入　　12 000

　　　代理业务负债——A公司　　48 000

（6）合同到期时，退还A公司的资金及收益，其会计分录为：

借：代理业务负债——A公司　　1 548 000

　贷：银行存款——A公司　　1 548 000

三、证券回购业务核算

（一）证券回购业务认知

证券回购业务是指证券交易商或投资者在卖出某种证券的同时，约定在将来的某一确定日期以事先确定的价格再将该等量证券购回的交易；或者相反，证券交易商或投资者在买入某种证券的同时，约定在将来的某一确定日期以事先确定的价格再将该等量证券售出的交易。

前者称为回购交易，后者称为逆回购交易。回购交易涉及两方：卖出证券融入资金的一方可称为融资方；买入证券融出资金的一方可称为融券方。回购交易从其实际结果来看，是一种以证券为抵押品拆借资金的信用行为。

（二）买入返售证券业务核算

买入返售证券业务是指证券公司与其他企业以合同或协议的方式，按一定价格买入证券，到期日再按合同规定的价格将该批证券返售给其他企业，以获取买入价和卖出价的差价收入的业务。证券公司应于买入某种证券时，按实际发生的成本确认为一项资产；证券在到期返售时，按返售价格与买入成本价格的差额，确认为当期收入。

1.公司通过国家规定的场所买入证券，按实际支付的款项，其会计分录为：

借：买入返售金融资产

　贷：结算备付金——自有

2.公司证券到期返售，应按实际收到的金额，其会计分录为：

借：结算备付金——自有

　贷：买入返售金融资产

　　应收利息

　　利息收入（差额）

【例8-15】华信证券公司与客户签订协议，从深圳证券交易所买入国债2 000 000元，合同买入价为每百元212元，合同返售价为每百元220元，期限为3个月。根据上述业务，华信证券公司所做的会计处理如下：

购入时：

借：买入返售金融资产	4 240 000	
贷：结算备付金——自有		4 240 000

返售时：

借：结算备付金——自有	4 400 000	
贷：买入返售金融资产		4 240 000
利息收入（差额）		160 000

（三）卖出回购证券业务核算

卖出回购证券业务是指证券公司与其他企业以合同或协议的方式，按一定价格卖出证券，到期日再按合同规定的价格买回该批证券，以获得在一定时期内资金的使用权的业务。证券公司应于卖出证券时，按实际收到的款项确认为一项负债；证券到期购回时，按实际支付的款项与卖出证券时实际收到的款项的差额，确认为当期费用。

1.公司通过国家规定的场所卖出证券，按实际收到的款项，其会计分录为：

借：结算备付金——自有

　贷：卖出回购金融资产款

2.公司到期购回该批证券，按实际支付的款项，其会计分录为：

借：卖出回购金融资产款

　利息支出（差额）

　贷：结算备付金——自有

【例8-16】华信证券公司与客户签订合同，从深圳证券交易所卖给客户国债2 000 000元，合同卖出价为每百元102元，合同回购价为每百元105元，期限为6个月。华信证券公司的会计处理如下：

卖出时：

借：结算备付金——自有	2 040 000	
贷：卖出回购金融资产款		2 040 000

到期购回该批证券时：

借：卖出回购金融资产款　　2 040 000
　　利息支出（差额）　　60 000
　贷：结算备付金——自有　　2 100 000

同步训练

☞**思考训练**

1.证券业务核算有什么特点？

2.如何进行自营业务的核算？

3.经纪业务包括哪些内容？应该如何核算？

4.承销业务有哪些方式？这些方式应该如何核算？

5.什么是融资融券？应该如何核算？

6.回购业务如何核算？

7.资产管理业务如何核算？

☞**业务训练**

目的：能熟练操作证券业务的会计处理。

资料：某证券公司发生下列经济业务：

1.通过上海证交所购买某股票2 000股，实际成本24 000元。

2.通过上海证交所售出甲公司债券，实际收到价款10 000元，成本6 000元。

3.向客户融资1 000 000元。

4.收到海瑞公司代理兑付债券资金2 000 000元。

5.从上海证交所购入返售国债200 000元。

6.通过上海证交所卖出回购国债300 000元。

7.代理客户买卖证券，清算差额为卖出大于买入200 000元。

8.以全额承购包销方式接受发行股票10 000 000股，每股承购价5元，款项已支付。

9.收到受托管理的资金20 000 000元。

10.卖出债券归还融资款1 000 000元，利息30 000元。

11.代理兑付客户记名债券面值20 000 000元，利息80 000元。

12.以转账方式收到代理手续费5 000元。

13.认购新股，中签金额为2 000 000元。

14.购买的股票期末每股上涨2元，共2 000股。

15.办理融资融券业务，今日融券给客户100 000股，价值1 000 000元。

要求：根据上述业务进行会计处理，并填制有关记账凭证。

模块四　保险公司会计实务

模块概览

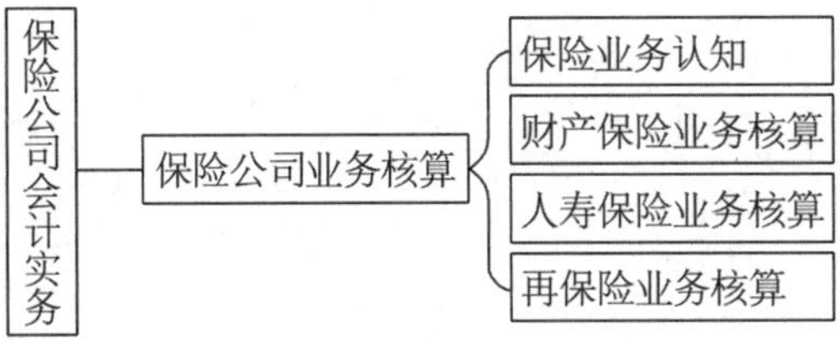

项目九　保险公司业务核算

【知识目标】

1.了解保险公司会计的含义；

2.了解保险业务核算的种类和特点；

3.明确财产保险业务、人寿保险业务和再保险业务的核算特点。

【技能目标】

1.能准确判断各项保险业务；

2.会恰当运用各类会计处理方法；

3.能正确组织开展保险会计核算工作。

任务一　保险业务认知

【任务重点】

掌握概念、类型及特征。

想一想

2017年4月的某一天，客户李东前来咨询：父母已经缴纳基本医疗保险，不确定是否需要购买重大疾病保险的事宜，请问你如何为李东解答？

一、保险认知

（一）保险的含义

保险是指投保人根据合同约定，向保险人支付保险费，保险人对于合同约定的可能发生的事故因其发生所造成的财产损失承担赔偿保险金责任，或者当被保险人死亡、伤残、疾病或者达到合同约定的年龄、期限时承担给付保险金责任的行为。通常保险主要包括政策性保险与商业保险。政策性保险一般有社会福利性质，甚至带有强制性，主要有社会保险、机动车交通事故责任强制保险（交强险）等。商业保险具有商业性质，不具有强制性，其实是一种金融产品。这里仅指商业保险。

从经济角度看，保险是分摊意外事故损失的一种财务安排；从法律角度看，保险是一种合同行为，是一方同意补偿另一方损失的一种合同安排；从社会角度看，保险是社会经济保障制度的重要组成部分，是社会生产和社会生活“精巧的稳定器”；从风险管理角度看，保险是风险管理的一种方法。

（二）保险的分类

1.根据保险标的不同，保险可分为财产保险和人身保险

财产保险是指以财产及其相关利益为保险标的的保险，包括财产损失保险、责任保险、信用保险、保证保险、农业保险等。它是以有形或无形财产及其相关利益为保险标的

的一类补偿性保险。

人身保险是以人的寿命和身体为保险标的的保险。当人们遭受不幸事故或因疾病、年老以致丧失工作能力、伤残、死亡或年老退休时，根据保险合同的约定，保险人对被保险人或受益人给付保险金或年金，以解决其因病、残、老、死所造成的经济困难。

2.根据合同关系人不同，保险可分为原保险和再保险

原保险是指保险人直接承保并与投保人签订保险合同，构成保险人权利和义务的保险。它是由投保人与保险人之间直接签订保险合同而形成的保险关系，即投保人将风险转嫁给保险人，具体分为寿险和非寿险。

再保险又称分保，是指保险公司在直接承保合同的基础上，通过签订分保合同，将其所承保的部分风险和责任向其他保险公司进行保险的行为，即对保险人的保险。共同保险也称共保，是指由两个或两个以上的保险人同时联合直接承保同一保险标的、同一保险利益、同一保险事故，而保险金额之和不超过保险价值的保险。

二、保险合同认知

保险人的主要经营对象是保险风险，保险人承担的被保险人风险是通过与投保人签订的保险合同体现的。

保险合同是指保险人与投保人约定保险权利义务关系，并承担源于被保险人保险风险的协议，其中，保险人是指与投保人订立保险合同，并承担赔偿或者给付保险金责任的保险公司。

保险合同分为原保险合同和再保险合同。

原保险合同是指保险人向投保人收取保费，对约定可能发生的事故因其发生所造成的财产损失承担赔偿保险金责任，或者当被保险人死亡、伤残、疾病或者达到合同约定的年龄、期限时承担给付保险金责任的保险合同。

根据保险人在原保险合同延长期内是否承担赔付保险金责任，应将原保险合同分为寿险原保险合同和非寿险原保险合同。

如果保险人在原保险合同延长期内承担赔付保险金责任，那么该原保险合同为寿险原保险合同；如果保险人在原保险合同延长期内不承担赔付保险金责任，那么该原保险合同为非寿险原保险合同，具体内容如图9-1所示。

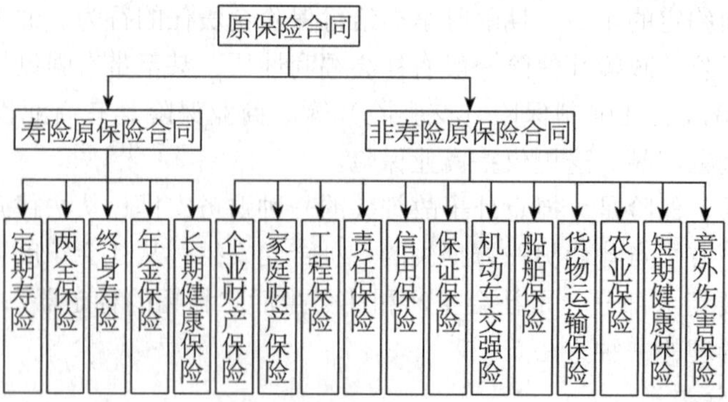

图9-1 原保险合同内容

三、保险业务核算的特点

保险公司作为金融机构组织体系的重要组成部分，其业务的特殊性决定了其会计核算

也有着显著的特殊性，具体表现在：

1.在会计核算中按险种类别划分，各险种类别独立建账，独立核算盈亏

因为保险公司所经营的各项业务按险种类别划分，各类别之间在业务经营期限、币种、赔付方式、收费方式上都存在很大差别，所以财产保险、人身保险和再保险业务应分开经营，分别进行会计核算。

2.特殊的资产构成

在保险公司的流动资产中实物形态的资产很少，其收到的保费形成的保险基金以银行存款、债券等形式进行投资，而且根据有关规定，保险公司一经成立，必须将其注册资本总额的20%作为法定保证金存入保险监管部门指定的银行，除公司清算时用于清偿债务外，不得动用。这一规定也体现了保险公司资产构成的特殊性，即以金融资产为主。

3.特殊的负债构成

保险公司的负债，除了一般的结算性、金融性负债外，还包括为履行其未来理赔或给付责任而从保费中提存的准备金。保险种类不同，准备金也不同，主要有未决赔款准备金、未到期责任准备金、长期责任准备金、寿险责任准备金、长期健康险责任准备金、保险保障基金和存入分保准备金。

4.特殊的所有者权益

保险公司的所有者权益项目，除和其他企业具有相同的内容外，还包括一项重要内容，即总准备金，它是从税后利润中提取的。

5.年终决算要估算未决赔款准备金和未到期责任准备金

由于保险公司在会计年度末还承担着未到期责任和未决赔款责任，这些责任要在以后年度内履行，因此，根据权责发生制要求，在年度终了决算时需要估算未到期责任准备金和未决赔款准备金等，从当年收益中提出，作为下年的收入。

任务二　财产保险业务核算

【任务重点】

掌握保费收入、赔付支出和准备金核算

想一想

2017年6月29日，晋华保险公司与客户签订了一份财产保险合同，合同于7月1日零时起生效。客户于6月30日凌晨所投保的财产发生火灾，损失财产约200余万元。晋华保险公司应如何处理？该财产是否属于赔付范围？

一、财产保险业务认知

（一）财产保险的含义

财产保险是以物质财富及其相关的利益作为保险标的的保险。财产保险可分为广义财产保险和狭义财产保险。广义的财产保险是指以财产或其他有关利益为标的的各种保险。这里的财产是指建筑物、货物、运输工具、农作物等有形财产，有关利益是指运费、预期利益、权益、责任、信用等无形财产。狭义的财产保险是指以财产为标的的各种保险，如企业财产、家庭财产、运输货物、运输工具等保险。目前我国主要有火灾保险、汽车保

险、船舶保险、货运保险、航空航天保险、农业保险、出口信用保险和其他财产保险等。

（二）财产保险业务核算的特点

财产保险业务与其他保险业务相比有自身的特点：一是标的必须是可以用货币衡量的财产；二是财产保险业务活动具有法律约束力；三是其保障功能表现为经济补偿；四是适用分摊原则。

财产保险业务的核算遵照非寿险原保险合同规定处理。其特点表现在：

第一，保费收入在签订保单时确认。

第二，只发生手续费支出，不发生佣金支出。

第三，不涉及保户质押贷款核算（期限短）。

第四，责任准备金的提存基础特殊。

第五，长期财产保险业务实行按业务年度结算损益。

（三）财产保险业务核算的要求

1.正确及时核算保费收入和追偿款收入，严格核算赔款支出和各项费用支出。

2.以权责发生制原则为基础处理账务，做好年终账项结转工作，合理提存各项准备金。

3.对不同性质的财产保险要根据经营管理需要实行分险种核算经营成果，对发生的共同费用，应正确确定分摊标准，以分摊计入有关险种经营成本。

二、保费收入核算

（一）保费收入的确认和计量

财产保险保费收入同时满足下列条件时，才能予以确认：

第一，原保险合同成立并承担相应保险责任。

第二，与原保险合同相关的经济利益很可能流入企业。

第三，与原保险合同相关的收入能够可靠计量。

财产保险的保险期间一般较短，保费通常一次性收取。即使在分期收取保费的情况下，投保人一般也不能单方面取消合同，保险人在签订原保险合同时通常可认为保费收回的可能性大于不能收回的可能性。因此，保险人应当根据原保险合同约定的保费总额确定保费收入金额。

（二）保费收入的核算

保险公司应设置“保费收入”“应收保费”两个科目，用以反映和监督保费收入的核算。

“保费收入”科目是专门用来核算保险企业确认的保费收入的，属于损益类科目。保费收入增加时记入贷方，减少时记入借方。期末发生额通常转入“本年利润”科目，结转后该科目无余额。

“应收保费”科目是用来核算保险企业按照原保险合同约定应向投保人收取的保费的，属于资产类科目。发生应收未收保费时记借方，收回保费时记贷方，余额一般在借方，表示应收未收的保费。

（1）保险合同生效，同时收妥保费，根据业务部门的保险日报表、收费依据和银行进账单等进行账务处理，其会计分录为：

借：银行存款

贷：保费收入等

（2）保险合同订立，投保人在交费期限内交费，其会计分录为：

借：应收保费

　贷：保费收入

（3）保险合同订立，但投保人一次交费有困难而采用分期交费的方法，其会计分录为：

借：应收保费、银行存款等

　贷：保费收入等

【例9-1】2017年1月1日，晋华保险公司与李某签订一份家庭财产保险合同，保险金额为200 000元，保险期间为1年，保费为500元。合同规定，晋华保险公司自2月1日零时起开始承担保险责任。合同签订当日，晋华保险公司收到李某的全部保费并存入银行。晋华保险公司的账务处理如下：

（1）1月1日收到保费500元，其会计分录为：

借：银行存款	500	
贷：预收保费		500

（2）2月1日确认原保费收入500元，其会计分录为：

借：预收保费	500	
贷：保费收入		500

【例9-2】2017年1月1日，晋华保险公司与丙公司签订一份工程保险合同，保险金额为1 000 000元，保险期间为2017年1月1日零时至2018年12月31日24时；保费总额为2 000元，分两年于每年年初等额收取。合同生效当日，晋华保险公司收到第一期保费并存入银行。晋华保险公司的账务处理如下：

（1）2017年1月1日收到保费1 000元，确认原保费收入2 000元，其会计分录为：

借：银行存款	1 000	
应收保费	1 000	
贷：保费收入		2 000

（2）2018年1月1日收取保费1 000元，其会计分录为：

借：银行存款	1 000	
贷：应收保费		1 000

（三）退保的核算

对于非寿险原保险合同，投保人在保险责任开始后要求提前解除原保险合同的，保险人可以收取自保险责任开始之日起至合同解除之日止期间的保险费，剩余的保险费，即为退保费，应当退还投保人。投保人在保险责任开始前要求提前解除原保险合同的，投保人应当向保险人支付手续费，保险人应当退还保险费。保险人在这种情况下退还的保险费不是退保费，而是预收保费。同时，保险人在确认非寿险原保险合同保费收入的当期，通过确认未到期责任准备金，已将保费收入调整为已赚取的保费收入。在非寿险原保险合同提前解除时，尚未赚取的保费收入已经不可能再赚取。因此，保险人应当在非寿险原保险合同提前解除时，转销相关的尚未赚取的保费收入，即转销相关未到期责任准备金余额。

对于非寿险原保险合同确认的未决赔款准备金，其确认的前提条件是发生非寿险保险事故。在发生非寿险保险事故的情况下，理性的投保人是不可能要求解除合同的，因此，一般也就不存在转销相关的未决赔款准备金余额的情形。

其会计处理如下：

借：保费收入（应退保费）

　贷：应收保费（尚欠保费）

　　　银行存款（退款额）

同时冲销已确认的未到期责任准备金：

借：未到期责任准备金

　贷：提取未到期责任准备金

【例 9-3】2017 年 10 月 8 日，晋华保险公司收到甲公司通知，要求提前解除投保的企业财产保险合同。晋华保险公司按约定计算应退还甲公司保费 8 000 元，并于当日以银行存款转账支付。假定晋华保险公司已为该企业财产保险合同确认未到期责任准备金 6 000 元。

晋华保险公司的账务处理如下：

借：保费收入	8 000	
贷：银行存款		8 000
借：未到期责任准备金	6 000	
贷：提取未到期责任准备金		6 000

三、赔付成本的核算

财产保险赔付成本包括保险人支付的赔款，以及在理赔过程中发生的律师费、诉讼费、损失检验费、相关理赔人员薪酬等理赔费用。

（一）赔付支出的核算

对于财产保险，保险人在发生保险事故当期，已经根据保险精算部门计算确定的未决赔款准备金金额，确认了保险责任准备金（未决赔款准备金）负债，同时确认提取保险责任准备金，计入当期损益。保险人在确定了实际应支付赔偿款项金额的当期，首先应当将确定支付的赔偿款项金额计入当期赔付支出；其次，应当按照确定支付的赔偿款项金额，冲减相应的保险责任准备金（未决赔款准备金）余额。

在实务中，保险精算部门根据有效保单定期计算未决赔款准备金余额，已决保单没有包括在有效保单内。在资产负债表日，会计部门根据保险精算结果按差额确认未决赔款准备金时，已经自动将与已决保单相关的未决赔款准备金转销。

【例 9-4】2017 年 4 月 12 日，保险公司确定应赔偿张某投保的家庭财产保险款 40 000 元，款项尚未支付。2017 年 4 月 30 日，保险公司为该保险事故确认的未决赔款准备金金额为 40 000 元。保险公司的账务处理如下：

借：赔付支出	40 000	
贷：应付赔付款		40 000
借：保险责任准备金	40 000	
贷：提取保险责任准备金		40 000

保险人在保险事故发生后较短的时间内（通常为保险事故发生当月）即能够结案定损的，保险人不需要先确认未决赔款准备金，再予以转销，而可以直接将确定支付的赔付款

项金额计入当期损益。

【例9-5】2017年5月15日，晋华保险公司某被保险人因发生交通事故死亡；5月20日，保险公司确定应赔偿该保险受益人保险款100 000元，并于当日支付。保险公司的账务处理如下：

借：赔付支出　　100 000

　贷：银行存款　　100 000

（二）发生理赔费用

在保险事故发生后，保险人为了确定应承担赔付保险金责任的金额，需要经过一系列调查核实过程，如现场查勘、审查有关单证、审核责任、核定赔偿范围等。在这一过程中发生的律师费、诉讼费、损失检验费、相关理赔人员薪酬等，即为理赔费用。

保险人发生的理赔费用，应当在实际发生的当期计入赔付支出，同时冲减相应的保险责任准备金（未决赔款准备金）余额。在理赔费用准备金中包括的相关理赔人员薪酬，应当在实际分配的当期计入赔付支出，同时冲减相应的保险责任准备金（未决赔款准备金）余额。

【例9-6】2017年5月31日，晋华保险公司分配相关理赔人员薪酬52 000元，其中与财险责任准备金有关的金额为32 000元，与长期健康险责任准备金有关的金额为20 000元。晋华保险公司的账务处理如下：

借：赔付支出　　52 000

　贷：应付职工薪酬　　52 000

借：保险责任准备金——未决赔款准备金　　32 000

　　　　　　　　——长期健康险责任准备金　　20 000

　贷：提取保险责任准备金　　52 000

（三）损余物资

损余物资是指保险人对非寿险保险事故承担赔偿保险金责任后取得的原保险标的受损后的财产。

在通常情况下，保险人承担赔偿保险金责任时，一般将取得的有关财产折价给受益人，该财产不属于保险人的损余物资，不应当纳入保险人的资产负债表内反映，而应当将其从应支付的赔偿款项中予以扣除，按扣除后的金额支付给受益人。

如果保险人承担赔偿保险金责任时，没有将取得的原保险标的受损后的有关财产折价给受益人，则该资产属于保险人的损余物资，在满足确认条件时应纳入保险人的资产负债表内反映。保险人取得的损余物资是对其发生赔付支出的补偿，因此，在确认损余物资时，应当按照同类或类似资产的市场价格计算确定的金额确认为资产，同时冲减赔付支出。同类或类似资产，通常是指与损余物资的性质相同、功能相近的资产。保险人在处置损余物资时，应当按收到的金额与相关损余物资账面价值的差额，调整当期赔付支出。

【例9-7】王某投保的小轿车发生被盗保险事故，晋华保险公司已结案并支付保险金。2017年4月12日，保险公司通过公安部门找回了该被盗小轿车，参照同类资产的市场价格确定的入账价值为80 000元。保险公司的账务处理如下：

借：损余物资　　80 000

　贷：赔付支出　　80 000

（四）代位追偿款

代位追偿款是指保险人承担赔偿保险金责任后，依法从被保险人取得代位追偿权并向第三者责任人索赔而应取得的赔款。

保险人承担赔付保险金责任后应取得的代位追偿款，只有在同时满足准则规定的条件时才能予以确认。对于不满足确认条件的代位追偿款，保险人不应当确认。在判断代位追偿款能否收回时，保险人应当根据以往的经验、第三者责任人的财务状况和现金流量等相关信息进行合理估计。如果判断代位追偿款收回的可能性大于不能收回的可能性，就应当认为代位追偿款能够收回。如果判断代位追偿款收回的可能性小于不能收回的可能性，就不应当确认应收代位追偿款，但应当提供确凿的证据。

保险人确认的应收代位追偿款，其实质是对保险人发生的赔付支出的补偿，在确认时应当冲减赔付支出。在收到应收代位追偿款时，保险人应当按照收到的金额与相关应收代位追偿款账面价值的差额，调整当期赔付支出。

【例9-8】2017年5月15日，张某投保的小轿车发生碰撞保险事故，晋华保险公司赔偿保险金责任后，取得向责任方代位追偿的权利，估计能够收回的代位追偿款为30 000元。6月23日，保险公司从责任方收到代位追偿款29 000元，款项已存入银行。保险公司的账务处理如下：

（1）5月15日确认应收代位追偿款30 000元，其会计分录为：

借：应收代位追偿款　　30 000

　贷：赔付支出　　30 000

（2）6月23日收到应收代位追偿款29 000元，其会计分录为：

借：银行存款　　29 000

　　赔付支出　　1 000

　贷：应收代位追偿款　　30 000

四、财产保险准备金的核算

根据《企业会计准则第25号——原保险合同》的规定，原保险合同准备金是指为了实现对被保险人的因保险事故所受损失的经济补偿，而提取建立的准备金，这可以保证保险人有足够的资金来履行自己的保险责任。财产保险准备金包括未到期责任准备金和未决赔款准备金。

（一）未到期责任准备金的核算

未到期责任准备金是指保险人为尚未终止的财产保险责任提取的准备金。在保险人按原保险合同约定的保费总额确认保费收入的情况下，为了真实地反映保险人当期已赚取的保费收入，保险人就有必要在确认保费收入的当期期末，按照保险精算确定的未到期责任准备金金额，提取未到期责任准备金，作为保费收入的调整，并确认未到期责任准备金负债。

从性质上讲，对同一尚未终止的财产保险责任而言，保险人在资产负债表日按照保险精算重新计算确定的未到期责任准备金金额应当小于在上一资产负债表日已确认的未到期责任准备金余额。保险人应当在资产负债表日，按照保险精算重新计算确定的未到期责任准备金金额与已确认的未到期责任准备金余额的差额，对未到期责任准备金余额进行调整。

【例9-9】2017年11月1日，晋华保险公司确认甲公司投保的A财产保险合同保费收入为54 000元；11月30日，保险公司保险精算部门计算确定A财产保险合同未到期责任准备金金额为50 000元；12月31日，保险公司保险精算部门计算确定A财产保险合同未到期责任准备金金额为45 000元。保险公司的账务处理如下：

（1）11月1日确认原保费收入54 000元，其会计分录为：

借：银行存款　　54 000

　贷：保费收入　　54 000

（2）11月30日确认未到期责任准备金50 000元，其会计分录为：

借：提取未到期责任准备金　　50 000

　贷：未到期责任准备金　　50 000

（3）12月31日调减未到期责任准备金5 000元（50 000-45 000），其会计分录为：

借：未到期责任准备金　　5 000

　贷：提取未到期责任准备金　　5 000

（二）未决赔款准备金的核算

保险人与投保人签订原保险合同，向投保人收取保费，同时承担了在保险事故发生时向受益人赔付保险金的责任。对于财产保险业务，在保险事故发生之前，保险人承担的向受益人赔付保险金的责任是一种潜在义务，不满足负债的确认条件，因此不应当确认为一项负债。保险事故一旦发生，保险人承担的向受益人赔付保险金的责任变成一种现时义务，满足负债的确认条件，应当确认为负债。因此，保险人应当在非寿险保险事故发生的当期，按照保险精算确定的未决赔款准备金金额，提取未决赔款准备金，并确认未决赔款准备金负债。

未决赔款准备金是指保险人为非寿险保险事故已发生尚未结案的赔案提取的准备金，包括已发生已报案未决赔款准备金、已发生未报案未决赔款准备金和理赔费用准备金。其中，已发生已报案未决赔款准备金是指保险人为非寿险保险事故已发生并已向保险人提出索赔、尚未结案的赔案提取的准备金。已发生已报案未决赔款准备金的基础数据主要来源于理赔部门，应当反映理赔部门对于理赔模式、赔付支出变化、零赔案、大赔案等问题的经验和判断。已发生未报案未决赔款准备金是指保险人为非寿险保险事故已发生、尚未向保险人提出索赔的赔案提取的准备金。理赔费用准备金是指保险人为非寿险保险事故已发生尚未结案的赔案可能发生的律师费、诉讼费、损失检验费、相关理赔人员薪酬等理赔查勘费用提取的准备金。

【例9-10】2017年5月31日，晋华保险公司保险精算部门计算确定的某类财产保险合同未决赔款准备金金额为100 000元，其中，已发生已报案未决赔款准备金为60 000元，已发生未报案未决赔款准备金为20 000元，理赔费用准备金为20 000元。保险公司的账务处理如下：

借：提取保险责任准备金　　100 000

　贷：保险责任准备金　　100 000

（三）保险责任准备金充足性测试

保险公司在财产保险事故发生的当期，已经根据保险精算部门确定的未决赔款准备金金额确认了保险责任准备金（未决赔款准备金）。但是，随着理赔案件调查的深入（如未决赔款准备金），原定保险精算假设可能发生变化，从而导致已确认的保险责任准备金金额与保险公司应承担的赔付保险金责任不一致。基于会计信息质量特征中的谨慎性要求，并考虑成本效益原则，保险人应当至少于每年年度终了，以掌握的有关资料为依据，选择恰当的方法对保险责任准备金进行充足性测试。如果保险人按照保险精算重新计算确定的相关保险责任准备金金额超过充足性测试日已确认的相关保险责任准备金余额的，应当按照其差额补提相关保险责任准备金；如果保险人按照保险精算重新计算确定的相关保险责任准备金金额小于充足性测试日已确认的相关保险责任准备金余额的，不调整相关保险责任准备金。

【例9-11】2017年12月31日，晋华保险公司保险精算部门计算确定的某财产保险合同未决赔款准备金金额为160 000元，前期已确认的相关未决赔款准备金金额为110 000元。保险公司的账务处理如下：

保险公司应补提的未决赔款准备金=160 000-110 000=50 000（元）

借：提取保险责任准备金　　50 000

　贷：保险责任准备金　　50 000

任务三　人寿保险业务核算

【任务重点】

掌握保费收入、赔付支出、准备金核算。

想一想

晋华保险公司与客户王先生签订了一份家庭寿险合同，保费共计4 000元，分两期于前两年年初交纳。签订合同当日，王先生转账交纳第一期保费2 000元。请问保险公司应如何进行会计处理？

一、人寿保险业务认知

（一）人寿保险的含义

人寿保险是以人的生命为保险标的，以被保险人的生死为保障事故的保险。在通常情况下，定期寿险、终身寿险、两全保险、年金保险、长期健康保险等均属于人寿保险。

人寿保险是人身保险的一种，是一种社会保障制度。和所有保险业务一样，被保险人将风险转嫁给保险人，接受保险人的条款并支付保险费。与其他保险不同的是，人寿保险转嫁的是被保险人的生存或者死亡的风险。

通常人寿保险业务遵循寿险原保险合同的有关规定处理。

（二）人寿保险核算的特点

1.会计核算依靠保险精算

各险种的保费收入以及给付各种保险金、退保金、年金、责任准备金提存都有赖于以保险数学为基础的“保险精算”来回答。寿险会计核算只有依靠保险精算才使得损益计算成为可能。

2.责任准备金核算占有重要地位

责任准备金是根据保险契约为支付将来的保险给付而设置的积累金，属于保险公司对投保人的一种负债。寿险责任准备金的数额与同期全部有效保单价值相等。寿险责任准备金积累时间长、金额大，其核算的准确度如何，直接关系到公司的偿付能力和损益计算的准确性。责任准备金在某种程度上控制着利润的实现过程，核算责任准备金是寿险核算非常重要的内容。

（三）关心远期比关心近期更重要

寿险原保险合同经营的业务具有保险期限长期性的特点，绝大部分是期限达10年、20年甚至30年以上的长期性负债，在收入补偿与发生成本之间存在较长的时间差。对于寿险业务关心远期比关心近期更重要，因此，流动比率、现金比率对寿险业务并不重要，资产负债表分析更应关注其远期偿付能力。

（四）盈利计算有其特殊性

寿险原保险合同在确定保险费时，是建立在“收支相等”的原则上，即以保费收入的现值与给付利益的现值相等为条件的。所以寿险业务没有产生类似非寿险业务那样利润的余地，但在寿险业务核算中损益计算的结果，能够产生盈利。这是因为，在保费计算中，预定死亡率、预定利率、预定费用率与实际的死亡率、利率、费用率会出现差额，这种差额形成了寿险盈利的“三差”，即“死差”、“利差”和“费差”，其实质是保户多交的那部分保费。保险公司要将其大部分作为红利返还给投保人，所以，其分配上也与非寿险利润分配不同。

二、保费收入的核算

（一）保费收入的确认与计量

根据《企业会计准则第25号——原保险合同》的规定，人寿保险业务的保费收入在确认时，要同时满足下列条件：

第一，原保险合同成立并承担相应保险责任。

第二，与原保险合同相关的经济利益很可能流入企业。

第三，与原保险合同相关的收入能够可靠地计量。

寿险的保险期间一般较长，保费通常分期收取，一次性趸交的较少；投保人可以单方面取消合同，保费的收回存在不确定性。因此，对于分期收取保费的寿险原保险合同，保险人应当根据当期应收取的保费确定保费收入金额；对于一次性收取保费寿险原保险合同，保险人应当根据一次性应收取的保费确定保费收入金额。

（二）保费收入的核算

保险企业在核算人寿保险业务时，应设置“保费收入”和“预收保费”科目来核算和监督寿险保费的收取情况。

当客户来投保时，保险公司应根据保险业专用发票进行账务处理，其会计分录是：

借：银行存款

或　库存现金

　贷：保费收入

　或　预收保费等

期末，“保费收入”科目发生额应转入“本年利润”科目，其会计分录为：

借：保费收入

　贷：本年利润

【例 9-12】2017 年 12 月 31 日，晋华保险公司与王某签订一份定期寿险合同，保险金额为 1 000 000 元，保险期间为 2018 年 1 月 1 日零时至 2037 年 12 月 31 日 24 时；保费总额为 60 000 元，分 5 期于前 5 年每年 1 月 1 日等额收取。合同生效当日，保险公司收到王某的第一期保费 12 000 元（60 000÷5），保险公司的账务处理如下：

借：银行存款	12 000	
贷：保费收入		12 000

以后各年收取保费的账务处理同上。

【例 9-13】2017 年 12 月 31 日，晋华保险公司与李某签订一份两全保险合同，保险金额为 500 000 元，保费总额为 80 000 元，保险期间为 2018 年 1 月 1 日零时至 2027 年 12 月 31 日 24 时。合同生效当日，保险公司收到李某保费总额 80 000 元。保险公司的账务处理如下：

借：银行存款	80 000	
贷：保费收入		80 000

（三）退保金的核算

由于种种原因，被保险人在保险期未满的情况下要求退保。经保险公司审核批准后根据不同险种的具体规定核定其已交费年期和退保金额。会计部门根据有关单证付款并记账。

保险公司在办理退保业务时，应设置“退保金”科目来核算和监督退保金。

保户要求退保时，其会计分录为：

借：退保金
　贷：库存现金
　或　银行存款

保险公司在支付退保金时，若有贷款本息未还清者，应按扣除应归还本息后的应付退保金数额进行处理。其会计分录为：

借：退保金
　贷：保户质押贷款
　　　利息收入
　　　库存现金（或银行存款）

期末，应将“退保金”科目发生额转入“本年利润”科目借方，结转后无余额。

【例 9-14】某养老保险户因经济困难要求退保，业务部门按规定标准计算应退 8 000 元，但退保户尚有 2 000 元借款未还，借款利息为 150 元，经财会部门审核无误后，扣除其借款本息后，以现金支付退保金。其会计分录为：

借：退保金	8 000	
贷：保户质押贷款		2 000
利息收入		150
库存现金		5 850

三、赔付成本的核算

（一）保险金给付

寿险赔付成本包括保险人支付的给付，以及在理赔过程中发生的律师费、诉讼费、损失检验费、相关理赔人员薪酬等理赔费用。

对于寿险业务，保险人在确认保费收入当期，已经根据保险精算部门计算确定的寿险责任准备金、长期健康险责任准备金金额，确认了保险责任准备金（寿险责任准备金、长期健康险责任准备金）负债，同时确认提取保险责任准备金，计入当期损益。保险人在确定了实际支付给付款项金额的当期，首先应当将确定支付的给付款项金额，计入当期赔付支出；其次，应当按照确定支付的给付款项金额冲减相应的保险责任准备金（寿险责任准备金、长期健康险责任准备金）余额。

【例9-15】2017年6月30日，保险公司确定应给付李某投保的团体终身寿险款项为600 000元，款项尚未支付。保险公司的账务处理如下：

借：赔付支出	600 000	
贷：应付赔付款		600 000
借：保险责任准备金	600 000	
贷：提取保险责任准备金		600 000

（二）发生理赔费用

保险事故发生后保险人发生的理赔费用，应当在实际发生的当期计入赔付支出，同时冲减相应的保险责任准备金（寿险责任准备金、长期健康险责任准备金）余额。在理赔费用准备金中包括的相关理赔人员薪酬，应当在实际分配的当期计入赔付支出，同时冲减相应的保险责任准备金（寿险责任准备金、长期健康险责任准备金）余额。

【例9-16】2017年5月31日，保险公司分配相关理赔人员薪酬43 000元，其中与寿险责任准备金相关的金额为23 000元，与长期健康险责任准备金相关的金额为20 000元。保险公司的账务处理如下：

借：赔付支出	43 000	
贷：应付职工薪酬		43 000
借：保险责任准备金——寿险责任准备金	23 000	
——长期健康险责任准备金	20 000	
贷：提取保险责任准备金		43 000

人寿保险业务保险金给付也可以按照“满期给付”、“死伤医疗给付”和“年金给付”3种方式进行核算。

四、保单红利支出的核算

由于人寿保险合同期限较长，以预定的死亡率、利率和费用率为依据确定的保费标准通常与实际情况不一致，保险公司在预定费率中通常考虑了一定的安全系数，保险费过剩便成了人寿保险业务中的普遍现象，这也是保险公司利润的成因，其实质是对客户利益的占有，保险公司应该用分红利的方式将“三差”返还给保户。

为了核算保险公司发放红利的情况，保险公司应设置“保单红利支出”科目。该科目属于损益类科目，专门用来核算保险企业按原保险合同约定支付给投保人的红利。

保险公司按照合同约定计提应支付的保单红利时，其会计分录为：

借：保单红利支出

　贷：应付保单红利

当实际支付保户利差时，其会计分录为：

借：应付保单红利

　贷：库存现金

　或 银行存款

期末，应将“保单红利支出”科目发生额转入“本年利润”科目借方，结转后应无余额。

【例9-17】某人寿保险公司期末根据保险精算，应支付的利差返还保单的红利为300 000元。其会计分录为：

借：保单红利支出　　300 000

　贷：应付保单红利　　300 000

当实际向客户支付红利时，其会计分录为：

借：应付保单红利　　300 000

　贷：库存现金　　300 000

五、人寿保险责任准备金的核算

（一）人寿保险责任准备金提取的核算

根据人寿保险原保险合同规定，人寿保险责任准备金包括寿险责任准备金、长期健康险责任准备金。

保险人与投保人签订寿险原保险合同，向投保人收取保费，同时承担了再保险事故发生时向受益人赔付保险金的责任，这种责任是保险人承担的现时义务。首先人寿保险事故的表现形式是被保险人死亡、伤残、疾病或者达到约定的年龄、期限，对于这类保险事故，保险人承担赔付保险金责任导致经济利益流出的可能性超过50%。虽然寿险原保险合同保险事故具体发生的时间具有不确定性，保险事故发生时具体应当给付的金额具有不确定性，但是，根据保险精算的原理，保险人能够可靠地估计承担的向受益人赔付保险金责任的大小和时间。因此，保险人承担的向受益人赔付保险金的责任满足负债的确认条件，应当确认为负债，即保险人应当在确认寿险保费收入的当期，按照保险精算确定的寿险责任准备金金额，提取寿险责任准备金、长期健康险责任准备金，并确认为负债。

寿险责任准备金是指保险人为尚未终止的人寿保险责任提取的准备金。长期健康险责任准备金是指保险人为尚未终止的长期健康保险责任提取的准备金。在通常情况下，对于定期寿险、终身寿险、两全寿险、年金寿险等原保险合同，保险人应当在确认保费收入的当期，根据保险精算部门确定的寿险责任准备金确认寿险责任准备金负债；对于长期健康保险等原保险合同，保险人应当在确认保费收入的当期，根据保险精算部门确定的长期健康险责任准备金确认长期健康险责任准备金负债。

【例9-18】2017年12月31日，保险公司保险精算部门计算确定的某团体终身寿险合同寿险责任准备金的金额为120 000元。保险公司的账务处理如下：

借：提取保险责任准备金　　120 000

　贷：保险责任准备金　　120 000

（二）人寿保险责任准备金充足性测试

保险人在确认寿险保费收入的当期，已经根据保险精算部门确定的寿险责任准备金、长期健康险责任准备金的金额确认了保险责任准备金。但是，随着理赔案件时间的推移，原定保险精算假设可能发生变化，从而导致已确认的保险责任准备金的金额与保险人应承担的赔付保险金责任不一致。此时，如果不对已确认的保险责任准备金的金额进行调整，就不能真实地反映保险人承担的赔付保险金责任。

所以保险人应当至少于每年年度终了，以掌握的有关资料为依据，选择恰当的方法对保险责任准备金进行充足性测试。如果保险人按照保险精算重新计算确定的相关保险责任准备金的金额超过充足性测试日已确认的相关保险责任准备金余额的，应当按照其差额补提相关保险责任准备金；如果保险人按照保险精算重新计算确定的相关保险责任准备金的金额小于充足性测试日已确认的相关保险责任准备金余额的，不调整相关保险责任准备金。

【例9-19】2017年12月31日，晋华保险公司保险精算部门计算确定的某团体寿险责任准备金的金额为140 000元，前期已确认的相关准备金的金额为100 000元。保险公司的账务处理如下：

保险公司应补提的寿险责任准备金=140 000−100 000=40 000（元）

借：提取保险责任准备金　　　　40 000
　贷：保险责任准备金　　　　　　40 000

任务四　再保险业务核算

【任务重点】

掌握分出业务、分入业务核算。

想一想

晋华保险公司与宏达保险公司就某一财产保险签订了一份再保险合同，3年后晋华公司按照合同约定计算出应向宏达公司收取的纯益手续费金额为100万元，经双方确认一致。请问双方公司应该如何处理？

一、再保险业务的认知

（一）再保险的含义

再保险又称分保，是指保险人在原保险合同的基础上，通过签订分保合同，将其所承保的部分风险和责任向其他保险人进行保险的行为。

再保险业务是因为社会化大生产隐含的巨额风险而产生的。保险人可以通过再保险将超过其自身财力所及的保险责任向其他保险人进行分保，从而起到分散风险、保证保险业务稳定的作用，而且当保险企业业务扩大时，也可以通过再保险来突破法定资本的限制，因而再保险在保险经营中占有极为重要的地位。

（二）再保险的种类

再保险按原保险人与再保险人之间对保险责任的分配方式划分为比例再保险和非比例再保险两大类。

1.比例再保险

比例再保险是指以原保险合同保险金额为自留额和分保额计算基础的一种再保险合同。在该种再保险方式下，再保险分出人与再保险接受人按照保险金额的一定比例分担责任，并按此比例分出保费和分摊赔付款。比例再保险合同又分为成数再保险和溢额再保险。

（1）成数再保险

成数再保险合同的签约双方一般对某种业务的每一危险单位自留额和分保额约定固定的比例，再保险分出人对约定的业务，一律按分保比例向再保险接受人分出保费和摊回赔付款。成数再保险合同有时还约定再保险接受人所承担分保额的最高限额。

（2）溢额再保险

溢额再保险合同的签约双方一般约定再保险分出人对某种业务每一危险单位保险金额自己所承担的自留额，当保险金额超出自留额时，超出部分（即溢额）由再保险接受人承担，但再保险接受人承担的溢额不超过合同约定的最高限额（在最高限额之内承担的溢额为分保额）。签约双方以自留额和分保额为基础，计算确定每一危险单位的自留额和分保额之间的比例，分别称为自留比例和分保比例。再保险分出人按分保比例向再保险接受人分出保费和摊回赔付款。对于溢额超出再保险接受人最高承担限额的部分，再保险分出人不作分保或另作分保安排。与成数分保不同的是，溢额分保的比例不是固定的，而是根据每一标的的保额大小而变动，分出保费和赔付款项的摊回金额也随之相应变化。

2.非比例再保险

非比例再保险是指以再保险分出人赔付款金额（实际损失）为自留额和分保额计算基础的一种再保险合同。在该种再保险方式下，再保险分出人与再保险接受人并不是按比例分配相关的保费和赔付款，而是通常先规定两个限额：一是再保险分出人自己承担的赔付限额（赔款限额或赔付率限额）；二是再保险接受人承担的最高赔付限额。再保险分出人按合同规定在期初向再保险接受人预付一定的保费，合同责任期满后再对预付保费进行调整；当原保险发生保险事故后的赔付金额或全年赔付率不超过再保险分出人自负的责任限额时，相关损失由再保险分出人自行承担；对于超过自负责任限额部分的赔付款由再保险接受人承担，但不超过约定应承担的最高限额。非比例再保险是在比例再保险承担补偿责任以后才承担补偿责任的再保险。非比例再保险又分为超额赔款再保险和赔付率超赔再保险。

（1）超额赔款再保险

超额赔款再保险合同一般约定，以再保险分出人每一危险单位所发生的赔款金额或者一次巨灾事故中多数危险单位的责任累积赔款为基础，确定再保险分出人的自负责任限额和再保险接受人承担的分保限额，在自负责任限额以内的损失由再保险分出人自行承担，超过自负责任限额以上的损失由再保险接受人负担最高限额内的部分。其中，以再保险分出人每一危险单位所发生的赔款金额为基础确定自留额和分保额的，为险位超赔再保险合同；以一次巨灾事故中的多数危险单位的责任累积赔款额为基础确定自留额和分保额的，为事故（或巨灾）超赔再保险合同。安排超额赔款再保险时，可将所要求的整个超赔保障数额分割为几“层”。

（2）赔付率超赔再保险

赔付率超赔再保险合同一般约定，按再保险分出人年度赔付率为基础计算自负责任额和分保责任额，当再保险分出人赔付率超过规定赔付率时，超过部分的赔付款由再保险接受人负担至一定的限额。

（三）再保险合同的特点

为了明确再保险人与原保险人之间的权利和义务，同原保险合同一样，再保险也订立合同，即再保险合同。再保险合同属于保险合同，与原保险合同相比较，具有以下特征：

第一，再保险合同是保险人与保险人之间签订的合同，一方为再保险分出人，另一方为再保险接受人。再保险分出人是指根据再保险合同，有义务向再保险接受人支付一定保费，同时有权利就其由原保险合同所引起的赔付成本及其他相关费用从再保险接受人处获得补偿的保险人；再保险接受人是指根据再保险合同，有权利向再保险分出人收取一定保费，同时有义务对再保险分出人由原保险合同所引起的赔付成本及其他相关费用进行补偿的保险人。

第二，再保险合同是补偿性合同。不论原保险合同是寿险合同还是非寿险合同，再保险合同的标的都是再保险分出人所承担的保险责任。再保险合同不具有直接对原保险合同标的进行赔偿或给付的性质，而是以补偿再保险分出人对原保险合同所承担的保险责任为目的，即对于原保险合同标的发生保险事故所产生的损失，先由再保险分出人全额进行赔偿或给付，再将应由再保险接受人承担的部分摊回，然后由再保险接受人向再保险分出人进行补偿。

第三，再保险合同独立于原保险合同。再保险合同的再保险接受人与原保险合同的投保人和保险受益人之间不发生任何法律或业务关系，再保险合同的再保险接受人无权向原保险合同的投保人收取保费，原保险合同的保险受益人无权直接向再保险合同的再保险接受人提出索赔要求。原保险合同的保险人（再保险合同的再保险分出人）也不得以再保险接受人不对其履行补偿义务为借口而拒绝、减少或延迟履行其对保险受益人的赔偿或给付义务。

（四）分保账单

再保险业务包括分出业务和分入业务。再保险分出业务涉及分出保费、摊回分保手续费、摊回赔付成本等基本业务。再保险分入业务涉及收取分保费、支付分保手续费、支付分保赔付款等基本业务。

保险人之间履行再保险合同的约定、办理再保险业务和进行再保险资金结算的主要凭据是分保账单。其格式见表9-1。

分保账单一般由再保险分出人按季度编制。为了减少付款次数和不必要的汇款费用，再保险合同双方通常约定按照账单上各项应收应付款相抵后的净额结算。表9-1中“应付你方余额”为账单贷方金额合计减去借方金额合计后的净额，是再保险分出人应向再保险接受人实际支付的金额；“应付我方余额”为账单借方金额合计减去贷方金额合计后的净额，是再保险接受人应向再保险分出人实际支付的金额。

二、分出分保业务的核算

（一）会计科目设置

为了反映再保险业务的分出情况，公司应设置“存入保证金”“分出保费”“摊回分保费用”“摊回赔付支出”“摊回保险责任准备金”“应收分保账款”“应收分保未到期责任准备金”“应付分保账款”等科目。

“存入保证金”科目用来核算再保险分出人收到再保险分入人（接受人）存入的保险责任保证金，属于负债类科目，当收到保证金时记入借方，当返还保证金时记入贷方，期末余额一般在贷方，反映企业接受存入但尚未返还的保证金。

“分出保费”科目用来核算再保险分出人向再保险接受人分出保费的情况，属于损益类科目，当发生分出保费金额时记入借方，当调整分出时记入贷方，期末，应将本科目发

表9-1 **分保账单**

分出公司名称： 分入公司名称：

账单期： 业务年度：

合同名称： 货币单位：

借方		贷方	
分保手续费 分保赔款 纯益手续费 保费准备金扣存 赔款准备金扣存 税款及杂项		分保费 保费准备金返还 赔款准备金返还 赔款追回款 退回分保手续费 保费准备金利息	
应付你方余额		应付我方余额	
合　计		合　计	
你方分成（%）		我方分成（%）	
备注			

生额转入“本年利润”科目借方，结转后应无余额。

“摊回分保费用”科目用来核算再保险分出人向再保险接受人摊回的分保费用情况，属于损益类科目，当按规定计算确定应向再保险接受人摊回分保费用时，记入贷方，向再保险接受人收取的纯益手续费也记入贷方。当调整摊回分保费用时记入借方。期末应将本科目发生额转入“本年利润”科目，结转后本科目应无余额。

“摊回赔付支出”科目用来核算再保险分出人向再保险接受人摊回的赔付成本情况，属于损益类科目，在确定支付赔付款项或实际发生理赔费用而确认原保险合同赔付成本的当期，按再保险合同约定计算的应向再保险接受人摊回的赔付成本金额记入贷方，调整减少赔付成本的金额记入借方。期末，应将本科目发生额转入“本年利润”科目，结转后本科目应无余额。

“摊回保险责任准备金”科目用来核算再保险分出人从事再保险业务应向再保险接受人摊回的保险责任准备金，属于损益类科目，包括未决赔款准备金、寿险责任准备金、长期健康险责任准备金等。在提取原保险合同责任准备金的当期，按规定计算的应向再保险接受人摊回的保险责任准备金，记入贷方，冲减时记入借方。期末应将本科目发生额转入“本年利润”科目，结转后本科目应无余额。

“应收分保账款”科目用来核算保险公司从事再保险业务应收取的款项，属于资产类科目。当发生各种应收未收款项时记入借方，当实际收回应收款项时记入贷方，期末余额在借方，反映企业从事再保险业务应收取的款项。

“应收分保未到期责任准备金”科目用来核算再保险分出人从事再保险业务确认的应收分保未到期责任准备金，以及应向再保险接受人摊回的保险责任准备金的情况，属于资产类科目。按相关再保险合同约定计算确定的应收分保未到期责任准备金金额和应向再保险接受人摊回的保险责任准备金记入借方，当冲减时记入贷方。期末余额一般在借方，反映企业从事再保险业务确认的应收分保合同准备金余额。

“应付分保账款”科目用来核算保险企业从事再保险业务应付未付的款项，属于负债类科目。当发生各种应付分保款项时记入贷方，当实际结算应付分保款项时记入借方。期末余额一般在贷方，反映企业从事再保险业务应付未付的款项。

（二）应收分保准备金的核算

再保险分出人应当在确认非寿险原保险合同保费收入的当期，按照相关再保险合同的约定，计算确认相关的应收分保未到期责任准备金资产，并冲减提取未到期责任准备金。再保险分出人应当在提取原保险合同未决赔款准备金、寿险责任准备金、长期健康险责任准备金的当期，按照相关再保险合同的约定，计算确定应向再保险接受人摊回的相应准备金，确认为一项相应的应收分保准备金资产。

应收分保未到期责任准备金实质属于分出的未赚保费，确认应收分保未到期责任准备金是对当期分出保费的调整，并非收入的实现。提取未到期责任准备金（含分保未到期责任准备金）和确认应收分保未到期责任准备金的最终结果都是对当期自留保费（原保险合同保费收入加上分保费收入再减去分出保费后的金额）的调整，即将当期的自留保费调整为已赚保费。因此，确认应收分保未到期责任准备金时应作冲减提取未到期责任准备金处理，通过“提取未到期责任准备金”科目集中反映将当期自留保费调整为已赚保费的调整金额。而应收分保未决赔款准备金、应收分保寿险责任准备金和应收分保长期健康险责任准备金都表示再保险分出人预期从再保险接受人处获得补偿的金额，具有收入性质，确认时应作摊回相应准备金处理。

【例 9-20】2017 年 12 月 2 日，晋华保险股份有限公司（以下简称晋华公司）与嘉宝保险股份有限公司（以下简称嘉宝公司）签订了一份成数分保财险再保险合同，将合同规定范围内的原保险业务向嘉宝公司办理分保。合同约定，分保比例为 10%；分保手续费以分出保费作为计算基础，分保手续费率为 25%；合同起期日为 2018 年 1 月 1 日，保险责任期间为 1 年。2018 年 1 月 1 日，晋华公司就该再保险合同规定业务范围内的飞雪公司财产保险合同确认保费收入 12 万元；1 月 31 日，晋华公司就飞雪公司财产保险合同提取未到期责任准备金 11 万元；3 月 18 日，飞雪公司财产保险合同约定的保险事故发生，至 3 月 31 日尚未结案定损，晋华公司就该合同提取未决赔款准备金 7 500 万元。晋华公司确认应收分保准备金的会计处理如下：

（1）2018 年 1 月 31 日，确认应收分保未到期责任准备金，其会计分录为：

晋华公司应确认的对嘉宝公司应收分保未到期责任准备金=11×10%=1.1（万元）

借：应收分保未到期责任准备金　　11 000

　贷：提取未到期责任准备金　　11 000

（2）2018 年 3 月 31 日，确认应收分保未决赔款准备金，其会计分录为：

晋华公司应确认的对嘉宝公司应收分保未决赔款准备金=7 500×10%=750（万元）

借：应收分保未决赔款准备金　　7 500 000

　贷：摊回未决赔款准备金　　7 500 000

（三）分出保费的核算

再保险分出人应当在确认原保险合同保费收入的当期，按照相关再保险合同的约定，计算确定分出保费，计入当期损益。

【例 9-21】2018 年 5 月 10 日甲保险公司与乙再保险公司签订了一份溢额再保险合同，经确认向乙公司分出保费 5 万元。

甲保险公司的会计分录为：

借：分出保费　50 000

　贷：应付分保账款——乙公司　50 000

（四）摊回分保手续费、摊回赔付成本的核算

再保险分出人应在确认原保险合同保费收入的当期，按照再保险合同约定计算再保险接受人摊回的分保手续费，计入当期损益。再保险分出人应当在确定支付赔付款项金额或实际发生理赔费用而冲减原保险合同相应准备金余额的当期，冲减相应的应收分保准备金余额；同时，按照相关再保险合同的约定，计算确定应向再保险接受人摊回的赔付成本，计入当期损益。

摊回准备金和摊回赔付成本的区别在于：摊回准备金是预计由再保险接受人补偿的金额；摊回赔付成本是由再保险接受人实际补偿的金额。因此，在确认摊回赔付成本的同时应冲减相应的摊回准备金。

【例9-22】2017年1月31日，晋华保险公司与客户王某签订了一份人身意外伤害保险合同，保险金额为360万元，自2017年2月1日零时起合同生效，保险期间为1年；王某于合同生效当日一次性交纳保险费0.72万元，晋华保险公司开始承担保险责任并确认了保费收入。该份人身意外伤害保险合同属于晋华保险公司与W保险股份有限公司签订的溢额再保险合同约定的业务范围。该再保险合同约定：每一位被保险人的意外险自留额为100万元，W公司的分保额最高限额为300万元，分保手续费率为25%。2017年7月10日，被保险人王某发生车祸死亡，晋华保险公司确定该事故属于全额赔偿责任范围，于事故发生当月确认了赔付成本360万元。2017年7月29日，晋华保险公司向王某家属支付了保险赔款，该保险事故结案。晋华保险公司就上述业务计算出应向W公司分出的保费金额为0.52万元（0.72×（360−100）÷360），分保手续费金额为0.13万元（0.52×25%），应从W公司摊回赔款金额为260万元（360×（360−100）÷360），晋华保险公司分出保费、摊回分保费用、摊回赔付成本的账务处理如下：

（1）2017年2月，确认分出保费及摊回分保费用，其会计分录为：

借：分出保费　5 200

　贷：应付分保账款——W公司　5 200

借：应收分保账款——W公司　1 300

　贷：摊回分保费用　1 300

（2）2017年7月，确认应摊回的赔付成本，其会计分录为：

借：应收分保账款——W公司　2 600 000

　贷：摊回赔付支出　2 600 000

再保险分出人应当根据相关再保险合同的约定，在能够计算确定应向再保险接受人收取的纯益手续费时，将该项纯益手续费作为摊回分保费用计入当期损益。

【例9-23】晋华公司与F保险股份有限公司（以下简称F公司）签订了一份成数分保财产再保险合同，将约定的原保险业务向F公司办理分保。假定再保险合同签订3年后晋华公司按照合同约定计算出应向F公司收取的纯益手续费金额为144万元，经双方确认一致的纯益手续费金额为140.4万元。晋华公司应于双方确认一致时作如下账务处理：

借：应收分保账款——F公司　1 404 000

贷：摊回分保费用　　1 404 000

（五）存入分保保证金的核算

分保保证金是再保险分出人从应付给再保险接受人的分保费中以一定比例扣存，作为再保险接受人履行分保未了责任的保证金。该保证金留存期一般为12个月，至次年同期归还，归还时要支付利息。分保保证金从性质上属于再保险接受人的预付款。当再保险接受人无力履行分保赔付责任时，扣存的分保保证金给再保险分出人提供了一定的安全保障。在再保险合同约定再保险分出人扣存分保保证金的情况下，在相关分保业务账单借方栏中会增加“扣存分保保证金”项目，在贷方栏中会增加“转回上年度扣存的分保保证金”“分保保证金利息”等项目。

因再保险分出人扣存分保保证金的交易具体体现在分保业务账单中，再保险分出人应当在发出分保业务账单时，依据账单标明的相关金额进行会计处理。再保险分出人对于存入的分保保证金，应当按期计提利息。

【例9-24】2016年12月8日，晋华公司作为分出人与H保险股份有限公司（以下简称H公司）签订了一份溢额再保险合同，合同起期日为2017年1月1日，保险责任期间为1年。合同约定：晋华公司在每季度账单中，从应付给H公司的分保费中按照一定比例计算扣存分保保证金，扣存期为12个月，次年同期归还，归还同时支付利息，保证金年利率为4%。假定在晋华公司2018年1月15日发出的上年第四季度账单中，“转回上年同期分保保证金”项目金额为360万元。晋华公司相关账务处理如下：

借：应付分保账款——H公司　　3 600 000

　贷：存入保证金　　3 600 000

晋华公司应自2017年1月至2017年12月每月计提分保保证金利息。

每月分保保证金利息=360×4%÷12=1.2（万元）

每月计提分保保证金利息时，其会计分录为：

借：利息支出　　12 000

　贷：应付分保账款——H公司　　12 000

晋华公司在于2018年1月发出的2017年第四季度对H公司的分保业务账单中，“转回上年同期扣存分保保证金”项目金额为360万元。晋华公司账务处理如下：

借：存入保证金　　3 600 000

　贷：应付分保账款——H公司　　3 600 000

三、分入分保业务的核算

（一）会计科目设置

分入分保业务的会计核算与分出分保业务的会计核算应一一对应，方向相反。为了反映再保险分入业务的情况，应设置“存出保证金”“保费收入”“赔付支出”“分保费用”“保险责任准备金”“应收分保账款”“应付分保账款”等科目。

（二）分保费收入及分保费用的核算

1.分保费收入的确认

分保费收入必须同时满足下列条件才能予以确认：

（1）再保险合同成立并承担相应的保险责任

再保险合同一般自签订之日起成立，但自合同规定的起期日起才开始承担保险责任。

因此，再保险合同的签订日与开始承担保险责任的日期可能一致，也可能不一致。分保费收入的确认条件应以再保险合同成立并承担保险责任为条件。

（2）与再保险合同相关的经济利益很可能流入企业

对于再保险接受人而言，与再保险合同相关的经济利益即为分保费。如果再保险接受人能够确定分保费收回的可能性大于不能收回的可能性，即分保费收回的可能性超过50%，则表明经济利益很可能流入。在一般情况下，如果再保险分出人的信用良好，能够按照合同规定如期发送分保业务账单，并能够按约定及时进行分保往来款项的结算，则意味着与再保险合同相关的经济利益很可能流入再保险接受人。

（3）与再保险合同相关的收入能够可靠地计量

由于再保险合同一般只是规定某一时期再保险所承保的业务范围和地区范围、自留额和分保额的计算基础、分保费及手续费的计算方法等，并不直接明确标明分保费的具体金额，分保费的具体金额往往要根据再保险分出人的原保险合同的保费收入金额来计算确定，因此，再保险接受人在判断“与再保险合同相关的收入能够可靠地计量”条件时就产生了以下两种情况：

第一，再保险接受人可以在每一会计期间对该期间的分保费收入金额作出合理估计。如果再保险接受人具有长期积累的丰富经验以及大量的数据资料，能够采用先进的估算方法，借助专门的技术手段，对再保险合同项下的每一会计期间再保险分出人的相关原保险合同的保费收入进行估计，进而按照再保险合同约定计算出相关分保费收入金额，且该估计金额与收到的分保业务账单标明的分保费金额比较接近，则表明再保险接受人可以在每一会计期间对该期间内的分保费收入金额进行可靠计量。在这种情况下，如果分保费收入确认的其他条件均满足，再保险接受人应在每一会计期间按照估计金额确认当期的分保费收入，并按照再保险合同约定计算确认当期的分保费用，待后期收到该期间的分保业务账单时，再按照账单标明的金额进行调整，并将调整金额计入调整当期损益，按账单金额调整估计金额属于资产负债表日后事项的，按《企业会计准则第29号——资产负债表日后事项》进行处理。

第二，再保险接受人只有收到分保业务账单时才能对分保费收入进行可靠计量。如果再保险接受人由于缺乏丰富的经验数据资料和先进的技术方法、手段，而无法对再保险合同项下的每一会计期间的分保费收入金额进行估计，或估计金额可能与实际金额产生重大差异，则表明再保险接受人只能于收到分保业务账单时才能对分保费收入进行可靠计量。在这种情况下，如果分保费收入确认的其他条件均满足，再保险接受人应当于收到分保业务账单时根据账单标明的金额确认分保费收入及相关的分保费用。

【例9-25】2017年12月22日，宏达保险股份有限公司（以下简称宏达公司）与晋华保险股份有限公司（以下简称晋华公司）签订了一份成数再保险合同，接受晋华公司分出的原保险业务。合同约定的分保比例为40%，分保手续费率为35%。合同起期日为2018年1月1日，保险责任期间为1年。宏达公司的经验、技术比较成熟，采用预估方法确认每期的分保费收入。假定宏达公司预估2018年第一季度各月份与晋华公司再保险合同项下的分保费收入金额为：1月份680万元，2月份730万元，3月份600万元。宏达公司于5月20日收到晋华公司发来的第一季度的分保业务账单，账单标明的分保费为2 100万元，分保手续费为735万元。宏达公司相关账务处理如下：

（1）2018年1月，其会计分录为：

借：应收分保账款——晋华公司 6 800 000
　贷：保费收入 6 800 000
借：分保费用 2 380 000
　贷：应付分保账款——晋华公司 2 380 000
（2）2018年2月，其会计分录为：
借：应收分保账款——晋华公司 7 300 000
　贷：保费收入 7 300 000
借：分保费用 2 555 000
　贷：应付分保账款——晋华公司 2 555 000
（3）2018年3月，其会计分录为：
借：应收分保账款——晋华公司 6 000 000
　贷：保费收入 6 000 000
借：分保费用 2 100 000
　贷：应付分保账款——晋华公司 2 100 000
（4）2018年4月预估确认分保费收入和分保费用的会计分录略。
（5）2018年5月20日，收到账单时调整第一季度确认的分保费收入和分保费用，其会计分录为：
分保费收入调整金额=2 100-（680+730+600）=90（万元）
分保手续费调整金额=735-（238+255.5+210）=31.5（万元）
借：应收分保账款——晋华公司 900 000
　贷：保费收入 900 000
借：分保费用 315 000
　贷：应付分保账款——晋华公司 315 000
在此例中，若宏达保险股份有限公司不具备对分保费收入进行预估确认的条件，则宏达保险股份有限公司应在2018年5月20日收到分保业务账单时直接作如下账务处理：
借：应收分保账款——晋华公司 21 000 000
　贷：保费收入 21 000 000
借：分保费用 7 350 000
　贷：应付分保账款——晋华公司 7 350 000
2.纯益手续费的核算
因纯益手续费计算的特殊性，再保险接受人应当根据相关再保险合同的约定，在能够计算确定应向再保险分出人支付的纯益手续费时，将该项纯益手续费作为分保费用，计入当期损益。再保险接受人确认入账的纯益手续费支出金额应为经双方确认一致后的金额。
【例9-26】沿用【例9-23】的资料，F公司确认纯益手续费支出的账务处理如下：
借：分保费用 1 404 000
　贷：应付分保账款——晋华公司 1 404 000
（三）分保赔付成本
再保险接受人确认分保赔付成本的会计处理与保险人确认原保险合同赔付成本的会计处理相类似，即再保险接受人应当在收到分保业务账单的当期，按照账单标明的分保赔付款项金额，作为分保赔付成本，计入当期损益；同时，冲减相应的分保准备金余额。

【例9-27】沿用【例9-25】的资料，宏达公司于2018年5月20日收到晋华公司发来的第一季度分保业务账单中标明的分保赔款金额为900万元，宏达公司已提取的相应分保未决赔款准备金为800万元。宏达公司相关账务处理如下：

借：赔付支出——分保赔付支出　　9 000 000
　贷：应付分保账款——晋华公司　　9 000 000
借：未决赔款准备金　　8 000 000
　贷：提取未决赔款准备金　　8 000 000

（四）预付赔付款和存出分保保证金

1.预付赔付款的核算

再保险接受人向再保险分出人预付的现金赔款，应当在支付预付赔付款时，借记“预付赔付款”科目，贷记“银行存款”科目；收到分保业务账单时，按照账单上转销的赔款，借记“应付分保账款”科目，贷记“预付赔付款”科目。

2.存出分保保证金的核算

再保险接受人应当在收到分保业务账单时，依据账单标明的相关金额进行存出分保保证金的会计处理。再保险接受人对存出的分保保证金，应当按期计提利息。

再保险业务分出人、分入人的会计核算，如图9-2所示。

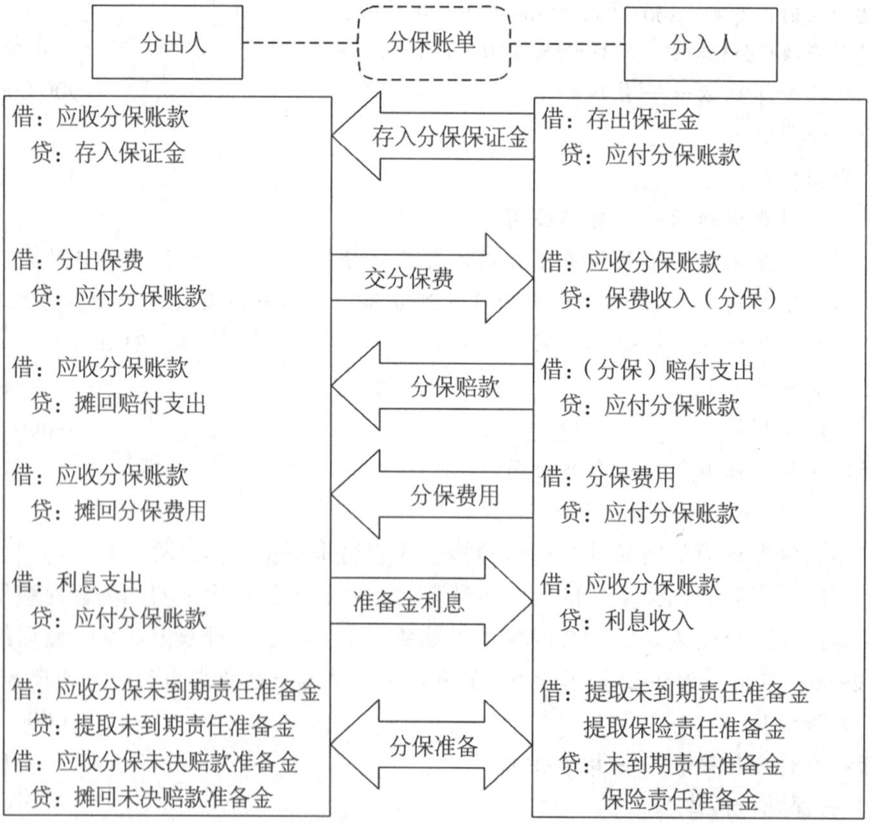

图9-2　再保险核算示意图

同步训练

☞思考训练

1.什么是保险？商业保险和社会保险有什么不同？

2.财产保险业务有什么特点？其会计核算有什么特点？

3.财产保险业务应如何进行核算？

4.人寿保险业务有什么特点？其会计核算有什么特点？

5.人寿保险业务应如何进行核算？

6.再保险业务有什么特点？应如何进行核算？

☞业务训练

目的：能熟练操作保险会计业务。

资料：某保险公司发生下列业务：

1.本公司与甲单位签订财产保险合同，从即日起承担保险责任，保费4 000元，分两期交纳，当日转账收到第一期保费2 000元。

2.本公司以现金方式收到保费2 000元，但尚未承担保险责任。

3.某人寿保险业务期满，经业务部门审核后同意给付保险金20 000元，于审核后转账支付。

4.客户王东来本公司办理家庭寿险退保业务，经审核后予以办理退保手续，退还保费2 000元。

5.根据分保账单，从再保险公司摊回分保赔款100 000元。

6.签发分保账单，应向再保险公司支付保费500 000元。

7.本公司与某客户签订了一份人寿保险合同，保费4 000元，合同规定分两期平均交纳保费，现以现金形式收到第一期保费2 000元。

8.本公司签发分保账单，应向再保险公司收取纯益手续费50 000元。

9.某企业投保的车辆损失险出险，保险公司经勘查计算后以转账支票形式支付被保险人赔款100 000元。

10.年末，本公司进行充足性测试，按规定应补提未到期责任准备金1 000 000元。

要求：根据上述业务进行会计处理，并填制有关记账凭证。

模块五　金融企业共性业务核算

模块概览

- 金融企业共性业务核算
  - 资产业务核算
    - 现金业务核算
    - 银行存款业务核算
    - 固定资产业务核算
  - 负债业务核算
    - 应付职工薪酬业务核算
    - 应交税费业务核算
  - 所有者权益核算
    - 所有者权益认知
    - 所有者权益核算
  - 损益核算
    - 收入业务核算
    - 费用业务核算
    - 利润及利润分配业务核算
  - 财务报告编制与分析
    - 年度决算工作
    - 财务报告编制
    - 财务报告分析

项目十　资产业务核算

【知识目标】

1. 了解资产的特征；

2. 熟悉现金、银行存款的规定及固定资产的类型；

3. 掌握现金、银行存款和固定资产的核算。

【技能目标】

1. 能正确界定各项资产；

2. 能熟练操作现金、银行存款和固定资产业务核算。

金融企业资产是指过去的交易、事项形成并由企业拥有或控制的资源，该资源预期会给企业带来经济利益，通常分为流动资产和非流动资产两类。

在这里只介绍金融企业共有的主要资产，即现金、银行存款及固定资产。

任务一　现金业务核算

【任务重点】

掌握现金收支核算及清查处理。

想一想

华信公司发工资的当日恰逢职工交集资款，于是财务人员为了节省时间直接将职工的集资款用于发放工资，事后将垫付的工资与剩余的集资款转存银行。从账面看也没有错误。

请问华信公司财务人员的上述处理存在什么问题？

货币资金是指企业在生产经营过程中处于货币形态的那部分资金，包括现金、银行存款和其他货币资金。

一、现金管理规定

库存现金是指通常存放于企业财会部门、由出纳经管的货币。

（一）库存现金的使用范围

根据《现金管理暂行条例》，单位可使用现金支付的款项包括：

（1）职工工资、奖金、津贴和补贴。

（2）个人劳务报酬。

（3）根据国家规定颁发给个人的科学技术、文化艺术、体育等各种奖金。

（4）各种劳保、福利费用以及国家规定的对个人的其他支出。

（5）向个人收购农副产品和其他物资的价款。

（6）出差人员必须随身携带的差旅费。

（7）结算起点（1 000元人民币）以下的零星支出。

（8）中国人民银行确定需要支付现金的其他支出。

除上述情况可以使用现金支付外，其他款项的支付均应通过银行转账结算。

（二）库存现金限额

库存现金限额是指为保证各单位日常零星支出按规定允许留存现金的最高数额。库存现金的限额，由开户银行根据开户单位的实际需要和距离银行远近等情况核定。其限额一般按照单位3～5天日常零星开支所需现金确定。远离银行或交通不便的企业的库存现金限额，可按多于5天但不超过15天的正常开支需要量来核定。库存现金限额一经核定，要求企业必须严格遵守，不得任意超过，超过限额的现金应及时存入银行；当库存现金低于限额时，企业可以签发现金支票从银行提取现金，以补足限额。

（三）现金收支的规定

企业在经营活动中，经常会发生一些现金收入，如收取不足转账起点的小额销售收入、销售给不能转账的集体或个人的销货款、职工交回的差旅费剩余款等。企业的现金收入，应及时送存银行，不得直接用于支付自己的支出。用收入的现金直接支付支出的行为，称为“坐支”。企业如因特殊情况需要坐支现金的，应当事先报经开户银行审查批准，由开户银行核定坐支范围和限额。企业应定期向开户银行报送坐支金额和使用情况。未经银行批准，企业不得擅自坐支现金。为了加强银行的监督，企业在向银行送存现金时，应在送款簿上注明款项的来源。

企业因采购地点不固定、交通不便以及其他特殊情况必须使用现金的，应向开户银行提出申请，经开户银行审核批准后，予以支付现金。企业不得用不符合财务制度的凭证顶替库存现金，即不得“白条顶库”；不准谎报用途套取现金；不准用银行账户代其他单位和个人存入或支取现金；不准用单位收入的现金以个人名义存入储蓄，不准保留账外公款，即不得“公款私存”，不得设置“小金库”等。

二、现金收支核算

为了记录库存现金的收付变动和结存情况，企业需要设置“库存现金”总分类科目，借方登记现金的增加，贷方登记现金的减少，期末余额在借方，表示现金的实存数。企业还应当设置“库存现金日记账”，由出纳人员根据现金收付款凭证以及有关的银行存款收付款凭证，按业务发生的顺序逐笔登记。每日终了，企业应计算当日现金收入、支出合计数和结余数，并与现金的实际库存数相核对，以做到账款相符。月末企业应将库存现金日记账余额与总分类账余额核对相符，做到日清月结，以保证账账相符。有外币现金的企业，应当分别以人民币和各种外币设置“库存现金日记账”进行明细核算。

1.从银行提取现金备用时，根据现金支票存根，其会计分录为：

借：库存现金

　　贷：银行存款

2.当存入银行现金时，根据存款凭证回单，其会计分录为：

借：银行存款

　　贷：库存现金

3.备用金，分以下几种情况：

（1）当职工出差临时借款时，其会计分录为：

借：其他应收款——××（借款人）

　贷：库存现金

（2）使用后报销时（实报实销，多退少补），其会计分录为：

借：业务及管理费（或管理费用、销售费用等）

　　库存现金（多退，由经办人员退回的现金）

　贷：其他应收款——××（借款人）

或　借：业务及管理费等（或管理费用、销售费用等）

　　　贷：其他应收款——××（借款人）

　　　　库存现金（少补，应补给经办人员的现金）

三、现金清查

现金清查，一般采用实地盘点法，对于清查的结果应当编制库存现金盘点报告单。如果账款不符，发现的有待查明原因的现金短缺或溢余，应先通过“待处理财产损溢”科目核算。

（一）现金短缺

现金短缺，属于应由责任人赔偿或保险公司赔偿的部分，计入其他应收款；属于无法查明的其他原因，计入管理费用。

发现现金盘亏，在报经批准前，作如下处理：

借：待处理财产损溢

　贷：库存现金

在报经批准后，按规定处理：

借：其他应收款（应由责任人赔偿或保险公司赔偿的）

　　业务及管理费等（无法查明原因的）

　贷：待处理财产损溢

（二）现金溢余

现金溢余，属于应支付给有关人员或单位的，计入其他应付款；属于无法查明原因的，计入营业外收入。

发现现金盘盈，在报经批准前，作如下处理：

借：库存现金

　贷：待处理财产损溢

在报经批准后，按规定处理：

借：待处理财产损溢

　贷：其他应付款（应支付给有关人员或单位的）

　　　营业外收入（无法查明原因的）

任务二　银行存款业务核算

【任务重点】

掌握银行存款的存取核算及对账处理。

想一想

审计部门在对华信公司进行财务检查时，发现该公司的银行存款账户余额是红字，经进一步检查发现，出纳持有的支票存根全部是空白的，经仔细盘问，出纳道：支票都是领导开的，开多少，只有领导知道。她是根据估计数字记存款账的。你认为华信公司在财务管理方面存在什么问题？

一、银行结算制度

（一）银行结算账户

银行结算账户是指银行为存款人开立的办理资金收付结算的人民币活期存款账户。单位银行结算账户按用途分为基本存款账户、一般存款账户、专用存款账户、临时存款账户。

基本存款账户是指存款人因办理日常转账结算和现金收付需要开立的银行结算账户。一个存款人只能在银行开立一个基本存款账户。

一般存款账户是指存款人因借款或其他结算需要，在基本存款账户开户银行以外的银行营业机构开立的银行结算账户。

专用存款账户是指存款人按照法律、行政法规和规章，对其特定用途资金进行专项管理和使用而开立的银行结算账户。

临时存款账户是指存款人因临时需要并在规定期限内使用而开立的银行结算账户。

（二）银行支付结算

银行支付结算是指单位、个人在社会经济活动中使用票据、信用卡和汇兑、托收承付、委托收款等结算方式进行货币给付及其资金清算的行为。

根据中国人民银行有关支付结算办法的规定，目前企业发生的货币资金收付业务，可以采用支票、银行本票、银行汇票、商业汇票、信用卡、汇兑、托收承付、委托收款等结算方式，通过银行办理转账结算。

二、银行存款核算

为了总括地反映企业银行存款的收支、结存情况，企业应设置“银行存款”科目，该科目属于资产类科目，其借方登记银行存款的增加数，贷方登记银行存款的减少数，期末借方余额表示企业银行存款的结余数额。

企业可按开户银行和其他金融机构、存款种类等设置“银行存款日记账”，根据收付款凭证，按照业务的发生顺序逐笔登记，于每日终了结出余额。

企业将款项存入银行或其他金融机构，借记本科目，贷记“库存现金”等有关科目；提取现金和支出款项，借记“库存现金”等有关科目，贷记本科目。

三、银行存款清查

“银行存款日记账”应定期与“银行对账单”核对，至少每月核对一次。企业银行存款账面余额与银行对账单余额之间如有差额，应编制“银行存款余额调节表”调节相符，如没有记账错误，调节后的双方余额应相等。

企业银行存款账面余额与银行对账单余额之间不一致的原因，主要是因为存在未达账项。发生未达账项的具体情况有4种：

第一，企业已收款入账，银行尚未收款入账；

第二，企业已付款入账，银行尚未付款入账；

第三，银行已收款入账，企业尚未收款入账；

第四，银行已付款入账，企业尚未付款入账。

【例10-1】华信公司2017年9月30日将银行存款日记账与银行对账单核对，银行存款日记账余额为432万元，银行转来的对账单余额为664万元。经逐笔核对，发现以下未达账项：

（1）华信公司9月28日收到的W公司赔款480万元登记入账，但银行尚未记账。

（2）收款单位H公司尚未将9月29日收到的360万元支票送存银行。

（3）华信公司委托银行代收A公司的购货款384万元，银行已于9月30日收妥并登记入账，但华信公司尚未收到收款通知。

（4）9月份华信公司发生借款利息32万元，银行已减少其存款，但华信公司尚未收到银行的付款通知。

华信公司编制的2017年9月30日"银行存款余额调节表"见表10-1：

表10-1　银行存款余额调节表

2017年9月30日　单位：万元

项　目	金　额	项　目	金　额
企业银行存款日记账余额	432	银行对账单余额	664
加：银行已收、企业未收款	384	加：企业已收、银行未收款	480
减：银行已付、企业未付款	32	减：企业已付、银行未付款	360
调节后的存款日记账余额	784	调节后的对账单余额	784

其他货币资金是指企业除库存现金、银行存款以外的各种货币资金，主要包括银行汇票存款、银行本票存款、信用卡存款、信用证保证金存款和外埠存款等。

任务三　固定资产业务核算

【任务重点】

掌握固定资产增加、减少和折旧的核算。

想一想

华信证券公司拟新设立一个分支机构，办公场所是租用的，业务设备是自行购买的，保安系统是一家合作单位捐赠的。请问公司对租用的办公场所应该如何核算？

一、固定资产的认知

（一）固定资产的概念

固定资产是企业赖以生存的物质基础，是企业产生效益的源泉，关系到企业的运营与发展。固定资产是指同时具有以下特征的有形资产：

第一，为生产商品、提供劳务、出租或经营管理而持有的。

第二，使用寿命超过1个会计年度。

（二）固定资产的特征

从固定资产的定义看，固定资产具有以下3个特征：

第一，固定资产是为生产商品、提供劳务、出租或经营管理而持有的。企业持有固定资产的目的是生产商品、提供劳务、出租或经营管理，这意味着企业持有的固定资产是企业的劳动工具或手段，而不是直接用于出售的产品。

第二，固定资产的使用寿命超过1个会计年度。固定资产的使用寿命，是指企业使用固定资产的预计期间，或者该固定资产所能生产产品或提供劳务的数量。在通常情况下，固定资产的使用寿命是指使用固定资产的预计期间，如自用房屋建筑物的使用寿命或使用年限。某些机器设备或运输设备等固定资产，其使用寿命往往以该固定资产所能生产产品或提供劳务的数量来表示。例如，发电设备按其预计发电量估计使用寿命，汽车或飞机等按其预计行驶里程估计使用寿命。

第三，固定资产为有形资产。固定资产具有实物特征，这一特征将固定资产与无形资产区别开来。有些无形资产可能同时符合固定资产的其他特征，如无形资产为生产商品、提供劳务而持有，其使用寿命超过1个会计年度，但是，由于其没有实物形态，所以不属于固定资产。企业由于安全或环保的要求购入的设备等，虽然不能直接给企业带来未来经济利益，但有助于企业从其他相关资产的使用过程中获得未来经济利益，也应确认为固定资产。

（三）固定资产的分类

按固定资产的经济用途和使用情况等综合分类，固定资产可划分为七大类：

第一类，生产经营用固定资产。

第二类，非生产经营用固定资产。

第三类，租出固定资产。

第四类，不需用固定资产。

第五类，未使用固定资产。

第六类，土地（指过去已经估价单独入账的土地）。

第七类，融资租入固定资产。

（四）固定资产的计价方法

固定资产的计价方法主要有以下3种：

1.按历史成本计价

历史成本也称为原始价值或原始购置成本，是指企业在购建某项固定资产达到可使用状态前所发生的一切合理的、必要的支出。企业新购建固定资产的计价，确定计提折旧的依据等均采用这种计价方法，是固定资产的基本计价标准。

2.按重置完全价值计价

重置完全价值也称为现时重置成本，是指在当时的生产技术条件下，重新购建同样的固定资产所需要的全部支出。这种方法一般在清查财产中确定盘盈的固定资产价值时使用，或在对报表进行补充、附注说明时采用。对于投资者投入的固定资产、企业接受捐赠的固定资产也采用重置完全价值计价。

3.按净值计价

固定资产净值也称为折余价值，是指固定资产原始价值或重置完全价值减去已提折旧后的净额。它可以反映企业实际占用固定资产的金额和固定资产的新旧程度。这种计价方法主要用于计算盘盈、盘亏、毁损固定资产的损益等。

二、固定资产增加的核算

（一）外购固定资产的核算

企业外购固定资产的成本，包括购买价款、相关税费（增值税转型改革后，企业购进、接受捐赠、实物投资、自制、改扩建和安装生产用固定资产发生的增值税进项税额，可以从销项税额中抵扣，不计入固定资产成本）、在使固定资产达到预定可使用状态前所发生的可归属于该项资产的运输费、装卸费、安装费和专业人员服务费等。

外购固定资产是否达到预定可使用状态，需要根据具体情况进行分析判断。如果购入不需要安装的固定资产，购入后即可发挥作用，那么，购入后即可达到预定可使用状态。如果购入需要安装的固定资产，只有在安装调试后达到设计要求或合同规定的标准，该项固定资产才可发挥作用，达到预定可使用状态。

1.购入不需要安装的固定资产

购入不需要安装的固定资产是指企业购置的不需要安装即可直接交付使用的固定资产。企业应按实际支付的购买价款、相关税费以及在使固定资产达到预定可使用状态前所发生的可归属于该项资产的运输费、装卸费和专业人员服务费（关键点）等，作为固定资产成本，借记“固定资产”科目，贷记“银行存款”等科目。

【例10-2】华信证券公司2017年购入一台不需要安装即可投入使用的设备，取得的增值税专用发票上注明的设备价款为200万元，增值税税额为34万元，另支付保险费2万元，包装费3万元。款项以银行存款支付。华信证券公司的会计处理如下：

借：固定资产　　2 050 000
　　应交税费——应交增值税（进项税额）　　340 000
　贷：银行存款　　2 390 000

2.购入需要安装的固定资产

购入需要安装的固定资产时，企业应在购入的固定资产取得成本的基础上加上安装调试成本等，作为购入固定资产的成本，先通过“在建工程”科目核算，待安装完毕达到预定可使用状态时，再由“在建工程”科目转入“固定资产”科目。

【例10-3】华信证券公司2017年购入一套设备系统。该设备购买价格为500万元，增值税税额为85万元，支付保险费20万元，支付运输费5万元（可按7%抵扣进项税额）。在该系统安装期间，领用原材料的实际成本为50万元，发生安装工人薪酬5万元，此外支付测试费10万元，外聘专业人员服务费5万元，以上款项均以银行存款支付。华信证券公司在购入设备时，其会计分录为：

在建工程款=500+20+5×93%=524.65（万元）

应交增值税（进项税额）=85+5×7%=85.35（万元）

借：在建工程　　5 246 500
　　应交税费——应交增值税（进项税额）　　853 500
　贷：银行存款　　6 100 000

借：在建工程　　700 000
　贷：原材料　　500 000

贷：应付职工薪酬　　50 000

　　银行存款　　150 000

固定资产入账价值=524.65+70=594.65（万元）

借：固定资产　　5 946 500

　贷：在建工程　　5 946 500

（二）自行建造固定资产的核算

企业自行建造固定资产，应按在建造该项资产达到预定可使用状态前所发生的必要支出，作为固定资产的成本。

自行建造固定资产应先通过“在建工程”科目核算，当工程达到预定可使用状态时，再从“在建工程”科目转入“固定资产”科目。

企业自行建造的固定资产，主要有自营建造和出包建造两种方式，由于采用的建造方式不同，其会计处理也不同。

1. 自营建造

当购建生产经营用固定资产时，固定资产的成本不含增值税。

（1）购入工程物资，其会计分录为：

借：工程物资（不含税）

　　应交税费——应交增值税（进项税额）

　贷：银行存款

（2）领用工程物资，其会计分录为：

借：在建工程（不含税）

　贷：工程物资

（3）自营工程发生的工程人员工资等，其会计分录为：

借：在建工程

　贷：应付职工薪酬

（4）在建工程发生的借款费用满足借款费用资本化条件的予以资本化，其会计分录为：

借：在建工程

　贷：长期借款、应付利息等

（5）自营工程达到预定可使用状态，按其成本计入固定资产，其会计分录为：

借：固定资产

　贷：在建工程

如果购建非生产性固定资产，则工程成本包括增值税。

【例 10-4】华信证券公司为一般纳税企业，增值税税率为17%，在经营期间以自营方式建造营业用房。公司2017年1—5月发生的有关经济业务如下：

（1）1月6日，为建造房屋购入A工程物资一批，收到的增值税专用发票上注明的价款为100万元，增值税税额为17万元，款项已支付。

借：工程物资——A　　1 000 000

　　应交税费——应交增值税（进项税额）　　170 000

　贷：银行存款　　1 170 000

（2）1月15日，工程领用A工程物资100万元。

借：在建工程——营业用房 1 000 000

　贷：工程物资——A 1 000 000

（3）5月30日，建造工程人员薪酬合计80万元。

借：在建工程——营业用房 800 000

　贷：应付职工薪酬 800 000

（4）5月30日，营业用房达到预定可使用状态并交付使用。

借：固定资产——营业用房 1 800 000

　贷：在建工程——营业用房 1 800 000

2.出包建造

企业以出包方式建造固定资产，其成本由在建造该项固定资产达到预定可使用状态前所发生的必要支出构成，包括发生的建筑工程支出、安装工程支出以及需分摊计入各固定资产价值的待摊支出。

在出包建造方式下，企业以支付给建造承包商的工程价款作为工程成本通过“在建工程”科目核算。

（1）预付工程款项，其会计分录为：

借：预付账款

　贷：银行存款

（2）企业按合理估计的发包工程进度和合同规定向建造承包商结算进度款，其会计分录为：

借：在建工程

　贷：银行存款

或　预付账款

（3）在工程完成时按合同规定补付工程款，其会计分录为：

借：在建工程

　贷：银行存款

（4）企业为建造固定资产发生的待摊支出，其会计分录为：

借：在建工程——待摊支出

　贷：银行存款、应付职工薪酬、长期借款等

（5）工程达到预定可使用状态时，按其成本计入固定资产，其会计分录为：

借：固定资产

　贷：在建工程

【例10-5】华信证券公司将一幢办公用房的建造工程出包给乙公司承建，按合理估计的发包工程进度和合同规定向丙公司结算进度款80万元，在工程完工后，收到乙公司有关工程结算单据，补付工程款50万元。工程现已完工并达到预定可使用状态。华信证券公司应作如下会计处理：

（1）按合理估计的发包工程进度和合同规定向乙公司结算进度款，其会计分录为：

借：在建工程 800 000

　贷：银行存款 800 000

（2）补付工程款，其会计分录为：

借：在建工程　　500 000

　贷：银行存款　　500 000

（3）工程完工并达到预定可使用状态时，其会计分录为：

借：固定资产　　1 300 000

　贷：在建工程　　1 300 000

（三）投入固定资产的核算

接受固定资产投资的企业，在办理了固定资产移交手续之后，应按投资合同或协议约定的价值加上应支付的相关税费作为固定资产的入账价值，但合同或协议约定价值不公允的除外。

【例10-6】甲企业收到乙企业作为资本投入的不需要安装的机器设备1台。该设备按投资合同或协议确认的价值为62 000元。甲企业编制如下会计分录：

借：固定资产　　62 000

　贷：实收资本——乙企业　　62 000

（四）接受捐赠固定资产的核算

1.接受捐赠固定资产计价

接受捐赠固定资产是指企业接受捐赠的各种达到固定资产标准的物品。接受捐赠的固定资产，企业应按以下规定确定其入账价值：

（1）捐赠方提供了有关凭证的固定资产，应按凭证上标明的金额加上应支付的相关税费，作为入账价值。

（2）捐赠方没有提供有关凭据的固定资产，应按以下顺序确定其入账价值：

①同类或类似固定资产存在活跃市场的，应按同类或类似固定资产的市场价格估计的金额，加上应支付的相关税费，作为入账价值。

②同类或类似固定资产不存在活跃市场的，应按该接受捐赠固定资产的预计未来现金流量现值作为其入账价值。

（3）如受赠的系旧的固定资产，应按上述方法确认的固定资产原价，减去按该项固定资产的新旧程度估计的价值损耗后的余额，作为入账价值。

2.接受捐赠固定资产的核算

借：固定资产（确定的入账价值）

　贷：递延所得税负债（确定的入账价值×所得税税率）

　　　营业外收入（确定的入账价值×（1-所得税税率））

【例10-7】华信证券公司2017年3月8日接受乙公司捐赠的汽车一辆，当天办妥有关手续。乙公司提供的增值税专用发票上注明的价款为150 000元，增值税税额为25 500元。华信证券公司适用的所得税税率为20%，在不考虑其他相关税费的情况下，华信证券公司在接受捐赠时，其会计处理如下：

借：固定资产　　175 500

　贷：递延所得税负债　　35 100

　　　营业外收入　　140 400

三、固定资产折旧的核算

(一) 固定资产计提折旧的范围

折旧是指在固定资产使用寿命内，按照确定的方法对应计折旧额进行系统分摊。固定资产折旧实际是对固定资产由于磨损和损耗而转移到成本费用中的那一部分价值的补偿。固定资产磨损和损耗包括固定资产的有形损耗和无形损耗。应计折旧额是指应当计提折旧的固定资产的原价扣除其预计净残值后的金额，已计提减值准备的固定资产，还应当扣除已计提的固定资产减值准备累计金额。

除以下情况外，企业应当对所有固定资产计提折旧：

第一，已提足折旧仍继续使用的固定资产；

第二，单独计价入账的土地。

企业在确定计提固定资产折旧的范围时，还应注意以下几点：

第一，固定资产应当按月计提折旧，当月增加的固定资产，当月不计提折旧，从下月起计提折旧；当月减少的固定资产，当月仍计提折旧，从下月起不计提折旧。

第二，固定资产提足折旧后，不论能否继续使用，均不再计提折旧；提前报废的固定资产，也不再补提折旧。提足折旧，是指已经提足该项固定资产的应计折旧额。

第三，已达到预定可使用状态但尚未办理竣工决算的固定资产，应当按照估计价值确定其成本，并计提折旧；待办理竣工决算后，再按实际成本调整原来的暂估价值，但不需要调整原已计提的折旧额。

第四，处于更新改造过程中停止使用的固定资产，不计提折旧。

第五，因大修理而停用的固定资产，照提折旧。

(二) 固定资产折旧计提与核算

1.固定资产折旧的计提方法

企业应当根据与固定资产有关的经济利益的预期实现方式合理选择折旧方法。可选用的折旧方法包括年限平均法、工作量法、双倍余额递减法和年数总和法等。企业选用不同的固定资产折旧方法，将影响固定资产使用寿命期间内不同时期的折旧费用，因此，固定资产的折旧方法一经确定，不得随意变更。

①年限平均法

年限平均法又称直线法，是指将固定资产的应计折旧额均衡地分摊到固定资产预计使用寿命内的一种方法。采用这种方法计算的每期折旧额均相等。其计算公式如下：

年折旧率=（1-预计净残值率）÷预计使用寿命×100%

月折旧率=年折旧率÷12

月折旧额=固定资产原价×月折旧率

【例10-8】华信证券公司新办公楼交付使用，采用年限平均法计提折旧。该办公楼原价620万元，预计使用年限为20年，预计净残值为20万元。该办公楼的月折旧额计算如下：

华信证券公司该办公楼月折旧额=（620-20）÷20÷12=2.5（万元）

②工作量法

工作量法是指根据实际工作量计算每期应提折旧额的一种方法。其计算公式如下：

单位工作量折旧额=固定资产原价×（1-预计净残值率）÷预计总工作量

某项固定资产月折旧额=该项固定资产当月工作量×单位工作量折旧额

【例 10-9】华信证券公司购买一辆运钞车供营业部使用，采用工作量法计提折旧。该车原价60万元，预计总工作量为200 000千米，预计净残值为5万元。该汽车2017年5月份的工作量为4 000千米。该车辆的月折旧额计算如下：

该车辆月折旧额=（60-5）÷20×0.4=1.1（万元）

③双倍余额递减法

双倍余额递减法是指在不考虑固定资产预计净残值的情况下，根据每期期初固定资产原价减去累计折旧后的金额和双倍的直线法折旧率计算固定资产折旧的一种方法。应用这种方法在计算折旧额时，由于每年年初固定资产净值没有扣除预计净残值，所以在计算固定资产折旧额时，应在其折旧年限到期的前两年内，将固定资产净值扣除预计净残值后的余额平均摊销。其计算公式如下：

年折旧率=2÷预计使用寿命（年）×100%

月折旧率=年折旧率÷12

月折旧额=年初固定资产账面净额×月折旧率

最后两年的折旧额计算公式为：

年折旧额=（年初固定资产账面净额-预计净残值）÷2

【例 10-10】华信证券公司一项固定资产安装完毕投入使用，该设备成本为500万元，预计使用年限为5年，预计净残值为20万元。假定2013年12月10日安装完毕并交付使用。采用双倍余额递减法计提折旧。

年折旧率=2÷5×100%=40%

2014年年折旧额=500×40%=200（万元）

2015年年折旧额=（500-200）×40%=120（万元）

2016年年折旧额=（500-200-120）×40%=72（万元）

2017年、2018年年折旧额=（500-200-120-72-20）÷2=44（万元）

④年数总和法

年数总和法又称年限合计法，是指将固定资产的原价减去预计净残值后的余额，乘以一个以固定资产尚可使用寿命为分子、以预计使用寿命逐年数字之和为分母的逐年递减的分数计算每年的折旧额的一种方法。其计算公式如下：

年折旧率=尚可使用年限÷预计使用寿命的年数总和×100%

月折旧率=年折旧率÷12

月折旧额=（固定资产原价-预计净残值）×月折旧率

【例 10-11】甲公司的一项固定资产安装完毕投入使用，该设备的成本为500万元，预计使用年限为5年，预计净残值为20万元。假定2013年12月10日安装完毕并交付使用。采用年数总和法计提折旧。

2014年：

折旧率=5÷（1+2+3+4+5）$=\frac{1}{3}$

年折旧额=（500-20）$\times\frac{1}{3}$=160（万元）

2015年：

折旧率=4÷（1+2+3+4+5）$=\frac{4}{15}$

年折旧额=（500−20）$\times\frac{4}{15}$=128（万元）

2016年：

折旧率=3÷（1+2+3+4+5）=$\frac{1}{5}$

年折旧额=（500−20）$\times\frac{1}{5}$=96（万元）

2017年：

折旧率=2÷（1+2+3+4+5）=$\frac{2}{15}$

年折旧额=（500−20）$\times\frac{2}{15}$=64（万元）

2018年：

折旧率=1÷（1+2+3+4+5）=$\frac{1}{15}$

年折旧额=（500−20）$\times\frac{1}{15}$=32（万元）

2.固定资产折旧的核算

固定资产应当按月计提折旧，计提的折旧应通过“累计折旧”科目核算，并根据用途计入相关资产的成本或者当期损益。例如，企业在自行建造固定资产过程中使用的固定资产，其计提的折旧应计入在建工程成本；基本生产车间所使用的固定资产，其计提的折旧应计入制造费用；管理部门所使用的固定资产，其计提的折旧应计入管理费用；销售部门所使用的固定资产，其计提的折旧应计入销售费用；经营租出的固定资产，其计提的折旧额应计入其他业务成本。

金融机构计提折旧的会计分录为：

借：业务及管理费

　贷：累计折旧

四、固定资产后续支出的核算

（一）固定资产后续支出的含义

固定资产后续支出是指固定资产在使用过程中发生的更新改造支出、修理费用等。后续支出的处理原则为：符合固定资产确认条件的，应当计入固定资产成本，同时将被替换部分的账面价值扣除；不符合固定资产确认条件的，应当计入当期损益。

（二）资本化的后续支出的核算

固定资产在发生可资本化的后续支出时，企业一般应将该固定资产的原价、已计提的累计折旧和减值准备转销，将固定资产的账面价值转入在建工程，并停止计提折旧。固定资产发生的后续支出，通过“在建工程”科目核算。在固定资产发生的后续支出完工并达到预定可使用状态时，再从在建工程转为固定资产，并按重新确定的使用寿命、预计净残值和折旧方法计提折旧。

【例10−12】2017年2月1日，甲银行为了发展将现有的一套写字楼进行改扩建，原价500万元，已提取50万元折旧。经过3个月的改扩建，该写字楼按期完成了改造，并达到预定可使用状态，共发生支出100万元，全部以银行存款支付。

（1）2017年2月1日，固定资产转入改扩建，其会计分录为：

借：在建工程　　4 500 000
　　累计折旧　　500 000
　贷：固定资产　　5 000 000

（2）2017年2月1日至4月30日，发生改扩建工程支出，其会计分录为：

借：在建工程　　1 000 000
　贷：银行存款　　1 000 000

（3）2017年4月30日，楼房改扩建工程达到预定可使用状态，其会计分录为：

固定资产的入账价值=4 500 000+1 000 000=5 500 000（元）

借：固定资产　　5 500 000
　贷：在建工程　　5 500 000

金融企业发生的一些固定资产后续支出可能涉及替换原固定资产的某组成部分，当发生的后续支出符合固定资产确认条件时，应将其计入固定资产成本，同时将被替换部分的账面价值扣除。企业对固定资产进行定期检查发生的大修理费用，有确凿证据表明符合固定资产确认条件的部分，可以计入固定资产成本，不符合固定资产确认条件的部分应当予以费用化，并计入当期损益。固定资产在定期大修理间隔期间，照提折旧。

（三）费用化的后续支出的核算

与固定资产有关的修理费用等后续支出，不符合固定资产确认条件的，应当根据不同情况分别在发生时计入当期费用。

在一般情况下，固定资产投入使用之后，由于固定资产磨损、各组成部分耐用程度不同，可能导致固定资产的局部损坏，为了维护固定资产的正常运转和使用，充分发挥其使用效能，金融企业将对固定资产进行必要维护。固定资产的日常修理费用在发生时应直接计入当期损益。金融机构发生费用化的固定资产后续支出，其会计分录为：

借：业务及管理费
　贷：银行存款等

五、固定资产减少的核算

（一）固定资产处置的核算

1.固定资产处置的含义

固定资产处置包括固定资产的出售、转让、报废或毁损、对外投资、非货币性资产交换、债务重组等。处于处置状态的固定资产不再用于生产商品、提供劳务、出租或经营管理，因此不再符合固定资产的定义，应予以终止确认。

2.固定资产处置的账务处理

企业出售、转让、报废固定资产或发生固定资产毁损，应当将处置收入扣除账面价值和相关税费后的金额计入当期损益。

固定资产处置一般通过“固定资产清理”“资产处置损益”科目进行核算。

企业因出售、报废或毁损、对外投资、非货币性资产交换、债务重组等原因处置固定资产，其会计处理一般经过以下几个步骤：

第一，将固定资产转入清理。固定资产在转入清理时，按固定资产账面价值，借记“固定资产清理”科目，按已计提的累计折旧，借记“累计折旧”科目，按已计提的减值准备，借记“固定资产减值准备”科目，按固定资产账面余额，贷记“固定资产”科目。

第二，发生清理费用。固定资产在清理过程中发生的有关费用以及应支付的相关税费，借记“固定资产清理”科目，贷记“银行存款”“应交税费”等科目。

第三，出售收入和残料等的处理。企业收回出售固定资产的价款、残料价值和变价收入等，应冲减清理支出，按实际收到的出售价款以及残料变价收入等，借记“银行存款”“原材料”等科目，贷记“固定资产清理”科目。

第四，保险赔偿的处理。企业计算或收到的应由保险公司或过失人赔偿的损失，应冲减清理支出，借记“其他应收款”“银行存款”等科目，贷记“固定资产清理”科目。

第五，清理净损益的处理。固定资产清理完成后的净损失，属于生产经营期间正常的处理损失，借记“营业外支出——处置非流动资产损失”科目，贷记“固定资产清理”科目；属于生产经营期间由于自然灾害等非正常原因造成的，借记“营业外支出——非常损失”科目，贷记“固定资产清理”科目。固定资产清理完成后的净收益，借记“固定资产清理”科目，贷记“营业外收入”科目。

【例10-13】华信证券公司将一台闲置的价值为12万元、已提取8万元折旧的设备处理变卖，获得价款6万元，其处置费用1万元。所有款项均通过银行存款收付。华信证券公司的会计处理如下：

（1）固定资产转入清理，其会计分录为：

借：固定资产清理 40 000

  累计折旧 80 000

 贷：固定资产 120 000

（2）发生清理费，其会计分录为：

借：固定资产清理 10 000

 贷：银行存款 10 000

（3）出售时，其会计分录为：

借：银行存款 60 000

 贷：固定资产清理 60 000

（4）清理净损益处理，其会计分录为：

借：固定资产清理 10 000

 贷：营业外收入 10 000

（二）固定资产盘点的核算

固定资产是一种单位价值较高、使用期限较长的有形资产，因此，企业应当健全制度，加强管理，定期或者至少于每年年末对固定资产进行清查盘点，以保证固定资产核算的真实性和完整性。如果在清查过程中发现固定资产的损溢应及时查明原因，在期末结账前处理完毕。

1.固定资产盘盈的核算

企业在财产清查过程中盘盈的固定资产，应作为前期差错处理。企业在财产清查过程中盘盈的固定资产，在按管理权限报经批准处理前应先通过“以前年度损益调整”科目核算；对于盘盈的固定资产，应按重置成本确定其入账价值。

借：固定资产

 贷：以前年度损益调整

【例 10-14】华信证券公司于2017年12月在财产清查过程中，发现一台设备未入账，其重置成本为30万元（假定与其计税基础不存在差异）。假定华信证券公司按净利润的10%计提法定盈余公积，不考虑相关税费的影响。

华信证券公司作如下会计处理：

（1）盘盈固定资产时，其会计分录为：

借：固定资产　　300 000

　贷：以前年度损益调整　　300 000

（2）结转为留存收益时，其会计分录为：

借：以前年度损益调整　　300 000

　贷：盈余公积——法定盈余公积　　30 000

　　　利润分配——未分配利润　　270 000

2.固定资产盘亏的核算

企业在财产清查过程中发现盘亏的固定资产，按盘亏固定资产的账面价值，借记"待处理财产损溢"科目，按已计提的累计折旧，借记"累计折旧"科目，按已计提的减值准备，借记"固定资产减值准备"科目，按固定资产的原价，贷记"固定资产"科目。在按管理权限报经批准后处理时，企业按可收回的保险赔偿或过失人赔偿，借记"其他应收款"科目，按应计入营业外支出的金额，借记"营业外支出"科目，贷记"待处理财产损溢"科目。

【例 10-15】华信证券公司于2017年12月进行财产清查时发现盘亏固定资产一台，其原价为10万元，已计提折旧4万元，已计提固定资产减值准备1万元。

华信证券公司作如下会计处理：

（1）盘亏固定资产时，其会计分录为：

借：待处理财产损溢　　50 000

　　累计折旧　　40 000

　　固定资产减值准备　　10 000

　贷：固定资产　　100 000

（2）报经批准转销时，其会计分录为：

借：营业外支出——盘亏损失　　50 000

　贷：待处理财产损溢　　50 000

（三）固定资产减值的核算

固定资产在资产负债表日存在可能发生减值的迹象时，其可收回金额低于账面价值的，企业应当将该固定资产的账面价值减记至可收回金额，减记的金额确认为减值损失，计入当期损益，同时计提相应的资产减值准备，借记"资产减值损失"科目，贷记"固定资产减值准备"科目。固定资产减值损失一经确认，在以后会计期间不得转回。

【例 10-16】2017年12月31日，华信证券公司的一套设备系统存在可能发生减值的迹象。经计算，该设备系统的可收回金额合计为80万元，原值为200万元，按10年计提折旧，已计提折旧5年，净残值为0，按照直线法计提折旧。以前年度未对该设备系统计提过减值准备。

华信证券公司作如下账务处理：

计算固定资产账面价值=200-200÷10×5=100（万元）

计算固定资产减值准备=100-80=20（万元）

借：资产减值损失　　200 000

　贷：固定资产减值准备　　200 000

同步训练

☞思考训练

1.货币资金包括哪些内容？

2.如何加强现金和银行存款的管理与核算？

3.固定资产有什么特征？

4.外购的固定资产应该如何进行核算？

5.自行建造的固定资产应该如何进行核算？

6.固定资产的折旧方法有哪些？各有什么特点？

7.固定资产处置应该如何进行核算？

8.固定资产盘亏和毁损在核算上有何不同？

☞业务训练

1.目的：能熟练操作货币资金业务的会计事项。

资料：华信证券公司于2017年3月发生以下业务：

（1）2日将现金50万元存入开户银行。

（2）4日从银行提取现金15万元备用。

（3）8日职工李平出差借差旅费5 000元。

（4）14日职工李平报销差旅费4 800元，余款200元退回。

（5）20日因异地消费需要转账签发银行汇票50 000元。

（6）22日使用上述汇票购买仪器一台48 000元。

（7）24日收到银行余款通知，汇票余款2 000元已退回。

（8）30日盘点发现现金短缺300元，经查系出纳员违反规定所致，应由其负责赔偿。

（9）31日银行存款日记账的余额为353 500元，银行对账单的余额为420 000元，经逐笔核对，发现存在下列未达账项：

①3月25日，企业送存转账支票58 000元，银行尚未入账。

②3月27日，企业开出转账支票53 000元，持票人尚未到银行办理转账手续。

③3月29日，委托银行收款103 000元，银行已收妥入账，但收款通知单尚未到达企业。

④3月30日，银行代付水电费31 500元，但银行付款通知单尚未到达该企业。

要求：

（1）根据上述资料进行会计处理，并编制有关记账凭证。

（2）根据资料（9）的内容，编制华信证券公司银行存款余额调节表。

2.目的：能熟练处理固定资产业务。

资料：晋华银行于2017年5月发生以下固定资产业务：

（1）购入1台需要安装的设备，设备买价90 000元，支付运输费500元。在安装设备时，领用价值4 500元的原材料，支付工人工资2 000元。安装完毕后交付使用。所有资金用银行存款支付。

（2）经批准无偿调入1台设备，原价200 000元，已提折旧40 000元。在调入过程中发生运杂费1 000元，支付工资2 000元，设备安装完毕后交付使用。

（3）修建营业厅，支付材料费20 000元、工人工资4 000元、安全设备费46 000元，营业厅修建完毕后交付使用。

（4）报废点钞机4台，每台原价3 500元，已提折旧3 000元，卖给回收公司，收入400元。

（5）出售不需用的电脑设备，原价10 000元，已提折旧5 000元，售价2 000元。

（6）在清查盘点过程中，发现盘亏1台设备，原价5 000元，已提折旧2 000元，经批准转作损失。

（7）某项固定资产原价150 000元，预计折旧年限为5年，预计净残值为1 000元，试采用年限平均法计提每年的折旧额。

（8）在资产盘点过程中，盘盈机器1台，八成新，同类机器市价15 000元，经批准后转销。

要求：根据上述业务进行会计处理，并编制有关记账凭证。

项目十一　负债业务核算

【知识目标】

1.了解职工薪酬和应交税费的含义；

2.熟悉职工薪酬的范围和应交税费的内容；

3.掌握职工薪酬和应交税费的核算。

【技能目标】

1.能准确判断职工薪酬的开支范围和应交税费的项目；

2.能正确进行职工薪酬和应交税费的会计核算。

金融企业负债是指过去的交易、事项形成的现时义务，履行该义务预期会导致经济利益流出企业，包括向中央银行借款、拆入资金、交易性金融负债、应付职工薪酬、吸收存款、衍生金融负债、应付分保账款、保户储金及投资款、未到期责任准备金、代理买卖证券款、应交税费、长期借款等。

这里只介绍金融企业共有的应付职工薪酬和应交税费等。

任务一　应付职工薪酬业务的核算

【任务重点】

掌握职工薪酬的范围及核算。

想一想

华信证券公司为提高职工福利，将给职工购买的基本养老保险和商业养老保险计入集体福利支出。请问这样处理正确吗？如果不正确，你认为该如何处理？

一、应付职工薪酬认知

(一）职工薪酬的范围

职工薪酬是指为获得职工提供的服务或解除劳动关系而给予的各种形式的报酬或补偿。

《企业会计准则第9号——职工薪酬》规定的职工薪酬主要包括短期薪酬、离职后福利、辞退福利和其他长期职工福利。

1.短期薪酬

短期薪酬主要包括：

(1）职工工资、奖金、津贴和补贴

职工工资、奖金、津贴和补贴，是指企业按照构成工资总额的计时工资、计件工资、支付给职工的超额劳动报酬等的劳动报酬，为了补偿职工特殊或额外的劳动消耗和因其他特殊原因支付给职工的津贴，以及为了保证职工工资水平不受物价影响支付给职工的物价补贴等。其中，企业按照短期奖金计划向职工发放的奖金属于短期薪酬，按照长期奖金计划向职工发放的奖金属于其他长期职工福利。

（2）职工福利费

职工福利费，是指企业向职工提供的生活困难补助、丧葬补助费、抚恤费、职工异地安家费、防暑降温费等职工福利支出。

（3）医疗保险费、工伤保险费和生育保险费等社会保险费

医疗保险费、工伤保险费和生育保险费等社会保险费，是指企业按照国家规定的基准和比例计算，向社会保险经办机构缴存的医疗保险费、工伤保险费和生育保险费。

（4）住房公积金

住房公积金，是指企业按照国家规定的基准和比例计算，向住房公积金管理机构缴存的住房公积金。

（5）工会经费和职工教育经费

工会经费和职工教育经费，是指企业为了改善职工文化生活、为了让职工学习先进技术和提高文化水平和业务素质，用于开展工会活动和职工教育及职业技能培训等的相关支出。

（6）短期带薪缺勤

短期带薪缺勤，是指职工虽然缺勤但企业仍向其支付报酬的安排，包括年假、病假、婚假、产假、丧假、探亲假等。长期带薪缺勤属于其他长期职工福利。

（7）短期利润分享计划

短期利润分享计划，是指因职工提供服务而于职工达成的基于利润或其他经营成果提供薪酬的协议。长期利润分享计划属于其他长期职工福利。

（8）其他短期薪酬

其他短期薪酬，是指除上述薪酬以外的其他为获得职工提供的服务而给予的短期薪酬。

2.离职后福利

离职后福利，是指企业为获得职工提供的服务而在职工退休或与企业解除劳动关系后，提供的各种形式的报酬和福利，属于短期薪酬和辞退福利的除外。

3.辞退福利

辞退福利，是指企业在职工劳动合同到期之前解除与职工的劳动关系，或者为鼓励职工自愿接受裁减而给予职工的补偿。

4.其他长期职工福利

其他长期职工福利，是指除短期薪酬、离职后福利、辞退福利之外所有的职工薪酬，包括长期带薪缺勤、长期残疾福利、长期利润分享计划等。

（二）职工薪酬的确认和计量

1.职工薪酬的确认

职工薪酬准则规定，企业应当在职工为其提供服务的会计期间，将应付的职工薪酬确认为负债，除因解除与职工的劳动关系给予的补偿外，应当根据职工提供服务的受益对象，分别下列情况处理：

（1）应由在建工程、无形资产负担的职工薪酬，记入“在建工程”“研发支出”科目。

（2）除建造固定资产人员、开发无形资产人员以外的职工，金融机构的职工薪酬记入“业务及管理费”科目。

2.职工薪酬的计量

对于货币性薪酬，国家规定计提标准和计提比例的，企业应当根据职工提供服务的情况和职工货币性薪酬标准计算应计入职工薪酬的金额。例如，五险一金、工会经费和职工教育经费等。

对于国家没有规定计提标准和计提比例的职工福利费，企业应当根据历史经验数据和当期福利计划，预计当期应计入职工薪酬的福利费金额；在每一个资产负债表日，企业应当对实际发生的福利费金额和预计金额进行调整。

企业发生的职工福利费，应当在实际发生时根据实际发生额计入当期损益或相关资产成本。企业向职工提供非货币性福利的，应当按照公允价值计量。如果企业以自产的产品作为非货币性福利提供给职工的，应当按照该产品的公允价值和相关税费确定职工薪酬金额，并计入当期损益或相关资产成本。相关收入的确认、销售成本的结转以及相关税费的处理，与企业正常商品销售的会计处理相同。企业以外购的商品作为非货币性福利提供给职工的，应当按照该商品的公允价值和相关税费确定职工薪酬的金额，并计入当期损益或相关资产成本。

二、应付职工薪酬核算

（一）货币性职工薪酬的核算

1.分配职工薪酬

对于货币性薪酬，企业应当根据职工提供服务的情况和职工货币性薪酬的标准计算应计入职工薪酬的金额，按照受益对象计入相关的成本或当期费用，借记“生产成本”“业务及管理费”等科目，贷记“应付职工薪酬”科目。

【例11-1】华信证券公司2017年10月有关职工薪酬业务如下：

（1）按照工资总额的标准分配工资费用，其中营销人员工资为50万元，行政管理人员工资为20万元，后勤服务人员工资为10万元，柜台人员工资为10万元，内部开发人员工资为20万元（符合资本化条件）。

（2）按照所在地政府规定：按照工资总额的10%、12%、2%和10.5%计提医疗保险费、养老保险费、失业保险费和住房公积金。

（3）根据2016年实际发放的职工福利情况，公司预计2017年应承担职工福利费金额为工资总额的4%。

（4）按照工资总额的2%和2.5%计提工会经费和职工教育经费。

华信证券公司的会计处理如下：

（1）计算各项职工薪酬

营销人员职工薪酬=50+50×（10%+12%+2%+10.5%+4%+2%+2.5%）=71.50（万元）

行政人员职工薪酬=20+20×43%=28.60（万元）

后勤人员职工薪酬=10+10×43%=14.30（万元）

柜台人员职工薪酬=10+10×43%=14.30（万元）

研发人员职工薪酬=20+20×43%=28.60（万元）

（2）编制会计分录

借：业务及管理费　　1 287 000

　　研发支出——资本化支出　　286 000

　贷：应付职工薪酬——工资　　1 100 000

　　　　　　　　　——社会保险费　　264 000

　　　　　　　　　——住房公积金　　115 500

　　　　　　　　　——职工福利　　44 000

　　　　　　　　　——工会经费　　22 000

　　　　　　　　　——职工教育经费　　27 500

2.支付职工工资、奖金、津贴和补贴

（1）企业按照有关规定向职工支付工资、奖金、津贴和补贴

借：应付职工薪酬——工资

　贷：银行存款

或　库存现金

（2）企业从应付职工薪酬中扣还的各种款项（代垫的家属药费、个人所得税等）

借：应付职工薪酬

　贷：其他应收款（代垫的家属药费）

　　　应交税费——应交个人所得税（代扣个人所得税）

【例11-2】承【例11-1】华信证券公司发放2017年10月职工工资110万元，其中代扣职工房租1万元，企业代垫职工家属医药费4万元，实发工资105万元，通过银行转入个人工资账户。

华信证券公司处理如下：

借：应付职工薪酬——工资　　1 100 000

　贷：其他应付款　　10 000

　　　其他应收款　　40 000

　　　银行存款　　1 050 000

3.支付职工福利费

企业向职工食堂、职工医院、生活困难职工等支付职工福利费。

借：应付职工薪酬——职工福利

　贷：银行存款

或　库存现金

【例11-3】华信证券公司2017年10月以福利费支付食堂补贴4万元，职工生活困难补助0.4万元，以上款项均通过银行存款支付。

借：应付职工薪酬——职工福利　　44 000

　贷：银行存款　　44 000

4.缴纳职工基本养老保险

企业向社会保险经办机构缴纳职工基本养老保险费。

借：应付职工薪酬——社会保险费

　贷：银行存款

（二）非货币性职工薪酬的核算

1.金融机构购入商品发放给职工

金融机构购入日常生活商品发放给职工，其会计分录为：

借：业务及管理费

　贷：应付职工薪酬

借：应付职工薪酬

　贷：银行存款

【例11-4】华信证券公司2017年12月购入一批米、面、油、肉食等作为福利发放给公司人员，食品价值50 000元。不考虑其他相关税费。

华信证券公司会计处理如下：

借：业务及管理费	50 000	
贷：应付职工薪酬		50 000
借：应付职工薪酬	50 000	
贷：银行存款		50 000

2.将企业拥有的房屋等资产无偿提供给职工使用

金融机构将企业拥有的房屋等资产无偿提供给职工使用时，应当将该住房每期应计提的折旧计入当期损益，同时确认应付职工薪酬，借记“业务及管理费”等科目，贷记“应付职工薪酬——非货币性福利”科目，并且同时借记“应付职工薪酬——非货币性福利”科目，贷记“累计折旧”科目。

【例11-5】华信证券公司为职工50人提供免费住宿，月计提折旧合计为2万元，其会计分录为：

借：业务及管理费	20 000	
贷：应付职工薪酬——非货币性福利		20 000
借：应付职工薪酬——非货币性福利	20 000	
贷：累计折旧		20 000

3.租赁住房等资产供职工无偿使用

金融机构租赁住房等资产供职工无偿使用时，应当将每期应付的租金计入当期损益，并且同时借记“应付职工薪酬——非货币性福利”科目。

【例11-6】华信证券公司为一名企业高管租赁一套公寓免费供其居住使用，月租金为2万元，按月以银行存款支付，其会计分录为：

借：业务及管理费	20 000	
贷：应付职工薪酬——非货币性福利		20 000
借：应付职工薪酬——非货币性福利	20 000	
贷：银行存款		20 000

任务二　应交税费业务的核算

【任务重点】

掌握应交税费的核算。

想一想

华信保险公司是新设立的公司，财务人员想了解公司需要交纳哪些税费，并如何进行核算？请你为其解答这些问题。

一、应交税费的认知

（一）应交税费的含义

应交税费是指企业根据在一定时期内取得的营业收入、实现的利润等，按照现行税法规定，采用一定的计税方法计提的应交纳的各种税费。企业在生产经营过程中，经常发生税法所规定的纳税义务，如收入的形成、利润的实现、特殊行为的发生等都需交纳相应的税费。但纳税义务的发生和完成并不是同步的，纳税是定期进行的，从纳税义务产生到完成总会形成一定的时间间隔，应交税费正是企业应交而未交的债务。

（二）应交税费的内容

应交税费包括企业依法交纳的增值税、消费税、企业所得税、资源税、土地增值税、城市维护建设税、房产税、城镇土地使用税、车船税、教育费附加、矿产资源补偿费等税费，以及在上缴国家之前，由企业代收代缴的个人所得税等。

二、应交税费的核算

（一）账户

通常，金融企业核算应交未交的税金，要设置“应交税费”科目。该科目属于负债类科目，计算应交税费时记入贷方，实际交纳时记入借方，通常贷方余额表示应交未交税费，借方余额表示多交税费。该科目一般按照税费项目设置明细科目进行核算。

（二）增值税

增值税是以商品（含应税劳务）在流转过程中产生的增值额作为计税依据而征收的一种流转税。从计税原理上说，增值税是对商品生产、流通、劳务服务中多个环节的新增价值或商品的附加值征收的一种流转税。增值税实行价外税，也就是由消费者负担，有增值才征税，没增值不征税。“营改增”后，对于增值税的核算应当在“应交税费”科目下设置“应交增值税”“未交增值税”“预交增值税”“待抵扣进项税额”“待认证进项税额”“待转销项税额”“增值税留抵税额”“简易计税”“转让金融商品应交增值税”“代扣代交增值税”等明细科目。

1.应交增值税项目

增值税一般纳税人应在“应交增值税”明细账内设置“进项税额”“销项税额抵减”“已交税金”“转出未交增值税”“减免税款”“出口抵减内销产品应纳税额”“销项税额”“出口退税”“进项税额转出”“转出多交增值税”等专栏。其中：

（1）“进项税额”专栏，记录一般纳税人购进货物、加工修理修配劳务、服务、无形资产或不动产而支付或负担的、准予从当期销项税额中抵扣的增值税税额；

（2）“销项税额抵减”专栏，记录一般纳税人按照现行增值税制度规定因扣减销售额而减少的销项税税额；

（3）“已交税金”专栏，记录一般纳税人当月已交纳的应交增值税税额；

（4）“转出未交增值税”和“转出多交增值税”专栏，分别记录一般纳税人月度终了转出当月应交未交或多交的增值税税额；

（5）“减免税款”专栏，记录一般纳税人按现行增值税制度规定准予减免的增值税税额；

（6）“出口抵减内销产品应纳税额”专栏，记录实行“免、抵、退”办法的一般纳税人按规定计算的出口货物的进项税额抵减内销产品的应纳税额；

（7）“销项税额”专栏，记录一般纳税人销售货物、加工修理修配劳务、服务、无形资产或不动产应收取的增值税税额；

（8）“出口退税”专栏，记录一般纳税人出口货物、加工修理修配劳务、服务、无形资产按规定退回的增值税税额；

（9）“进项税额转出”专栏，记录一般纳税人购进货物、加工修理修配劳务、服务、无形资产或不动产等发生非正常损失以及其他原因而不应从销项税额中抵扣、按规定转出的进项税额。

2.应交增值税会计核算

（1）采购等业务进项税额允许抵扣的账务处理。

一般纳税人购进货物、加工修理修配劳务、服务、无形资产或不动产时，其会计处理如下：

借：原材料或库存商品

　　或无形资产或固定资产或管理费用等　　（应计入相关成本费用或资产的金额）

　　应交税费——应交增值税（进项税额）　　（当月已认证的可抵扣增值税税额）

　　　　　　——待认证进项税额　　（当月未认证的可抵扣增值税税额）

　贷：应付账款或银行存款等　　（应付或实际支付的金额）

发生退货的，如原增值税专用发票已做认证，应根据税务机关开具的红字增值税专用发票做相反的会计分录；如原增值税专用发票未做认证，应将发票退回并做相反的会计分录。

（2）采购等业务进项税额不得抵扣的账务处理。

一般纳税人购进货物、加工修理修配劳务、服务、无形资产或不动产，用于简易计税方法计税项目、免征增值税项目、集体福利或个人消费等，其进项税额按照现行增值税制度规定不得从销项税额中抵扣的，取得增值税专用发票时，其会计处理如下：

借：库存商品或固定资产等

　　应交税费——待认证进项税额

　贷：银行存款等

经税务机关认证后，处理如下：

借：库存商品或固定资产等

　贷：应交税费——应交增值税（进项税额转出）

（3）购进不动产或不动产在建工程按规定进项税额分年抵扣的账务处理。

一般纳税人自2016年5月1日后取得并按固定资产核算的不动产或者2016年5月1日后取得的不动产在建工程，其进项税额按现行增值税制度规定自取得之日起分2年从销项税额中抵扣的，其会计处理如下：

借：固定资产或在建工程　　（取得成本）

　　应交税费——应交增值税（进项税额）　　（当期可抵扣的增值税税额）

　　　　　　——待抵扣进项税额　　（以后期间可抵扣的增值税税额）

贷：应付账款或银行存款等　　　　　　　　　　　　　　（应付或实际支付的金额）

尚未抵扣的进项税额待以后期间允许抵扣时，按允许抵扣的金额，借记“应交税费——应交增值税（进项税额）”科目，贷记“应交税费——待抵扣进项税额”科目。

【例 11-7】2016 年 7 月 10 日，增值税一般纳税人华信公司购进办公大楼一座，计入固定资产，并于次月开始计提折旧。7 月 20 日，该纳税人取得该大楼的增值税专用发票并认证相符，专用发票注明的金额为 1 000 万元，增值税税额为 110 万元。

公司会计处理如下：

借：固定资产——办公楼　　10 000 000

　　应交税费——应交增值税（进项税额）　　660 000

　　　　　　——待抵扣进项税额　　440 000

　贷：银行存款　　11 100 000

剩余的 40% 于取得扣税凭证的当月起第 13 个月（2017 年 7 月）抵扣时的会计处理如下：

借：应交税费——应交增值税（进项税额）　　440 000

　贷：应交税费——待抵扣进项税额　　440 000

（4）货物等已验收入库但尚未取得增值税扣税凭证的账务处理。

一般纳税人购进的货物等已到达并验收入库，但尚未收到增值税扣税凭证并未付款的，应在月末按货物清单或相关合同协议上的价格暂估入账，不需要将增值税的进项税额暂估入账。下月初，用红字冲销原暂估入账金额，待取得相关增值税扣税凭证并经认证后，按应计入相关成本费用或资产的金额，借记“库存商品”“固定资产”等科目，按可抵扣的增值税税额，借记“应交税费——应交增值税（进项税额）”科目，按应付金额，贷记“应付账款”等科目。

（5）小规模纳税人采购等业务的账务处理。

小规模纳税人购买物资、服务、无形资产或不动产，取得的增值税专用发票上注明的增值税税额应计入相关成本费用或资产，不通过“应交税费——应交增值税”科目核算。

3. 未交增值税

“未交增值税”明细科目，核算一般纳税人月度终了从“应交增值税”或“预交增值税”明细科目转入当月应交未交、多交或预交的增值税税额，以及当月交纳以前期间未交的增值税税额。

（1）月份终了，将当月应交未交增值税税额从“应交税费——应交增值税”科目转入“未交增值税”科目。

借：应交税费——应交增值税（转出未交增值税）

　贷：应交税费——未交增值税

（2）月份终了，将当月多交的增值税税额自“应交税费——应交增值税”科目转入“未交增值税”科目。

借：应交税费——未交增值税

　贷：应交税费——应交增值税（转出多交增值税）

（3）月份终了，将当月预交的增值税税额自“应交税费——预交增值税”科目转入“未交增值税”科目。

借：应交税费——未交增值税

　贷：应交税费——预交增值税

（4）当月交纳以前期间未交的增值税税额。

借：应交税费——未交增值税

　贷：银行存款

（三）所得税

根据《企业所得税暂行条例》的规定，金融企业所得税按年计算，分月或分季预缴。金融企业应纳税额的计算方法如下：

应纳税额=应纳税所得额×税率

应纳税所得额=利润总额±税收调整项目金额

1.按月或按季计算应预缴所得税税额和缴纳所得税时，其会计分录如下：

借：所得税费用

　贷：应交税费——应交企业所得税

借：应交税费——应交企业所得税

　贷：银行存款

【例11-8】2017年华信公司计算应预缴所得税20万元，并予以缴纳。其会计分录如下：

借：所得税费用　　200 000

　贷：应交税费——应交所得税　　200 000

2.年终按自报应纳税所得额进行年度汇算清缴，计算出全年应纳所得税额，减去已预缴税额后为应补税额，其会计分录如下：

借：所得税费用

　贷：应交税费——应交企业所得税

3.缴纳年终汇算应缴税款时，编制会计分录：

借：应交税费——应交企业所得税

　贷：银行存款

（四）其他税费

1.税金及附加

企业经营活动发生的消费税、城市维护建设税、资源税、教育费附加及房产税、城镇土地使用税、车船税等相关税费，计提时，记入“税金及附加”科目借方，同时贷记“应交税费”科目。其中城市维护建设税和教育费附加是根据消费税和增值税为基础计算的。

借：税金及附加

　贷：应交税费——应交消费税

　　　　　　——应交资源税

　　　　　　——应交城市维护建设税

　　　　　　——应交教育费附加

　　　　　　——应交土地增值税

　　　　　　——应交房产税

　　　　　　——应交车船税

　　　　　　——应交城镇土地使用税

【例 11-9】华信公司应缴纳增值税30万元，城建税税率为7%，教育费附加率为3%。则：

应缴纳的城市维护建设税=300 000×7%=21 000（元）

应缴纳的教育费附加=300 000×3%=9 000（元）

会计分录为：

借：税金及附加	30 000	
贷：应交税费——应交城市维护建设税		21 000
——应交教育费附加		9 000

2.应交土地增值税

（1）企业转让的国有土地使用权连同地上建筑物及其附着物一并在“固定资产”或“在建工程”等科目核算的，转让时，应交纳土地增值税，会计分录为：

借：固定资产清理

贷：应交税费——应交土地增值税

（2）交纳土地增值税时：

借：应交税费——应交土地增值税

贷：银行存款

3.应交个人所得税

（1）企业按规定，应代扣代交职工个人所得税，会计分录为：

借：应付职工薪酬

贷：应交税费——应交个人所得税

（2）交纳个人所得税时：

借：应交税费——应交个人所得税

贷：银行存款

4.应交的保险保障基金

（1）保险企业按规定，应交保险保障基金，会计分录为：

借：业务及管理费

贷：应交税费——应交保险保障基金

（2）交纳保险保障基金时：

借：应交税费——应交保险保障基金

贷：银行存款

同步训练

☞思考训练

1.应付职工薪酬包括哪些内容？

2.货币性职工薪酬应该如何进行核算？

3.非货币性职工薪酬应该如何进行核算？

4.应交税费包括哪些内容？

5.应交税费如何进行核算？

☞ **业务训练**

1. 目的：能熟练处理应付职工薪酬会计业务。

资料：华信证券公司2017年11月发生如下经济业务：

（1）按照工资总额的标准分配工资费用，其中营业部人员工资为100万元，总部管理人员工资为30万元，营销部门人员工资为20万元，风险管理部门人员工资为15万元，内部开发部门人员工资为35万元（符合资本化条件）。

按照所在地政府规定：按照工资总额的10%、12%、2%和10.5%计提医疗保险费、养老保险费、失业保险费和住房公积金。按照工资总额的2%和2.5%计提工会经费和职工教育经费。

根据2016年实际发放的职工福利情况，本行预计2017年应承担的职工福利费为工资总额的4%。

（2）本行发放上述工资、奖金、津贴和补贴。其中代扣职工房租2万元，企业代垫职工家属医药费8万元。

（3）本公司以福利费支付食堂补贴7.5万元，职工生活困难补助0.5万元。均通过银行存款支付。

（4）本公司将一批米、面、油发放给职工作为福利。该批食品的市场售价为12万元。

（5）为本公司经理级别以上的职工每人提供一辆汽车供其免费使用，该公司总部共有部门经理级别以上的职工10名，假定每辆汽车每月计提折旧0.2万元。

要求：根据上述业务计算华信证券公司的应付职工薪酬，并进行相应会计处理。

2. 目的：能熟练处理应交税费会计业务。

资料：华信证券公司2017年业务如下：

（1）预缴所得税30万元。

（2）购买汽车一辆，增值税专用发票上价款20万元，税金3.4万元。

（3）购入办公楼一栋，价款1 000万元，增值税170万元。

（4）提供金融服务，应交增值税60万元。

（5）计算城市维护建设税7万元，教育费附加3万元。

（6）转让一块土地，应交纳土地增值税8万元。

（7）代扣代交职工个人所得税10万元。

（8）补交企业所得税15万元。

要求：根据上述业务进行会计处理。

项目十二　所有者权益核算

【知识目标】

1. 了解所有者权益的内容；

2. 掌握所有者权益的核算。

【技能目标】

1. 能准确判别所有者权益的内容；

2. 能正确进行所有者权益的核算。

任务一　所有者权益认知

【任务重点】

掌握所有者权益的内容。

想一想

华信证券公司拟增资扩股，原有3个投资者，注册资金分别为5 000万元，现在投资者C欲出资1 500万元投资华信证券公司，双方约定投资者C的注册资本为1 480万元。请问投资者C出资的1 500万元属于所有者权益吗？为什么？

一、所有者权益的内容

所有者权益是指企业资产扣除负债后由所有者享有的剩余权益。股份公司所有者权益又称为股东权益。所有者权益包括所有者投入的资本、直接计入所有者权益的利得和损失、留存收益等。

二、所有者权益的特征

所有者权益具有以下特征：

第一，除非发生减资、清算或分派现金股利，企业不需要偿还所有者权益。

第二，企业在清算时，只有在清偿所有负债后，所有者权益才返还给所有者。

第三，所有者凭借所有者权益能够参与企业利润的分配。

任务二　所有者权益的核算

【任务重点】

掌握所有者权益各要素的核算。

想一想

华信证券公司接受一股东捐赠的一批太阳能电池板，价值50万元。请问财务部如何进行会计处理?

一、实收资本的核算

实收资本是指企业按照章程规定或合同、协议约定，接受投资者投入企业的资本。实收资本的构成比例或股东的股份比例，是确定所有者在企业所有者权益中份额的基础，也是企业进行利润或股利分配的主要依据。

企业一般应设置“实收资本”科目，核算投资者投入资本的增减变动情况。该科目的贷方登记实收资本的增加数额，借方登记实收资本的减少数额，期末贷方余额反映企业期末实收资本的实有数额。

股份有限公司应设置“股本”科目，核算公司实际发行股票的面值总额。该科目贷方登记公司在核定的股份总额及股本总额范围内实际发行股票的面值总额，借方登记公司按照法定程序经批准减少的股本数额，期末余额在贷方，反映公司股本的实有数额。

（一）接受现金资产投资

1.有限责任公司接受现金资产投资

有限责任公司接受现金资产投资时，作以下会计分录：

借：银行存款

　贷：实收资本

　　　资本公积——资本溢价

【例 12-1】A公司、B公司、C公司共同投资设立W有限责任公司，注册资本为2 000万元，A公司、B公司、C公司的持股比例分别为60%，25%和15%。按照章程规定，A公司、B公司、C公司投入资本分别为1 200万元、500万元和300万元。W有限责任公司已如期收到各投资者一次缴足的款项。W有限责任公司在进行会计处理时，应编制会计分录如下：

借：银行存款	20 000 000	
贷：实收资本——A公司		12 000 000
——B公司		5 000 000
——C公司		3 000 000

2.股份有限公司接受现金资产投资

股份有限公司在发行股票时，既可以按面值发行，也可以溢价发行（我国目前不允许折价发行股票）。股份有限公司在核定的股本总额及股份总额的范围内发行股票时，应在实际收到现金资产时进行会计处理。发行股票发生的手续费、佣金等交易费用，应从溢价中抵扣，即冲减资本公积（股本溢价）。溢价不足冲减的部分冲减盈余公积和未分配利润。

借：银行存款（发行价格×发行数量-发行费用）

　贷：股本（股数×面值）

　　　资本公积——股本溢价（扣减发行费用）

【例 12-2】华信证券公司发行普通股10 000 000股，每股面值1元，每股发行价格为5元，支付手续费200 000元，支付咨询费600 000元。

该公司会计处理如下：

借：银行存款	50 000 000	

贷：股本　　10 000 000

　　资本公积——股本溢价　　40 000 000

借：资本公积——股本溢价　　800 000

　贷：银行存款　　800 000

（二）接受非现金资产投资

企业接受投资者作价投入的存货、固定资产和无形资产，应按投资合同或协议约定价值确定资产价值（但投资合同或协议约定的价值不公允的除外）以及在注册资本中应享有的份额。

借：库存商品

　　固定资产

　　应交税费——应交增值税（进项税额）

　　无形资产

　贷：实收资本

【例12-3】华信证券公司于2017年5月10日设立时收到乙公司作为资本投入的不需要安装的生产设备一台，合同约定该生产设备的含税价值为1 170万元（与公允价值相符）。收到的增值税专用发票上注明：价款为1 000万元，增值税税额为170万元。华信证券公司注册资本为11 700万元，乙公司持股比例为10%。该进项税额允许抵扣。

华信证券公司的会计处理为：

借：固定资产　　10 000 000

　　应交税费——应交增值税（进项税额）　　1 700 000

　贷：实收资本　　11 700 000

【例12-4】A公司、B公司、C公司共同投资设立甲有限责任公司，注册资本为1 000万元。A公司、B公司、C公司的持股比例分别为40%、24%和36%。按照章程规定，甲有限责任公司于设立时收到A公司作为资本投入的营业用房，合同约定该营业用房价值为400万元。收到B公司作为资本投入的一批原材料，合同约定该批原材料的含税价值为240万元，增值税税额为35万元。B公司已开具了增值税专用发票。收到C公司作为资本投入的无形资产，合同约定价值为360万元。上述合同约定的资产价值与公允价值相符，不考虑其他因素，甲有限责任公司在进行会计处理时，应编制会计分录如下：

借：固定资产——营业用房　　4 000 000

　　原材料　　2 050 000

　　应交税费——应交增值税（进项税额）　　350 000

　　无形资产　　3 600 000

　贷：实收资本——A公司　　4 000 000

　　　　　　　——B公司　　2 400 000

　　　　　　　——C公司　　3 600 000

（三）实收资本（或股本）的增加

一般企业增加资本主要有3个途径：接受投资者追加投资、资本公积转增资本和盈余公积转增资本。

股份公司或有限责任公司应该按照原投资者出资比例相应增加各投资者的出资额。

（1）接受投资者追加投资，其会计分录为：

借：银行存款等（接受投资的资产）

　贷：实收资本（追加部分享有的份额）

　　资本公积——资本溢价（超过享有份额的部分）

（2）用资本公积转增资本，其会计分录为：

借：资本公积

　贷：实收资本（或股本）

（3）用盈余公积转增资本，其会计分录为：

借：盈余公积

　贷：实收资本（或股本）

【例12-5】2017年2月1日甲、乙、丙三方共同投资设立A有限责任公司，原注册资本为4 000万元。甲、乙、丙三方分别出资480万元、2 000万元和1 520万元，三方的持股比例分别为12%、50%和38%。为扩大经营规模，2018年2月1日经批准，A有限责任公司的注册资本扩大为5 000万元，甲、乙、丙按照原出资比例追加投资共1 000万元，并收到银行存款。A有限责任公司的会计处理如下：

（1）计算因追加投资A有限责任公司收到甲、乙、丙追加的银行存款的投资额。

A有限责任公司收到甲公司投资额=1 000×12%=120（万元）

A有限责任公司收到乙公司投资额=1 000×50%=500（万元）

A有限责任公司收到丙公司投资额=1 000×38%=380（万元）

（2）编制会计分录：

借：银行存款	10 000 000	
贷：实收资本——甲		1 200 000
——乙		5 000 000
——丙		3 800 000

假定经批准，A有限责任公司按原出资比例将资本公积1 000万元转增资本，A有限责任公司的会计分录如下：

借：资本公积	10 000 000	
贷：实收资本——甲		1 200 000
——乙		5 000 000
——丙		3 800 000

假定将盈余公积1 000万元转增资本，A有限责任公司的会计分录如下：

借：盈余公积	10 000 000	
贷：实收资本——甲		1 200 000
——乙		5 000 000
——丙		3 800 000

二、资本公积的核算

（一）资本公积的形成

资本公积是指企业收到的投资者出资额超出其在注册资本（或股本）中所占份额的部分，以及直接计入所有者权益的利得和损失等。资本公积包括资本溢价（或股本溢价）和直接计入所有者权益的利得和损失等。

1.资本溢价（或股本溢价）

形成资本溢价（或股本溢价）的原因有溢价发行股票和投资者超额缴入资本等。

2.直接计入所有者权益的利得和损失

直接计入所有者权益的利得和损失是指不应计入当期损益、会导致所有者权益发生增减变动的、与所有者投入资本或者向所有者分配利润无关的利得或者损失，具体包括：

（1）企业的长期股权投资采用权益法核算时，因被投资单位除净损益以外所有者权益的其他变动，投资企业按应享有份额而增加或减少的资本公积。

（2）企业根据国家有关规定实行股权激励的，如果在等待期内取消了授予的权益工具，企业应在进行权益工具加速行权处理时，将剩余在等待期内应确认的金额立即计入当期损益，并同时确认资本公积。

（二）资本公积与实收资本（或股本）、留存收益的区别

1.资本公积与实收资本（或股本）的区别

（1）从来源和性质看。实收资本（或股本）是指投资者按照企业章程或合同、协议的约定，实际投入企业并依法进行注册的资本，体现了企业所有者对企业的基本产权关系。

资本公积是指在投资者的出资中超出其在注册资本所占份额的部分，以及直接计入所有者权益的利得和损失，它不直接表明所有者对企业的基本产权关系。

（2）从用途看。实收资本（或股本）的构成比例是确定所有者参与企业财务经营决策的基础，也是企业进行利润分配或股利分配的依据，同时还是企业在清算时确定所有者对净资产的要求权的依据。

资本公积的用途主要是转增资本（或股本）。资本公积不体现各所有者的占有比例，也不能作为所有者参与企业财务经营决策或进行利润分配（或股利分配）的依据。

2.资本公积与留存收益的区别

留存收益是指企业从历年实现的利润中提取或形成的留存于企业的内部积累，来源于企业生产经营活动实现的利润。资本公积的来源不是企业实现的利润，而主要来自资本溢价（或股本溢价）等。

（三）资本公积的核算

1.资本溢价

有限责任公司在创立时，投资者认缴的出资额与注册资本一致，一般不会产生资本溢价，但在企业重组或有新的投资者加入时，常常会出现资本溢价。因为在企业进行正常生产经营后，其资本利润率通常要高于企业的初创阶段，另外，企业有内部积累，新投资者加入企业后，对这些积累也要分享，所以新加入的投资者往往要付出大于原投资者的出资额，才能取得与原投资者相同的出资比例。投资者多缴的部分就形成了资本溢价。

【例12-6】A有限责任公司由两位投资者投资200万元设立，每人出资100万元。1年后，为扩大经营规模，经批准，A有限责任公司的注册资本增加到了300万元，并引入了第三位投资者。按照投资协议，新投资者需缴入现金110万元，同时享有该公司三分之一

的股份。A有限责任公司已收到该投资者的现金投资。假定不考虑其他因素，A有限责任公司的处理如下：

借：银行存款 1 100 000

贷：实收资本 1 000 000

资本公积——资本溢价 100 000

2.股本溢价

股份有限公司是以发行股票的方式筹集股本的，股票可按面值发行，也可溢价发行，我国目前不准折价发行。在按面值发行股票的情况下，企业发行股票取得的收入，应全部作为股本处理；在溢价发行股票的情况下，企业发行股票取得的收入，等于股票面值的部分作为股本处理，超出股票面值的溢价部分应作为股本溢价处理。

与发行股票相关的手续费、佣金等交易费用，如果是溢价发行股票的，应从溢价中抵扣，冲减资本公积（股本溢价）；无溢价发行股票或溢价金额不足以抵扣的，应将不足抵扣的部分冲减盈余公积和未分配利润。

【例12-7】华信证券公司委托A证券公司发行普通股，股票面值总额5 000万元，发行总额20 000万元，发行费按发行总额的2%计算（不考虑其他因素），股票发行净收入全部收到。华信证券公司的会计处理为：

该笔业务记入“资本公积”科目的金额=20 000-5 000-20 000×2%=14 600（万元）

借：银行存款 196 000 000

贷：股本 50 000 000

资本公积——股本溢价 146 000 000

3.其他资本公积的核算

其他资本公积是指除资本溢价（或股本溢价）项目以外所形成的资本公积，其中主要是直接计入所有者权益的利得和损失。

企业对某被投资单位的长期股权投资采用权益法核算的，在持股比例不变的情况下，对因被投资单位除净损益以外的所有者权益的其他变动，如果是利得，则应按持股比例计算其应享有被投资单位所有者权益的增加数额，会计分录如下：

借：长期股权投资——其他权益变动

贷：资本公积——其他资本公积

如果是损失，则作相反的会计分录。

以后将该长期股权投资处置时，那么计入资本公积的部分应该转入当期损益，即投资收益。其会计分录为：

借：资本公积——其他资本公积

贷：投资收益

如果是损失，则作相反的会计分录。

【例12-8】华信证券公司于2017年1月1日以银行存款向H公司投资6 000万元，拥有该公司20%的股份，当日H公司净资产的账面价值与公允价值一致，均为40 000万元。华信证券公司对该公司有重大影响，因而对H公司的长期股权投资采用权益法核算。2017年12月31日，H公司实现净利润2 000万元，H公司除净损益之外的所有者权益增加了1 000万元。假定除此以外，H公司的所有者权益没有变化，华信证券公司的持股比例也没有变化，不考虑其他因素。华信证券公司的会计处理如下：

借：长期股权投资——成本 60 000 000

　贷：银行存款 60 000 000

6 000＜40 000×20%，差额2 000万元，计入营业外收入，其会计分录为：

借：长期股权投资——成本 20 000 000

　贷：营业外收入 20 000 000

借：长期股权投资——损益调整 4 000 000

　贷：投资收益 4 000 000

借：长期股权投资——其他权益变动 2 000 000

　贷：资本公积——其他资本公积 2 000 000

2017年年末长期股权投资的账面价值=6 000+2 000+400+200=8 600（万元）

4.资本公积转增资本的核算

经股东大会或类似机构决议，用资本公积转增资本时，应冲减资本公积，同时按照转增前的实收资本（或股本）的结构或比例，将转增的金额记入“实收资本”（或“股本”）科目下各所有者的明细科目。

借：资本公积

　贷：实收资本（或股本）

三、留存收益的核算

（一）留存收益的内容

留存收益是指企业从历年实现的利润中提取或形成的留存于企业的内部积累，包括盈余公积、一般风险准备和未分配利润。

盈余公积是指企业按照有关规定从净利润中提取的积累资金。公司制企业的盈余公积包括法定盈余公积和任意盈余公积。法定盈余公积是指企业按照规定的比例从净利润中提取的盈余公积。任意盈余公积是指企业按照股东大会的决议提取的盈余公积。

企业提取的盈余公积可用于弥补亏损、扩大生产经营、转增资本或派送新股等。

一般风险准备是指从事金融活动的金融企业按一定比例从净利润中提取的，用于弥补尚未识别的可能性损失的一般风险准备，该项准备金作为利润分配处理，并作为所有者权益的组成部分。

未分配利润是指企业实现的净利润经过弥补亏损、提取盈余公积、提取一般风险准备和向投资者分配利润后留存在企业的、历年结存的利润。相对于所有者权益的其他部分来说，企业对于未分配利润的使用有较大的自主权。

（二）留存收益的账务处理

1.盈余公积的核算

（1）提取法定盈余公积

根据《金融企业财务规则》（以下简称《财务规则》）的规定，金融企业按净利润的10%提取法定盈余公积，但此项公积已达到注册资本的50%时，可以不再提取。企业应设置“盈余公积——法定盈余公积”科目，反映法定盈余公积的提取与使用。

【例12-9】华信证券公司2017年度的净利润为8 000 000元，由于公司的盈余公积尚未达到注册资本的50%，按《财务规则》的规定，应按净利润的10%提取法定盈余公积。

假设以前年度无未弥补亏损，则华信证券公司应提取的法定盈余公积为800 000元（8 000 000×10%）。在提取法定盈余公积时，华信证券公司应作以下会计分录：

借：利润分配——提取法定盈余公积 800 000

  贷：盈余公积——法定盈余公积 800 000

（2）提取任意盈余公积

企业的任意盈余公积一般按照股东大会的决议提取。

【例12-10】华信证券公司董事会通过决议，从本年度净利润中提取300 000元的任意盈余公积，应作以下会计分录：

借：利润分配——提取任意盈余公积 300 000

  贷：盈余公积——任意盈余公积 300 000

（3）盈余公积的使用

企业提取的法定盈余公积和任意盈余公积主要用于以下3个方面：

第一，弥补亏损。

企业发生亏损，应由企业自行弥补。企业弥补亏损的渠道主要有3条：一是用以后年度的税前利润弥补；二是用以后年度的税后利润即净利润弥补；三是用盈余公积弥补。

【例12-11】华信证券公司经研究决定用法定盈余公积600 000元和任意盈余公积200 000元弥补亏损，应作以下会计分录：

借：盈余公积——法定盈余公积 600 000

    ——任意盈余公积 200 000

  贷：利润分配——盈余公积补亏 800 000

第二，转增资本。

为了满足扩大再生产对资本的需求，经股东大会决议，企业可将盈余公积转增资本或股本。

【例12-12】华信证券公司经研究决定用法定盈余公积400 000元和任意盈余公积100 000元转增资本，相关手续已经办理完毕，其会计分录为：

借：盈余公积——法定盈余公积 400 000

    ——任意盈余公积 100 000

  贷：实收资本 500 000

第三，发放现金股利或利润。

当企业用盈余公积发放现金股利或利润时，其会计分录为：

借：盈余公积

  贷：应付股利

2.一般风险准备的核算

金融企业应当于每年年度终了对承担风险和损失的资产计提一般风险准备。一般风险准备由金融企业总行（总公司）统一计提和管理。一般风险准备按净利润的一定比例计提，其用途只能用于弥补亏损。

从事银行业务的金融企业，应于每年年度终了根据承担风险和损失的资产余额的一定比例提取一般风险准备，用于弥补尚未识别的可能性损失。一般风险准备的计提比例由金融企业综合考虑其所面临的风险状况等因素确定，原则上不低于风险资产期末余额的1%。

从事保险业务的金融企业，应按本年实现净利润的10%提取总准备金，用于巨灾风险的补偿，不得用于分红、转增资本。

从事证券业务的金融企业，应按本年实现净利润的10%提取交易风险准备金，用于弥补证券交易的损失，不得用于分红、转增资本。

（1）一般风险准备的提取

借：利润分配——提取一般风险准备

贷：一般风险准备

【例12-13】华信证券公司2017年度的净利润为8 000 000元，按10%提取一般风险准备，其会计分录为：

借：利润分配——提取一般风险准备　　800 000

贷：一般风险准备　　800 000

（2）用风险准备弥补亏损

借：一般风险准备

贷：利润分配——一般风险准备补亏

3.未分配利润的核算

企业年终应将"利润分配"科目除"未分配利润"明细科目外的其他明细科目的余额转入"利润分配——未分配利润"明细科目。结转后，除"未分配利润"明细科目外，其他明细科目均无余额。年末"利润分配——未分配利润"明细科目如为贷方余额，表示累计的未分配利润；如为借方余额，表示累计的未弥补亏损。

具体核算见项目十三。

同步训练

☞思考训练

1.所有者权益与债权人权益有何不同？

2.金融企业投入资本应该如何核算？

3.什么是留存收益？应该如何核算？

☞业务训练

目的：能熟练处理所有者权益业务。

资料：华晋银行发生以下所有者权益业务：

1.收到振华集团公司投资1 000万元，按该公司持股比例应投入880万元，溢价120万元。

2.A公司、B公司、C公司共同投资本行，总额为3 000万元，A公司、B公司、C公司的持股比例分别为60%、25%和15%。按照章程规定，A公司、B公司、C公司投入资本分别为1 800万元、750万元和450万元。本行已如期收到各投资者一次缴足的款项。

3.本行于2017年11月18日收到乙公司作为资本投入的一套门面房，合同约定该门面房价值为2 340万元（与公允价值相符）。收到的增值税专用发票上注明：价款2 000万元，增值税税额340万元。按规定该进项税额允许抵扣。

4.本行资本公积账面余额1.5亿元，经批准转增资本金1亿元。

5.本行委托乙证券公司发行普通股股票，股票面值总额4 000万元，发行总额16 000万元，发行费按发行总额的2%计算（不考虑其他因素），股票发行净收入全部收到。

6.年终按规定提取法定盈余公积43万元。

7.按规定提取一般风险准备36万元。

要求：根据上述业务进行账务处理，并编制记账凭证。

项目十三 损益核算

【知识目标】

1.了解损益的含义；

2.熟悉损益核算的特殊性；

3.掌握损益核算。

【技能目标】

1.能正确确认和计量收支；

2.能按规定进行利润计算与分配；

3.能熟练操作收支、损益的会计处理。

任务一 收入业务核算

【任务重点】

掌握收入确认与核算。

想一想

经检查发现，华信证券公司将一客户赞助的一辆汽车记入“其他业务收入”账户内。原因是这辆汽车系帮助客户理财使其获得巨额收益，客户给予的回报。请问该公司的会计处理是否正确？你认为该如何处理？

损益又称财务成果，是指金融企业在一定的经营时期内，以各项收入抵补各项支出之后的最终结果，如果收入大于支出，其结果表现为利润；如果收入小于支出，其结果表现为亏损。因此，损益是金融企业业务经营的最终成果，是综合反映一个金融企业经营状况的重要指标。

一、收入的确认

收入是指企业在日常活动中形成的、会导致所有者权益增加的、与所有者投入资本无关的经济利益的总流入。收入主要包括企业为完成其经营目标所从事的经常性活动实现的收入，如商业银行对外贷款、保险公司签发保单、租赁公司出租资产等实现的收入；另外，企业发生的与经常性活动相关的其他活动，如企业对外出售不需用的原材料、利用闲置资金对外投资、对外转让无形资产使用权等所形成的经济利益的总流入也构成收入。

金融企业收入同时满足下列条件的，才能予以确认：

第一，相关的经济利益很可能流入企业。

第二，经济利益流入企业的结果会导致资产的增加或者负债的减少。

第三，经济利益的流入额能够可靠地计量。

二、收入的分类

金融企业的收入主要包括：利息收入、手续费及佣金收入、保费收入（保险企业）、分保费收入（保险企业）、租赁收入（租赁企业）、汇兑损益、公允价值变动损益、投资收益、摊回赔付支出（保险企业）、摊回保险责任准备金（保险企业）、摊回分保费用（保险企业）及其他业务收入等。

三、收入的核算

（一）各项收入确认的核算

1.利息收入的核算

企业确认或收取利息时，其会计分录为：

借：应收利息、吸收存款等

　贷：利息收入

2.手续费及佣金收入的核算

企业取得手续费和佣金收入时，其会计分录为：

借：吸收存款、库存现金、银行存款等

　贷：手续费及佣金收入

3.汇兑收益的核算

企业发生外汇买卖收益时，其会计分录为：

借：货币兑换

　贷：汇兑损益

4.保费收入的核算

企业确认保费收入时，其会计分录为：

借：银行存款、应收保费等

　贷：保费收入

5.分保费收入的核算

再保险分入人收到分出人的保费时，其会计分录为：

借：应收分保账款等

　贷：分保费收入

6.公允价值变动损益的核算

企业有价证券等资产公允价值上涨时，其会计分录为：

借：交易性金融资产等

　贷：公允价值变动损益

7.投资收益的核算

企业投资变现价大于成本价发生收益时，其会计分录为：

借：银行存款等

　贷：投资收益

8.摊回赔款的核算

从再保险分入人处收到赔款及相关费用时，其会计分录为：

借：应收分保账款等

　贷：摊回赔付支出、摊回分保费用

9.其他业务收入的核算

企业发生除以上主营业务收入以外的其他经营活动实现的收入时，包括出租固定资产、出租无形资产、销售材料等实现的收入，其会计分录为：

借：银行存款等

　贷：其他业务收入

（二）收入的结转核算

金融企业通常在期末，要将各项收入发生额转入“本年利润”科目贷方，结转后各收入科目应无余额。其会计分录为：

借：利息收入

　　手续费及佣金收入

　　保费收入

　　分保费收入

　　汇兑损益

　　公允价值变动损益

　　投资收益

　　摊回赔付支出

　　摊回保险责任准备金

　　摊回分保费用

　　其他业务收入等

　贷：本年利润

任务二　费用业务核算

【任务重点】

掌握费用项目及核算。

想一想

甲公司将购买的一批价值2万元的练功券和“百张传票翻打机”传票赠送给一合作院校，财务部将这一活动作为“业务及管理费”处理？请问这一处理正确吗？为什么？

一、费用确认

费用是指企业在日常活动中发生的会导致所有者权益减少的、与向所有者分配利润无关的经济利益的总流出。

费用的确认至少应当符合以下条件：

第一，与费用相关的经济利益应当很可能流出企业。

第二，经济利益流出企业的结果会导致资产的减少或者负债的增加。

第三，经济利益的流出额能够可靠地计量。

二、费用分类

金融企业的费用包括：利息支出、手续费及佣金支出、业务及管理费、税金及附加、其他业务成本、资产减值损失、汇兑损益（损失）、投资收益（损失）、公允价值变动损益、所得税费用、赔付支出（保险企业）、提取保险责任准备金、退保金、保单红利支出、分出保费等。

三、费用的核算

（一）费用日常核算

1.利息支出的核算

金融企业发生利息时，其会计分录为：

借：利息支出

　贷：应付利息或吸收存款等

2.手续费及佣金支出的核算

金融企业发生各种手续费及佣金支出时，其会计分录为：

借：手续费及佣金支出

　贷：吸收存款、银行存款等

3.业务及管理费的核算

金融企业在业务经营和管理过程中所发生的各项费用，包括折旧费、业务宣传费、业务招待费、电子设备运转费、钞币运送费、安全防范费、邮电费、劳动保护费、外事费、印刷费、低值易耗品摊销、职工工资、差旅费、水电费、修理费、职工教育经费、工会经费、税金、会议费、诉讼费、公证费、咨询费、无形资产摊销、长期待摊费用摊销、取暖降温费、聘请中介机构费、技术转让费、绿化费、董事会费、财产保险费、劳动保险费、待业保险费、住房公积金、物业管理费、研究费用等，各项营业费用开支必须按规定列支，经批准后列账，其会计分录为：

借：业务及管理费

　贷：银行存款等

4.税金及附加的核算

税金及附加是指金融企业经营收入负担的各种税金，包括城市维护建设税和教育费附加等。

应纳城市维护建设税=实际缴纳的增值税和消费税×适用税率

应纳教育费附加=实际缴纳的增值税和消费税×适用税率

计提税金及附加时，其会计分录为：

借：税金及附加

　贷：应交税费

实际缴纳税金及附加时，其会计分录为：

借：应交税费

　贷：银行存款

5.其他业务成本的核算

金融企业除主营业务活动以外的其他经营活动所发生的支出，包括销售材料的成本、出租固定资产的累计折旧、出租无形资产的累计摊销、采用成本模式计量的投资性房地产的累计折旧或累计摊销等。

发生其他业务成本时，其会计分录为：

借：其他业务成本

贷：银行存款等

6.资产减值损失的核算

企业根据资产减值等准则确定资产发生的减值的，按应减记的金额，进行会计处理：

借：资产减值损失

贷：坏账准备

长期股权投资减值准备

持有至到期投资减值准备

固定资产减值准备

在建工程减值准备

无形资产减值准备

贷款损失准备

抵债资产跌价准备

损余物资跌价准备等

7.所得税费用的核算

企业的所得税费用包括当期所得税和递延所得税两个部分，其中当期所得税是指当期应交所得税。

（1）应交所得税的计算

应交所得税是指企业按照税法规定计算确定的针对当期发生的交易和事项，应向税务部门缴纳的所得税金额，即当期应交所得税。应纳税所得额是在企业税前会计利润（即利润总额）的基础上调整确定的，其计算公式为：

应纳税所得额=税前会计利润+纳税调整增加额-纳税调整减少额

纳税调整增加额主要包括在税法规定允许扣除的项目中，企业已计入当期费用但超过税法规定扣除标准的金额（如超过税法规定标准的职工福利费、工会经费、职工教育经费、业务招待费、公益性捐赠支出、广告费和业务宣传费等），以及企业已计入当期损失但税法规定不允许扣除项目的金额（如税收滞纳金、罚金、罚款）。

纳税调整减少额主要包括按税法规定允许弥补的亏损和准予免税的项目，如前5年内的未弥补亏损和国债利息收入等。

企业当期所得税的计算公式为：

应交所得税=应纳税所得额×所得税税率

【例13-1】华信公司2017年度按企业会计准则计算的税前会计利润为1 980万元，所得税税率为20%。华信公司全年实发工资、薪金为200万元，职工福利费30万元，工会经费5万元，职工教育经费10万元。经查，华信公司当年在营业外支出中有12万元为税收滞纳罚金。假定华信公司全年无其他纳税调整因素。

按税法的有关规定，企业发生的合理的工资、薪金支出准予据实扣除；企业发生的职工福利费支出，不超过工资、薪金总额14%的部分准予扣除；企业拨缴的工会经费，不超过工资、薪金总额2%的部分准予扣除；除国务院财政、税务主管部门另有规定外，企业发生的职工教育经费支出，不超过工资、薪金总额2.5%的部分准予扣除，超过部分准予结转以后纳税年度扣除。

纳税调整数=（30-200×14%）+（5-200×2%）+（10-200×2.5%）+12=20（万元）

应纳税所得额=1 980+20=2 000（元）

当期应交所得税额=2 000×20%=400（万元）

【例 13-2】华信公司2017年全年利润总额（税前会计利润）为1 030万元，其中包括本年收到的国债利息收入30万元，所得税税率为20%。假定华信公司全年无其他纳税调节因素。

按税法的有关规定，企业购买国债的利息收入免交所得税，即在计算应纳税所得额时可将其扣除。华信公司当期所得税的计算如下：

应纳税所得额=1 030-30=1 000（万元）

当期应交所得税额=1 000×20%=200（万元）

（2）所得税费用的账务处理

企业应根据会计准则的规定，计算确定当期所得税和递延所得税，两者之和即为应从当期利润总额中扣除的所得税费用。

所得税费用=当期所得税+递延所得税

其中：

$$\text{递延所得税}=\left(\text{递延所得税负债的期末余额}-\text{递延所得税负债的期初余额}\right)-\left(\text{递延所得税资产的期末余额}-\text{递延所得税资产的期初余额}\right)$$

企业应通过“所得税费用”科目，核算企业所得税费用的确认及其结转情况。

【例 13-3】华信公司当期应交所得税额为300万元，递延所得税负债的年初数为20万元，年末数为30万元，递延所得税资产的年初数为15万元，年末数为10万元。华信公司的会计处理如下：

华信公司所得税费用的计算如下：

“递延所得税负债”发生额=30-20=10（万元）

“递延所得税资产”发生额=10-15=-5（万元）

递延所得税费用=10+5=15（万元）

所得税费用=当期所得税+递延所得税=300+15=315（万元）

华信公司会计分录如下：

借：所得税费用	3 150 000	
贷：应交税费——应交所得税		3 000 000
递延所得税负债		100 000
递延所得税资产		50 000

（二）费用结转核算

金融企业期末要将所有费用结转至“本年利润”科目借方，结转后所有费用科目应无余额，即：

借：本年利润

贷：手续费及佣金支出

利息支出

税金及附加

业务及管理费

其他业务成本

资产减值损失

贷：汇兑损益
　　投资收益
　　公允价值变动损益
　　所得税费用
　　赔付支出
　　提取保险责任准备金
　　退保金
　　保单红利支出
　　分出保费

任务三　利润及利润分配业务核算

【任务重点】

掌握利润的计算与核算以及利润分配的核算。

想一想

华信公司将一款退役的软件出售给一所高职院校用于教学模拟使用，公司财务部门认为这一业务与日常活动无关，于是将出售所得款项3万元记入“营业外收入”科目。

请问该公司的处理是否正确？你认为应该如何处理？

一、利润的核算

（一）利润的计算

利润是指企业在一定会计期间内的经营成果。利润包括收入减去费用后的净额、直接计入当期利润的利得和损失等。其中直接计入当期利润的利得或损失，是指应当计入当期损益、会导致所有者权益发生增减变动的、与所有者投入资本或者向所有者分配利润无关的利得或损失，即营业外收入和营业外支出。

1.营业利润

$$\text{营业利润}=\text{营业收入}-\text{营业成本}-\text{税金及附加}-\text{销售费用}-\text{管理费用}-\text{财务费用}-\text{资产减值损失}+\text{公允价值变动收益}(-\text{公允价值变动损失})+\text{投资收益}(-\text{投资损失})+\text{资产处置收益}(-\text{资产处置损失})+\text{其他收益}$$

对于金融企业来说，营业收入是指企业经营业务所确认的收入总额，包括利息收入、手续费及佣金收入、保费收入和其他业务收入等。

对于金融企业来说，营业成本是指企业经营业务所发生的实际成本总额，包括利息支出、手续费及佣金支出、赔付支出和其他业务成本等，不设销售费用、管理费用和财务费用，只设业务及管理费。

2.利润总额

利润总额=营业利润+营业外收入-营业外支出

3.净利润

净利润=利润总额-所得税费用

（二）营业外收支的核算

1.营业外收入的核算

营业外收入是指企业发生的与其日常经营活动无直接关系的各项利得。营业外收入不需要与有关的费用进行配比，其主要包括：

（1）非流动资产处置利得

非流动资产处置利得，包括固定资产处置利得和无形资产处置利得。

非流动资产处置利得=取得价款-账面价值-相关税费

（2）政府补助

政府补助，是指企业从政府无偿取得的货币性资产或非货币性资产形成的利得。

（3）盘盈利得

盘盈利得，是指企业在对现金等资产进行清查盘点时发生盘盈，报经批准后计入营业外收入的金额。

（4）捐赠利得

捐赠利得，是指企业接受捐赠产生的利得。

金融企业发生各种营业外收入时，其会计分录为：

借：银行存款等

　贷：营业外收入

期末，将“营业外收入”科目发生额转入“本年利润”科目贷方，结转后本科目应无余额。其会计分录为：

借：营业外收入

　贷：本年利润

【例13-4】华信公司6月30日清理账务，发现有一笔30万元的欠款无法支付，经批准转销。其会计处理如下：

借：应付账款　　300 000

　贷：营业外收入　　300 000

2.营业外支出的核算

营业外支出是指企业发生的与其日常活动无直接关系的各项损失，主要包括：

第一，非流动资产处置损失，包括固定资产处置损失和无形资产处置损失。

第二，公益性捐赠支出，是指企业对外进行公益性捐赠发生的支出。

第三，盘亏损失，主要是指对于在财产清查盘点过程中盘亏的资产，查明原因并报经批准计入营业外支出的损失。

第四，非常损失，是指企业对于因客观因素（如自然灾害等）造成的损失，扣除保险公司赔偿等后应计入营业外支出的净损失。

第五，罚款支出，是指行政罚款、税务罚款及其他违反法律法规、合同协议等而支付的罚款、违约金、赔偿金等支出。

期末，应将“营业外支出”科目发生额转入“本年利润”科目，结转后本科目无余额。

金融企业发生各项营业外支出时，其会计分录为：

借：营业外支出

贷：银行存款等

【例 13-5】华信公司用银行存款支付税款滞纳金30万元。其会计分录为：

借：营业外支出　　300 000

　贷：银行存款　　300 000

（三）本年利润的核算

1.结转本年利润的方法

会计期末结转本年利润的方法有表结法和账结法两种。

（1）表结法

在表结法下，各损益类科目每月月末只需结计出本月发生额和月末累计余额，不结转至“本年利润”科目，只有在年末时才将全年累计余额结转至“本年利润”科目。但每月月末企业要将损益类科目的本月发生额合计数填入利润表的本月数栏，同时将本月月末的累计余额填入利润表的本年累计数栏，通过利润表计算反映各期的利润（或亏损）。在表结法下，年中损益类科目无须结转至“本年利润”科目，从而减少了转账环节和工作量，同时并不影响利润表的编制及有关损益指标的使用。

（2）账结法

在账结法下，企业每月月末均需编制转账凭证，将在账上结计出的各损益类科目的发生额结转至“本年利润”科目。结转后“本年利润”科目的本月余额反映当月实现的利润或发生的亏损，“本年利润”科目的本年余额反映本年累计实现的利润或发生的亏损。账结法在各月均可通过“本年利润”科目提供当月及本年累计的利润（或亏损）额，但增加了转账环节和工作量。

2.结转本年利润的会计处理

期末，企业将所有损益类科目发生额结转至“本年利润”科目，其会计分录为：

借：利息收入

　　手续费及佣金收入等

　贷：本年利润

借：本年利润

　贷：利息支出

　　　手续费及佣金支出等

结转后“本年利润”科目如为贷方余额，表示当年实现的净利润；如为借方余额，表示当年发生的净亏损。

年度终了，企业还应将“本年利润”科目的本年累计余额转入“利润分配——未分配利润”科目。“本年利润”科目如为贷方余额，结转分录为：

借：本年利润

　贷：利润分配——未分配利润

“本年利润”科目如为借方余额，作相反的会计分录。结转后“本年利润”科目应无余额。

【例 13-6】华信公司2017年有关损益类科目的期末余额见表13-1（该企业采用账结法年末一次结转损益类科目，所得税税率为20%）。

华信公司2017年年末的会计处理如下：

表 13-1　　有关损益类科目余额表　　单位：万元

科目名称	借或贷	结账前余额
利息收入	贷	600
其他业务收入	贷	70
公允价值变动损益	贷	15
手续费及佣金收入	贷	400
营业外收入	贷	5
利息支出	借	400
其他业务成本	借	40
税金及附加	借	8
手续费及佣金支出	借	200
业务及管理费	借	72
资产减值损失	借	10
营业外支出	借	20

（1）将各损益类科目的年末余额结转至“本年利润”科目：

第一，结转各项收入、利得类科目，其会计分录为：

借：利息收入	6 000 000	
其他业务收入	700 000	
公允价值变动损益	150 000	
手续费及佣金收入	4 000 000	
营业外收入	50 000	
贷：本年利润		10 900 000

第二，结转各项费用、损失类科目，其会计分录为：

借：本年利润	7 500 000	
贷：利息支出		4 000 000
其他业务成本		400 000
税金及附加		80 000
手续费及佣金支出		2 000 000
业务及管理费		720 000
资产减值损失		100 000
营业外支出		200 000

（2）经过上述结转后，“本年利润”科目的贷方发生额合计 1 090 万元减去借方发生额合计 750 万元即为税前会计利润 340 万元。

（3）假设华信公司 2017 年度不存在所得税纳税调整因素。

（4）计算应交所得税金额：

应交所得税=340×20%=68（万元）

第一，确认所得税费用，其会计分录为：

借：所得税费用　　680 000

　贷：应交税费——应交所得税　　680 000

第二，将所得税费用结转至“本年利润”科目，其会计分录为：

借：本年利润　　680 000

　贷：所得税费用　　680 000

（5）将“本年利润”科目年末余额272万元（1 090−750−68）转入“利润分配——未分配利润”科目贷方，其会计分录为：

借：本年利润　　2 720 000

　贷：利润分配——未分配利润　　2 720 000

二、利润分配核算

1.利润分配顺序

利润分配是指企业根据国家有关规定和企业章程、投资协议等，对企业当年可供分配的利润所进行的分配。

可供分配的利润 = 年初未分配利润（或−年初未弥补亏损）+ 当年实现的净利润 + 其他转入（即盈余公积补亏等）

利润分配的顺序依次是：

第一，提取法定盈余公积。

第二，提取一般风险准备。

第三，提取任意盈余公积。

第四，向投资者分配利润。

2.利润分配核算

（1）年末，将“本年利润”余额结转至“利润分配——未分配利润”

“本年利润”科目若为贷方余额，其会计分录为：

借：本年利润

　贷：利润分配——未分配利润

“本年利润”科目若为借方余额，则会计分录相反。

（2）提取法定盈余公积

借：利润分配——提取法定盈余公积

　贷：盈余公积——法定盈余公积

（3）提取一般风险准备

借：利润分配——提取一般风险准备

　贷：一般风险准备

（4）宣告分派现金股利

借：利润分配——应付现金股利或利润

　贷：应付股利

（5）实际分派股票股利

借：利润分配——转作股本的股利

贷：股本

（6）盈余公积补亏

借：盈余公积

贷：利润分配——盈余公积补亏

（7）年末，将“利润分配”账户的其他明细科目转入“未分配利润”明细科目

借：利润分配——未分配利润

贷：利润分配——提取法定盈余公积

——提取任意盈余公积

——提取一般风险准备

——应付现金股利或利润

——转作股本的股利

借：利润分配——盈余公积补亏

贷：利润分配——未分配利润

【例 13-7】华信公司本年利润实现贷方余额 100 万元，提取法定盈余公积 10%，提取任意盈余公积 5%，提取一般风险准备 10%，向投资者分配利润 20 万元。

华信公司分配处理如下：

（1）结转本年利润。

借：本年利润	1 000 000	
贷：利润分配——未分配利润		1 000 000

（2）进行利润分配。

第一，提取法定盈余公积：

借：利润分配——提取法定盈余公积	100 000	
贷：盈余公积——法定盈余公积		100 000

第二，提取一般风险准备：

借：利润分配——提取一般风险准备	100 000	
贷：一般风险准备		100 000

第三，提取任意盈余公积：

借：利润分配——提取任意盈余公积	50 000	
贷：盈余公积——任意盈余公积		50 000

第四，向投资者分配利润 20 万元：

借：利润分配——应付现金股利或利润	200 000	
贷：应付股利		200 000

（3）将利润分配的其他明细科目转入“未分配利润”明细科目。

借：利润分配——未分配利润	450 000	
贷：利润分配——提取法定盈余公积		100 000
——提取任意盈余公积		50 000
——提取一般风险准备		100 000
——应付现金股利或利润		200 000

同步训练

☞思考训练

1.什么是金融企业损益？

2.金融企业的营业收入包括哪些内容？

3.金融企业的费用和一般工商企业有何不同？

4.金融企业的利润如何计算？

5.金融企业如何进行利润分配？

☞业务训练

目的：能熟练处理金融企业损益业务。

资料：华泰公司于2017年11月月末“本年利润”科目的贷方余额为2 000 000元，12月份，该公司有关科目余额（结转前）见表13-2：

表13-2　**该公司有关科目余额（结转前）**　单位：元

科目名称	借方余额	贷方余额
手续费及佣金收入		3 000 000
利息收入		500 000
其他业务收入		90 000
营业外收入		45 000
手续费及佣金支出	2 000 000	
利息支出	300 000	
税金及附加	250 000	
业务及管理费	300 000	
营业外支出	10 000	

本公司的所得税税率为20%。假设“利润分配——未分配利润”科目的年初余额为320 000元。年度终了，股东大会决议按税后利润的10%和5%分别提取法定盈余公积和一般风险准备，并向投资者分配利润495 000元。

要求：

（1）编制收支结转分录；

（2）计算该公司2017年度利润总额和所得税费用，并进行相应的会计处理；

（3）结转2017年度净利润；

（4）进行2017年利润分配；

（5）结转利润分配各明细科目，并计算未分配利润金额。

项目十四　年度决算和财务报告编制与分析

【知识目标】

1.了解财务报告及其分析的意义；

2.熟悉年度决算和财务报告的内容；

3.掌握年度决算与财务报告的编制、分析。

【技能目标】

1.能完成年度决算工作；

2.会编制财务报告；

3.能进行财务报告分析。

任务一　年度决算工作

【任务重点】

掌握年度决算各阶段工作。

想一想

晋华银行财务部的小王是刚从企业调来的会计，小王认为年度决算应该就是编制一张试算平衡表，结结账，没有什么复杂的。12月30日财务部长检查年度决算准备工作情况，结果发现小王负责的好多工作没有提前准备，于是召集全部科室人员紧急加班准备31日的决算。

请问：

1.银行和企业的年度决算有何不同？

2.年度决算工作如何才能做好？

一、年度决算前的准备工作

年度决算是指金融企业运用日常会计核算资料，对一年来的业务活动和财务活动所进行的数字总结和文字说明。年度决算是运用会计核算数据与资料，通过年度会计报告，对全年各项业务和财务活动进行的总结反映。

年度决算准备工作一般从每年第四季度开始，主要包括：全面核对内外账务、清理资金、盘点财务实物、核实损益、调整账务、试算平衡等。

（一）核对账务

1.为保证银行账务准确无误，应将各科目的分户账、登记簿、卡片账余额，与各科目的总账余额核对相符。

2.检查会计科目的使用是否正确，检查内容是否符合总行的有关规定。如果发现有使用不当之处，应及时调整，以真实反映业务情况。

3.全面核对内外账务，核对金融企业内部账户与外部客户账，并做好银企对账工作。

4.核对同业及联行账务，及时处理未达账项。

（二）清理各项资金

1.清理各项信贷资产，企业应加强对信贷资产的管理，对有问题的贷款应抓紧清理，并组织力量及时催收，如不能收回要及时办理展期手续。

2.清理结算资金。在年度结算前，企业应对发出的、代收的委托收款、托收承付、商业汇票、应解汇款等结算资金进行全面清理。该划出的款项要及时划出，应收回的款项要积极联系、及时催收，该解付的应解汇款要及时解付，如汇款确实无法解付并超过规定期限，该退回的要办理退回手续。

3.清理存款资金。企业对在各类存款中长期不发生收付活动的不动户，要逐户清理并查明原因，与有关部门联系办理并户和销户手续。

4.清理内部资金。在决算前，企业要清理其他应收款、其他应付款等，并于决算前逐项清理，该上交的上交，该收回的收回，该报销的报销，该摊销的摊销，使内部资金减少到最低限度。经过清理，暂时无法解决的内部资金，要注明原因，以备日后查考和清理。

（三）检查库存现金、各类有价单证和重要空白凭证的库存实物和保管情况

企业要确保做到账账、账款、账据、账表、账实、内外账六相符，发现问题应立即查明原因，并按有关规定及时处理。

（四）认真清理财产物资

1.清查实物库存。企业对出售的凭证、有价单证和重要空白凭证至少每年要进行一次全面清查，核对库存余额与实际库存是否一致。如果发现溢耗余缺情况，企业应查明原因，按规定程序调整账面余额，以做到账实相符。

2.企业要做好对房产、器具设备和低值易耗品的核对清理工作，做到账、卡、物三者一致。

（五）核实各项财务收支

企业要核实各项财务收支，检查各种收入与支出是否按规定全部纳入损益核算。

（六）试算平衡

在资金、账务、财产、收支核实的基础上，企业应根据1—11月调整后的账面数字，编制试算平衡表。为年度决算日的决算奠定基础。

二、年度决算日的主要工作

根据会计法的规定，金融企业以每年1月1日—12月31日为一个会计年度。每年的12月31日为年度决算日，办理当年的年度决算，其主要工作包括：组织年末财务入当年账、检查各项库存、计算外汇买卖损益、结转本年利润、进行新旧账簿的结转、编制财务会计报告等。

（一）年度决算日账务处理程序

1.登记各类账务。企业在年度决算日收到的凭证、往来报单，除特别规定以外，必须当日转账，不得跨年处理，各种往来资金应当日清算，不允许产生未达账项。

2.计提各项准备及税金。企业对固定资产折旧、损失准备，无形资产和长期待摊费用

摊销等，以及应缴纳的税金及附加、所得税等，应按有关规定进行计提，列入当年损益。

（二）核实全年账务、库存和结转损益

1.检查库存。企业于年度决算日营业终了前，应由金融企业有关领导和有关人员，对库存现金、金银、外币和其他有价物的实存数，进行一次检查核对，以保证账实相符。

2.全面核实账务。企业在准备期核对账务的基础上，至年度决算日营业终了当日的账务处理结束后，仍需把各科目总账和明细账进行全面核对，要求做到两者之间绝对相符。

3.结转损益。企业于年度决算日营业终了，各基层独立会计核算单位对内外账务全部处理完毕后，应将财务收支各科目的总账、明细账的账面余额核对相符，根据各收入科目的分户账余额按户分别填制转账借方凭证，结转至“本年利润”科目的贷方；根据各支出科目的分户账余额分别按户填制转账贷方凭证，结转至“本年利润”科目的借方。各收入和支出科目结转后，如果“本年利润”科目的余额在贷方，说明该年度盈利：反之，如果“本年利润”科目的余额在借方，说明该年度亏损。

（三）新旧账务结转

企业待全部账务核对相符，并结出全年损益后，如有新旧科目结转，应先办理科目结转，然后，按照账簿结转的有关规定，办理新旧账簿的结转，结束旧账，启用新账。

1.月度结转。总账每月更换新账一次，将旧账上的“上年底余额”“自年初累计发生额”“月终余额”，分别过入新账的“上年底余额”、“本年累计发生额”及“上月底余额”栏。年初建立新账时，只过上年底余额。

分户式复写账页每月更换一次新账，在旧账页的最后一行余额下加盖“结转下月”戳记，将最后余额过入新账页，新账页日期应写×月1日，摘要栏加盖“上月结转”戳记。

2.年度结转。年度终了，各科目分户账均应更换新账页。在旧账页的最后一行余额下加盖“结转下年”戳记（对于余额已经结清的账户，应在账页上加盖“结清”戳记）。将最后余额过入新账页同方向，新账页日期应写新年度1月1日，摘要栏加盖“上年结转”戳记，销账式账页应在旧账页未销各笔的销账日期栏加盖“结转下年”戳记。将未销的各笔账项逐笔过入新账页，并结出余额，在摘要栏加盖“上年结转”戳记，并填列旧账页的发生日期及摘要，以资查考。

结转完毕，企业应将各科目分户账新账页的余额加总与各该科目总账旧账页余额认真核对，以保证衔接无误。

（四）编制财务会计报告

1.决算日后，银行应分行编制年度决算报告并编写决算说明书，上报总行和上级行；各行在决算日结出的损益，应于次年规定时间上划总行。

2.整理装订旧账。

3.上年损益调整。

任务二　财务报告编制

【任务重点】

掌握资产负债表、利润表的编制。

想一想

甲公司管理层拟开发一个大型项目，让财务部提供公司近期财务信息资料，财务部刚上岗的会计小王觉得这应该是管理层想了解财务状况，于是便打印了几份资产负债表交给领导。

请问：

1.小王提供的资料准确吗?

2.针对这一情况，你认为应该提供哪些财务信息资料?

一、财务报告认知

（一）财务报告的概念

财务报告是指企业对外提供的反映企业某一特定日期的财务状况和在某一会计期间内的经营成果、现金流量等会计信息的文件。财务报告包括财务报表和其他应当在财务报告中披露的相关信息和资料。

（二）财务报告的分类

财务报告可以按照不同的标准进行分类。

按财务报告编报期间的不同，财务报告可以分为中期财务报告和年度财务报告。中期财务报告是指以短于一个完整会计年度的报告期间为基础编制的财务报表，包括月报、季报和半年报等。中期财务报告至少应当包括资产负债表、利润表、现金流量表和附注，其中：中期资产负债表、利润表和现金流量表应当是完整报表。

按财务报告编报主体的不同，财务报告可以分为个别财务报表和合并财务报表。个别财务报表是指由企业在自身会计核算的基础上对账簿记录进行加工而编制的财务报表，它主要用以反映企业自身的财务状况、经营成果和现金流量情况。合并财务报表是指以母公司和子公司组成的企业集团为会计主体，根据母公司和所属子公司的财务报表，由母公司编制的综合反映企业集团财务状况、经营成果及现金流量的财务报表。

（三）财务报告的构成

金融企业财务报告至少应当包括资产负债表、利润表、现金流量表、所有者权益（或股东权益，下同）变动表以及附注。

（四）附注

附注是财务报表不可或缺的组成部分，是对在资产负债表、利润表、现金流量表和所有者权益变动表等报表中列示项目的文字描述或明细资料，以及对未能在这些报表中列示的说明等。

1.附注披露的基本要求

（1）附注披露的信息应是定量、定性信息的结合，能从量和质两个角度对企业经济事项进行反映，从而满足信息使用者的决策需求。

（2）附注应当按照一定的结构进行系统分类，有顺序地披露信息。由于附注的内容繁多，因此更应按逻辑顺序排列，分类披露，条理清晰，具有一定的组织结构，以便于信息使用者理解和掌握，也可以更好地实现财务报表的可比性。

（3）附注相关信息应当与资产负债表、利润表、现金流量表和所有者权益变动表等报表中列示的项目相互参照，以有助于信息使用者掌握相关联的信息，并由此从整体上更好地理解财务报表。

2.附注披露的内容

附注应当按照以下顺序披露有关内容：

（1）企业的基本情况。

①企业注册地、组织形式和总部地址。

②企业的业务性质和主要经营活动，如企业所处的行业、所提供的主要产品或服务、客户的性质、销售策略、监管环境的性质等。

③母公司以及集团最终母公司的名称。

④财务报告的批准报出者和财务报告批准报出日，或者以签字人及其签字日期为准。

⑤营业期限有限的企业，还应当披露有关其营业期限的信息。

（2）财务报表的编制基础。

持续经营是会计的基本前提，是会计确认、计量及编制财务报表的基础。

（3）遵循企业会计准则的声明。

企业应当声明编制的财务报表符合企业会计准则的要求，真实、完整地反映了企业的财务状况、经营成果和现金流量等有关信息。以此明确企业编制财务报表所依据的制度基础。

如果企业编制的财务报表只是部分地遵循了企业会计准则，在附注中不得作出这种表述。

（4）重要会计政策和会计估计。

根据财务报表列报准则的规定，企业应当披露采用的重要会计政策和会计估计，不重要的会计政策和会计估计可以不披露。

①重要会计政策的说明。

企业在发生某项交易或事项允许选用不同的会计处理方法时，应当根据准则的规定从允许的会计处理方法中选择适合本企业特点的会计政策。例如，固定资产折旧可以选择年限平均法、工作量法、双倍余额递减法、年数总和法等。为了有助于报表使用者理解，企业有必要对这些会计政策加以披露，包括：

第一，财务报表项目的计量基础。会计计量属性包括历史成本、重置成本、可变现净值、现值和公允价值，这直接、显著地影响报表使用者的分析，这项披露要求便于使用者了解企业财务报表中的项目是按何种计量基础予以计量的，如存货是按成本还是成本与可变现净值孰低计量等。

第二，会计政策的确定依据，主要是指企业在运用会计政策的过程中所做的对报表中确认的项目金额最具影响的判断。例如，金融企业应当根据本企业的实际情况说明确定金融资产分类的判断标准等；这些判断对在报表中确认的项目金额具有重要影响。因此，这项披露要求有助于报表使用者理解企业选择和运用会计政策的背景，增加财务报表的可理解性。

②重要会计估计的说明。

财务报表列报准则强调了对会计估计不确定因素的披露要求，金融企业应当披露会计估计中所采用的关键假设和不确定性因素的确定依据，这些关键假设和不确定性因素在下一会计期间内很可能导致对资产、负债账面价值进行重大调整。

在确定报表中确认的资产和负债的账面金额过程中，金融企业有时需要对不确定的未来事项在资产负债表日对这些资产和负债的影响加以估计。例如，固定资产可收回金额的计算需要根据其公允价值减去处置费用后的净额与预计未来现金流量的现值两者之间的较高者确定，在计算资产预计未来现金流量的现值时需要对未来现金流量进行预测，并选择适当的折现率，应当在附注中披露未来现金流量预测所采用的假设及其依据、所选择的折现率为什么是合理的等等。

（5）会计政策和会计估计变更以及差错更正的说明。

金融企业应当按照《企业会计准则第28号——会计政策、会计估计变更和差错更正》的规定，披露会计政策和会计估计变更以及差错更正的情况。

（6）报表重要项目的说明。

企业应当尽可能以列表形式披露重要报表项目的构成或当期增减变动情况。

对重要报表项目的明细说明，应当按照资产负债表、利润表、现金流量表、所有者权益变动表的顺序以及报表项目列示的顺序进行披露，采用文字和数字描述相结合的方式进行披露，并与报表项目相互参照。其中商业银行的重要项目包括：

现金及存放同业款项的披露。

存放中央银行款项的披露。

拆出资金的披露。

交易性金融资产（不含衍生金融资产）的披露。

衍生工具的披露。

买入返售金融资产的披露。

发放贷款及垫款的披露。

可供出售金融资产的披露。

持有至到期投资的披露。

其他资产的披露。

同业存放款项的披露。

拆入资金的披露。

向中央银行借款的披露。

交易性金融负债（不含衍生金融负债）的披露。

卖出回购金融资产款的披露。

吸收存款的披露。

应付债券的披露。

其他负债的披露。

一般风险准备的披露。

利息净收入的披露。

手续费及佣金净收入的披露。

投资收益的披露。

公允价值变动损益的披露。

分部信息的披露。

担保物的披露：

第一，担保物为金融资产的，应披露本期和上期作为负债或或有负债的担保物的金融资产的账面价值、与担保物有关的期限和条件。

第二，收到的担保物（金融资产或非金融资产），在担保物所有人没有违约时就可以出售或再作为担保物的，应披露所持有担保物的公允价值、与担保物使用有关的期限和条件。已将收到的担保物出售或再作为担保物的，还应披露该担保物的公允价值，以及企业是否承担了将担保物退回的义务。

金融资产转移（含资产证券化）的披露：

第一，对于满足金融资产终止确认条件的金融资产转移，应披露的内容包括：所转移金融资产的性质；因转移形成的新金融资产或新金融负债、服务资产或服务负债的公允价值等。

第二，对于不满足金融资产终止确认条件的金融资产转移，应披露的内容包括：所转移金融资产的性质；仍保留的与所有权有关的风险和报酬的性质；继续确认所转移金融资产整体的，披露所转移金融资产的账面价值和相关负债的账面价值；继续涉入所转移金融资产的，披露所转移金融资产的账面价值、继续确认资产的账面价值以及相关负债的账面价值；因转移形成的新金融资产或新金融负债、服务资产或服务负债的公允价值等。

其他项目的披露。

（7）或有和承诺事项的说明。

①或有事项的说明。具体披露信息应当比照一般企业进行处理。

②承诺事项的说明。

第一，信贷承诺的披露。

第二，资本支出承诺。披露本期期末和上期期末已授权并尚未发生的资本支出，包括已订立合同和未订立合同的情形。

③经营租赁承诺。披露在本期期末和上期期末不可撤销的经营租赁协议下未来最低租赁付款额。

④证券承销及债券承兑承诺。披露本期期末和上期期末证券承销余额和债券承兑余额（即承兑责任）。

⑤资产负债表日后非调整事项、关联方关系及其交易的说明。

⑥风险管理。保险公司和证券公司报表重要项目说明具体可以参见《企业会计准则第30号——财务报表列报》应用指南。

（8）下列关于其他综合收益各项目的信息披露。

①其他综合收益各项目及其所得税影响。

②其他综合收益各项目原计入其他综合收益、当期转出计入当期损益的金额。

③其他综合收益各项目的期初和期末余额及其调节情况。

二、资产负债表编制

（一）资产负债表的定义

资产负债表是指反映企业在某一特定日期的财务状况的报表。资产负债表主要反映资产、负债和所有者权益三方面的内容，并满足“资产=负债+所有者权益”平衡式。

（二）资产负债表的结构

资产负债表正表的格式一般有两种：报告式资产负债表和账户式资产负债表。报告式资产负债表是上下结构，上半部列示资产，下半部列示负债和所有者权益，具体排列形式又有两种：一是按“资产=负债+所有者权益”的原理排列；二是按“资产-负债=所有者权益”的原理排列。账户式资产负债表是左右结构，左边列示资产，右边列示负债和所有者权益。我国采用账户式资产负债表。账户式资产负债表中的资产各项目的合计数等于负债和所有者权益各项目的合计数，即资产负债表左方和右方平衡。因此，通过账户式资产负债表，可以反映资产、负债、所有者权益之间的内在关系，即“资产=负债+所有者权益”。

（三）商业银行资产负债表项目的填列方法

1.资产负债表“期末余额”栏的填列方法

资产负债表“期末余额”栏一般应根据资产、负债和所有者权益类科目的期末余额填列。

（1）根据总账科目的余额填列。“交易性金融资产”、“递延所得税资产”、“交易性金融负债”、“应付职工薪酬”、“应交税费”、“应付利息”、“预计负债”、“递延所得税负债”、“实收资本（或股本）”、“资本公积”、“库存股”及“盈余公积”等项目，应根据有关总账科目的余额填列。

有些项目则需根据几个总账科目的余额计算填列：“现金及存放中央银行款项”项目应根据“库存现金”“存放中央银行款项”等科目的期末余额合计数填列；“存放同业款项”、“贵金属”、“买入返售金融资产”、“拆出资金”、“向中央银行借款”、“同业及其他金融机构存放款项”、“拆入资金”、“卖出回购金融资产款”、“吸收存款”及“一般风险准备”项目，应根据相关科目的期末余额填列，资产已计提坏账准备、减值准备的，还应扣减相应的坏账准备、减值准备。“衍生金融资产”项目应根据“衍生工具”“套期工具”“被套期项目”等科目的期末借方余额分析计算填列。“衍生金融负债”项目，应根据“衍生工具”“套期工具”“被套期项目”等科目的期末贷方余额分析计算填列。

（2）根据明细账科目的余额计算填列。“未分配利润”项目应根据“利润分配”科目所属的“未分配利润”明细科目期末余额填列。

（3）根据有关科目余额减去其备抵科目余额后的净额填列。“可供出售金融资产”“持有至到期投资”“长期股权投资”项目，应根据相关科目的期末余额填列，已计提减值准备的，还应扣减相应的减值准备；“固定资产”“无形资产”项目，应根据相关科目的期末余额扣减相关的累计折旧（或摊销、折耗）填列，已计提减值准备的，还应扣减相应的减值准备，采用公允价值计量的上述资产，应根据相关科目的期末余额填列。

2.资产负债表“年初余额”栏的填列方法

资产负债表中的“年初余额”栏通常根据上年年末有关项目的期末余额填列，且与上年年末资产负债表“期末余额”栏相一致。企业对首次执行新准则当年的“年初余额”栏及相关项目进行调整；以后期间，如果企业发生了会计政策变更、前期差错更正，应当对“年初余额”栏中的有关项目进行相应调整。此外，如果企业上年度资产负债表规定的项目名称和内容与本年度不一致，应当对上年年末资产负债表相关项目的名称和数字按照本年度的规定进行调整，填入“年初余额”栏。

商业银行资产负债表格式见表14-1。

表 14-1　　　　商业银行资产负债表　　　　会商银 01 表

编制单位：　　　　______年____月____日　　　　单位：元

资　产	期末余额	年初余额	负债和所有者权益（或股东权益）	期末余额	年初余额
资产：			负债：		
现金及存放中央银行款项			向中央银行借款		
存放同业款项			同业及其他金融机构存放款项		
贵金属			拆入资金		
拆出资金			交易性金融负债		
交易性金融资产			衍生金融负债		
衍生金融资产			卖出回购金融资产款		
买入返售金融资产			吸收存款		
应收利息			应付职工薪酬		
发放贷款及垫款			应交税费		
可供出售金融资产			应付利息		
持有至到期投资			预计负债		
长期股权投资			应付债券		
投资性房地产			递延所得税负债		
固定资产			其他负债		
无形资产			负债合计		
递延所得税资产			所有者权益（或股东权益）：		
其他资产			实收资本（或股本）		
			资本公积		
			减：库存股		
			盈余公积		
			一般风险准备		
			未分配利润		
			所有者权益（或股东权益）合计		
资产总计			负债和所有者权益（或股东权益）总计		

（四）保险公司资产负债表的填列方法

保险公司资产负债表的填列方法除下列项目以外的其他项目，比照商业银行资产负债表的列报方法处理：

第一，“应收保费”、“应收代位追偿款”、“应收分保账款”、“应收分保未到期责任准备金”、“保户质押贷款”、“应收分保未决赔款准备金”、“应收分保寿险责任准备金”、“应收分保长期健康险责任准备金”、“存出资本保证金”、“独立账户资产”、“预收保费”、“应收手续费及佣金”、“应付分保账款”、“保户储金及投资款”、“未到期责任准备金”及“独立账户负债”等项目应根据相关科目的期末余额填列，资产已计提减值准备的，还应扣减相应的减值准备。

第二，“未决赔款准备金”、“寿险责任准备金”及“长期健康险责任准备金”等负债项目，应根据“保险责任准备金”科目所属相关明细科目期末贷方余额分析填列。

保险公司资产负债表格式见表14-2。

（五）证券公司资产负债表的填列方法

证券公司资产负债表的填列方法除下列项目以外的其他项目，比照商业银行资产负债表的列报方法处理：

第一，“结算备付金”、“存出保证金”、“代理买卖证券款”及“代理承销证券款”等项目，应根据相关科目的期末余额填列。

第二，证券公司交纳的交易席位费的可收回金额，应在“无形资产”项目下单独反映；证券经纪业务取得的客户资金存款，应在“货币资金”项目下单独反映；证券经纪业务取得的客户备付金，应在“结算备付金”项目下单独反映。

证券公司资产负债表格式见表14-3。

三、利润表编制

利润表是指反映企业在一定会计期间内的经营成果的报表。利润表正表的格式一般有两种：单步式利润表和多步式利润表。单步式利润表是将当期所有的收入列在一起，然后将所有的费用列在一起，两者相减得出当期净损益。多步式利润表是通过对当期的收入、费用、支出项目按性质加以归类，按利润形成的主要环节列示一些中间性利润指标，分步计算当期净损益。我国企业的利润表采用多步式格式。其编制步骤如下：

第一步，以营业收入为基础，减去营业成本、税金及附加、销售费用、管理费用、财务费用、资产减值损失，加上公允价值变动收益（损失以“-”号填列）、投资收益（损失以“-”号填列）、资产处置收益（损失以“-”号填列）和其他收益，计算出营业利润；

第二步，以营业利润为基础，加上营业外收入，减去营业外支出，计算出利润总额；

第三步，以利润总额为基础，减去所得税费用，计算出净利润（或净亏损）。

普通股或潜在普通股已公开交易的企业，以及正处于公开发行普通股或潜在普通股过程中的企业，还应当在利润表中列示每股收益信息。

1.商业银行利润表的填列

利润表中的栏目分为“本期金额”栏和“上期金额”栏。

(1)“营业收入”项目，应根据“利息净收入”、“手续费及佣金净收入”、“投资收益”、”公允价值变动收益”、“汇兑收益”及“其他业务收入”等项目的金额合计数填列；

表 14-2 **保险公司资产负债表** 会保01表

编制单位：______年____月____日 单位：元

资　产	期末余额	年初余额	负债和所有者权益（或股东权益）	期末余额	年初余额
资产：			负债：		
货币资金			短期借款		
拆出资金			拆入资金		
交易性金融资产			交易性金融负债		
衍生金融资产			衍生金融负债		
买入返售金融资产			卖出回购金融资产款		
应收利息			预收保费		
应收保费			应付手续费及佣金		
应收代位追偿款			应付分保账款		
应收分保账款			应付职工薪酬		
应收分保未到期责任准备金			应交税费		
应收分保未决赔款准备金			应付赔付款		
应收分保寿险责任准备金			应付保单红利		
应收分保长期健康险责任准备金			保户储金及投资款		
保户质押贷款			未到期责任准备金		
定期存款			未决赔款准备金		
可供出售金融资产			寿险责任准备金		
持有至到期投资			长期健康险责任准备金		
长期股权投资			长期借款		
存出资本保证金			应付债券		
投资性房地产			独立账户负债		
固定资产			递延所得税负债		
无形资产			其他负债		
独立账户资产			负债合计		
递延所得税资产			所有者权益（或股东权益）：		
其他资产			实收资本（或股本）		
			资本公积		
			减：库存股		
			盈余公积		
			一般风险准备		
			未分配利润		
			所有者权益（或股东权益）合计		
资产总计			负债和所有者权益（或股东权益）总计		

表 14-3　　　　　　　　　　　　**证券公司资产负债表**　　　　　　　　　　　　会证 01 表

编制单位：　　　　　　　　　　______年____月____日　　　　　　　　　　　　单位：元

资　　产	期末余额	年初余额	负债和所有者权益（或股东权益）	期末余额	年初余额
资产：			负债：		
货币资金			短期借款		
其中：客户资金存款			其中：质押借款		
结算备付金			拆入资金		
其中：客户备付金			交易性金融负债		
拆出资金			衍生金融负债		
交易性金融资产			卖出回购金融资产款		
衍生金融资产			代理买卖证券款		
买入返售金融资产			代理承销证券款		
应收利息			应付职工薪酬		
存出保证金			应交税费		
可供出售金融资产			应付利息		
持有至到期投资			预计负债		
长期股权投资			长期借款		
投资性房地产			应付债券		
固定资产			递延所得税负债		
无形资产			其他负债		
其中：交易席位费			负债合计		
递延所得税资产			所有者权益（或股东权益）：		
其他资产			实收资本（或股本）		
			资本公积		
			减：库存股		
			盈余公积		
			一般风险准备		
			未分配利润		
			所有权益（或股东权益）合计		
资产总计			负债和所有者权益（或股东权益）总计		

“营业支出”项目，应根据“税金及附加”、“业务及管理费”、“资产减值损失”及“其他业务成本”等科目的发生额合计数填列。

（2）“利息净收入”项目，应根据“利息收入”项目金额，减去“利息支出”项目金额后的余额分析填列；“手续费及佣金净收入”项目，应根据“手续费及佣金收入”“手续费及佣金支出”等科目的发生额分析填列。

（3）“汇兑收益”“业务及管理费”项目，应根据相关科目的发生额分析填列。

表14-4中的“上期金额”栏应根据上年利润表“本期金额”栏内所列数字填列。如果上年利润表规定的各个项目的名称和内容与本期不相一致，应对上年该期利润表各项目的名称和数字按本期的规定进行调整，填入“上期金额”栏。

商业银行利润表格式见表14-4。

表14-4　**商业银行利润表**　会商银02表

编制单位：　______年____月　单位：元

项　目	本期金额	上期金额
一、营业收入		
利息净收入		
利息收入		
利息支出		
手续费及佣金净收入		
手续费及佣金收入		
手续费及佣金支出		
投资收益（损失以“-”号填列）		
其中：对联营企业和合营企业的投资收益		
公允价值变动收益（损失以“-”号填列）		
汇兑收益（损失以“-”号填列）		
其他业务收入		
二、营业支出		
税金及附加		
业务及管理费		
资产减值损失		
其他业务成本		
三、营业利润（亏损以“-”号填列）		
加：营业外收入		
减：营业外支出		
四、利润总额（亏损总额以“-”号填列）		
减：所得税费用		
五、净利润（净亏损以“-”号填列）		
六、每股收益：		
（一）基本每股收益		
（二）稀释每股收益		

2.保险公司利润表填列

保险公司利润表的填列方法除下列项目以外的其他项目，比照商业银行利润表的列报方法处理：

（1）“营业收入”项目，应根据“已赚保费”、“投资收益”、“公允价值变动损益”、“汇兑收益”及“其他业务收入”等科目的发生额合计数填列。

“已赚保费”项目，应根据“保险业务收入”、“分出保费”、“提取未到期责任准备金”科目的发生额分析填列。

（2）“营业支出”项目，应根据“退保金”、“赔付支出”、“提取保险责任准备金”、“分保费用”、“税金及附加”、“手续费及佣金支出”、“业务及管理费”、“其他业务成本”及“资产减值损失”等项目金额合计数，减去“摊回赔付支出”“摊回保险责任金”“摊回分保费用”等项目金额后的余额填列。

“退保金”、“赔付支出”、“提取保险责任准备金”、“保单红利支出”、“分保费用”、“摊回赔付支出”、“摊回保险责任准备金”及“摊回分保费用”项目，应根据有关科目的发生额分析填列。

保险公司利润表格式见表14-5。

3.证券公司利润表的填列

证券公司利润表的填列方法除下列项目以外的其他项目，比照商业银行利润表的列报方法处理：

（1）“营业收入”项目，应根据“手续费及佣金净收入”、“利息净收入”、“投资收益”、“公允价值变动收益”、“汇兑收益”及“其他业务收入”等项目的合计金额填列。

（2）“手续费及佣金净收入”项目，应根据“手续费及佣金收入”、“手续费及佣金支出”等科目的发生额分析计算填列。“代理买卖证券业务净收入”、“证券承销业务净收入”及“受托客户资产管理业务净收入”等应在本项目下单独反映。证券公司利润表格式见表14-6。

四、现金流量表编制

（一）现金流量表的定义

现金流量表是指反映企业在一定会计期间内现金和现金等价物流入和流出的报表。编制现金流量表的主要目的，是为财务报表使用者提供企业在一定会计期间内现金和现金等价物流入和流出的信息，以便于财务报表使用者了解和评价企业获取现金和现金等价物的能力，并据以预测企业未来现金流量。

这里所说的现金是指企业的库存现金以及可以随时用于支付的存款，具体包括库存现金、银行存款和其他货币资金（如外埠存款、银行汇票存款、银行本票存款等）。不能随时用于支付的存款不属于现金。

（二）现金流量的分类

现金流量是指企业现金和现金等价物的流入和流出。现金流量表准则将企业在一定期间内产生的现金流量分为3类：经营活动现金流量、投资活动现金流量和筹资活动现金流量。

1.经营活动现金流量

经营活动是指企业除投资活动和筹资活动以外的所有交易和事项。对于商业银行而

表 14-5　　保险公司利润表　　会保 02 表

编制单位：　　______年____月　　单位：元

项　目	本期金额	上期金额
一、营业收入		
已赚保费		
保险业务收入		
其中：分保费收入		
减：分出保费		
提取未到期责任准备金		
投资收益（损失以“-”号填列）		
其中：对联营企业和合营企业的投资收益		
公允价值变动收益（损失以“-”号填列）		
汇兑收益（损失以“-”号填列）		
其他业务收入		
二、营业支出		
退保金		
赔付支出		
减：摊回赔付支出		
提取保险责任准备金		
减：摊回保险责任准备金		
保单红利支出		
分保费用		
税金及附加		
手续费及佣金支出		
业务及管理费		
减：摊回分保费用		
其他业务成本		
资产减值损失		
三、营业利润（亏损以“-”号填列）		
加：营业外收入		
减：营业外支出		
四：利润总额（亏损总额以“-”号填列）		
减：所得税费用		
五、净利润（净亏损以“-”号填列）		
六、每股收益：		
（一）基本每股收益		
（二）稀释每股收益		

表14-6

证券公司利润表

会证02表

编制单位：　　　　______年____月　　　　单位：元

项 目	本期金额	上期金额
一、营业收入		
手续费及佣金净收入		
其中：代理买卖证券业务净收入		
证券承销业务净收入		
受托客户资产管理业务净收入		
利息净收入		
投资收益（损失以“-”号填列）		
其中：对联营企业和合营企业的投资收益		
公允价值变动收益（损失以“-”号填列）		
汇兑收益（损失以“-”号填列）		
其他业务收入		
二、营业支出		
税金及附加		
业务及管理费		
资产减值损失		
其他业务成本		
三、营业利润（亏损以“-”号填列）		
加：营业外收入		
减：营业外支出		
四、利润总额（亏损总额以“-”号填列）		
减：所得税费用		
五、净利润（净亏损以“-”号填列）		
六、每股收益：		
（一）基本每股收益		
（二）稀释每股收益		

言，经营活动主要包括吸收存款、发放贷款、同业存放、同业拆借等。对于保险公司而言，经营活动主要包括原保险业务和再保险业务等。对于证券公司而言，经营活动主要包括自营证券、代理承销证券、代理兑付证券、代理买卖证券等。

2. 投资活动现金流量

投资活动是指企业长期资产的购建和不包括在现金等价物范围内的投资及其处置活动。长期资产是指固定资产、无形资产、在建工程、其他资产等持有期限在1年或1个营业周期以上的资产。这里所说的投资活动，既包括实物资产投资，又包括非实物资产投资。

3. 筹资活动现金流量

筹资活动是指导致企业资本及债务规模和构成发生变化的活动。这里所说的资本，既包括实收资本（股本），又包括资本溢价（股本溢价）；这里所说的债务是指对外举债，包括向银行借款、发行债券以及偿还债务等。在通常情况下，应付账款、应付票据等属于经营活动，不属于筹资活动。

对于企业除日常活动之外不经常发生的特殊项目，如自然灾害损失、保险赔款、捐赠等，应当归并到相关类别中，并单独反映。例如，对于自然灾害损失和保险赔款，如果能够确指属于流动资产损失，应当列入经营活动产生的现金流量；属于固定资产损失，应当列入投资活动产生的现金流量。如果不能确指，则可以列入经营活动产生的现金流量。捐赠收入和支出，可以列入经营活动产生的现金流量。如果特殊项目的现金流量金额不大，则可以列入现金流量类别下的“其他”项目，不单列项目。

（三）现金流量表的编制方法

1. 直接法和间接法

金融企业在编制现金流量表时，列报经营活动现金流量的方法有两种：一是直接法，二是间接法。

所谓直接法，是指按现金收入和现金支出的主要类别直接反映企业经营活动产生的现金流量，如吸收存款收到的现金；发放贷款支付的现金等就是按现金收入和支出的类别直接反映的。在直接法下，一般是以利润表中的营业收入为起算点，调节与经营活动有关的项目的增减变动，然后计算出经营活动产生的现金流量。

所谓间接法，是指以净利润为起算点，调整不涉及现金的收入、费用、营业外收支等有关项目，剔除投资活动、筹资活动对现金流量的影响，据此计算出经营活动产生的现金流量。由于净利润是按照权责发生制的原则确定的，且包括了与投资活动和筹资活动相关的收益和费用，将净利润调节为经营活动现金流量，实际上就是将按权责发生制原则确定的净利润调整为现金净流入，并剔除投资活动和筹资活动对现金流量的影响。

采用直接法编报的现金流量表，便于分析企业经营活动产生的现金流量的来源和用途，预测企业现金流量的未来前景；采用间接法编报的现金流量表，便于将净利润与经营活动产生的现金流量净额进行比较，了解净利润与经营活动产生的现金流量差异的原因，从现金流量的角度分析净利润的质量。所以，现金流量表准则规定企业应当采用直接法编报现金流量表，同时要求在附注中提供以净利润为基础调节到经营活动现金流量的信息。

2. 工作底稿法或T形账户法

在具体编制现金流量表时，可以采用工作底稿法或T形账户法，也可以根据有关科目记录分析填列。

第一，工作底稿法。

采用工作底稿法编制现金流量表，是以工作底稿为手段，以资产负债表和利润表数据为基础，对每个项目进行分析并编制调整分录，从而编制现金流量表。工作底稿法的程序是：

第一步，将资产负债表的期初数和期末数过入工作底稿的期初数栏和期末数栏。

第二步，对当期业务进行分析并编制调整分录。在编制调整分录时，要以利润表项目为基础从“营业收入”开始，结合资产负债表项目逐一进行分析。在调整分录中，有关现金和现金等价物的事项，并不直接借记或贷记现金，而是分别记入“经营活动产生的现金流量”、“投资活动产生的现金流量”及“筹资活动产生的现金流量”有关项目。借方表示现金流入，贷方表示现金流出。

第三步，将调整分录过入工作底稿中的相应部分。

第四步，核对调整分录。借、贷方合计数均已经相等，资产负债表项目期初数加减调整分录中的借贷金额以后，也等于期末数。

第五步，根据工作底稿中的现金流量表项目部分编制正式的现金流量表。

第二，T形账户法。

采用T形账户法编制现金流量表，是以T形账户为手段，以资产负债表和利润表数据为基础，对每个项目进行分析并编制调整分录，从而编制现金流量表。T形账户法的程序是：

第一步，为所有的非现金项目（包括资产负债表项目和利润表项目）分别开设T形账户，并将各自的期末期初变动数过入各相关账户。如果项目的期末数大于期初数，则将差额过入和项目余额相同的方向；反之，则过入相反的方向。

第二步，开设一个大的“现金及现金等价物”T形账户，每边分为经营活动、投资活动和筹资活动3个部分，左边记现金流入，右边记现金流出。与其他账户一样，过入期末期初变动数。

第三步，以利润表项目为基础，结合资产负债表分析每一个非现金项目的增减变动，并据此编制调整分录。

第四步，将调整分录过入各T形账户，并进行核对，该账户借贷相抵后的余额与原先过入的期末期初变动数应当一致。

第五步，根据大的“现金及现金等价物”T形账户编制正式的现金流量表。

（四）商业银行现金流量表的编制

商业银行现金流量表的编制，除下列项目外，应比照一般企业现金流量表编制处理：

1.客户存款和同业存放款项净增加额

本项目反映商业银行本期吸收的境内外金融机构以及非同业存放款项以外的各种存款的净增加额。本项目可以根据“吸收存款”和“同业存放”等科目的记录分析填列。

商业银行可以根据需要增加项目，例如，本项目可以分解成“吸收活期存款净增加额”、“吸收活期存款以外的其他存款”、“支付活期存款以外的其他存款”及“同业存放款项净增加额”等项目。

2.向中央银行借款净增加额

本项目反映商业银行本期向中央银行借入款项的净增加额。本项目可以根据“向中央银行借款”科目的记录分析填列。

3.向其他金融机构拆入资金净增加额

本项目反映商业银行本期从境内外金融机构拆入款项所取得的现金，减去拆借给境内外金融机构款项支付的现金后的净额。本项目可以根据“拆入资金”和“拆出资金”等科目的记录分析填列。本项目如为负数，应在经营活动现金流出类中单独列示。

4.收取利息、手续费及佣金的现金

本项目反映商业银行本期收到的利息、手续费及佣金，减去支付的利息、手续费及佣金的净额。本项目可以根据“利息收入”、“手续费及佣金收入”及“应收利息”等科目的记录分析填列。

5.客户贷款及垫款净增加额

本项目反映商业银行本期发放的各种客户贷款，以及办理商业票据贴现、转贴现融出及融入资金等业务的款项的净增加额。本项目可以根据“贷款”、“贴现资产”及“贴现负债”等科目的记录分析填列。

商业银行可以根据需要增加项目，例如，本项目可以分解成“收回中长期贷款”、“发放中长期贷款”、“发放短期贷款净增加额”及“垫款净增加额”等项目。

6.存放中央银行和同业款项净增加额

本项目反映商业银行本期存放于中央银行以及境内外金融机构的款项的净增加额。本项目可以根据“存放中央银行款项”和“存放同业”等科目的记录分析填列。

7.支付手续费及佣金的现金

本项目反映商业银行本期支付的利息、手续费及佣金。本项目可以根据“手续费及佣金支出”等科目的记录分析填列。

8.发行债券收到的现金

本项目反映商业银行发行债券收到的现金净额，本项目可以根据“应付债券”等科目的记录分析填列。商业银行现金流量表格式见表14-7。

表14-7　　**商业银行现金流量表**　　会商银03表

编制单位：　　______年____月　　单位：元

项　　目	本期金额	上期金额
一、经营活动产生的现金流量：		
客户存款和同业存放款项净增加额		
向中央银行借款净增加额		
向其他金融机构拆入资金净增加额		
收取利息、手续费及佣金的现金		
收到其他与经营活动有关的现金		
经营活动现金流入小计		
客户贷款及垫款净增加额		
存放中央银行和同业款项净增加额		
支付利息、手续费及佣金的现金		

续表

项　　目	本期金额	上期金额
支付给职工以及为职工支付的现金		
支付的各项税费		
支付其他与经营活动有关的现金		
经营活动现金流出小计		
经营活动产生的现金流量净额		
二、投资活动产生的现金流量：		
收回投资收到的现金		
取得投资收益收到的现金		
收到其他与投资活动有关的现金		
投资活动现金流入小计		
投资支付的现金		
购建固定资产、无形资产和其他长期资产支付的现金		
支付其他与投资活动有关的现金		
投资活动现金流出小计		
投资活动产生的现金流量净额		
三、筹资活动产生的现金流量：		
吸收投资收到的现金		
发行债券收到的现金		
收到其他与筹资活动有关的现金		
筹资活动现金流入小计		
偿还债务支付的现金		
分配股利、利润或偿付利息支付的现金		
支付其他与筹资活动有关的现金		
筹资活动现金流出小计		
筹资活动产生的现金流量净额		
四、汇率变动对现金及现金等价物的影响		
五、现金及现金等价物净增加额		
加：期初现金及现金等价物余额		
六、期末现金及现金等价物余额		

（五）保险公司现金流量表的编制

保险公司现金流量表的编制，除下列项目外，应比照一般企业现金流量表编制处理：

1.收到原保险合同保费取得的现金

本项目反映保险公司本期收到的原保险合同保费取得的现金净额，包括本期收到的原保险合同保费收入、本期收到的前期应收原保险合同保费、本期预收的原保险合同保费和本期代其他企业收取的原保险合同保费，扣除本期原保险合同提前解除以现金支付的退保费。本项目应根据“库存现金”“银行存款”“应收账款”“预收账款”“保费收入”“退保金”等科目的记录分析填列。

2.收到再保险业务现金净额

本项目反映保险公司本期从事再保险业务实际收支的现金净额。本项目可以根据“银行存款”、“应收分保账款”及“应付分保账款”等科目的记录分析填列。

3.保户储金及投资款净增加额

本项目反映保险公司向投保人收取的以储金利息作为保费收入的储金，以及以投资收益作为保费收入的投资保障型保险业务的投资本金，减去保险公司向投保人返还的储金和投资本金后的净额。本项目可以根据“库存现金”“银行存款”“保户储金”等科目的记录分析填列。

4.支付原保险合同赔付款项的现金

本项目反映保险公司本期实际支付原保险合同赔付的现金。本项目应根据“赔付支出”等科目的记录分析填列。

5.支付手续费及佣金的现金

本项目反映保险公司本期实际支付手续费及佣金等现金。本项目应根据“应付账款”“手续费及佣金支出”等科目的记录分析填列。

6.质押贷款净增加额

本项目反映保险公司本期发放保户质押贷款的现金净额。本项目可以根据“贷款”“银行存款”等科目的记录分析填列。

保险公司可以单独设置“处置损余物资收到的现金净额”和“代位追偿款收到的现金”等项目，或者在“收到其他与经营活动有关的现金”项目中反映。

保险公司现金流量表格式见表14-8。

表14-8　**保险公司现金流量表**　会保03表

编制单位：　______年____月　单位：元

项　目	本期金额	上期金额
一、经营活动产生的现金流量：		
收到原保险合同保费取得的现金		
收到再保险业务现金净额		
保户储金及投资款净增加额		
收到其他与经营活动有关的现金		
经营活动现金流入小计		
支付原保险合同赔付款项的现金		

续表

项　　目	本期金额	上期金额
支付利息、手续费及佣金的现金		
支付保单红利的现金		
支付给职工以及为职工支付的现金		
支付的各项税费		
支付其他与经营活动有关的现金		
经营活动现金流出小计		
经营活动产生的现金流量净额		
二、投资活动产生的现金流量：		
收回投资收到的现金		
取得投资收益收到的现金		
收到其他与投资活动有关的现金		
投资活动现金流入小计		
投资支付的现金		
质押贷款净增加额		
购建固定资产、无形资产和其他长期资产支付的现金		
支付其他与投资活动有关的现金		
投资活动现金流出小计		
投资活动产生的现金流量净额		
三、筹资活动产生的现金流量：		
吸收投资收到的现金		
发行债券收到的现金		
收到其他与筹资活动有关的现金		
筹资活动现金流入小计		
偿还债务支付的现金		
分配股利、利润或偿付利息支付的现金		
支付其他与筹资活动有关的现金		
筹资活动现金流出小计		
筹资活动产生的现金流量净额		
四、汇率变动对现金及现金等价物的影响		
五、现金及现金等价物净增加额		
加：期初现金及现金等价物余额		
六、期末现金及现金等价物余额		

（六）证券公司现金流量表的编制

证券公司现金流量表的编制，除下列项目外，应比照一般企业现金流量表编制处理：

1. 处置交易性金融资产净增加额

本项目反映证券公司本期自行买卖交易性金融资产所取得的现金净增加额。本项目可以根据“交易性金融资产”等科目的记录分析填列。本项目如为负数，应在经营活动现金流出类项目中单独列示。

2. 拆入资金净增加额

本项目反映证券公司本期从境内外金融机构拆入款项所取得的现金，减去拆借给境内外金融机构款项而支付的现金后的净额。本项目可以根据“拆入资金”和“拆出资金”等科目的记录分析填列。本项目如为负数，应在经营活动现金流出类项目中列示。

3. 回购业务资金净增加额

本项目反映证券公司本期按回购协议卖出票据、证券、贷款等金融资产所融入的现金，减去按返售协议约定先买入再按固定价格返售给卖出方的票据、证券、贷款等金融资产所融出的现金后的现金增加额。本项目可以根据“买入返售金融资产”和“卖出回购金融资产款”等科目的记录分析填列。本项目如为负数，应在经营活动现金流出类项目中单独列示。证券公司可以根据需要将本项目分为“买入返售证券收到的现金净额”和“卖出回购证券支付的现金净额”等项目列示。

此外，证券公司还可以根据需要单独设置“代理买卖业务的现金净额”“代理兑付债券的现金净额”等项目，以反映证券公司从事代理业务产生的现金流量。

证券公司现金流量表格式见表14-9。

表14-9　**证券公司现金流量表**　会证03表

编制单位：　______年____月　单位：元

项　　目	本期金额	上期金额
一、经营活动产生的现金流量：		
处置交易性金融资产净增加额		
收取利息、手续费及佣金的现金		
拆入资金净增加额		
回购业务资金净增加额		
收到其他与经营活动有关的现金		
经营活动现金流入小计		
支付利息、手续费及佣金的现金		
支付给职工以及为职工支付的现金		
支付的各项税费		
支付其他与经营活动有关的现金		
经营活动现金流出小计		
经营活动产生的现金流量净额		

续表

项　　目	本期金额	上期金额
二、投资活动产生的现金流量：		
收回投资收到的现金		
取得投资收益收到的现金		
收到其他与投资活动有关的现金		
投资活动现金流入小计		
投资支付的现金		
购建固定资产、无形资产和其他长期资产支付的现金		
支付其他与投资活动有关的现金		
投资活动现金流出小计		
投资活动产生的现金流量净额		
三、筹资活动产生的现金流量：		
吸收投资收到的现金		
发行债券收到的现金		
收到其他与筹资活动有关的现金		
筹资活动现金流入小计		
偿还债务支付的现金		
分配股利、利润或偿付利息支付的现金		
支付其他与筹资活动有关的现金		
筹资活动现金流出小计		
筹资活动产生的现金流量净额		
四、汇率变动对现金及现金等价物的影响		
五、现金及现金等价物净增加额		
加：期初现金及现金等价物余额		
六、期末现金及现金等价物余额		

五、所有者权益变动表的编制

（一）所有者权益变动表的含义

所有者权益变动表是反映构成所有者权益的各组成部分当期的增减变动情况的报表。所有者权益变动表应当全面反映在一定时期内所有者权益变动的情况，不仅包括所有者权益总量的增减变动，还包括所有者权益增减变动的重要结构性信息，特别是要反映直接计入所有者权益的利得和损失，让报表使用者准确理解所有者权益增减变动的根源。

（二）所有者权益变动表的填列

为了清楚地表明构成所有者权益的各组成部分当期的增减变动情况，所有者权益变动表应以矩阵的形式列示。一方面，列示导致所有者权益变动的交易或事项，改变了以往仅仅按照所有者权益的各组成部分反映所有者权益变动情况，而是按所有者权益变动的来源对一定时期所有者权益变动情况进行全面反映；另一方面，按照所有者权益各组成部分（包括实收资本、资本公积、盈余公积、一般风险准备、未分配利润和库存股）及其总额列示交易或事项对所有者权益的影响。

1.所有者权益变动表各项目的列报说明

（1）“上年年末余额”项目，反映企业在上年资产负债表中实收资本（或股本）、资本公积、其他综合收益、盈余公积、一般风险准备、未分配利润的年末余额。

（2）“会计政策变更”和“前期差错更正”项目，分别反映企业采用追溯调整法处理的会计政策变更的累积影响金额和采用追溯重述法处理的会计差错更正的累积影响金额。

为了体现会计政策变更和前期差错更正的影响，企业应当在上期期末所有者权益余额的基础上进行调整得出本期期初所有者权益，根据“盈余公积”、“利润分配”、“以前年度损益调整”等科目的发生额分析填列。

（3）“本年增减变动金额”项目分别反映以下内容：

①“净利润”项目，反映企业当年实现的净利润（或净亏损）金额，并对应列在“未分配利润”栏。

②“其他综合收益”项目，反映企业当年根据企业会计准则规定未在损益中确认的各项利得和损失扣除所得税影响后的净额，并对应列在“资本公积”栏。

③“所有者投入和减少资本”项目，反映企业当年所有者投入的资本和减少的资本，其中：

“所有者投入资本”项目，反映企业接受投资者投入形成的实收资本（或股本）和资本溢价或股本溢价，并对应列在“实收资本”和“资本公积”栏。

“股份支付计入所有者权益的金额”项目，反映企业处于等待期中的权益结算的股份支付当年计入资本公积的金额，并对应列在“资本公积”栏。

（4）“利润分配”下各项目，反映当年对所有者（或股东）分配的利润（或股利）金额和按照规定提取的盈余公积金额，并对应列在“未分配利润”和“盈余公积”栏。其中：

“提取盈余公积”项目，反映企业按照规定提取的盈余公积。

“对所有者（或股东）的分配”项目，反映对所有者（或股东）分配的利润（或股利）金额。

（5）“所有者权益内部结转”下各项目，反映不影响当年所有者权益总额的所有者权益各组成部分之间当年的增减变动，包括资本公积转增资本（或股本）、盈余公积转增资本（或股本）、盈余公积弥补亏损等项金额。为了全面反映所有者权益各组成部分的增减变动情况，所有者权益内部结转也是所有者权益变动表的重要组成部分，主要是指不影响所有者权益总额、所有者权益的各组成部分当期的增减变动。其中：

“资本公积转增资本（或股本）”项目，反映企业以资本公积转增资本或股本的金额。

“盈余公积转增资本（或股本）”项目，反映企业以盈余公积转增资本或股本的金额。

“盈余公积弥补亏损”项目，反映企业以盈余公积弥补亏损的金额。

2.上年金额栏的列报方法

所有者权益变动表“上年金额”栏内各项数字，应根据上年度所有者权益变动表“本年金额”栏内所列数字填列。如果上年度所有者权益变动表规定的各个项目的名称和内容同本年度不一致，应对上年度所有者权益变动表各项目的名称和数字按本年度的规定进行调整，填入所有者权益变动表“上年金额”栏内。

3.本年金额栏的列报方法

所有者权益变动表“本年金额”栏内各项数字一般应根据“实收资本（或股本）”、“资本公积”、“其他综合收益”、“盈余公积”、“利润分配”、“库存股”及“以前年度损益调整”等科目的发生额分析填列。其格式见表14-10。

表14-10 **所有者权益变动表**

会商银04表

编制单位： ______年度 单位：元

项目	本年金额								上年金额							
	实收资本（或股本）	资本公积	减：库存股	其他综合收益	盈余公积	一般风险准备	未分配利润	所有者权益合计	实收资本（或股本）	资本公积	减：库存股	其他综合收益	盈余公积	一般风险准备	未分配利润	所有者权益合计
一、上年年末余额																
加：会计政策变更																
前期差错更正																
二、本年年初余额																
三、本年增减变动金额（减少以“-”号填列）																
（一）净利润																
（二）其他综合收益																
（三）所有者投入和减少资本																
1.所有者投入资本																

续表

项目	本年金额								上年金额							
	实收资本（或股本）	资本公积	减：库存股	其他综合收益	盈余公积	一般风险准备	未分配利润	所有者权益合计	实收资本（或股本）	资本公积	减：库存股	其他综合收益	盈余公积	一般风险准备	未分配利润	所有者权益合计
2.股份支付计入所有者权益的金额																
3.其他																
（四）利润分配																
1.提取盈余公积																
2.对所有者（或股东）的分配																
3.其他																
（五）所有者权益内部结转																
1.资本公积转增资本（或股本）																
2.盈余公积转增资本（或股本）																
3.盈余公积弥补亏损																
4.其他																
四、本年年末余额																

任务三　财务报告分析

【任务重点】

掌握财务报告指标分析。

想一想

华信公司总经理想了解本公司近期的总体经营情况，于是会计科小李将近3个月的财务报表呈送给总经理，总经理翻了翻放到一边，没说什么。小李将这一情况告诉主管老王，老王告诉小李，领导很忙根本没时间看，应该连同报表给总经理递交一份财务分析说明，于是小李赶紧将一份简单而清晰的财务分析报告呈送给总经理，总经理满意地笑了笑。

请问：为什么将报表和分析说明呈交给总经理他会满意？

财务报告分析是指以企业财务报告及其他相关资料为主要依据，对企业的财务状况和经营成果进行评价和剖析，反映企业在运营过程中的利弊得失和发展趋势，从而为改进企业财务管理工作和优化经济决策提供重要的决策依据。总结和评价企业财务状况与经营成果的分析指标，具体包括偿债能力指标、运营能力指标、获利能力指标、发展能力指标。

一、偿债能力指标

偿债能力，是指企业偿还到期债务（包括本息）的能力。偿债能力指标包括短期偿债能力指标和长期偿债能力指标。

（一）短期偿债能力指标

短期偿债能力是指企业流动资产对流动负债及时足额偿还的保证程度，是衡量企业当期财务能力，特别是流动资产变现能力的重要标志。

企业短期偿债能力的衡量指标主要有两项：流动比率和速动比率。

1.流动比率

流动比率是指流动资产与流动负债的比率，它表明企业每一元流动负债有多少流动资产作为偿还保证，反映企业用可在短期内转变为现金的流动资产偿还到期流动负债的能力。其计算公式为：

流动比率=流动资产÷流动负债×100%

（1）在一般情况下，流动比率越高，企业的短期偿债能力越强；但流动比率高，不等于企业有足够的现金或存款用来偿债。国际上通常认为，流动比率的下限为100%，而流动比率等于200%时较为适当。

（2）从债权人角度看，流动比率越高越好；从企业经营者角度看，过高的流动比率，意味着机会成本的增加和获利能力的下降。

（3）流动比率是否合理，不同行业、企业以及同一企业不同时期的评价标准是不同的。

2.速动比率

速动比率是指企业速动资产与流动负债的比率。所谓速动资产，是指流动资产减去变现能力较差且不稳定的存货等之后的余额。

其计算公式为：

速动比率=速动资产÷流动负债×100%

其中：

速动资产=货币资金+交易性金融资产+应收票据及应收账款

=流动资产–存货–预付款项–一年内到期的非流动资产–其他流动资产

说明：在报表中如有其他应收款项目，可视情况归入速动资产项目。

在一般情况下，速动比率越高，说明企业偿还流动负债的能力越强。国际上通常认为，速动比率等于100%时较为适当。如果速动比率小于100%，必使企业面临很大的偿债风险。如果速动比率大于100%，尽管企业偿还的安全性很高，但却会因企业的现金及应收账款占用过多而大大增加企业的机会成本。

（二）长期偿债能力指标

长期偿债能力，是指企业偿还长期负债的能力。企业长期偿债能力的衡量指标主要有两项：资产负债率和产权比率。

1.资产负债率

资产负债率又称负债比率，是指企业负债总额与资产总额的比率。它表明在企业的资产总额中，债权人提供资金所占的比重，以及企业资产对债权人权益的保障程度。其计算公式为：

资产负债率（又称负债比率）=负债总额÷资产总额×100%

（1）在一般情况下，资产负债率越小，表明企业的长期偿债能力越强。

（2）保守的观点认为资产负债率不应高于50%，而国际上通常认为资产负债率等于60%时较为适当。

（3）从债权人的角度来说，该指标越小越好；从企业所有者的角度来说，该指标过小表明对财务杠杆利用不够；企业的经营决策者应当将偿债能力指标与获利能力指标结合起来分析。

2.产权比率

产权比率是指企业负债总额与所有者权益总额的比率，是企业财务结构稳健与否的重要标志，也称资本负债率。它反映企业所有者权益对债权人权益的保障程度。其计算公式为：

产权比率=负债总额÷所有者权益总额×100%

在一般情况下，产权比率越低，说明企业的长期偿债能力越强，债权人权益的保障程度越高，承担的风险越小，但企业不能充分发挥负债的财务杠杆效应。所以，企业在评价产权比率适度与否时，应从获利能力与偿债能力两个方面综合进行分析，即在保障债务偿还安全的前提下，应尽可能提高产权比率。

二、运营能力指标

运营能力是指企业基于外部市场环境的约束，通过内部人力资源和生产资料的配置组合而对财务目标实现所产生作用的大小。

（一）流动资产周转情况

反映流动资产周转情况的指标主要有应收账款周转率、存货周转率和流动资产周转率。

1.应收账款周转率

应收账款周转率是指企业在一定时期内营业收入（或销售收入，本章下同）与平均应收账款余额的比率，是反映应收账款周转速度的指标。其计算公式为：

应收账款周转率（次数）=营业收入÷平均应收账款余额

应收账款周转期（天数）=平均应收账款余额×360÷营业收入

其中：

平均应收账款余额=（应收账款余额年初数+应收账款余额年末数）÷2

在一般情况下，应收账款周转率越高越好。应收账款周转率高，表明企业收账迅速，账龄较短，资产流动性强；还表明企业的短期偿债能力强，可以减少坏账损失。

利用上述公式计算应收账款周转率时，需要注意以下三个问题：

第一，公式中的应收账款包括会计核算中“应收账款”和“应收票据”等全部赊销账款在内。

第二，如果应收账款余额的波动性较大，应尽可能使用更详尽的计算资料，如按每月的应收账款余额来计算其平均占用额。

第三，分子、分母的数据应注意时间的对应性。

2.存货周转率

存货周转率是指企业在一定时期内营业成本（或销售成本，本章下同）与平均存货余额的比率，是反映企业存货流动性的一个指标，也是衡量企业在生产经营各环节中存货运营效率的一个综合性指标。其计算公式为：

存货周转率（次数）=营业成本÷平均存货余额

存货周转期（天数）=平均存货余额×360÷营业成本

其中：

平均存货余额=（存货余额年初数+存货余额年末数）÷2

（1）在一般情况下，存货周转率越高越好。存货周转率高，表明存货变现速度快，用相同的存货完成的周转额较大，资金占用水平较低。

（2）在分析不同时期或不同企业存货周转率时，应注意存货计价方法的口径是否一致。

3.流动资产周转率

流动资产周转率是指企业在一定时期内营业收入与平均流动资产总额的比率，是反映企业流动资产周转速度的指标。其计算公式为：

流动资产周转率（次数）=营业收入÷平均流动资产总额

流动资产周转期（天数）=平均流动资产总额×360÷营业收入

其中：

平均流动资产总额=（流动资产总额年初数+流动资产总额年末数）÷2

在一定时期内，流动资产的周转次数越多，表明以相同的流动资产完成的周转额越多，流动资产利用效率越好。从流动资产周转天数来看，周转一次所需要的天数越少，表明流动资产在经历生产和销售各阶段时所占用的时间越短。

（二）固定资产周转情况

反映固定资产周转情况的主要指标是固定资产周转率，它是企业在一定时期内营业收入与平均固定资产净值的比值，是衡量固定资产利用效率的一项指标。其计算公式为：

固定资产周转率（次数）=营业收入÷平均固定资产净值

固定资产周转期（天数）=平均固定资产净值×360÷营业收入

其中：

平均固定资产净值=（固定资产净值年初数+固定资产净值年末数）÷2

注：固定资产净值=固定资产原价-累计折旧

在一般情况下，固定资产周转率越高，表明企业固定资产利用越充分，同时也能表明企业固定资产投资得当，结构合理，能够充分发挥效率。反之，如果固定资产周转率不高，则表明固定资产使用效率不高，提供的生产成果不多，企业的运营能力不强。

（三）总资产周转情况

反映总资产周转情况的主要指标是总资产周转率，它是企业在一定时期内营业收入与平均资产总额的比值，可以用来反映企业全部资产的利用效率。其计算公式为：

总资产周转率（次数）=营业收入÷平均资产总额

总资产周转期（天数）=平均资产总额×360÷营业收入

其中：

平均资产总额=（资产总额年初数+资产总额年末数）÷2

总资产周转率越高，表明企业全部资产的使用效率越高；反之，如果该指标较低，则说明企业利用全部资产进行经营的效率较差，最终会影响企业的获利能力。企业应采取各项措施来提高其资产利用程度，比如提高销售收入或处理多余的资产。

三、获利能力指标

企业可以按照会计基本要素设置营业利润率、成本费用利润率、总资产报酬率和净资产收益率4项指标，借以评价企业各要素的获利能力及资本保值增值情况。此外，上市公司经常使用的获利能力指标还有每股股利和每股净资产等。

（一）营业利润率

营业利润率是指企业在一定时期内营业利润与营业收入的比率。其计算公式为：

营业利润率=营业利润÷营业收入×100%

营业利润率越高，表明企业的市场竞争力越强，发展潜力越大，盈利能力越强。

营业净利率=净利润÷营业收入×100%

营业毛利率=（营业收入-营业成本）÷营业收入×100%

（二）成本费用利润率

成本费用利润率是指企业在一定时期内利润总额与成本费用总额的比率。其计算公式为：

成本费用利润率=利润总额÷成本费用总额×100%

其中：

成本费用总额=营业成本+税金及附加+销售费用+管理费用+财务费用+资产减值损失

该指标越高，表明企业为取得利润而付出的代价越小，成本费用控制得越好，获利能力越强。

同利润一样，成本费用的口径也可以分为不同的层次，比如主营业务成本、营业成本等。在评价成本费用开支效果时，应当注意成本费用与利润之间在计算层次和口径上的对应关系。

（三）总资产报酬率

总资产报酬率是企业在一定时期内获得的报酬总额与平均资产总额的比率。它是反映企业资产综合利用效率的指标，也是衡量企业利用负债和所有者权益总额所取得盈利的重要指标。其计算公式为：

总资产报酬率=息税前利润总额÷平均资产总额×100%

其中：

息税前利润总额=利润总额+利息支出=净利润+所得税费用+利息支出

平均资产总额=（资产总额年初数+资产总额年末数）÷2

在一般情况下，该指标越高，表明企业的资产利用效率越好，整个企业的获利能力越强，经营管理水平越高。企业还可以将该指标与市场资本利率进行比较，如果前者较后者大，则说明企业可以充分利用财务杠杆，适当举债经营，以获得更多的收益。

（四）净资产收益率

净资产收益率是指企业在一定时期内净利润与平均净资产的比率。它是反映企业自有资金投资收益水平的指标。其计算公式为：

净资产收益率=净利润÷平均净资产×100%

其中：

平均净资产=（所有者权益年初数+所有者权益年末数）÷2

一般认为，净资产收益率越高，企业自有资本获取收益的能力越强，运营效益越好，对企业投资人、债权人利益的保证程度越高。

四、发展能力指标

发展能力是指企业在生存的基础上，扩大规模、壮大实力的潜在能力。分析发展能力主要考察以下4项指标：营业收入增长率、资本保值增值率、总资产增长率和营业利润增长率。

（一）营业收入增长率

营业收入增长率是企业本年营业收入增长额与上年营业收入总额的比率。它反映企业营业收入的增减变动情况，是评价企业成长状况和发展能力的重要指标。其计算公式为：

营业收入增长率=本年营业收入增长额÷上年营业收入总额×100%

其中：

本年营业收入增长额=本年营业收入总额-上年营业收入总额

该指标若大于0，表明企业本年营业收入有所增长，指标值越高，表明增长速度越快，企业市场前景越好。若该指标小于0，表明产品或服务没有适销对路、质次价高，或是在售后服务等方面存在问题，市场份额萎缩。该指标在实际操作时，应结合企业历年的营业收入水平、企业市场占有情况、行业未来发展及其他影响企业发展的潜在因素进行前瞻性预测，或者结合企业前三年的营业收入增长率作出趋势性分析判断。

（二）资本保值增值率

资本保值增值率是企业扣除客观因素后的本年年末所有者权益总额与年初所有者权益总额的比率，反映企业当年资本在企业自身努力下实际增减变动的情况。其计算公式为：

资本保值增值率=扣除客观因素后的本年年末所有者权益总额÷年初所有者权益总额×100%

一般认为，资本保值增值率越高，表明企业的资本保全状况越好，所有者权益增长越快，债权人的债务越有保障。该指标通常应当大于100%。

（三）总资产增长率

总资产增长率是企业本年总资产增长额同年初资产总额的比率，它反映企业本期资产规模的增长情况。其计算公式为：

总资产增长率=本年总资产增长额÷年初资产总额×100%

其中：

本年总资产增长额=资产总额年末数-资产总额年初数

总资产增长率是从企业资产总量扩张方面衡量企业的发展能力，表明企业规模增长水平对企业发展后劲的影响。该指标越高，表明企业在一定时期内资产经营规模扩张的速度越快。但在实际分析时，应注意考虑资产规模扩张的质和量的关系，以及企业的后续发展能力，避免资产的盲目扩张。

（四）营业利润增长率

营业利润增长率是企业本年营业利润增长额与上年营业利润总额的比率，反映企业营业利润的增减变动情况。其计算公式为：

营业利润增长率=本年营业利润增长额÷上年营业利润总额×100%

其中：

本年营业利润增长额=本年营业利润总额-上年营业利润总额

同步训练

☞思考训练

1.年度决算要做哪些工作？

2.财务报告包括哪些内容？

3.资产负债表、利润表、现金流量表应该如何编制？各有什么特点？

4.反映企业长期偿债能力的指标有哪些？

5.反映企业营运能力的指标有哪些？

6.反映企业获利能力的指标有哪些？

7.反映企业发展能力的指标有哪些？

☞业务训练

目的：财务报告的编制和分析。

资料：在网上或社会上查找任意一个金融机构的年度财务报表。

要求：针对获取的报表审核编制是否规范，同时进行偿债能力、营运能力和获利能力分析，并进行总结。

主要参考文献

［1］中华人民共和国财政部会计司. 企业会计准则第37号——金融工具列报［M］. 北京：中国财政经济出版社，2015.

［2］中华人民共和国财政部会计司. 企业会计准则第9号——职工薪酬［M］. 北京：中国财政经济出版社，2014.

［3］中华人民共和国财政部会计司. 企业会计准则第30号——财务报表列报［M］. 北京：中国财政经济出版社，2014.

［4］中华人民共和国财政部会计司. 企业会计准则第39号——公允价值计量［M］. 北京：中国财政经济出版社，2014.

［5］中华人民共和国财政部会计资格评价中心. 初级会计实务［M］. 北京：中国财政经济出版社，2013.

［6］刘莹，廖声华. 证券公司会计［M］. 上海：上海财经大学出版社，2012.

［7］中国证券业协会编写组. 证券从业资格考试教材——证券市场基础知识［M］. 北京：中国金融出版社，2012.

［8］赵丽生，等. 基础会计［M］. 4版. 大连：东北财经大学出版社，2017.

［9］郑红梅. 行业会计比较［M］. 北京：北京师范大学出版社，2011.

［10］张莲苓. 金融企业会计［M］. 北京：经济科学出版社，2010.

［11］李光，陈新宁. 金融企业会计［M］. 北京：清华大学出版社，2010.

［12］中华人民共和国财政部会计司编写组. 企业会计准则讲解2010［M］. 北京：人民出版社，2010.

［13］吴胜. 商业银行会计［M］. 北京：高等教育出版社，2014.

［14］中华人民共和国财政部. 中华人民共和国增值税暂行条例［M］. 北京：中国财政经济出版社，2017.

［15］中华人民共和国财政部. 中华人民共和国会计法［M］. 北京：中国财政经济出版社，2017.

［16］施晓春，周江银. 商业银行会计学［M］. 北京：中国财政经济出版社，2014.